制造业金融

Manufacture Finance

邹平座　宗　良
著

经济日报出版社

图书在版编目（CIP）数据

制造业金融 / 邹平座，宗良著. -- 北京：经济日报出版社，2023.1
ISBN 978-7-5196-0894-1

Ⅰ. ①制… Ⅱ. ①邹… ②宗… Ⅲ. ①制造工业—工业企业管理—金融管理—研究—中国 Ⅳ. ① F426.4

中国版本图书馆 CIP 数据核字 (2021) 第 133719 号

制造业金融

作　　者	邹平座　宗　良
责任编辑	黄芳芳
责任校对	匡卫平
出版发行	经济日报出版社
地　　址	北京市西城区白纸坊东街2号 A座综合楼710（邮政编码:100054）
电　　话	010-63567684（总编室） 010-63584556（财经编辑部） 010-63567687（企业与企业家史编辑部） 010-63567683（经济与管理学术编辑部） 010-63538621 63567692（发行部）
网　　址	www.edpbook.com.cn
E - mail	edpbook@126.com
经　　销	全国新华书店
印　　刷	鑫艺佳利（天津）印刷有限公司
开　　本	710mm×1000mm　1/16
印　　张	28.25
字　　数	298千字
版　　次	2023年1月第1版
印　　次	2023年1月第1次印刷
书　　号	ISBN 978-7-5196-0894-1
定　　价	108.00元

序言

Manufacture Finance

党的二十大报告强调，坚持把发展经济的着力点放在实体经济上来，推进新型工业化，加快建设制造强国。制造业是立国之本、兴国之器、强国之基。打造具有国际竞争力的制造业，是我国提升综合国力、保障国家安全、建设世界强国的必由之路。制造强国是党中央、国务院做出的重大决策，指明了未来我国的发展方向。2019年，新一届国家制造强国建设战略咨询委员会成立后，立即部署重大课题的研究工作，为制订“制造强国中长期规划纲要”提供重要支持。根据工作安排，我们圆满地完成了“金融支持制造强国建设研究”重大课题。为更好地实现课题报告的价值，中国人民银行金融研究所邹平座研究员和我商定，拟在课题报告的基础上，做进一步的梳理和完善，为读者奉献一本具有较大参考价值的制造业金融方面的专业书籍。

一 加强重大课题研究是实现制造强国的前瞻性准备工作

2019年4月，作为国家制造强国战略咨询委员会委员，我担任“金融支持制造强国建设研究”重大课题负责人。中国人民银行金融研究所牵头推进课题，相关单位参与并配合课题调研。中国人民银行金融研究所邹平座研究员和于小丽女士牵头并承担了大量科研和组织协调工作，很好地发挥了牵头人的作用。课题组成员由来自相关部委、机构等单位的专家组成（于小丽、杨再平、巨建国、关锡友、陈伟钢、周剑振、黄宇翔、戴可等），中国银行研究院的李佩珈、范若滢、李义举参与了国际经验和相关统稿工作。

接到课题任务后，课题组进行了大量调研，邀请相关企业、专家参与讨论，有针对性地组织了多次座谈会。在完成课题的过程中，全程得到国家制造强国战略咨询委员会和工信部相关司局的大力支持，他们的支持对课题的顺利完成发挥了重要作用。课题报告认真听取了中期评审专家组的意见和建议，随后认真修改了课题报告，很好地完成了课题报告。在课题终期评审中获得了很好的评价，得到了与会领导和专家的好评。

考虑到金融在支持制造强国的重要作用以及制造业金融的发展前景，为更好地发挥课题报告的后续作用，邹平座和我一起商量，期冀在课题报告基础上修改完善，出版一本名为《制造业金融》的专著，这一想法得到经济日报出版社的大力支持，邹平座及其助理徐艺轩做了大量工作。我们希望共同为读者奉献一本有重要参考价值的制造业金融专业书籍。

二

制造业竞争力是全球竞争的重要制高点

2019年9月，习近平总书记在河南郑州考察调研时强调，“制造业是实体经济的重要基础。一定要把我国制造业搞上去，把实体经济搞上去，扎扎实实地实现‘两个一百年’奋斗目标”。可见，制造强国是未来我国经济发展的主旋律，是迈向高质量发展的重要动力和支撑，是推动经济长期稳定增长的核心引擎。在当前国际环境错综复杂和国内经济发展下行压力较大的背景下，围绕解决我国制造业核心技术受制于人、创新能力不足等核心问题，以制造业高质量发展为主线，以创新为核心驱动力，推动制造业高质量发展，坚定不移建设制造强国，是未来制造强国工作的方向。中美贸易摩擦更加印证了我国建设制造强国决策的科学性和合理性。

新冠肺炎疫情将对全球制造业发展方向和格局产生重要影响。疫情全球范围内的传播，暴露生产全球化下全球供应链与分销网络的脆弱性。一方面，新冠肺炎疫情使得应急物资的储备问题成为焦点，企业无法以昂贵的方式对其进行长期储备，需要政府从公共利益和安全出发来维护。另一方面，新冠肺炎疫情可能使各国出现制造业回流倾向。过去，发达国家产业布局呈现“高端在内、中低端在外”的特点，即研发基地留在本土，中低端制造业则布局于具有发展潜力的新兴市场，新冠肺炎疫情无疑对这种模式造成一次较大的冲击。欧美、日本等经济体意识到生产线多元化的重要性，开始推动制造业回流。

目前全球产业链的基本布局已经成型，是在追求经济效率最优目标下形成的较好体系，这种布局能够让产出最大化，成本最小化，因而产业链转移必然要遵循经济客观规律。中国拥有全球规模最大、门类最全、配套最完备的制造业体系，拥有完善的基础设施，且国内市场巨大，在全球产业链中占据着重要地位，即使有强有力的政策激励，产业链也很难大规模转移出中国。但日本与欧美的逆全球化浪潮不容忽视，全球产业链可能在疫情结束后一定程度上脱钩。但也可以坚信，违背市场规律的所谓脱钩是难以持续的。

三

制造业金融是支持制造强国建设的关键利器

制造业是社会经济的基础，是国计民生的重要行业，也是一个国家的核心竞争力。目前，无论是中国，还是全球，制造业的发展都遇到了瓶颈。大量资金逃离制造业，甚至出现大量资金在金融系统内空转的现象，这不仅使得制造业投资持续下降，也使得经济运行虚拟化程度上升，金融资产泡沫不断膨胀。1929年与2008年两次全球大危机都与金融资本“脱实向虚”和泡沫化相关。中国也存在明显的资金空转难以进入制造业的情况。

国际经验表明，制造业的发展和整合往往都是在金融的支持下实现的。比如融资租赁可以解决设备闲置问题，兼并重组可以解决价值链再造问题，专利银行制度可以解决科技研发与转化的信息不对称问题等。由于制造业有着特殊的发展规律，随着云计算、大数据、高科技、大平台时代的到来，配套的金融服务体制也应进行变革，制造业金融应运而生，它的支持可以帮助制造业企业走向价值链高端，实现可持续发展。

高度发达的信息化、自动化、智能化的制造业还将直接影响金融服务实体经济的模式，如金融机器人取代银行柜员、信贷员、研究员、风控师等，这不仅将大幅度降低金融业的成本，也将催生一个新的金融服务体系——“制造业金融”。“制造业金融”要求金融产品的设计、金融服务的流程都将产生重大变化。例如，智能化金融技术将与智能化的机器对接，大数据的消费将与大数据的金融对接，制造业物联网将与物联网供应链金融对接，可追溯的区块链将与区块链金融对接。制造业金融还运用现代信息技术为制造业风险管理提供了科学的制度安排。

四

金融要在支持制造强国中发挥排头兵作用

金融支持是实现制造强国的重要基础。要聚焦制造业发展的难点痛点，创新金融产品和服务模式，发展多层次资本市场，加强对制造业对科技创新和产业转型升级的金融支持。

一是，积极推动制造业金融服务模式转型。当今世界正在迎来第四次工业革命，这将从根本上改变全球制造业的发展形态。目前制造业已不是简单的产品销售问题，突出表现为制造和服务深度融合，协同设计和大规模个性化定制将成为重要方向，这就要求金融要加快构建全周期、差异化、多层次、强协同、可持续的金融服务新模式，促进制造业和服务深度融合和实现产业价值链攀升。例如，对飞机和大型设备制造商，考虑到资金需求大、投资回收期长、用户需求稳定的特点，可考虑探索金融租赁等新模式以促进其产业升级。为此，要加强金融机构与制造企业在融资租赁领域的联合，将合作范围从采购领域向市场调研、全球销售协作、金融服务一揽子解决方案和售后服务支持等领域拓展，促进融资租赁业与实体产业加速对接。

二是，稳步增加中长期融资、推动制造业转型升级。实现传统制造转型升级和补短板有机结合是未来发展的方向。在新旧动能的转换期，金融业应加强对先进制造业、战略性新兴产业、低碳循环经济的金融支持，推动产业转型升级。目前制造业获得的资金以短期流动资金贷款为主，但是企业和实体经济的发展，需要更多的长期资金。以短期流动资金贷款为主，不能完全匹配制造业企业的生产经营和回款周期，“短贷长用”和“频繁转贷”的现象比较普遍，影响企业融资的可持续性，同时也会抬高融资成本，不利于企业长远发展。未来制造业贷款应在中长期融资比例提升的基础上取得较快的发展。在当前我国制造业增速下行的情况下，不能盲目扩大投资，这可能会加剧产能过剩的压力，关键是要增加中长期融资，推进制造业技术改造，重点对有市场、有技术、有发展前景的技术改造和创新项目给予支持，较好地实现短期稳定增长、长期结构优化的目标。实现制造业中长期贷款精准投放的一个较好方法是运用专项贷款或抵押补充贷款（PSL）。

三是，打造制造业产业集群，提升产业链地位。当前我国制造业正逐步进入世界分工体系并加快迈向全球价值链中高端。为培育一批世界级优强企业和打造先进制造业集群，金融要支持中国品牌成长壮大，构建有竞争力的产业链。金融支持建立多样化的全球品牌，高铁、核电、量子通信、5G、人工智能等领域在我国已有较好的基础，应引导金融机构加大对相关企业的支持力度；借鉴德国等发展经验，推动我国在全球产业链分工中不断升级，同时对标国际标准，打造世界级产业群，建立一批大型企业引领、大量特色中小企业协同的供应链体系。

四是，大力支持制造业国际产能合作、境外合作园区。当前“一带一路”倡议正在从蓝图转化为现实，金融要支持中国制造站稳重要阵地。深化制造强国与“一带一路”沿线国家和地区制造业战略的对接合作，强化对中国创造、中国品牌、中国标准在“一带一路”沿线布局的金融支持；推动境外合作园区建设，助力产业转型升级；利用并购贷款帮助中国制造企业开展跨境并购，投资收购在“一带一路”沿线国家和地区具有技术优势、产品领先的制造业生产企业或研发机构，为尽快适应和开拓本地市场、实现技术、产品、人才本土化提供高效快捷的通道。

五是，借助金融科技支持制造业。可以在新型工业化产业示范基地等先进制造业聚集地区，探索建立科技金融专营机构；稳步推进科技和金融结合试点，开展企业融资、技术评估、产学研转让等业务，打造“一站式”科技金融示范中心；鼓励银行等金融机构加大云计算、区块链等新技术运用，为制造业企业提供数字化、智能化金融科技综合服务。充分运用大数据等新技术来帮助企业降低融资成本，探索建立与新经济、轻资产行业相适应的融资模式。

六是，加强金融创新，完善风险管理。在加强金融创新助力制造业高质量发展的同时，金融风险也可能增加，要在鼓励创新与有效监管之间寻求动态平衡。要重视增强引领全球资金流向能力，提升中国制造的吸引力；大力发挥人民币国际化的作用，降低中国制造“走出去”的货币错配风险；对金融支持新兴产业发展在风险容忍度、不良贷款核销等方面给予差异化对待；建立健全监管框架，有效防止控制风险。让金融科技创新带来的风险始终处于可管、可控的范围内，维护我国金融市场秩序的稳定。

2021年是“十四五”规划的开局之年，是我国全面建成小康社会、实现第一个百年奋斗目标之后，乘势而上开启全面建设社会主义现代化国家新征程、向第二个百年奋斗目标进军的第一年。要在关键之年打好决胜之仗，加快建设制造强国，发展先进制造业，为全面建设社会主义现代化强国和实现“两个一百年”战略目标打下重要基础。我国从制造大国向制造强国迈进还有很长的路要走，始终离不开金融的有效支持。我们期待未来金融更好地发挥支持作用，在制造强国的新征程中书写更美的篇章。

本书汇集了众多领导和专家的宝贵意见和建议，也是一项重要的集体成果，谨表示衷心的感谢！

另外，为本书提供相关数据信息的还有金融支持制造强国建设研究课题组与中国制造业金融研究院，课题组成员包括：于小丽、杨再平、巨建国、关锡友、陈伟钢、周剑振、黄宇翔、戴可、邹双武、张颖、徐艺轩。在此表示感谢。

经济日报出版社为本书的出版做了大量周密细致的工作，由衷地表示感谢！期待本书的出版，能对促进金融支持制造强国有所裨益。本书涉及面广，时间较紧，难免有不足之处，敬请提出，深表谢意！

2022年10月

Manufacture Finance

前言

实现制造业金融治理体系与治理能力现代化

金融是国民经济的命脉，现代经济的发展离不开金融。党的十八大以来，习近平总书记多次就金融与实体经济的关系问题发表重要论述。2017年7月15日，在第五次全国金融工作会议上，习总书记指出："金融是实体经济的血脉，为实体经济服务是金融的天职，是金融的宗旨，也是防范金融风险的根本举措"，科学地阐述了金融与实体经济的辩证关系，为新时代中国金融发展指明了方向和道路。制造业是最大、最重要的实体经济，金融业能否履行服务实体经济的天职关键在于金融业能否为制造业提供全面的高质量的金融服务。

我们研究发现，由于中国制造业的特殊性、系统重要性，根据当前金融服务制造业的特殊的现状和问题，中国需要建立专门的"制造业金融体系"。精准地、高质量地实现金融对制造强国建设支持，必须按照党的十九届四中全会的要求，建立现代化制造业金融体系，全面提升制造业金融的治理能力。

一

金融支持制造业要贯彻党的新发展理念。新发展理念是中国共产党的伟大创新，是我们解决制造业金融问题的重要的方法论。

2015年10月，党的十八届五中全会召开，鲜明提出了创新、协调、绿色、开放、共享的发展理念。创新发展注重的是解决发展动力问题；协调发展注重的是解决发展不平衡问题；绿色发展注重的是解决人与自然和谐问题；开放发展注重的是解决发展内外联动问题；共享发展注重的是解决社会公平正义问题。新发展理念深刻揭示了实现更高质量、更有效率、更加公平、更可持续发展的必由之路，是针对我国经济发展进入新常态、世界经济复苏低迷形势提出的治本之策；是针对当前我国发展面临的突出问题和挑战提出来的战略指引。反映了我们党对经济社会发展规律认识的深化，指明了“十三五”乃至更长时期我国的发展思路、发展方向和发展着力点，具有战略性、纲领性、引领性。

制造业金融体系就是按照新发展理念构建的现代化治理体系。只要围绕创新发展、协调发展、绿色发展、开放发展、共享发展五个方面展开研究和设计，就能解决一些以往难以解决的问题和一些“卡脖子”问题。

1. 创新制造业金融理论、技术与操作体系，逐步实现制造业金融治理体系与治理能力现代化。到2035年，建成功能完备、效率一流的现代化制造业金融理论、技术与操作体系

把创新摆在第一位，是因为创新是现代化制造业金融体系的第一动力。发展动力决定发展速度、效能、可持续性。对我国这么大体量的制造业体系来讲，如果金融动力问题解决不好，要实现高质量发展是难以做到

的。抓住了“金融创新”，就抓住了制造业金融全局的“牛鼻子”。虽然我国制造业总量跃居世界第一，但大而不强、臃肿虚胖体弱问题相当突出，主要体现在创新能力不强，这是我国这个经济大块头的“阿喀琉斯之踵”。通过金融创新引领和驱动制造业发展已经成为我国制造强国建设的迫切要求。抓创新就是抓发展，谋创新就是谋未来。

制造业金融体系创新是一个复杂的系统工程，涉及金融各个领域。坚持创新发展，既要坚持全面系统的观点，又要抓住关键，以重要领域和关键环节的突破带动全局。制造业金融要超前谋划、超前部署，紧紧围绕制造业竞争力的核心关键、制造业发展的瓶颈制约、制造业安全的重大挑战，强化事关制造业金融发展全局的基础研究和共性关键技术研究，全面提高自主创新能力，在金融科技创新上取得重大突破，力争实现我国制造业金融科技水平由跟跑、并跑向并跑、领跑转变。要以重大科技金融创新为引领，加快金融科技创新成果转化为金融对制造业支持的实践和操作，加快构建制造业金融新体系，做到人有我有、人有我强、人强我优，增强我国制造业的整体素质和国际竞争力。

制造业金融体系创新主要从以下几个方面着手：一是理论创新。“制造业金融”概念的提出是一个重大的理论创新。在全球范围内，由于信息社会和数字经济的影响，制造业上升为一个重要的基础行业，其发展环境与金融环境都发生重要变化，金融资本开始退出传统制造业，制造业投资出现快速下降态势；制造业发展呈现特殊的生命周期、创新周期、市场周期和企业周期，这种特殊的发展规律需要特殊的金融体系来匹配。由此创新出制造业金融的产业金融理论、知识产权金融理论、全球价值链金融理论、全球供应链金融理论、制造业产金科融合的金融控股公司理论、制造业政策性金融理论、制造业科技金融理论、制造业政策协调机制理论、制造业金融监管理论，等等。二是制度创新。制造业金融对于制造业而言不仅仅是资金支持问题，而是优化制造业资源配置问题；不仅仅是金融供给问题，而且是金融赋能问题。制造业金融是制造业的血脉和心脏。所以，建立与完善制造业金融体系，是国家治理体系与治理能力现代化的重要任务。创新制造业金融的领导组织体系，建立全国范围内信息化、扁平化的现代化网络组织框架，以制造业金融的大数据平台作为指导、战略、考核、统计、赋能、服务等一体化组织框架，建立快速行动机制、集中力量办大事的机制、国际国内协调联动机制、产金科一体化机制、产学研一体化机制。三是技术创新。制造业金融的成败关键在技术。要充分运用现代化信息技术、智能化技术、物联网技术、移动互联网技术、传感器技术、区块链技术，设计和建设制造业金融的科技平台和生态系统，设计与实施金融支持制造业的“空间站”计划，设计和建设制造业金融的大数据系统、“四位一体”的服务与金融支持系统，为制造业提供精准的、科学的、务实的、全面而系统的金融服务与金融赋能系统。四是操作创新。创新制造业金融操作方案：1）从现有的三大国家政策性银行中单独设立制造业金融事业部，专门从事对制造业的服务与投资。2）专门成立国家政策性制造业金融机构，专门从事对制造业的服务与投资。3）允许大型制造业企业建立制造业金融控股公司，形成产学研、产金科一体化金融服务体系。4）建立国家政策性制造业租赁公司，为制造业提供专门服务。5）建立政策性专利银行和知识产权银行。6）设立政策性基金公司和资本市场绿色通道。7）研究与制定开放条件下金融政策操作及配套财政补贴税收政策操作的WTO合规性，竞争中性原则。8）实施大数据大平台高科技战略，设计和实施“制造业金融空间站”计划，为制造业提供全面的、科学的、精准的生态服务系统，切实防范金融风险。分四步走，逐步实现制造业金融治理体系现代化。

2. 促进制造业金融协调发展，使制造业金融宏观、中观、微观协调发展，长期、中期、近期目标相互协调，区域发展相协调，国际国内发展相协调，经济与社会相协调，人与自然相协调

在新形势下，协调发展具有一些新特点。协调既是发展手段又是发展目标，同时还是评价发展的标准和尺度。协调是发展两点论和重点论的统一。制造业金融在其特定发展时期既有发展优势，也存在制约因素，在发展思路上既要着力破解难题、补齐短板，又要考虑巩固和厚植原有优势，两方面相辅相成、相得益彰，才能实现高水平发展。协调是发展平衡和不平衡的统一，由平衡到不平衡再到新的平衡是事物发展的基本规律。平衡是相对的，不平衡是绝对的。强调协调发展不是搞平均主义，而是更注重发展机会公平、更注重资源配置均衡。协调是发展短板和潜力的统一，我国正处于由中等收入国家向高收入国家迈进的阶段，国际经验表明，这个阶段是各种矛盾集中爆发的时期，发展不协调、存在诸多短板也是难免的。协调发展，就要找出短板，在补齐短板上多用力，通过补齐短板挖掘发展潜力、增强发展后劲。

下好制造业金融发展的全国一盘棋，协调发展是制胜要诀。我们要学会运用辩证法，善于“弹钢琴”，处理好局部和全局、当前和长远、重点和非重点的关系，在权衡利弊中趋利避害、做出最为有利的战略抉择。从当前我国发展中不平衡、不协调、不可持续的突出问题出发，我们要着力推动制造业金融区域协调发展、国际国内协调发展、制造业周期与金融业周期协调发展、顶层设计与微观执行协调发展。制造业金融要着力支持继续延长制造业的繁荣周期，需要重新确立制造业金融核心地位的指导思想。服务业要在三次产业结构中占主体，但并不是占比越大越好。制造业作为强国之基、大国重器，要转型升级，迈向中高端，而不是让服务业替代制造业。在新的区域发展布局中，可考虑金融支持制造业有序向中西部转移，向边境转移，形成新的产业链体，把产能变成新一轮竞争的优势。

制造业金融协调发展着重抓好以下几个要点。一是制造业与金融业的协调发展。既要使金融业大力支持制造业发展，又要防范和化解金融风险，实现制造业与金融业"双赢"。二是现代化制造业金融治理体系要循序渐进，精准制定短期、中期、长期的时点目标，理清制造业金融在宏观、中观和微观的具体任务，切不可眉毛胡子一把抓。三是要把顶层设计与执行考核相协调。不能像过去一样，规划走过场，口号震天响，落实无人管。要通过全国统一的制造业金融大数据平台，建立考核与奖惩机制，把金融支持制造业发展的各项目标与措施落到实处。四是使制造业的产品周期、市场周期、生命周期、创新周期与金融业的各种周期相协调，使用不同的金融产品、金融工具和金融部门服务不同的制造业周期的企业。使银行与企业的资产负债表的期限结构与制造业企业的金融需求相匹配。五是使支持制造业的金融政策与财政政策相互协调配合。特别是要注重政策性支持与WTO的反垄断规则和竞争中性规则以及自由贸易规则相协调，促进制造业实现在国际与国内的协调发展。

3. 制造业金融要实现绿色发展，同时支持"绿色制造"的发展

制造业金融的绿色发展，其要义在于绿色的金融生态。金融生态是金

融内外部各要素之间有机的价值关系。制造业的绿色发展，就其要义来讲，是要解决好人与自然和谐共生问题。人类发展活动必须尊重自然、顺应自然、保护自然，否则就会遭到大自然的报复，这个规律谁也无法抗拒。生态环境没有替代品，用之不觉，失之难存。环境就是民生，青山就是美丽，蓝天也是幸福，绿水青山就是金山银山；保护环境就是保护生产力，改善环境就是发展生产力。在生态环境保护上，一定要树立大局观、长远观、整体观，不能因小失大、顾此失彼、寅吃卯粮、急功近利。我们要坚持节约资源和保护环境的基本国策，像保护眼睛一样保护生态环境，像对待生命一样对待生态环境，推动形成绿色发展方式和生活方式，协同推进人民富裕、国家强盛、中国美丽。

制造业金融对保护生态环境务必坚定信念，坚决摒弃损害甚至破坏生态环境的发展模式和做法，决不能再以牺牲生态环境为代价换取一时一地的经济增长。要坚定推进绿色发展，推动自然资本大量增值，让良好生态环境成为人民生活的增长点、成为展现我国良好形象的发力点，让老百姓呼吸上新鲜的空气、喝上干净的水、吃上放心的食物、生活在宜居的环境中、切实感受到经济发展带来的实实在在的环境效益，让中华大地天更蓝、山更绿、水更清、环境更优美，走向生态文明新时代。

制造业金融在绿色发展方面要大力支持循环经济、环保产业、低碳企业、健康产业的发展。支持数字循环经济，推动建立循环经济大数据基地建设与现代化治理体系建设。数字循环经济的发展着重在以下四个方面，一是建立循环经济大数据中心。围绕三个方面展开，包括多维的大数据归集与生成系统、多层次分布式环境指数交易系统、数字循环经济白皮书以及全国的考核与评估机制。二是大力发展大数据供应链金融，为循环经济中的企业解决融资难融资贵问题，结合区块链技术、智能化技术、物联网技术、5G技术，化解金融风险；三是根据党中央国务院的统一安排，推出循环经济数字资产运营与管理系统，充分挖掘循环经济巨大“金矿”；四是在全球范围内建立分布式循环经济大数据基地，开展数字循环经济培训，与国家开放大学科技金融学院共同培养数字循环经济人才，设立多层次展示中心、物联中心、交易中心。

4. 推动制造业金融全面对外开放，打造高质量全球价值链金融与供应链金融系统，支持制造业抢占全球技术制高点、市场制高点、价值制高点、人才制高点，全面提升我国制造业的全球核心竞争力，同时推动全球制造业共享发展

我国同世界的关系也经历了三个阶段。一是从闭关锁国到半殖民地半封建阶段，先是在鸦片战争之前隔绝于世界市场和工业化大潮，接着在鸦片战争及以后的数次列强侵略战争中屡战屡败，成为积贫积弱的国家。二是“一边倒”和封闭半封闭阶段，新中国成立后，我们在向苏联“一边倒”和相对封闭的环境中艰辛探索社会主义建设之路，“文革”中基本同世界隔绝。三是全方位对外开放阶段，改革开放以来，我们充分运用经济全球化带来的机遇，不断扩大对外开放，实现了我国同世界关系的历史性变革。

实践告诉我们，要发展壮大，必须主动顺应经济全球化潮流，坚持对外开放，充分运用人类社会创造的先进科学技术成果和有益管理经验。改革开放初期，在我们力量不强、经验不足的时候，不少同志也曾满怀疑问，面对占据优势地位的西方国家，我们能不能做到既利用对外开放机遇而又不被腐蚀或吃掉？当年，我们推动复关谈判、入世谈判，都承受着很大压力。今天看来，我们大胆开放、走向世界，无疑是选择了正确方向。

20年前甚至15年前，经济全球化的主要推手是美国等西方国家，今天反而是我们被认为是世界上推动贸易和投资自由化便利化的最大旗手，积极主动同西方国家形形色色的保护主义做斗争。这说明，只要主动顺应世界发展潮流，不但能发展壮大自己，而且可以引领世界发展潮流。我们现在搞开放发展，面临的国际国内形势同以往有很大不同，总体上有利因素更多，但风险挑战不容忽视，而且都是更深层次的风险挑战。

面向开放的制造业金融迎来了一个新的发展机遇。最近党中央国务院推出了一系列重大对外开放政策。制造业金融要认真研究和执行这些政策，实现最大化的制度红利。一是利用这些政策，改善制造业企业的进出口付汇环境。打造全球易货贸易总部基地。二是制造业金融要充分利用外资金融机构资源，帮助制造业企业与国际金融机构接轨，帮助制造企业海外融资。三是积极支持中国制造业走出去，打造全球消费供应链金融体系，使中国制造走向全球的消费端（C端），使中国制造真正走向价值链高端，打造一批国际知名的制造业品牌，使中国成为未来的世界制造VIP中心。四是把制造业金融的互联网生态运营系统做成“国际空间站”，为中国制造业企业的国际化战略赋能。

5. 促进制造业金融共享发展，实现不同所有制的共享发展，不同生产要素的共享发展，不同区域的共享发展，不同人群的共享发展，中国与全球的共享发展

共享理念实质就是坚持以人民为中心的发展思想，体现的是逐步实现共同富裕的要求。共同富裕，是马克思主义的一个基本目标，也是自古以来我国人民的一个基本理想。

党的十八届五中全会提出的共享发展理念，其内涵主要有四个方面。一是共享是全民共享，这是就共享的覆盖面而言的。共享发展是人人享有、各得其所，不是少数人共享、一部分人共享。二是共享是全面共享，这是就共享的内容而言的。共享发展就要共享国家经济、政治、文化、社会、生态各方面建设成果，全面保障人民在各方面的合法权益。三是共享是共建共享，这是就共享的实现途径而言的。共建才能共享，共建的过程也是共享的过程。要充分发扬民主，广泛汇聚民智，最大激发民力，形成人人参与、人人尽力、人人都有成就感的生动局面。四是共享是渐进共享，这是就共享发展的推进进程而言的。一口吃不成胖子，共享发展必将有一个从低级到高级、从不均衡到均衡的过程，即使达到很高的水平也会有差别。我们要立足国情、立足经济社会发展水平来思考设计共享政策，既不裹足不前、铢施两较、该花的钱也不花，也不好高骛远、寅吃卯粮、口惠而实不至。这四个方面是相互贯通的，要整体理解和把握。

充分理解和融入共享发展理念才是制造业金融源源不竭的动力。制造业金融要大力发展普惠金融，支持人民创新，支持小微制造业企业的发展，他们才是中国制造业的种子和未来。在数字经济时代，共享发展能够创造巨大价值。发挥制造业金融的大数据共享功能，克服信息不对称的“搭便车”和“逆向选择”问题。

要把共享理念与制造业金融服务的共享性结合起来，创新金融服务方式和便利化水平，设计“金融快的”，为制造业提供场景化、便利化、高效率的服务，充分优化配置金融资源。

二

金融支持制造业发展，要以党的十九届四中全会为指南，贯彻落实《中共中央关于坚持和完善中国特色社会主义制度、推进国家治理体系和治理能力现代化若干重大问题的决定》。建立中国特色的制造业金融的现代化治理体系，全面提升制造业金融的治理能力。

制造业金融的发展，必须坚持党的集中统一领导，坚持党的科学理论，保持政治稳定，确保国家始终沿着社会主义方向前进的显著优势；坚持人民当家作主，发展人民民主，密切联系群众，紧紧依靠人民推动国家发展的显著优势；坚持全面依法治国，建设社会主义法治国家，切实保障社会公平正义和人民权利的显著优势；坚持全国一盘棋，调动各方面积极性，集中力量办大事的显著优势；坚持各民族一律平等，铸牢中华民族共同体意识，实现共同团结奋斗、共同繁荣发展的显著优势；坚持公有制为主体、多种所有制经济共同发展和按劳分配为主体、多种分配方式并存，把社会主义制度和市场经济有机结合起来，不断解放和发展社会生产力的显著优势；坚持共同的理想信念、价值理念、道德观念，弘扬中华优秀传统文化、革命文化、社会主义先进文化，促进全体人民在思想上精神上紧紧团结在一起的显著优势；坚持以人民为中心的发展思想，不断保障和改善民生、增进人民福祉，走共同富裕道路的显著优势；坚持改革创新、与时俱进，善于自我完善、自我发展，使社会充满生机活力的显著优势；坚持德才兼备、选贤任能，聚天下英才而用之，培养造就更多更优秀人才的显著优势；坚持党指挥枪，确保人民军队绝对忠诚于党和人民，有力保障国家主权、安全、发展利益的显著优势；坚持“一国两制”，保持香港、澳门长期繁荣稳定，促进祖国和平统一的显著优势；坚持独立自主和对外开放相统一，积极参与全球治理，为构建人类命运共同体不断做出贡献的显著优势。这些显著优势，是我们坚定中国特色社会主义道路自信、理论自信、制度自信、文化自信的基本依据。这些优势也是金融支持制造强国建设的底气和动力。

1. 在党的十九届四中全会精神的框架中，建立一个高效有序的现代化制造业金融治理体系，使中国制造业焕发新的生命活力

我们可以依稀勾画出未来“制造业金融”美好轮廓：专门为制造业设立的政策性金融机构或者是部门有效运转，解决与制造业相关的很多国家战略性、关键性的资金与金融服务需求；专利银行、知识产权银行、各种创投、风投、产业投资基金为科技发展、科技成果转化为生产力提供源源不断的金融燃料；供应链金融、价值链金融沿着供产销和高端价值链为制造业提供一系列的金融产品；产业金融以租赁、信托业为基础，使得制造业与金融业相互融合，大型制造业企业成立专门的制造业金融控股集团，打造高端价值链，国际竞争力不断增强；财政政策与金融政策相互协调，而且与国际竞争规则相统一，精准支持制造业宏观方面的发展。所有这些是在以市场经济配置资源的基础上高效而有序运转，是在数字经济信息化、智能化背景下与时俱进，是在一个科技金融生态中，形成制造业金融大数据，政府服务、金融服务、企业服务、第三方机构服务井然有序，快速传导，共享、共赢、共生；所有这些又是在一种科学监管下，规避各种可能出现的风险与危机，实现制造业安全可持续发展。

2. 产业金融体系推动金融深化，使制造企业走向高端价值链；制造业特殊的产品周期、市场周期、创新周期和生命周期与产业金融模式相匹

配；信息化、智能化、区块链、数字资产等新技术为产业金融发展拓展巨大空间，“两化”融合进入新的时代

当制造业从价值链高端退出进入低端时，金融业也选择了退出，这是近几年来制造业投资大幅下降的重要原因。而此时信息产业、金融服务业、智能化产业进入了价值链的第一方阵。产业金融使命是通过融资租赁、资产证券化、科技金融、数字资产等形式，使制造业与高端价值链融合，推动制造业金融再造，发展大数据金融、区块链金融、数字金融，实现制造业生态治理体系与治理能力的现代化。

3. 为制造业发展提供现代化的切实可行的金融科技方案

我们过去曾经出台过很多金融政策措施支持制造业的发展，但是收效甚微，制造业投资增速持续下降，从2015年15%下降到现在的5%。在本课题研究中，我们设计了一个集成式的制造业金融服务生态系统“制造业金融空间站计划”。该计划的实施意义巨大。首先它能够生成一个制造业金融的大数据系统，这个大数据系统就成了“中央大脑”，中央能够动态及时知道各机构的投入情况、制造业金融的运营情况、各部门各级政府的支持情况，进行量化考核、精准施策；其次，“空间站”是一个集中力量办大事的执行与实施机制，把政府、政策、监管、金融机构、制造企业、第三方服务集合到一起，形成合力又明确分工，能够有效解决以往的卡脖子问题和各种疑难杂症。

4. 研究与制定金融支持制造强国建设的量化指标与标准体系

我们对标国际一流制造企业的质量指标、效率指标，形成多层次全方位的标准化指标体系、考核体系和操作体系，为制造业金融的各项政策与措施的落地，提供了可操作的技术支持。

三

提升和完善全球制造业金融生态，实施“全球供应链战略”和“全球价值链战略”。到2035年，建成全球先进制造业金融中心，使中国的制造业金融成为金融服务实体经济的全球标杆。

当前国际贸易金融形势十分复杂，中国制造业金融如何面对各种贸易金融壁垒以及各种贸易战、金融战、货币战成为十分重要的课题。

1. 设计与实施全球价值链战略，发展全球价值链金融。充分利用制造业金融手段，抢占全球价值链制高点、技术制高点、市场制高点与人才制高点；充分发挥资本市场的国际资源配置功能，实现中国制造业在全球化布局中的最优资源配置的现代化治理体系与现代化治理能力

世界经济已经进入全球价值链时代，货物与服务已经形成生产、加工、销售等环节的跨国性生产网络。在当前中美贸易关系愈发紧张，美对华贸易逆差被严重高估的背景下，急需引入“全球价值链”视角来解释世界贸易发展的新现象，从而探讨改革开放的中国在全球价值链重塑过程中的角色定位。

概括地说，全球价值链是20世纪80年代以来基于经济全球化而形成创新机制，指的是为实现商品或服务的价值而连接生产、销售、回收处理等过程的全球性跨企业的网络，涉及从研发到最终消费和回收处理的整个过程。从经济活动的空间分布、产业关联、资源协同、市场开放、利益共享等特征看，这一创新的全球性专业化分工机制，为人类命运共同体理念提供了理论和实践层面的支撑。全球价值链曾经在2007年美国次贷危机之前经历了约10年的黄金发展期，而如今，在逆全球化暗流涌动的背景

下，全球价值链又面临诸多新问题、新挑战，主要表现在以美国为代表的西方国家依据其技术先行、制度供给以及美元体系等综合优势，通过掌控全球价值链体系治理主导权从而过度获取超额垄断价值。这种治理模式，一方面削弱了链主自身的技术创新意愿，弱化了价值链体系的驱动动能，另一方面损害了链条参与方的利益，积累了系统性结构失衡风险，久而久之，会影响世界经济良性发展。

面对困局，国际社会表达了重塑全球价值链体系的意愿。近年来，联合国贸发会议、APEC领导人峰会、G20领导人峰会等均将重塑全球价值链列入议程和规划。其中，习近平主席提出的命运共同体理念和“一带一路”倡议，为全球价值链治理提供了中国智慧和方案。党的十九大报告指出，中国将“坚持推动构建人类命运共同体”“始终做世界和平的建设者、全球发展的贡献者、国际秩序的维护者”。2018年博鳌亚洲论坛年会，习近平主席的主旨演讲又从“大幅度放宽市场准入、营造更有吸引力的投资环境、加强知识产权保护、扩大进口”等四大领域进一步向世界释放出中国改革开放机遇。

在新一轮以高质量发展为导向的改革开放进程中，中国有望从制度供给、技术创新、市场升级三个维度助力全球价值链重塑，并依托新型全球价值链为经济全球化注入制度红利、创新红利和市场红利。

第一，以人类命运共同体理念指导，积极推动多边贸易体制、国际金融体制改革，为全球价值链治理提供更高水准的制度基础。人类命运共同体理念，契合了全球价值链模式下各参与方同生共荣的基本特征，凝聚了包容共享、开放和谐的中国智慧。近年来，中国在启动国内自贸区试点的同时，主张并推动亚太自贸区、亚欧自贸区建设，在WTO框架内推进与相关成员的贸易和投资自由化、便利化。中国也主张共建金融市场风险防控体系，通过国际货币基金组织、世界银行的改革，强化国际金融领域的制度协调。“一带一路”倡议、亚洲基础设施投资银行、金砖国家银行，中国正用实际行动为全球价值链制度建设进行有益探索。

第二，构建开放协同的技术创新体制机制，坚持创新驱动发展战略，为全球价值链重塑提供强有力的新技术动能。党的十九大报告指出，“创新是引领发展的第一动力，是建设现代化经济体系的战略支撑”。近年来，在创新型国家战略指导下，创新人才建设、创新环境建设得到切实推进，中国的技术创新实力已有明显提升。在开放包容、互利共赢的原则基础上，中国的人才、资金、市场优势，将为新一轮科技和产业革命提供强大动力，进而为人类科技进步和全球价值链治理贡献中国技术方案。

第三，以人民群众日益增长的美好生活需要为动力源，为重塑全球价值链提供高品质市场需求保障。进入中国特色社会主义新时代，人民群众日益增长的美好生活需要成为改革和发展的目标指引。从全面小康到初步现代化，再到现代化强国，中国十几亿老百姓的生活质量将持续提升，对应的则是中国市场需求的不断转型升级。从全球价值链运行的微观机制看，坚实的市场需求才能确保增值价值最终实现。从这个角度讲，中国规模庞大、品质优良的市场需求，即是新一轮经济全球化的最大红利。

面对不稳定性、不确定性矛盾突出的当今世界，面对仍然风险重重的世界经济，中国将坚定奉行改革开放国策，致力于与世界各国携手共建人类命运共同体。一个更加包容开放、更富创新活力、更高质量发展的中国，必然为全球经济转型升级带来新机遇。

2. 设计与实施“全球供应链”战略，大力发展全球供应链金融，为

“一带一路”提供源源不断的金融支持；把科技金融的“空间站计划”布局全球，建立制造业金融的“人类命运共同体”

供应链概念在20世纪90年代末被明确。1998年，美国物流协会把物流定义为供应链活动的一部分，开始将物流的概念向供应链转移。21世纪以来，前十年，供应链概念的发展以注重如何以最快的速度、将最精准的服务送抵客户为主要关注对象；2010年之后，整个供应链的可持续发展及其背后的企业社会责任问题，成为最受关注的研究对象。

世界上最早把供应链发展上升为国家战略的国家是美国。早在2012年，美国就发布了《全球供应链国家安全战略》。其目标有二：一是促进商品的高效和安全运输；二是培养一个有弹性的全球供应链。这份《全球供应链国家安全战略》的发布，标志着在全球经济一体化的市场竞争环境下，现代物流开始进入供应链管理时代。英国学者马丁·克里斯多夫认为，“21世纪的竞争不是企业和企业之间的竞争，而是供应链和供应链之间的竞争”，各个国家已经将供应链平台的竞争作为国家竞争的主要支撑。美国为何会在2012年提“全球供应链国家安全”？因为其实在之前很长一段时间，美国都是“外包”策略的最大受益者。但经过一个长时段的实践，他们发现，虽然全球资源和产能都为我所用，但很多制造业企业的创新能力都明显下降。由于他们总是把生产外包出去，导致运营管理层离市场一线的目标太远，只跟市场数据打交道，并不能帮助他们敏锐捕捉到市场上的最新风向，一不小心就会与时代脱节。这让他们开始警醒，光是把别人的生产组织起来直接卖给消费者这条路，已经走不通了。

首先，中国设计与实施“全球供应链战略”已经迫在眉睫。中国对供应链的研究其实并不落后于其他国家，但各行业整体呈现出的供应链竞争力却偏弱。因为严格来说，在中国企业界，对供应链管理有所注重的，主要还是一些核心企业，以宝钢、海尔、TCL这种比较大的生产性企业为代表。而他们对供应链管理的注重，主要侧重于对供应商和分销商的管理。

这几年，由于行业资源整合浪潮频频，或是由于成本高企的压力，注重深化供应链管理的企业才多了起来。比如，2015年前后，很多中国大企业纷纷基于互联网平台，构建起各种层级的资源整合平台，以期更好地管理自己的供应商，提高成本管理效率。但随着这几年越来越多的企业实现的不仅仅是同行业的整合，而且是跨行业整合，以及越来越多的中国企业走出国门寻求更好地发展资源、更广阔的市场空间，愈发感到，若不能在供应链管理能力上有所提升，势必对自身在全球市场上的竞争力构成根本性影响。

从更大的视野来看，目前，中国不仅是全球第二大经济体、全球第一大消费国和全球第一大制造国，也是拥有世界500强企业数量第二多的国家，更是全球最大的物流市场和全球最大的电商市场。如果我们不能及时形成一批适合我国国情的供应链发展新技术和新模式，培育起一批全球供应链领先企业，就将在全球供应链市场上持续处于收益洼地和竞争洼地。

供应链是看不见的商业基础设施。近年来，我们国家出台过多项国家战略，比如“互联网+”“一带一路”“中国制造2025”，等等。细想一下就会发现，在这些战略的落地实施过程中，都少不了供应链管理水平的提高与供应链运营、发展模式的创新。

无论是制造业想通过“+互联网”，生产出更能满足老百姓需求的个性化产品，还是制造强国战略的中国制造向中国智造转型，把更多智能化生产成果送抵消费者，“一带一路”上通过全球资源统筹，达成更高效的“设计－生产－采购－销售”全链条高效运作，都需要用供应链思维来运筹帷幄。这是我们国家从国家层面提“供应链创新”最主要的一个问题指向。

供给侧改革的深化推进需要实施供应链战略。先前，我们印象中的供给侧结构性改革瞄准的都是钢铁、能源、房地产这些重量级行业，但其实，随着如今我国国民消费生活内容的极大丰富，部分电子产品等消费类产品都进入了产能过剩状态，于是，如何生产出更加符合消费者需要的产品，进而如何快速、保质保量地把它们送抵消费者、整个运营管理链条是否符合环境和社会责任方面的要求，都成为供给侧结构性改革深化推进过程中，绕不开的重要着力点。

一个典型的案例就是华为的供应链体系。为何中国的华为不仅在制造质量上，在设计和工艺突破上也新招频出？因为华为的手机从头到尾全部都是自己“干”的，且没有轻易放过供应链管理的任何一个环节。这让它的创新能力有了非常牢靠的发展基础。高科技创新产品行业如此，在其他行业，其实也如此。毫不夸张地说，好的供应链管理和创新，在今天已经成为一种看不见的商业基础设施，长远来说，足以影响一个企业的创新能力、一个国家的创新能力。这也是越来越多的国家会把供应链创新能力，提升到国家战略层面予以重视的原因所在。

其次，制造业金融应当大力发展供应链金融，建立国际供应链金融中心。初步研究，可以在上海、深圳、北京设立“铁三角”架构的国际供应链金融中心，并且把三大中心与香港、伦敦、纽约、法兰克福、东京等国际供应链金融中心进行信息化、一体化平台整合，形成中国的全球供应链金融现代化治理体系。

3. 设计与实施中国制造业金融的全面对外开放战略，为“一带一路”提供血脉，为中国制造走向全球提供动力，为制造大国转化为世界级制造强国提供金融支持

在国际政策协调方面，应积极推动WTO的改革，实现国际国内财政与金融政策的有机统一。当前，贸易与投资密切联系，全球价值链深入发展。投资便利化措施在改善WTO成员营商环境、提升对跨境投资吸引力、促进贸易和可持续发展等方面作用愈加突出，但企业跨境投资仍受政策不透明、行政效率不高等因素困扰。同时，中小微企业为WTO各成员扩大就业和促进科技创新做出了重要贡献，但在融入全球价值链上面临信息渠道不畅通、贸易融资成本高等问题。WTO应当继续坚持开放、透明、包容原则，推动相关议题的多边讨论进入新阶段。在投资便利化议题上，建立专门磋商机制，在尊重成员监管权利基础上，围绕加强透明度、提高行政效率、加强国际合作等要素，开展有效政策协调，探讨建立多边规则框架。同时，坚持以发展为核心，给予发展中成员技术援助和能力建设支持。在中小微企业议题上，通过增加信息获取、便利企业融资、降低贸易成本等方式，让中小微制造企业更好地参与国际贸易并从中受益。

中国在制造业金融方面要注重国际国内的政策协调，特别是当前复杂的国际贸易形势下，各种不确定性加大。国内对制造业的税收、转移支付、金融政策支持要与国际上的WTO规则、反垄断规则、竞争中性原则有机统一。制造业金融在对外开放方面设计大数据风险控制系统，及时防范各种金融与货币风险。

邹平座

2022年10月

Manufacture Finance

目录

第一部分

问题与对策

第二部分

国际比较与战略技术

第三部分

科技金融方案

第四部分

政府投资基金方案

5

第五部分

中国制造业金融分析报告（2021）

第一部分

问题与对策

一

加强金融支持制造强国建设的必要性和紧迫性

制造业是立国之本、兴国之器、强国之基，是国际竞争力的重要体现。加快建设制造强国，发展先进制造业是全面建设社会主义现代化强国，实现“两个一百年”战略目标的重要基础。党的十九大指出，要增强金融服务实体经济能力。作为实体经济发展的“引水渠”和“助推器”，金融要围绕制造业转型发展的痛点和难点，支持我国制造业加快实现由大到强的战略性转变。

（一）对制造强国的理解

一般人理解我国已是制造大国，表现为两个方面：一是体系健全，几乎涵盖现有工业的全部产业和绝大部分生产链条。二是规模巨大，工业总产值以及工业增加值在 GDP 中的占比比较高。可以说，是制造大国，未必是制造强国。经研究，我们理解的制造强国，是指处于技术前沿（被普遍认可）的有生命力的制造体系，是完整、前沿且不断成长的生命体。该生命体具有三个基本特征：前沿尖端、体系健全、动态可持续。

具体来说，一是具有前沿尖端的开发能力，特别是开创性的创新能力。二是体制健全，具有良性循环的成长能力，制造企业能实现良性循环和必要的规模扩张。三是具有内在的动态的优化能力，主要是结构的优化，具有优胜劣汰和转型升级机制。

基于三项基本特征的制造强国，其市场上的显著现象表现为：（1）效率高、成本低；（2）出现了越来越多的世界级龙头企业；（3）对主要产品有定价能力；（4）在全球产业链中处于关键环节，有重大影响力等。

综合上述三大特征与市场现象，从近些年全球科技和制造业的发展趋势看，这一轮技术的前沿尖端和转型升级，主要表现为三个方向：一是制造业与智能、信息的高度融合，表现为智能制造和物联网、区块链等的发展，实现从“机械”为主向“信息”为主的转换。二是生物技术的发展，仿生技术和对人自身的研究不断深入。三是实现了生产与消费，制造与服务的融合，出现了规模定制等新的生产消费模式等。

在这些趋势下，生产越来越“集成”和“智能”（以集成电路为典型代表），产业集中度越来越高。“迭代”“生态”等思维方式逐步占据主导，改变着生产乃至社会的组织方式。为此，我国要实现制造强国，通俗讲，需要在三个方面有所突破：一是保证制造业的良性循环和合理扩张。二是在尖端创新方面逐步掌握主动权，占领前沿。三是制造业要实现转型升级和结构优化。

（二）制造强国需要什么样的金融体系和金融服务

金融的本质，是以商业信任为基础，实现社会主体间的自愿合作和社会资源的优化配置。既然制造强国本质上是强大的生命体，因此对金融支持提出的更高的要求，不能仅仅从局外人角度，外在的给予支持，而是需要金融体系本身也成为一个动态演化的生命体，在与制造业生命体相互碰撞、融合中自发涌现出相互服务的市场、机构和产品。这首先需要在认知上发生重大的转变。金融要从以下三个方面主动认识到为我国实现制造强国必须提供的三大金融支撑。

一是金融机构和企业一道，能发现科技和制造的价值，即具有高效率的价值发现能力。这涉及金融机构与企业各种远见、经验、内部信息，甚至赌博投机的心理等。分析近些年我国制造业的发展，既存在因营养不良“饿死”“病死”的，也有大量营养过剩“撑死”的。在金融宽松和经营良好时期，有一大批企业获得大量金融资源，过度进行“多元扩张”，尤其是向自己不熟悉的“房地产”“金融”等领域扩张，或者在政府和金融机构不适当的信息激励下过度扩张规模。一旦经济形势发生变化，市场发展不如预期，就得不到应有支持，呈现出高杠杆和资金饥渴症。这既是金融机构和企业发现价值的过程，也是两者在共同融合中成长的现实，宏观周期波动的内在根源之一。

二是提供合理的激励约束机制。这一方面是不同的价值发现，通过一定的方式（市场的方式，如各种价格形成机制；企业内部的平衡比较方式，如治理模式、考核机制；非市场的各种排队配给方式等）比较综合排序并外显，形成共识和信任（社会认可并转化为社会价值过程），从而激发合作的过程，创造新的金融产品与工具，激发市场开发和投资意愿。另一方面，可通过各种信任、信仰机制，通过逐步标准化增信过程，输送到不同专业能力、风险承受能力的群体，实现风险扩散。

三是拥有有效的资源配置渠道，有能力保障资源按照价值发现和市场激励方向的配置。大量不合理的政策和制度设计，多元且相互冲突的目标选择（不同层次的利益冲突），尚不完善的要素市场等，都有可能成为抑制资源优化配置的因素。

具体来说，我国的金融业应能有效响应实现制造业强国提出的以下三个方面的要求。

首先，要支持前沿创新。这主要依赖于内源性融资，与股权投资有关，还需要通过财政、税收、保险和金融等手段，探索未知世界的风险和成本的合理分担。

其次，要支持传统制造业的转型升级。金融系统需要支持包括传统产业结构的优化，企业的转型。这自然涉及中小创新性企业的孵化成长、企业的技术改造和转型、企业间的兼并重组、破产退出以及集聚和迭代，对风险和股权投资（VC/PE）、对兼并重组基金和市场制度、对金融提供的风险管理和对冲产品等，这些会产生大量的金融需求。

最后，要支持良性成长。实现制造业正常的商业循环和规模扩张，需要发展基于供应量、贸易链等以商业信用为基础的产业内嵌式的金融发展，充分利用其中蕴含的核心企业债权、大宗原材料以及机器等耐用品使用过程中的价值，开发金融信用产品。与此同时，既要为金融能提供更有效的服务，还需要构建一个具有赋能的金融生态系统。

此外，金融支持制造强国，还需要与这一轮科技发展相结合。主要表现为金融的数字化、智能化、生态化和场景化。

（三）我国制造业正向高质量发展迈进

一是，制造业规模巨大并持续快速发展。当前，我国制造业在体量和规模上均位居世界首位，对外出口和国内需求持续提升，发展潜力巨大。改革开放以来，我国制造业在开放、合作、竞争中迅速发展壮大。1992年，我国工业增加值突破1万亿元大关，2007年，突破10万亿元大关，2012年，突破20万亿元大关，2018年，突破30万亿元大关，按不变价格计算，2018年比1978年增长56.4倍，年均增长10.7%。世界银行数据显示，按现价美元测算，2010年我国制造业增加值首次超过美国，成为全球制造业第一大国，自此以后连续多年稳居世界第一，2017年，我国制造业增加值占世界的份额高达27.0%，成为驱动全球工业增长的重要引擎。

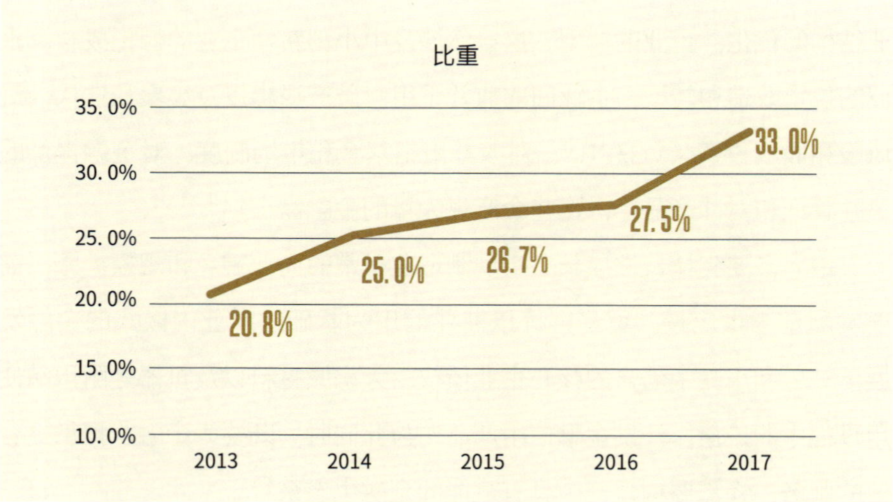

图1-1 部分年度我国制造业占全球制造业产值比
资料来源：世界银行

二是，制造业深度融入国际产业分工。目前，我国已成为制造业体系最为完备的国家之一。在联合国工业大类目录中，中国是唯一拥有所有工业门类制造能力的国家，中国500种主要工业品中有220多种产量位居全球第一。从国际产业体系来看，对外开放初期，我国商品出口以农产品、矿产品等初级产品为主，1980年，我国制成品出口额仅为87亿美元，占世界制成品出口额的0.8%，居世界第21位，是当时排名第一的德国制成品出口额的5.38%。然而随着我国制造业生产体系的不断完善，各类制造业产品逐步走向国际市场，其对外出口占比不断上升。2000年后，工业制成品占我国商品出口总值达90%以上，其中高技术、高附加值产品成为出口主力。2018年，机电产品出口9.6万亿元，占我国出口总值的比重接近60%。同时，传统劳动密集型产品加快更新换代，出口产品档次和质量不断提高，我国制造业已深度嵌入国际产业体系之中。

三是，制造业国际竞争力逐步增强。随着我国开放水平与发展阶段提升，一大批制造业企业伴随我国经济高速增长而快速成长起来，一些企业在生产规模、研发水平、管理能力及市场拓展等方面已成为制造业各领域的领头羊，在全球市场发挥积极作用。此外，尽管近年来我国劳动力成本等要素价格上升较快，但在中低端制造业中仍具有较强竞争力。根据第一财经研究院《中国与全球制造业竞争力》报告，尽管我国制造业的平均劳动成本增速加速上升，但目前我国制造业平均劳动成本的绝对值仍远低于欧美等发达国家，甚至低于土耳其、南非、墨西哥等新兴市场经济体。特别是，随着发展阶段的变化，我国高端制造业与发达国家的差距正在缩小，产业结构在不断调整中优化升级。2018年，高技术制造业、装备制造业增加值分别比上年增长11.7%、8.1%，增速快于规模以上工业5.5%和1.9%，占规模以上工业增加值比重分别为13.9%和32.9%，在发电设备、输变电设备、轨道交通设备和通信设备产业方面，我国已经处于国际领先地位。

四是，我国推进制造强国建设仍需“爬坡过坎”。尽管总体上看，我国制造业与过去相比取得了显著成就，但从当前国内外形势发展态势与未来要求看，我国制造业仍存在诸多瓶颈和短板，中国制造面临着“爬坡过坎、转型升级”的艰巨任务，主要体现在以下几方面：第一，资源约束加剧，中低端产业成本优势正在削弱，高端产业发展优势不足；第二，关键环节存在“卡脖子”现象，基础性创新欠缺；第三，缺少有国际影响力的自主品牌；第四，产业国际化程度不高，企业全球化经营能力不足；第五，制造业获得的金融支持持续下降，房地产、基础设施和金融对制造业的挤出效应较为明显。由此可见，尽管我国已成为世界第一的制造大国，但相比世界先进水平，仍有一些关键的“坡”和“坎”亟待突破，推动中国制造实现“由大到强”的历史性跨越，任重而道远。

这更加说明高技术人才、制度质量和国际直接投资等高级生产要素对制造业升级的促进作用强于廉价劳动力、资本等传统生产要素。与人口红利和大规模政府投资相比，应加大研发设计环节的投入力度，以创新驱动发展，重视人才。

（四）推进制造强国建设对金融提出了更高要求

先进制造业是富民强国、实现高质量发展的基础，是全球竞争的制高点。党的十九大报告指出，我国经济已由高速增长阶段转向高质量发展阶段，正处在转变发展方式、优化经济结构、转换增长动力的攻关期，建设现代化经济体系是跨越关口的迫切要求和我国发展的战略目标。在此关键时期，党中央、国务院高度重视制造强国建设。“十三五”规划指出要“加快建设制造强国”，十九大报告再次强调“加快建设制造强国，加快发展先进制造业”。2018年年底，中央经济工作会议将“推动制造业高质量发展”作为2019年重点工作任务之首。2019年政府工作报告明确提出“鼓励增加制造业中长期贷款和信用贷款”。

未来随着我国对外开放不断深化，向创新驱动转变，向全球价值链中高端转移将成为制造业的发展方向。在此背景下，作为支持制造业升级和创新的关键要素，高效、开放、富有活力的金融将为建设制造业强国提供有力支撑。

首先，金融业助力制造业企业更好地“走出去”。“一带一路”、区域贸易协定等对外开放新格局为我国制造业“走出去”提供了难得的机遇。“一带一路”倡议提出以来，全球已有100多个国家和国际组织积极支持并参与其中，沿线国家市场不断拓展，商务部数据显示，2019年一季度，我国对“一带一路”沿线国家进出口同比增长7.8%，高出我国外贸整体增速4.1个百分点。因此，拓宽制造业“走出去”的融资渠道，为制造业企业在境外开展业务活动提供多元化和个性化的金融服务将更好支持制造企业“走出去”。

其次，金融业支持制造业进行前沿创新和转型升级。当前，全球产业和经贸格局正在发生深刻变革，我国制造业更加广泛深入地进入世界分工体系并加快迈向全球价值链中高端，特别是在轨道交通、电力设备、海洋装备等高端制造领域，不断拓展分工版图，与发达国家的竞争愈加激烈。为培育一批世界级优强企业和打造先进制造业集群，加强金融业开放创新势在必行。通过进一步放开金融机构的市场准入，允许更多民营资本、外资通过正规渠道进入金融行业，设计开发符合先进制造业和战略性新兴产业特点的创新债券品种，能够有效助推中国在全球产业链重构中告别“微笑曲线”的低端，为中小创新性企业孵化成长、企业技术改造和转型提供服务和保障。

最后，金融业支持制造业良性成长。在激烈的外部竞争下，实现制造业的规模发展和平稳升级有赖于高效率的资金运作，这需要银行等金融机构提供更加便捷、灵活的资金清算、现金管理、财富增值服务，提供长期、稳定和低成本的技术改造和项目贷款支持，以及为企业间的兼并重组提供更加专业、高效的并购融资服务。

（五）制造强国建设为拓展金融服务提供了广阔空间

制造强国建设催生规模巨大的金融服务。党的十九大报告明确指出，要加快建设制造强国，加快发展先进制造业。作为国民经济的主体，制造业是兴国之器、强国之基，从根本上决定着一个国家的综合实力和国际竞争力。对于中国这样的大国而言，强大的、先进的制造业，是实现工业化和现代化奋斗目标的重要基石。实施制造强国战略，提高关键核心技术自主支撑能力，着力推进制造业重点行业领域突破发展，强化对制造业科技创新和技术改造升级的支持，推动制造业全球化布局，为金融发展融入国家经济战略提供了巨大政策红利和重大历史机遇。

长期以来，制造业对经济的贡献与金融对制造业的支持不相匹配。2015年至今，我国制造业增加值占GDP比重一直保持在30%左右，但企业新增人民币贷款占比却呈下降趋势，从2015年的63%下降至2018年的51%。未来一段时间，我国将继续保持完备的工业体系，同时还将着力发展一批资本密集型的高端制造业，这需要金融资源的不断支持与投入。

具体来说，制造强国建设所带来的全方位、多元化的金融需求将为推动金融服务和金融产品开放创新释放多重利好。例如，通过设立先进制造业融资事业部、科技金融专营机构等，提升金融服务专业化水平；规范发展制造业企业集团财务公司，稳步推进企业集团财务公司开展延伸产业链金融服务试点工作，提高内部资源配置效率；大力发展产业链金融产品和服务，有效满足产业链上下游企业的融资需求。

二

当前我国金融支持制造强国建设的具体实践与存在问题

近年来，中国金融业按照党中央、国务院有关金融支持实体经济发展的决策部署要求，深入贯彻落实《关于金融支持制造强国建设的指导意见》等政策，围绕制造强国建设的重点领域和关键环节，努力推动金融产品和服务创新，不断加强和改进对制造强国建设的金融支持和服务。但从当前国内外形势发展态势与未来要求来看，中国制造仍存在诸多瓶颈和短板，面临着“爬坡过坎、转型升级”的艰巨任务。金融业支持制造业发展仍存在重视程度不够、支持力度不强、支持手段不足、支持方法不够等方面的问题。

（一）金融支持我国制造业高质量发展的具体实践

一是，服务制造业降低融资成本，保持成本相对较低的比较优势。成本是国际竞争力的重要环节。近年来，我国企业生产成本明显上升，盈利能力弱已成为制约制造业转型发展的重要障碍。比如2007年，中国劳动力人口（15岁—64岁）的年增长率第一次转为负数，导致工人工资迅速上升。国家统计局数据显示，城镇居民制造业平均工资从2004年的0.86美元/小时增加至2017年的4.9美元/小时，增长4.8倍。

我国的能源、土地、物流、融资等成本也攀升较快，在多个方面已高于美国。以融资为例，2016年我国企业扣除通胀之后的实际利率约为3.09%，同期美国企业实际利率仅为2.21%。在美国税改政策背景下，我国制造业的低成本优势将进一步缩小，甚至可能发生逆转。近几年，中国金融业采取了多种措施旨在降低融资成本。债券是国际上广泛使用的融资方式，相较而言，这些资金具有融资成本低、分散风险和可持续性等优点。在“一带一路”沿线基础设施项目建设中，已发展成为重要的融资渠道。一方面，中资企业和中国金融机构可以发行债券融资。自 2018年3月上海证券交易所公布《关于开展“一带一路”债券试点的通知》后，红狮控股集团有限公司、中国建材国际工程集团有限公司等4家公司在上交所发行债券用于“一带一路”项目，共计38亿元。金融机构方面，中国银行首创发行“一带一路”主题债券，累计募集资金140亿美元，币种多元化是其重要特色。另一方面，国外政府、金融机构和企业可以在中国发行以人民币计价的债券进行融资。“一带一路”沿线国家和企业在中国境内发行熊猫债为650亿元人民币。

中国银行还通过创立跨境撮合服务平台，努力在本源上化解中小企业融资难、融资贵的问题。截至2018年年末，已在国内外成功举办了50场跨境撮合对接会，吸引87个国家和地区的 3 万家企业参加。作为首届中国国际进口博览会银行类综合服务支持企业，成功举办展商客商供需对接会，现场达成合作意向1258项，有力支持中小微企业融入全球产业链。同时还通过帮助企业在境外开展多元化融资，拓宽境外融资渠道，降低融资成本。

二是，推动优化全球布局，实现产业价值链分工的升级。目前，我国制造业的基本特征是产业附加值较低，在附加值较高的研发、设计、工程承包、营销、售后服务等环节缺乏竞争力。2016年，中国出口的主要是劳动密集型和资源型商品，约占总出口的1/3，而低技术密集商品仅占美国总出口的14%左右。低端为主的制造业供给结构既不能满足我国居民消费转型升级的需要，也不能适应新一轮全球竞争需要，还可能进一步加剧产能过剩。如中国银行发挥国际化、多元化优势，帮助企业在全球进行产能的优化升级。一方面，助力产能过剩行业优化重组。截至2017年年末，累计为上海江南长兴重工、广船国际、大船重工等骨干船厂的近20个船舶出口买贷项目牵头组建银团贷款，总金额超过20亿美元。另一方面，支持制造业跨境并购，助力企业全球化发展。参与中国中车全部重大海外技术并购项目，包括中车湖南株洲时代新材2.03亿欧元德国采埃孚新材料公司、中车湖南时代电气1.2亿英镑收购英国海底机器人公司；在新一代信息技术领域，为清华紫光收购惠普华三公司提供43.5亿元并购贷款支持；通过首笔跨境并购理财业务，为中航工业并购美国Hanson公司提供6亿元人民币资金支持。

在“一带一路”建设中，中资机构与国际机构合作，协同并进，“一带一路”建设和重大项目融资的合力正在增强。丝路基金累计签约项目30个，承诺投资金额大约100亿美元。亚洲基础设施投资银行成员国已增加到100个，累计为印度、土耳其等13个国家的35个项目批准贷款金额75亿美元，撬动其他投资金额近400亿美元。中国财政部与世界银行、亚洲基础设施投资银行、金砖国家新开发银行、亚洲开发银行、欧洲投资银行、欧洲复兴开发银行共同签署了加强“一带一路”合作备忘录，目前中国财政部正和6大机构协商实施备忘录相关内容。中国同中东欧“16+1”金融控股公司正式成立。

三是，助力制造业摆脱核心技术制约，引领科技变革潮流。统计显示，我国技术对外依存度高达50%以上，其中95%的高档数控系统、80%的芯片，几乎全部高档液压件、密封件和发动机都依靠进口。从盈利能力看，2017年中国在世界500强企业上榜企业的平均总资产收益率为1.65%，仅为美国企业平均资产收益率（4.79%）的34%。从劳动生产率看，2016年中国全员全年劳动生产率约为8253美元，同期，美国和日本全员劳动生产率则分别为10万和12万美元，我国不到其1/10。比如，近几年中国银行通过支持一系列高端制造、智能制造并购项目，助力我国技术进步和全球市场开拓。例如曾牵头筹组1.2亿美元银团贷款，帮助长电科技并购全球封装测试排名第四的新加坡上市公司星科金朋项目；作为主牵头行成功筹组37.07亿欧元银团，支持美的集团并购德国库卡的再融资项目；作为唯一中资银行参加上海电气收购意大利安萨尔多能源公司4亿欧元银团项目，上海电气由此获得高效清洁能源领先技术；为中航工业提供约15亿美元跨境并购融资，帮助企业在飞机制造、汽车转向系统等方面提高技术水平。

四是，培育一批高质量、高美誉度的全球品牌。著名品牌意味着高附加值、高利润、高市场占有率，是一个国家竞争力和国际地位的集中表现。2019年全球最具价值品牌500强名单显示，在上榜企业品牌价值的国家分布中，美国占据45.4%, 而中国占比仅为19.0%。

Brand Value by Country

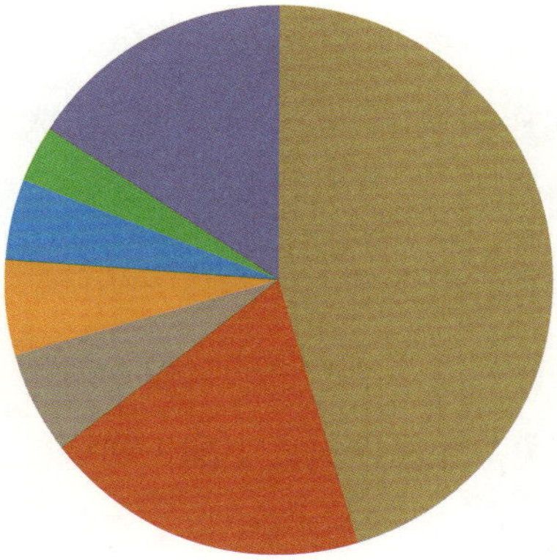

Country	Brand Value (USD bn)	% of total
United States	3124. 2	45. 4%
China	1307. 4	19. 0%
Japan	418. 8	6. 1%
Germany	401. 0	5. 8%
France	312. 2	4. 5%
United Kindom	227. 8	3. 3%
others	1087. 4	15. 8%
Total	**6878. 1**	**100. 0%**

图1-2 品牌价值占比国家分布图

资料来源：www.brandfinance.com

为支持制造业“走出去”和品牌提升，近几年中国银行业积极探索创新境内+境外、商行+投行、股权+债权的全球金融服务模式。例如，中国银行全球现金管理产品为“走出去”民营企业客户提供了全球资金“可视、可控、可运作”服务，目前已推出全球视通、双向通、海外资金池、海外SWIFT直连等重点产品。在2018年发布的中国民营企业500强名单中，中国银行已经为其中近300家客户提供全球现金管理服务，如为华为提供SWIFT直连服务，为吉利、正威提供双向通服务，中标成为美的、TCL境外资金管理合作银行，为其提供全球视通服务等。

特别是，“一带一路”倡议实施至今，政策性银行和大型商业银行是中国在“一带一路”沿线大型项目的主要融资方。据统计，中国金融机构为“一带一路”建设提供资金超过4400亿美元。截至2018年年末，国家开发银行累计为600余个“一带一路”项目提供融资超过1900亿美元；中国进出口银行推进首届高峰论坛确定的1300亿元（约200亿美元）等值人民币专项贷款落地，支持项目超过1800个；中国银行跟进“一带一路”重大项目逾600个，对“一带一路”沿线国家和地区共提供约1300亿美元授信支持，同时，努力帮助企业化解风险，提高对外投资信心。2015—2016年哈萨克斯坦坚戈币值出现大幅波动，中国银行利用两国央行的货币互换机制向客户发放了坚戈贷款，帮助借款企业避免了大额损失；中国工商银行累计新承贷“一带一路”项目300个左右，累计承贷金额近900亿美元；中国建设银行累计为29个“一带一路”沿线国家的117个项目提供了金融支持，签约金额206亿美元。

（二）金融支持我国制造业高质量发展存在的问题

1. 金融供给与制造业融资需求间存在结构性矛盾

一是，金融体制机制及结构与制造业发展特点及自身需求不相匹配的问题。当前我国以银行业为主导的金融体系，在资金发放上依赖土地房地产及流动资产抵押，在资金使用上要求超过一定比例的利息和收益率。制造业既是国民经济的基础领域，又是非常特殊的领域，行业门类纷繁复杂，技术迭代更新快速，研发投入大，投资回报周期长，利润率低，难以应对和满足当前金融机构的资金使用要求。同时我国当前金融机构普遍缺乏对制造业的深入了解，尤其面对当前数字经济的发展局面，金融机构普遍表现出支持困难，金融业的行业标准与制造业的行业标准两者既存在信息不对称也存在不对等，金融很难对制造业进行实质性支撑。这也是由于制造业需要很丰富的专业知识和行业经验。由此构成较长时期以来金融对制造业的支持表现出供给侧结构性不足，需要从根本上进行解决。

二是，当前稳定制造业投资仍面临较大的资金缺口。据项目组测算所得，2019年，制造业投资要实现5%增速将面临约1.51万亿元的资金缺口。测算过程如下：制造业融资来源主要分为信贷、表外融资、债券融资、股票融资和内源及其他融资五大类[1]（前四类1月—7月贡献了约2.53万亿元；第五类贡献了约为9.04万亿元）。进一步地看，假设2019年8月—12月上述两部分资金按1月—7月的比例供应，预计分别约为1.81万亿元和6.46万亿元，共8.27万亿元。

表1-1 对制造业投资的资金缺口计算 单位：万亿

	2015年	2016年	2017年	2018年	2019年1月—7月	2019年8月—12月（预测）
制造业投资额	18.04	18.78	19.36	20.33	11.57	9.78
主要外源融资占比	19.50%	21.41%	20.10%	16.86%	21.87%	
主要外源融资	3.52	4.02	3.89	3.43	2.53	1.81
银行信贷	11.27	12.44	13.84	15.67	10.83	7.74
银行信贷对制造业的支持	2.25	2.49	2.77	3.13	2.17	1.55
表外融资	0.58	1.09	3.57	-2.93	-1.06	-0.76
表外融资对制造业的支持	0.12	0.22	0.71	-0.59	-0.21	-0.15
债券融资	2.94	3.00	0.45	2.48	1.68	1.20

[1] 包括企业自有资金的转化、企业主家庭财产等内源渠道，以及民间借贷等其他外源渠道

续表

	2015年	2016年	2017年	2018年	2019年1月—7月	2019年8月—12月（预测）
债券融资对制造业的支持	0.91	0.93	0.14	0.77	0.52	0.37
股票融资	0.76	1.24	0.87	0.36	0.18	0.13
股票融资对制造业的支持	0.24	0.38	0.27	0.11	0.06	0.04
内源及其他外源融资	14.52	14.76	15.47	16.90	9.04	6.46
制造业投资资金缺口						1.51

资料来源：作者测算

2. 金融支持制造强国建设的方法及手段有待完善

一是，制造业企业的融资手段、路径传统且单一，产品开发、产业化、商业化资金主要靠贷款，其他金融服务有待落实。目前，企业主要通过贷款形式从商业银行等金融机构获取资金，缺少产业金融、金融租赁等相关支持手段。从金融结构看，当前银行贷款、发行债券和股票占到实体经济融资额的80%以上。金融服务模式与制造业需求不能完全匹配，金融创新力度有待进一步加强。特别是中小型制造业企业，融资渠道匮乏。国家开发银行曾经在沈阳机床对其研发世界级产品给予了大力的支持和大胆的金融创新，在研发类贷款上首开先河，通过创新模式实现以中长期项目贷款支持企业开展产品技术研发。沈阳机床经过4年努力，开发了具有世界级水准的车、铣、镗、钻四大类共计32款高端产品，其中倒立车、翻板铣等8款产品填补了国内空白，15款产品填补了企业空白，如此大的开发强度，在行业发展史上也是绝无仅有的。仅通过这一项金融服务与产品创新，就使得机床行业在产品发展上取得了“挡住进口、替代进口”的

“底气”和“本钱”，而过去的技术引进、合资合作等方法都没有实现这一目标。

二是，金融对行业技术研发、产业化、商业化发展缺少长期低息贷款的专项支持。由于制造业整体处于薄利时代，各企业难以筹集资金进行产品及技术研发，特别是在核心技术及基础性、前瞻性技术研发这类需要长期、持续、高强度大投入的领域。大部分企业投资意愿不强，投入几乎为零。为突破封锁、打破垄断，沈阳机床响应国家号召，打破常规，在数控系统核心技术研发上十几年间累计投入约30亿元，在国际化世界级产品研发上5年内投入近20亿元。虽然我们取得了技术话语权、实现了产品水平世界一流，但企业巨大的资金投入主要来源于短期贷款融资，短债长投给企业造成了巨大的困难，经营陷入困境，被迫进入破产重组。因此，对制造业企业的产品研发、转型升级应给予长期低息贷款支持已成为支持制造强国建设的当务之急。

三是，制造业中长期贷款投放基础有待改善。一方面，中长期贷款通常以项目作为载体，近年来制造业固定资产投资增速表现一般，2018年，全部制造业固定资产投资完成额同比增长9.5%。其中，铁路、船舶、航空航天和其他运输设备制造业固定资产投资增速为4.1%，中长期贷款需求不足；而增速较高的细分行业包括黑色金属冶炼及压延加工（增速20.9%）和非金属矿物制品（增速18.1%），均为产能过剩行业，新增贷款投放受限。另一方面，从融资成本角度考虑，中期流动资金贷款和短期流动资金贷款两个业务品种，企业更倾向于选择后者；此外，企业在长期项目建设期也希望银行给予短期贷款支持。综合因素叠加，导致制造业中长期贷款增速较缓。

3. 金融支持制造强国建设的政策力度有待提升

一是金融体系支持制造业高质量发展缺乏顶层设计。金融体系对制造业发展的支持，无论是从金融支持业务机构设置、金融服务和产品提供、贷款融资结构，还是利率水平等方面都缺乏具体的支持措施。迫切需要金融体系针对制造业高质量发展进行顶层设计，急需制定支持5个层面的具体政策和操作措施。

二是，金融对各行业重大基础理论和核心技术研究缺乏系统、连贯的支持。主要体现在两个方面：第一，是研发项目自身组织方式造成的。研发项目立项组织缺乏针对性和连续性，泛泛立项，项目零散化、短期化，造成小、短项目不断，大、长项目不够，金融长期支持很难落实主体。特别是在行业发展的卡脖子问题和核心技术攻关上，缺少国家系统、连贯、高强度的支持，“撒芝麻盐”现象严重，造成了核心技术和卡脖子问题没有得到有效解决。第二，研发成果与产业需求脱钩，缺少监管。特别是大学院所取得的研究成果向制造业企业转移意愿不强，常常自己成立企业进行产业化，但这些企业因缺乏与实体有效衔接和产业化的相关经验，常常做不好又做不成。现有项目体制与机制必须改变。

4. 金融在支持高技术制造业、制造业技术改造等方面仍较薄弱

一是，对制造企业开展金融租赁等新模式、新业务的资金和政策支持门槛设限高。如对沈阳机床开展厂商金融租赁、i5智能机床推广、5D智造谷建设等新模式、新业务时，缺少有力的资金和政策支持。厂商金融租赁在欧美发达国家已是重要的营销模式，融资租赁渗透率保持在50%以上，而国内对厂商金融租赁的审批参照标准金融机构的资质要求，导致制造企业很难满足，难以取得此资质，金融机构背景的融资租赁公司受限于

专业领域限制业务发展缓慢，总体渗透率尚未达到5%。

二是，新兴产业发展走势把握难度大。银行对于新兴产业技术路线、知识产权、市场走势行业周期等难以做出准确评估和判断，且新兴产业聚集大量初创期企业，传统信贷方式难以匹配企业需求。

（三）金融支持制造业存在问题的主要原因

制造业的金融支持状况，是金融业和制造业相互碰撞和我国金融业在理念，体制机制等制度融合的产物。既反映了我国金融业在理念和激励约束建设、市场完善和机构、产品设计上存在不足，也反映了制造业面临的外部环境、竞争格局和转型升级所面临的困境，特别是我国企业家群体的成长过程。在我国当前环境下，在某种程度上也反映了我国宏观管理、政策设计，甚至治理体系设计上还存在诸多不完善的方面。

1. 制造业融资状况在相当程度上是制造业面临的外部环境、竞争格局和转型升级、行业成长的集中反映

金融是为实体经济服务的，价值的发现、创造是由企业家和企业实际完成的。因此，制造业本身的价值空间开拓和实现是根本，决定了制造业有没有可能吸纳金融资源，即获得金融的信任和支持（合作），形成共同成长的生态，否则容易陷入“过”与“不及”状态。

近些年，由于我国工业化、全球化已达到一定程度，各类投入要素成本，如人力、原材料、资金、环保、租金和物流等成本不断上升。规模效应和产业配套优势有所弱化，加上新的技术范式冲击和逆全球化浪潮，我国工业投资回报不断下降。

我国绝大部分制造业的经营还主要处于价格竞争和恶性竞争，尚未转

变为质量竞争和合作竞争。中国每一家企业都想通吃，缺乏相互之间的合作，各家都有自己的生态系统，但都不兼容，处于生态孤岛经营较为困难。我国大部分制造企业所处的行业竞争激烈，价格上不去，增量不增收，增质不增效，利润不高导致内源性融资不足，没有动力和能力进行技术变革。企业内源性融资和股权性融资比重较低，杠杆率较高，财务脆弱性高。

在缺乏新增长动力的情况下，外部环境、行业竞争状况导致制造业整体缺乏持续良好的增长前景和盈利预期，金融资源的承载和吸纳能力较弱。在融资条件较宽松的时期，企业成熟度不足（特别是企业家的不成熟），盲目扩张规模、跨界投资（将转型等同于转行），尤其是大量介入房地产和金融等不熟悉的高杠杆行业，更是导致“消化不良”，引发大量后遗症，如债务负担过重，管理失控和不同行业冲击共振等，“撑死”和“饿死”空间上“并存”和时间上“共融”。

近年来，国际上出现了制造业服务化，越来越多的制造业外包并实现服务化。在统计上表现为制造业增加值在国民经济中的比重有所下降，但如果考虑为制造业提供服务的服务业增加值，其整体的比重并没有明显下降，如美国。我国也出现了一些制造业外包和服务化的趋势。我国制造业获得金融资源比重下降，与制造业本身产能过剩，利润（率）下降，风险加大以及房地产和基础设施占用过大金融资源有关。我国的制造业在原有产业较普遍出现产能过剩的情况下，开始向服务业，特别是信息化智能化转变，制造业在国民经济中的相对地位和呈现形式正在发生变化。

2. 我国金融市场的价格发现效率较低，风险管理能力较弱

金融在制造业的资源优化配置效率不高，甚至存在短期化行为和劣币

驱逐良币现象。特别是当高度关注价格指数（如股指）时，起初着眼于价格发现效率的制度设计，往往不得不让位于着眼于“资源配置”和“市场稳定”的制度设计。

（1）大量企业依赖于上市实现信用增信，获得流动性溢价，并将上市融资作为无成本资金。上市后资本运作的动力和压力加大，资本市场有使企业的行为短期化的倾向。

（2）要求确定和快速的市场回报与基础性的技术开发之间的矛盾。PE/VC受市场压力，倾向于投资技术较为确定、面向特殊市场的中小企业。我国目前的最大优势仍然在于“大市场”，在这种价值取向下，企业倾向于将精力和迭代放在市场开发，投资机构也将选择标准主要放在快速获取市场和利润上，并不太重视技术准备和完善。

（3）兼并重组等资源整合行为乱象不断，仍受到较多不尽合理的行政性约束。企业的兼并重组是实现产业升级和结构调整的有效途径和重要方式，制造业也是上市公司兼并重组的重点行业，2018制造业并购重组的交易总量占总的并购重组交易总量的60.58%，占交易总额的 54%。但目前上市公司兼并重组行为仍存在较多乱象，曾出现过不公平的控制权争夺、大股东利益输送、资本运作性和股价操作性兼并重组等事件。上市公司兼并重组行为目前仍有较多制约，支付和融资方式较为单一。

（4）保险市场作用不完全。保险公司针对科技保险、专利保险、安全生产责任保险的业务不多，保险补偿和保费补贴机制尚需健全，保险资金的长期优势并未显现，保险资金的投资范围受到限制。

3. 我国金融体系缺乏风险承担的意愿和制度能力，尚未形成自我担责、具有“自我成长”的金融体系

这个问题具有深刻的体制和体系层面的根源，是我国整个治理能力不足在金融领域的体现。如我们的考核等激励约束机制没有充分将体系内的精力和资源引导到市场和专业层面。金融体系在其能看见价值的领域激烈竞争（如国有和上市公司的资金需求等），但在市场开拓（看见原先看不到价值或忽略的领域）等方面竞争就相当不充分，尤其在中小微企业和三农领域，没有形成特色化竞争。金融体系对持牌机构过度监管，严重制约了其创新能力和自我决策自我负责的成长空间，大量依赖于直接、表面的可以免于追责的各类约束，没有激发出机构和个体的自我约束，间接约束较少，等等。

（1）以银行为主的金融体系，将真正的风险判断和承担转嫁给国家（含监管部门）和微观实体企业，尚未成为独立的市场主体（在资本金或授权范围内自主决策、自我负责）。到目前为，我国的汇率、利率（银行无风险利差）仍受到国家一定的管理（保护），国家通过宏观管理、风险监管和价格调控，甚至隐性担保和刚性兑付等方式，一定程度上吸收并承担了微观主体的风险。银行并不主要根据企业实际用款需求，而是通过选择较短的贷款期限、严格的抵押物要求，将微观风险转嫁给企业。

（2）高度依赖于抵押物（物的信用，特别是房地产提供的信用支撑）和政府信用，商业信用和制造业的内在价值没有被金融业充分认识和利用。如果考虑到银行承兑汇票仍依赖银行信用，大量仍与物的信用相关，那么这种不平衡就更加严重。目前我国绝大部分商业银行发放贷款时，主要是根据三个方面的信息决策的，一是股东背景、二是财务数据、三是抵

质押情况。银行与商业距离较远，资信评估等基本上还是以"局外人"身份存在，还不能深入理解商业，更无法发现和评价其内在价值。

(3) 以“证明”为特征的债权文化仍是主流，极大地限制了金融体系合理的“学习”和“冒险”精神。由于事后很难区分能力不足（需承担必要的学习成本）、腐败和利益输送、合理的风险损失等造成的损失，加上以国有体制为主的金融体系，需要在每一项目上证明自己的正确性，我国金融体系有强烈的“保守”意愿。

4. 社会信用体系不完善

银行与企业信息不对称，制造企业融资难的一个重要原因就是缺信息、少信用，尚未建立全国范围的信息共享机制，商业信用的融资优势不明显，知识产权融资渠道不通畅，企业信用意识也需要进一步提高。

三

金融支持制造业的国际模式

从历史实践来看，无论是工业革命、电气革命，还是后来的信息革命，都伴随着一场金融变革。当前，新一轮科技革命和产业变革正前所未有地改变着人类生产力布局，世界主要经济体纷纷出台制造业发展战略。为此，各国竞相发挥自有金融体系的资源整合与配置功能，推动金融创新与变革，以赋能本国的制造业发展战略并角逐全球产业链分工调整布局新的制高点。回顾历史，正视当下，先进国家的做法与经验为我国金融支持制造强国建设提供了一定参照。

（一）金融支持产业发展的机制和模式

从理论上来看，金融主要通过3个层次来支持产业发展。其一，通过将储蓄转化为投资的功能，影响和调整产业存量和增量结构，进而直接推动产业结构优化；其二，通过激励技术创新、优化资源配置，辅助产业政策间接引导产业发展；其三，与产业相互渗透，使得金融支持成为支持产业升级本身的一个重要组成部分。

从国际实践来看，金融支持产业发展总体上形成两种模式：一种是市场主导型金融支持体系，以美国、英国为代表。其充分发挥市场的支配力量，更多表现为制造业部门与直接融资部门的结合，并通过政府的综合布局与支持不断完善和演变。另一种是银行主导型金融支持体系，以德国、日本、韩国为代表。其更多地表现为制造业部门与银行部门的结合。整体而言，发达国家金融支持制造业无外乎风险投资、证券市场、商业银行和政策性金融机构4条路径，同时辅以相应的政策制度和法律法规。

（二）"自下而上"市场主导型金融模式的做法与经验

市场主导型金融支持模式是一种以资本市场为主的产融结合模式，是市场经济自然发展与演进的结果。其支持产业发展的经验对我国金融服务制造强国建设具有一定借鉴意义。

1. 构建起层次分明、功能完备的资本市场体系

美国已形成世界上最发达的资本市场，并形成了层次分明、结构合理、风险分散、多重覆盖的"金字塔式"市场结构。从构成来看，第一层是以纽约证券交易所为代表的全国性市场（主板市场），主要为成熟企业

提供上市融资服务。第二层是创业板市场（二板市场），以纳斯达克全国资本市场和纳斯达克小型资本市场为主体，其中全国资本市场面向成熟型企业，小型资本市场面向规模较小、处于成长期的新兴企业。第三层是区域性证券交易所，主要包括芝加哥证券交易所、太平洋交易所、费城股票交易所、波士顿股票交易所和国际证券交易所等。第四层是场外柜台交易系统、粉红单及地方性柜台交易市场，主要为未上市的股票和证券提供交易和流通的场所，虽不具备实际的融资功能，但其数量多、进入门槛低、服务领域广泛，为资本市场构建了广阔坚实的基础，为上市融资等高层次资本运作提供了有力支撑。

“金字塔式”的资本市场构成相对稳定合理，各层市场之间的链接与跃迁机制，使得资本市场能够为不同规模、不同发展阶段、不同资本需求的企业量身打造资金支持方案。在20世纪后半期，美国技术创新与资本有机结合，高科技产业得到突飞猛进的发展，成功推动美国经济实现了转型和产业升级。资本市场的发展带动了一大批美国科技企业的兴起，如英特尔、微软和甲骨文等公司的上市，奠定了美国计算机产业在全球的领先地位；思科、朗讯的上市，推动了美国通信业的迅猛发展；雅虎、亚马逊和谷歌的上市，使美国成为网络科技行业的领航者。

英国的金融经济体制较为完善，建立了层次分明、功能完备的资本市场体系，并不断调整市场结构体系，适应新的经济环境和市场需求。英国资本市场以伦敦证券交易所为代表，包括主板市场、高增长市场和专业证券市场三大主要市场。主板市场主要服务于实力雄厚、规模巨大的国际一流企业，于1999年设立了科技板块，以满足创新企业的特殊要求，并于2011年在创业板基础上推出医药科技企业板块，专门为医药研发和制造的创新型企业及健康保健产业相关企业提供融资服务。高增长市场是伦敦证券交易所专门为规模较小的成长型企业提供资金的市场，便于企业通过IPO和再融资筹集发展所需资金，与私募股权一起，已成为全球风险资本“筹资阶梯”中的重要一环，培养了大量“独角兽”企业，为制造业创新、创业和就业提供了强有力的支持。专业证券市场是满足个性化融资需求，发行人可以向投资者发行特殊债券或存托凭证。通过多层次市场结构，英国吸引并聚集了大量社会资本源源不断地进入相关产业领域，促进资本与产业循环互动，加快了支柱性、先导性产业的培育和发展，奠定了英国科技新兴产业在国际市场上的地位。

2. 资本市场参与主体以机构投资者为主

从美国资本市场的主体结构来看，银行、证券公司、投资公司、保险公司、投资信托公司、各种福利基金、养老基金及金融集团等机构投资者占比较大，重视价值投资，市场稳定性较强。据统计，截至2018年年中，美国机构投资者持有市值占比已高达93.2%，个人投资者持有市值占比不到6%。与个人投资者相比，机构投资者具有投资管理专业化、投资结构组合化、投资行为专业化的特点。第一，机构投资者发挥自己在信息掌握和信息分析方面的优势，发现市场上有价值的中长期投资机会，为企业扩大再生产提供资金支持，从而增强资源配置的能力。第二，机构投资者通常参与投资企业的公司治理，使得上市企业质量的提高与机构投资者发展壮大相互促进、良性互动。第三，机构投资者出于自身发展或市场发展需要，倾向于树立理性、成熟的投资理念，选择真正有投资价值的投资标的并长期持有，引导众多中小投资者理性投资，从而抑制短期波动，促进资本市场规范、稳健、高效运作。

3. 资本市场形成了健全的上市公司"退市机制"

上市公司进入和退出机制是资本市场这棵大树的根基，是资本市场最核心的基础制度之一。在美国资本市场上，上市公司"大进大出"成为常态，这是资本市场有效配置资源与健康发展的重要基础保障。根据IPO发审制度，美国股市采用以诚信和法治双重约束的"注册制"，在退市标准方面，采用财务退市和市场化退市双管齐下，并且美国股市退市标准与上市标准大体对称。基于此，美国通过"大进大出"实现"大浪淘沙"，培育出一大批诸如微软、英特尔、苹果等世界知名企业。1995年—2002年的8年内，因遭受"网络泡沫"破灭以及"9·11"事件的冲击，美国股市经历"大起大落"，导致7000多家上市公司退市。近年来，纽约证券交易所每年有100家—300家新公司IPO，同时也有100家—300家公司退市；纳斯达克每年有300家—500家新公司IPO，同时也有100家—300家公司退市。其中，差不多一半是强制退市，一半主动退市。

美国上市公司退市的原因大体包括三种情况：第一，因并购或私有化原因主动退市；第二，是因达不到持续挂牌的财务标准或市场化标准而被迫退市；第三，因法人过失或违法行为导致退市。美国完善的市场化和多元化退市标准体系，提升了上市公司质量，保护了投资者利益，确保资本市场保持有进有出、吐故纳新、动态平衡的合理状态，促进资本市场体系良性循环。

4. 金融产品与服务创新层出不穷

从美国金融发展历史来看，金融创新与变革助推美国率先实现了第二次和第三次工业革命，并成就了美国的经济强国地位。尤其是20世纪60年代以来，金融创新层出不穷，金融制度、金融产品、交易方式、金融组织、金融市场等方面的创新和变革促进金融领域各类要素重新优化组合和重新配置。

从资本市场来看，创新贯穿于美国资本市场发展的各个环节，完善了资本流动机制，提高了资本配置效率。尤其是，美国形成了成熟的风险投资市场和风险贷款市场，推动科技产业长盛不衰。目前，美国已发展成为全球最大的风险投资市场，细分为种子与天使投资、早期风险投资和后期风险投资。投资形式也由最初硅谷驱动的单极体系演变为多极体系并不断向境外传播。以芝加哥商业期货交易所为代表的许多交易所长期致力于金融衍生品的开发，以满足对投资风险不同偏好的各类投资者需求，也为资本市场提供了各种可供选择的避险工具。同时，持续的产品创新也促进了诸如养老金之类的各种社会资本进入资本市场，扩大资本市场的资金来源。从商业银行来看，不断整合信贷、股票、债券、基金、保险等领域，开发复杂性、综合性的组合产品，如多层次住房抵押贷款、资产证券化、担保债务权证，同时大力推动了金融市场在资本运作、财务管理、资产负债管理等方面的创新。

从欧美发展历史来看，金融创新能够彻底或细微地改变资源配置“组合”逻辑，将资金引导并配置到亟须且效率最高的生产环节或产业，并指数级引导经济中的价格变化和结构调整在各行各业延伸，从而或快或慢地促进传统产业链和价值链转型升级，或多或少地催生出新工艺、新技术和新产业，或重或轻地打破原有产业结构平衡，最终触发颠覆性的产业革命。

5. 商业银行不断探索产业投资新模式

英国商业银行不断探索混合型产业投资新模式。17世纪末，英国构建起“以英格兰银行为中心、遍布全国各地的商业银行为外围”的银行网络体系，助推了第一次工业革命的爆发，推动英国率先完成工业革命并步入“工业时代”。2008年全球金融危机之后，英国商业银行普遍缩减贷款资产规模，将贷款主要投向具有优质抵押品和投资经营更谨慎的企业的同时，进一步探索更综合化、更可持续的产业投资路径。2011年，英国银行家协会与巴克莱银行、汇丰银行、劳埃德银行、苏格兰皇家银行、渣打银行等主要银行共同出资并成立了“商业成长基金（Business Growth Fund, BGF）”。

BGF专为制造业等重要领域的高成长中小企业提供投资资金，针对企业不同成长阶段可提供BGF创业投、BGF成长投和BGF上市投（“股权+债券”混合投资）三类投资，并利用已投企业的网络资源为投资企业提供各类商业对接和人才服务。相对于标准化融资模式，这种新型的私募股权基金更符合中小微企业灵活、复杂、多变的融资需求。截至2018年年初，BGF已向220家企业投资超过14亿英镑，成为英国当前最活跃的成长资本投资机构，有效弥补了初创融资与风投基金之间的市场空白，支持制造业等领域中小企业迅速成长，为英国产业振兴发挥了重要作用。

6. 建立政策性与市场性联动投资机制

英国拥有发达的创业资本和私募股权投资市场，为本国及欧洲其他国家产业发展提供了强大的资金支持，覆盖了从原材料工业到消费者服务的各个领域，尤其是为信息技术、生命科学等新兴科技型产业中的创新企业提供了重要的融资支持。英国创业投资及私募股权投资体系既包括以政府为主导的创业投资基金，也包括以科研院所及企业为主导的私募股权投资。

从政府层面来看，英国推出了各类独具特色的政策性创业投资基金，其中企业资本基金最具代表性。该基金设立的目的在于通过政府引导及私人部门的积极参与，切实解决初创企业股权融资缺口问题，支持中小企业高速成长，为英国科技等支柱产业提供源源不断的动力。苏格兰政府为促进中小企业融资，针对企业发展不同阶段的不同需求，设立了一系列政府投资基金，其中以苏格兰联合投资基金为典型。2010年—2013年，该基金募集发起者苏格兰投资银行通过投资3950万英镑，撬动了8250万英镑社会资本投资。2009年，英国政府设立了风险投资基金——英国创新投资基金。该基金由美国政府基金和个人投资者基金共同构成，设有两只母基金——Hermes环境创新基金和英国未来科技基金。通过“母基金”的形式，英国创新投资基金吸引了众多投资者参与股权投资，包括金融机构、企业投资者、其他政府基金、高净值人群等，提升了投资杠杆并推动了投资多元化。该基金集中投向了战略性新兴产业，包括数字科技、生命科学、清洁技术和先进制造业。

从高等院校方面来看，为了推动高校科技成果转化以及科技领域发展，英国依靠高等院校设立了创业投资公司。以剑桥创新资本公司为例，主要业务集中在抗癌新疗法临床实验、人工智能决策体系、机器人进行微创手术等医疗科技领域，投资项目集中在剑桥大学的技术转移转化，同时将创新技术、高级专业人才和丰富企业家联系起来，打造剑桥良好的产业发展和创新创业环境。

7. 金融科技提升金融服务质效

美国的金融科技产业发展处于国际领先水平，产业生态已非常成熟。从金融科技产业来看，美国硅谷位居首位，在金融科技优秀企业数量、资本实力等方面均位列全球第一。美国顶级的金融科技公司包括，专注于在线借贷、为介于优级信用和次级信用之间的客户提供贷款服务的Avant、世界首家P2P贷款企业Lending Club；专注于互联网保险的Oscar Health，以及专注于财富管理的Wealthfront等。金融科技的快速发展有效拓宽了金融可获得性，提高了金融体系的深度和效率。但是，金融科技创新的开放性、互联互通性及高科技含量特性使得金融风险更加隐蔽，潜在系统性、周期性风险也更复杂。为此，美国建立了完善的监管框架，消除金融科技所带来的潜在风险，以平衡金融科技创新与金融稳定的发展。2019年，美国国会宣布，将由众议院金融服务委员会针对金融科技和人工智能创立两个专门的工作小组。一方面，主要研究美国国内外的监管环境，以及高效支付的基础设施和法律监管框架。针对在线贷款（尤其是贷款发放所使用的替代数据），以及大数据的使用及对用户隐私的影响等方面展开研究。另一方面，将主要研究人工智能在金融服务和监管中的应用，人工智能在数字身份识别和打击欺诈中的应用，以及金融自动化将如何影响金融服务和整体就业等问题。

英国政府将金融科技发展纳入国家战略，给予资金、政策及监管等多方面扶持，使金融科技从早期的创新源泉发展成为独具特色的新兴产业。2008年，英国政府在伦敦实施“金融科技中心”计划，即通过金融科技人才培育、资本投入及相关基础设施建设，大力发展金融科技孵化器、加速器，确立英国金融科技全球领先地位。据统计，2018年上半年，英国金融科技投资总额超越美国，同时位居欧洲首位。截至目前，有50%的欧洲金融科技初创公司诞生在英国，同时还向欧洲、中东，以及非洲地区提供世界级的金融科技基础设施。英国金融行为监管局于2016年首创“沙盒监管模式”，为全球金融科技的长期健康发展提供了经验。在“监管沙盒”框架内，金融机构或金融科技企业按审批程序提交申请，在一定时间和范围内测试新型金融产品。对顺利通过测试项目，即使达不到现行法律法规的要求，监管部门也可对申请机构授权，使其在更大范围推广；对未能达到预期效果的项目，监管部门则有权终止测试。这一监管模式为新技术试验提供相对宽松的制度环境，有力地推动了英国金融科技创新的发展，同时也有效防范了金融创新带来的风险。

新加坡非常重视发展金融科技，鼓励借助大数据、区块链、人工智能等技术手段，提高金融资源可得性，探索产融结合的新场景、新路径和新模式，抢占金融创新发展的全球制高点。从2015年下半年开始，新加坡政府已启动“智慧国家2025”作为重点工作任务，并结合自身金融和科技基础，设置金融科技管理机构，制定金融科技发展计划，首批启动金融科技“监管沙盒”，完善配套环境，打造金融科技生态平台，致力于打造立足新加坡、面向东南亚和亚太地区、连接全球的金融科技创新枢纽。

8. 绿色金融理念促进经济健康可持续发展

在全球气候变暖、环境趋于恶化的背景下，英国较早提出将绿色金融作为促进产业转型升级和经济可持续发展的一种创新型金融模式。近几年，英国政府持续不断推动绿色金融的发展。由英国政府支持的绿色金融小组，协调包括伦敦证券交易所、英格兰银行、汇丰银行等各方力量，用金融手段推动绿色环保产业发展。2012年，英国政府全资成立英国绿色投资银行，成为世界上第一家专业从事绿色金融的政策性银行，其80%以上的资金投资于四大优先领域，即海上风电、废物和生物能源、提高能效以及社区可再生能源。此外，伦敦证券交易所积极发行绿色金融债券。截至

2017年年底，共发行了64只绿色债券。2019年7月，英国政府公布了“绿色金融战略”，金融部门将协助企业进行环境信息披露，积极采取行动应对气候变化与环境退化，并推动英国2050年零排放目标。绿色金融作为一种新的发展理念，一方面，可以通过金融可持续发展推动传统产业转型升级，推动经济健康可持续发展；另一方面，可以将金融资源有针对性地配置到新能源、新材料等技能环保新兴技术上，促进新兴制造产业发展。

（三）“自上而下”银行主导型模式的做法与经验

1. 银行与企业之间形成“利益共同体”

德国的银行主导体系又称为“全能银行制”，即德国的银行采取混业经营模式，不受金融分业经营的限制，业务涵盖的范围从传统银行到证券、保险，又到衍生品和其他金融业务，再到实业投资。“全能银行制”通过“主持银行模式”，助力国家产业结构调整。所谓“主持银行模式”，是指银行能够参与到公司经营和管理过程中，大银行通过对公司持股或贷款的方式，与企业产生密切联系，并且大银行还通过向公司派遣监事等方式，对公司进行监督和指导。通过人事参与或直接或间接地影响企业融资，是德国“主持银行模式”的集中体现。一方面，银行参与公司经营决策，长期持有企业大量股票，减少交易中的逆向选择和道德风险；另一方面，银行会对出现经营危机的企业尽可能地提供帮助，帮助企业制定和追求长期发展目标，实现双赢并且避免短视行为。

日本形成了独特的支持产业发展的金融模式——“主交易行制”。“主交易行制”是交易行制的延伸。日本的企业至少和两家银行有业务往来关系，主交易行是指与一家企业有贷款交易关系且占比最大的银行，或与这家企业存在人员派遣关系的银行。通过“主交易行制”，银行与企业之间形成“利益共同体”，将产业资本和金融资本有机结合起来，并将资金渗透到产业链的上下游企业，从而支持本国产业发展。对银行来说，主交易行能获得这家企业最多的交易份额，对企业有更大的话语权，同时能获得更丰富、更准确的用户信息。对于企业来说，第一，主交易行在银行交易和贷款当中都占最大的份额，是这家企业最大的债权人，因此银行会关心企业的经营，向企业派遣高管，为企业的经营提供建议和指导。第二，可以从主交易行获取相对稳定的资金支持，不必担心资金忽然中断等问题。如果发生了一时的资金周转困难或经营状态不佳面临倒闭危机，企业可向主交易行求援，主交易行也较愿意提供资金支持，帮助企业渡过难关。第三，如果主交易行是有名的大银行，其他银行会以此为信用背书，从而更放心地和这家企业建立交易关系。

韩国的银行主导型支持模式又称为“政府主导型”。20世纪70年代至90年代，韩国政府通过直接设立和管理金融机构，并依据国家经济和产业发展战略，决定信贷规模、资金成本和资金流向，形成所谓的“官办金融模式”。这种模式能够把有限的资本集中投向政府支持的重点产业，尤其是对大企业提供了大量低息长期贷款，促使其在短期内实现了飞速增长并迅速扩张。到后期，大企业为推进企业集团的形成，也纷纷设立了非银行金融机构，如信托投资公司、储蓄机构、保险公司等，进一步拓宽了融资渠道。通过政府扶持成长起来的以三星、现代等为代表的韩国大型企业集团在韩国经济腾飞和产业发展方面发挥了重要的作用，其雄厚的资金实力也使它们可以增加研发投入，进而使韩国在电子产品、汽车、合成纤维等行业长期保持着科技领先的地位。经历亚洲金融危机之后，为引导金融回归市场属性，韩国将政府职能转变为“一臂间隔”式管理，即将政府调控手段集中在弥补市场薄弱或缺失环节，做到“支持”而不“干涉”。经过数十年努力，韩国形成了以立法机构和政府主导，银行、信用担保基金、征信评级机构等深度参与的创新型产业和企业的金融支持体系。

2. 政策性金融支持为先进制造业提供系统性资金支持

德国科技产业创新主要由企业完成，科技企业的科研投资占全国科研总量的70%。德国的政策性金融机构为科技产业提供多种融资服务，科技研发又推动先进制造业和智能制造不断创新发展，夯实了德国制造强国的基础。目前，德国为科技企业服务的金融机构达200多家，包括德国复兴信贷银行、储蓄银行、州立银行、担保银行及合作银行等政策性金融机构，为科技企业提供信贷融资和股权融资等服务。同时，德国政府构建了以担保银行为核心的、州政府和联邦执政为支撑的多层次融资担保体系。其中，担保银行是推动小微和创业企业的主要机构，由相关工商业行业协会、储蓄银行、国民银行、私人银行、保险公司等发起设立，是介于政府与行业协会之间的公益性组织，只对储蓄银行、合作银行、商业银行等贷款银行提供担保和贷款发放业务，有效地分担了银行信贷融资的风险，保证了产业发展获得信贷融资的可持续性。此外，德国政府于2005年参与设立了高科技创投基金，重点资助信息通信技术、生命科学、自动化与电子技术、清洁技术、纳米技术等重点产业领域，其投资规模占德国国内种子资本市场总量的54%。

日本素有“中小企业王国”之称，大量“隐形冠军”支撑了日本产业结构转型升级和经济发展。在“主办银行制”的基础上，日本通过“官方机构功能”为创新型中小企业提供信用补充。官方机构有若干家，有提供贷款的机构，有提供担保的机构，还有帮助中小企业重建的机构。如日本政策金融公库是依据《株式会社日本政策金融公库法》成立的特别公司，由中小企业金融公库、国民生活金融公库、农林渔业金融公库和国际协力银行的国际金融部门等四家政策性金融机构合并而成，专门为中小企业提供长期且低息贷款，对普通金融机构开展的金融服务进行补充。商工组合中央公库是以中小企业等协同组合、中小规模企业为成员的团体，帮助其成员顺畅享受金融服务。信用保证协会是依据《信用保证协会法》成立的政策性官方机构，为中小企业提供融资债务担保，在日本全国47个都道府县都有设置。日本来自民间金融机构的中小企业贷款余额约250万亿日元，其中信用保证协会提供担保的余额约21万亿日元，即日本国内对中小企业贷款的约10%由信用保证协会提供担保。日本政策金融公库中小企业事业部下属信用保险机构对信用保证协会发放的贷款给予再保险，即一旦借款企业无法支付本息，协会可以从保险公库获得70%至80%的再保险。此外，保险公库还会对信用保证协会提供必要的短期和长期资本贷款，充任最后贷款人，保证协会平稳运转。再生支援协议会是支援陷入困境的中小企业重建的“官方机构”，在日本全国47个都道府县也都有设置。此外，日本推动相关立法，改善中小企业融资环境。在2008年全球金融危机之后，于2009年—2013年专门通过立法，出台实施《中小企业金融顺畅化法》，进一步有效改善中小企业融资环境。

韩国中小企业占企业总数的比重超过99%，提供了相当于人口规模1/4的就业岗位与接近六成的GDP，是韩国保障经济稳定发展和推动科学技术创新的中坚力量。韩国中小企业之所以表现出较高的发展动能，很大程度上要归功于政府构建了以中小企业为主要对象的政策性金融体系，缓解了中小企业融资难、融资贵等问题。该体系由中小企业核心管理机构——中小企业厅、政策性贷款机构——中小企业振兴公团、中小企业担保基金——信用担保基金和技术担保基金、中小企业专业银行——中小企业银行，以及致力于解决商业银行中小企业融资约束的韩国银行等机构组成。其构成明确，运作机制流畅，并以全面性、互补性、普惠性为主要特征，不仅包括政策性贷款与政策性担保等融资手段，还包括致力于解决中小企业融资约束而采取的一系列政策工具和制度安排，为拓展资金渠道，优化资金供给，纠正市场失灵，提高金融效率，推动创新技术研发、转化和运用，进而提升韩国先进产业竞争力做出积极而持续的贡献。

3. 金融控股集团是发展产业链金融的有益载体

“二战”之前，日本产业金融发展主要以“财团”模式为支撑，即财团通过各种程度的参控持股形式，渗透到产业链上下游企业，将“商品流”“信息流”“资金流”有机结合，促进金融资本、商业资本和产业资本的融合，形成了日本独特的相互持股、系列融资、集团内交易的“产商融”结合模式。在这种模式下，主办银行、综合商社和产业企业互相支持、共同发展，主办银行和综合商社为产业企业提供资金支持，组织企业参与和投资各种项目。

2000年9月，第一劝银财团和富士财团组建了瑞穗金融集团，随后，三井财团和住友财团合并组建了三井住友金融集团，三菱财团所属的三菱东京金融集团和三和财团所属的日本联合金融控股集团合并成立了三菱联合金融控股集团。延续财团的“产商融”模式，金融控股集团内部的综合商社凭借其集金融、信息、综合组织与服务功能为一体，以及贸易、实业、银行闭环持股的股权结构优势，为供应链上下游企业提供信用支持。

第一，对生产企业提前支付货款，保障生产企业的财务稳定，并在生产企业购买进口机械设备或原材料时提供延期支付等金融业务；第二，对缺乏资金而又难以获得银行贷款的中小型原料批发商提供贷款和信用支持，使其在资金短缺时能够维持运营；第三，向零售商提供信贷服务，允许零售商延期付款，对产品需求者提供贷款，使其拥有购买产品的资金。因此，综合商社不仅缓解了整个流通体系的资金压力，而且加强了其与贸易客户、生产厂商之间的黏性，巩固了中小型批发商的合作关系。这为当前正在兴起的供应链金融、产业链金融、生态链金融提供了参照。

4. 推进知识产权金融体系化运作

知识产权金融是韩国产融结合发展的重要创新举措，成为支持三星、LG、现代等高新技术企业成长为行业巨头的“催化剂”。目前，韩国基本形成了以政府机构和政府投资组建机构为核心的知识产权金融运作机制，包括建立知识产权价值评估体系、知识产权融资担保体系以及知识产权公共服务体系。其中，知识产权价值评估体系整合了与知识产权市场价值有关的各类技术和商业信息，可有效降低评估过程中人为因素造成的误差，成为韩国知识产权金融体系的重要基础设施。韩国金融机构主要通过两种方式提供知识产权贷款：首先是把知识产权看作企业授信额度提高的重要参考项；其次是以知识产权作为质押标的从银行获得贷款。为降低知识产权抵押贷款的违约风险，从2006年开始，韩国技术金融公司、韩国信用代表基金公司等金融机构相继向技术型企业提供一定额度的知识产权金融再担保服务。2013年，韩国专利厅出资500亿韩元，与韩国发展银行联合成立知识产权管理公司，用以收购还款违约企业的知识产权，收购款可优先补偿金融机构。此外，韩国政府通过两种方式降低中小企业知识产权融资成本，第一，以周密的公共服务间接减少企业获得知识产权金融服务的费用；第二，直接给予知识产权融资的企业资金支持。

5. 推动资产证券化市场规范发展

韩国是亚洲资产证券化市场发展最早也是最成熟的国家之一。目前，资产证券化是韩国金融机构和企业的主要融资工具之一，资产支持证券、抵押支持债券、市场流通债券的再证券化等产品快速发展。因此，韩国资产证券化市场不仅作为处置不良资产的重要工具，而且发展为实体经济筹资的金融创新业务，在推动企业低成本融资、减少风险资产融资、增强资产流动性等方面发挥了重要作用，对韩国制造业发展以及结构调整起到了非常有效的促进作用。此外，在新一轮技术革命和产业变革中，韩国政府为重点制造业提供了全方位的金融支持政策。尤其是促进风险投资的发展，激活股市，并计划创立总额10万亿韩元的“创新风险基金”，为科技创新企业提供资金基础。

（四）金融支持制造业高质量发展的重点方向

金融界和产业界所关注的金融支持实体经济、金融支持制造业，一般可以从两个层次理解。第一个层次是金融支持的力度，这是当前社会关注的主要问题，即金融支持的规模不能满足制造业创新发展的需要，存在总量不足的问题；第二个层次是金融支持的效度。随着制造业自身发展水平的提升，产业结构的优化、产品结构的升级，制造业的融资需求也在发生变化，现有的金融支持方式、金融支持工具、金融监管政策，在某些方面还不能满足这些需求，存在结构性错位的问题。金融支持制造业高质量发展，要把握好以下几个方向。

1. 重点支持制造业技术创新

当前，推动制造业发展的动力机制正在发生重要变化。总体上看，就是逐步从高投出低产出的资源能源要素驱动，逐步转向技术密集、资本密集、智力密集等创新要素驱动方面来。随着发展动力的转换，制造业模式也在发生重要变革。新一代信息技术与制造业深度融合，重大颠覆性技术大量涌现，数字化网络化智能化成为制造业发展的大趋势，柔性制造、服务型制造、绿色制造、个性化定制等制造模式不断创新。这些，相对于传统的大规模批量化生产，产生了不同以往的金融需求，需要相应的金融创新工具进行匹配。金融支持制造业技术创新，应重点关注以下几个方向。一是支持制造业创新中心建设。目前，在国家和省级层面，已经组建了一批制造业创新中心，针对重点制造业领域的关键核心和共性技术进行联合攻关，推动重要技术和装备、产品的产业化。金融机构要加强与产业基金、投资基金等的合作，支持制造业创新中心建设，发挥在推动技术研发、促进科技成果转化方面的引导作用。二是支持企业技术研发中心建设。企业技术研发中心等内部研发机构，是制造业创新活动的基本和重要单位，研发投入强度直接决定了企业创新能力和水平。银行等金融机构应根据企业技术研发的资金需求特点，持续加大科技金融创新力度，积极开展以知识产权为质押的新型业务模式。三是支持新型研究院等创新载体建设。新型研究院采取市场化组织方式，管理运营模式灵活，参与主体众多，融资方式多样化，银行等金融机构可采取参与协同创新基金等方式，给予融资支持。

2. 重点支持产业基础高级化

产业基础能力不强，一直是制约我国制造业高质量发展的短板和瓶颈。为提升我国产业基础能力，中央财经委第五次会议和党的十九届五中全会，都提出把产业基础高级化作为重要目标和任务。有关部门也通过组织实施相关专项、组织推广应用等形式，支持工业基础企业开展核心基础零部件、关键基础材料、先进基础工艺等的创新突破和产业化。扩大而言，产业基础还包括新型工业基础设施、产业质量基础设施等方面。产业基础在战略上十分重要，但由于其基础性，产品显示度不高，研发投入周期长、风险大、回报低，融资能力受到一定程度的限制。多年来，产业基础领域的资金来源，一直是以企业自有资金为主、政府性引导资金为辅，急需扩大融资渠道。金融支持产业基础高级化，应重点关注以下几个方向。一是支持工业基础产品和技术的产业化。政策性银行或商业银行适时调整信贷投向，针对基础产品“卡脖子”领域，加大资金支持力度，特别是加大对承担国家工业强基项目并且有融资需求企业的支持力度。对制造企业在资本市场募资用于工业基础产品（技术）开发的，在审批（注册）和发行方面给予优先支持。二是支持工业基础产品的推广应用。支持银行、保险机构，参与实施工业基础产品和工艺一条龙应用计划，以信贷和首台套保险等形式，对示范项目和试点企业给予资金支持。可由政府部门直接或委托第三方机构编制发布《工业基础产品推广应用目录》，视同白名单向金融机构推荐，由金融机构按照程序审查，优先予以信贷支持。三是支持新型工业基础设施建设。大数据中心、5G基站、充电站等新型工业基础设施，也是重要的面向数字经济时代产业发展的产业基础。金融机构可结合新基建特点，优化创新审贷程序和服务方式，通过建立一定授信额度的新基建专项贷款等方式给予支持。发挥资本市场功能，支持建设主体发行公司债、企业债、非金融企业债务融资工具等募集新型工业基础设施项目资金。

3. 重点支持产业链现代化

党的十九届五中全会提出，要提升产业链供应链现代化水平，形成具有更强创新力、更高附加值、更安全可靠的产业链供应链。实现产业链现代化，一是保持和发展好全球最完整的产业体系和全产业链，二是产业链要具有更强创新力和更高附加值，三是确保重点产业供应链安全，四是促进产业链上下游之间协同更加紧密，五是强调产业链、创新链、资金链、政策链和人才链等多链融合。推进产业链现代化、增强供应链弹性韧性，需要产业部门的努力，也需要金融部门的大力支持。金融支持产业链现代化，应重点关注以下几个方向。一是加强对保供应链稳定的支持。对于国家战略性产业链供应链，商业银行要聚焦保障重点，掌握供应链企业的核心需求，完善金融响应机制，充分运用保理业务等供应链金融手段予以支持。二是加强对产业链重点项目的支持。采取投贷联动、租贷联动、债贷联动等方式，发起和参与产业基金，支持产业链现代化。

四

金融支持制造强国建设的政策框架设计

党中央、国务院高度重视制造业高质量发展，对金融机构支持制造业高质量发展提出了明确要求，未来围绕制造业高质量发展对金融提出的新要求，既注重当前，又着眼长远，重点是引导各类金融资源向制造业汇聚，形成全周期、差异化、多层次、强协同、可持续的金融支持体系，为我国制造业高质量发展注入新动能。当前，尤其要针对中美贸易摩擦日趋复杂化、严峻化的现实，加大对制造业专业的帮扶力度，推动制造业投资企稳。

（一）围绕制造业全生命周期和产业多样性融资需求，创新金融服务模式，支持中国制造提升技术水平

1.“多点支持”为科技型制造业提供全周期、立体式、全方位资金支持，助力高精尖科研成果转化

科技型制造企业具有“高风险、高收益、高成长”的特点，需要政策性金融、风险投资、银行创新型信贷等通力合作，形式多点式金融支持，重点是要跳出原有的授信文化和理念，加强创新，形成全方位金融支持。

一是，发挥政策性金融的鼓励与引导作用。综合运用减免税收、政府财政直接拨款，发挥好已有的战略性新兴产业发展基金、国家新兴产业创业投资引导基金、国家中小企业发展基金、国家科技成果转化引导基金、先进制造业产业投资基金、军民融合发展基金等各类政府引导基金，设立医药等先进制造业政策性扶持资金及科技创业投资基金等形式，加大对生物医药等制造业的政策性资金投入力度，同时充分发挥政策性资金的引导和杠杆作用，吸收并整合多方社会资本支持初创企业的培育与发展。可借鉴美国发展方式，在产业发展初期，采取政府资金支持带动社会资本的方式，与民间资本一起参与联盟项目的建立，并加快推动联盟的研究成果转化，吸引更多企业加入，增加社会资本投入，为政府资金的逐步退出创造条件。

二是，加快风险投资发展，有效弥补创新型、成长型企业的融资缺

口。要利用风险投资追求高风险、高收益投资项目的本质，加速发展种子基金等各类创业投资基金，吸引天使投资人等创业投资主体加大对种子期、初创期新兴企业的支持力度，同时提供企业管理、商业咨询、财务顾问等多元化服务，支持技术创新完成从科技研发到商业推广的蜕变演化。鼓励创业投资基金、产业投资基金投向核心基础零部件、关键基础材料、先进基础工艺和产业技术基础领域重大项目，摆脱制造强国建设核心技术“卡脖子”困境。要拓宽风险创业投资和私募股权投资的资金来源，通过建立中外合资、外资风险投资基金、联合投资的方式加快引进国外风险资金，推动保险公司、信托公司、商业银行、证券投资基金、社会保险基金等金融机构加入风险投资业务，鼓励大公司、大企业开展公司风险投资，为初创企业提供多渠道中长期投资。要为风投资金提供多渠道、高效率的股权交易市场，实现投入的资金快速变现，提高资金周转速度以及流动性，从而完善风险投资的退出机制，解决由于风投市场与证券市场割裂导致风投资金无法通过IPO有效退出的问题。

三是，创新信贷产品和服务，优化授信流程。完善授信评审体制，在风险可控的前提下，将企业知识、技术、人才、科研能力、市场前景等无形资产因素纳入银行客户信用评级体系，鼓励运用信用贷款、股权质押贷款、知识产权质押贷款、无形资产质押贷款等方式，降低对创新型企业的净资产等财务指标要求，支持具有发展潜力的创新型（科技型）企业。针对战略性新兴产业中小企业多、融资需求旺等特点，创新保理保函和信用证抵押贷款、仓单质押贷款、应收账款抵押贷款等融资产品，探索企业、银行、信用评级机构三方联动机制，提高战略性新兴产业中小企业的融资能力。通过完善“信贷工厂”模式，银行以专业化分工、标准化运作和差异化管理加快贷款发放速度。针对战略性新兴产业中的中小企业多、融资需求“急、频、短”的特点，实行“无纸化、24小时”网上审批，下移审批权限，提供循环提款服务，尽力满足中小科技企业的融资需求。银行还运用自身优势，为新兴产业企业提供市场、管理、人才咨询方面的“一揽子”金融服务。

四是，探索构建基于知识产权的质押融资体系。可借鉴韩国的做法，针对无形资产评价，建议探索建立包括知识产权价值评估体系、知识产权融资担保体系和知识产权公共服务体系在内的知识产权金融体系化运作，为知识产权贷款等创新金融模式的发展提供支撑。对此，要贯彻落实银保监会刚刚出台的《关于进一步加强知识产权质押融资工作的通知》，一方面优化知识产权质押融资服务体系。要支持商业银行建立专门的知识产权质押融资管理制度，其中鼓励大型银行、股份制银行研究制定知识产权质押融资业务的支持政策，并指定专门部门负责知识产权质押融资工作；积极探索知识产权金融业务发展模式，根据自身业务特色和经营优势，重点支持知识产权密集的创新型（科技型）企业的知识产权质押融资需求；在风险可控的前提下，通过单列信贷计划、专项考核激励等方式支持知识产权质押融资业务发展，力争知识产权质押融资年累放贷款户数、年累放贷款金额逐年合理增长；建立适合知识产权质押融资特点的风险评估、授信审查、授信尽职和奖惩制度，创新信贷审批制度和利率定价机制。

另一方面，要加强知识产权质押融资服务创新。要鼓励商业银行对企业的专利权、商标专用权、著作权等相关无形资产进行打包组合融资；研究扩大知识产权质押物范围，积极探索地理标志、集成电路布图设计作为知识产权质押物的可行性；建立对企业科技创新能力的评价体系，通过综合评估企业专利权、商标专用权、著作权等知识产权价值等方式，合理分析企业创新发展能力和品牌价值；积极同相关部门合作，完善对创新型（科技型）企业的认定及评价机制；运用云计算、大数据、移动互联网等新技术研发知识产权质押融资新模式；与知识产权密集型产业园区开展战略性合作，给予园区合理的意向性授信额度；加大对产业供应链中的创新型（科技型）小微企业的融资支持力度，促成小微企业知识产权质押“首贷”，探索将小微企业纳入知识产权金融服务体系的有效途径；与投资基金等具备投资能力和条件的机构开展合作，积极支持拥有较高技术水平、良好市场前景的知识产权质押融资借款人；在提供知识产权质押融资服务的基础上，为企业提供综合金融服务。支持保险机构依法合规投资知识产权密集的创新型（科技型）小微企业，有效提升保险机构金融综合服务能力。

五是，突破中小制造企业融资“难、贵、慢”的瓶颈制约。中小企业是制造业发展的“生力军”，是促进创业创新的重要推动力量，在制造强国建设中发挥着重要的作用。在新兴制造业萌芽期，以中小企业居多。借鉴国际先进成熟做法，进一步推广我国已有经验（苏州综合金融服务平台），建议运用“互联网+”，在全国以及各省市地方范围内构建多层次的“互联网+综合金融”服务平台。依托此平台，由政府帮助平台对接税收、工商、环保等信息源部门构建企业征信系统；支持建立平台企业准入标准与信贷评审制度，吸引有影响力的、各类型的银行、保险和担保机构以及知识产权、高新技术、文化创意、专精特新等优质企业加入平台；设立融资支持、产业投资等专项财政资金，引入风险投资、私募股权基金、债券基金等国内资金以及多种形式的外资进入。该平台通过涵盖丰富的金融产品和增值服务，实现企业和金融机构信息共享，采用“线上+线下”的金融服务模式，企业在线上发布融资需求、金融机构发布产品创新等信息，充分依靠市场，实现企业与金融机构自主对接、双向选择；在线下，根据企业的融资需求统筹银行、保险、金交中心等资源的有效撮合，为企业定制个性化融资解决方案，并实现企业、机构和主管部门间信息实时对接反馈、互联互动，从而打破银企信息不对称、银行授信评价体系严重滞后、担保、抵押资产欠缺等问题。同时，建议探索分设股权融资服务平台和债券融资服务平台。如股权融资平台可以通过“企业项目资源库”和“股权投资机构库”两大数据库，企业可以在线发布股权融资需求，并且自主选择将融资需求有针对性地推送给一家或多家投资机构；股权投资机构可以在线上对发布需求的企业进行初步筛选，锁定目标企业后，再“一对一”地进行线下洽谈。通过股权融资服务平台和债券融资服务平台互为补充，通过“线上+线下”的联动服务模式，共同为初创型、成长型企业提供“股权+债权”的一揽子综合金融解决方案，实现资金供需双方低成本、高效率的合作对接，培养一批世界级“隐形冠军”，发挥好创新产业的“孵化器”和“培育温室”作用。同时，优化资金配置，引导更多资金流向战略性新兴产业和传统产业转型升级，推动新旧动能加速转换并赢取新发展优势。

2.“精准支持”为成长型企业提供有效金融方案，助力先进制造企业做大做强

在成长初期，技术应用从示范化进入市场化和规模化阶段。成长中期，市场逐渐认可并接受新产品，产品销量迅速增长，市场逐步扩大，企业的收入增长很快，同时也投入大量资本开支来实现高速成长。这个阶段虽然企业利润成长很快，但面临的竞争风险也很大，投资于新行业的厂商大量增加，进入激烈的价格竞争阶段。成长后期，企业不仅依靠扩大产量和提高市场份额获得竞争优势，还需要不断提高技术水平、降低成本、研发新产品，从而战胜或紧跟竞争对手，维持企业生存。激烈的行业竞争使得企业破产率与被兼并率非常高，优胜劣汰后行业集中度大幅提升，之后稳定在一定水平。由于市场需求趋于饱和，行业收入增速开始下降，企业的成长性开始放缓，整个行业开始进入成熟期。总体上来看，处于成长期的制造业大多属于技术密集度较高的电子、通信、电气、医疗、新能源、新材料等产业，其财务状况良好，容易获得银行贷款的支持，也可以在资本市场寻求直接融资，如发行债券或直接上市融资。但融资需求同样因细分产业而异，只有有的放矢，才能精准服务。

以芯片和集成电路制造业为例，其成长期独具行业特色，对金融支持提出特殊化要求。第一，芯片制造工艺的技术演进方式是矩阵式的，即新旧技术都有各自的生存空间，而非新技术直线式代替旧技术。集成电路科技含量高、专业性强、技术迭代速度快。这都需要银行针对此类制造企业的资产评估做出针对性动态调整，在信用评级体系中客观反映客户企业的技术“软实力”，并鼓励金融机构将符合国家产业政策、兼顾收益性和导向性的制造业领域信贷资产作为证券化基础资产，发行信贷资产证券化产品。第二，芯片制造业、集成电路具有典型的“重资产、高折旧行业、投资回收期长”的特点，需要在资金来源一端引入长期战略投资者，尤其是政府产业基金的支持；在资金使用一端发展经营性租赁这类表外融资业务，将其一部分资产、负债转移给经营性租赁公司。大力发展直接租赁、售后回租等业务，充分发挥融资租赁业务支持企业融资与融物的双重功能，通过“以租代购”、分期还款等方式，支持制造业企业实施设备更新改造和智能升级。可合理利用与经营性租赁行业相配套的资产证券化工具，进一步盘活经营性租赁公司的资金，增强制造业企业资产的流动性，扩大企业整合市场资源的能力，实现更快速度的发展。同时，通过经营性租赁使用设备，企业支付的租金可抵扣增值税，进一步降低制造企业融资成本。第三，芯片制造业和集成电路制造遵循着类似于大宗商品计价的美元本位，其中芯片制造业的各上游环节几乎全部以美元计价与支付，但是通常以人民币融资为主。因此，需要扩大海外市场的美元融资，促进资产与负债的比重匹配，同时利用好利率和汇率衍生工具，进行风险对冲。

创新集成电路“大基金”支持模式，集中力量支持其做大做强并“走出去”。第一，根据项目迫切性和市场前景给予重点支持，以发挥其在产业优化升级中的“领头羊”和“头雁”作用。第二，增加并平衡对集成电路产业的资金支持，加大“大基金”对集成电路设计业和设备材料研发的支持，并重点偏向于处于微笑曲线左边的研发产业。第三，针对美国的封锁“威胁”，政府既要运用好国际规则，又要合理使用资金支持。一方面，促进国内企业并购，整合产业结构，增加国内集成电路龙头企业的市场竞争力，彻底改变我国集成电路产业“小而散”的现状。另一方面，加大对技术研发的资金投入，努力填补国内集成电路技术空白，从源头上解决技术封锁问题。集成电路聚集区的地方政府，要进一步优化产业战略布局，继续发挥好地方产业基金的作用，并以更加市场化的运作方式推动产业发展。对于成熟企业，支持其上市融资、海外并购，为企业提供专业金融服务。

一是，制定更符合科技型企业发展规律的IPO标准，疏通创投机构退出渠道。全球半导体产业在近30年的发展历程中，一直呈现着繁荣与衰退周期性的交替发展。据统计，因为全球供应和市场需求并不平稳，每隔4年—6年就发生一次周期性波动。建议针对科技型企业制定更加符合其发展规律的IPO标准，如适当放宽营业收入和净利润等指标，增加市场占有率等反映行业内竞争力水平的指标，为创投机构及时退出建立疏通渠道。

二是，集成电路领域的国际领先企业已建立了较为明显的先发优势，要支持企业通过海外并购的方式快速获取先进技术，加快我国集成电路产业发展速度。相关管理部门要为集成电路等科技型企业主营业务的投资并购提供政策支持，金融市场要为企业并购融资提供更多的产品和服务。

三是，鼓励产业链上下游的大型企业集团参股或整合集成电路企业。对于中小企业，尤其是创新型中小企业，可参照前文初创期中小企业部门相关内容。金融机构、中介机构等要助力产业整合，为企业提供供应链融资、汇率风险管理、并购贷款等专业金融服务，降低企业财务管理成本。

3.“全面支持”成熟型企业“走出去”，助力关键制造业向全球产业链高端跃升

进入成熟期，将是一个持续时间相对较长的阶段。技术应用的市场化和规模化已完成，收入增速降到一个适度水平，资本开支增速持续下降，行业利润也达到较高水平，而风险却因为市场结构稳定、新企业难以进入而降低。处于成熟期的多属于制造业中游的机械、化工、运输、装备制造和下游的消费品制造行业。以先进装备制造业和汽车装备制造为例，具有“投入资金大、国际化程度高、产业链长”的特点，往往一个国家或地区

难以独揽整条“生产链”，一家金融机构或一种金融工具难以承担相应生产成本，并且业务支付结算涉及多币种。因此，要为成熟期企业提供“全面支持”，在加大政策性资金支持、优化金融产品和服务、大力发展风险投资的同时，也要提供跨境金融方案和组合金融支持，从而支撑先进制造业突破“质”的大关以及“走出去”，改变制造“大而不强”的现状，实现由制造大国向强国的转变。

一是，要加大政策性资金的投入力度。针对制造行业的细分行业以及企业的不同发展阶段，制定差异化的支持策略。第一，鼓励运用政府和社会资本合作模式，建立按市场化方式运作的各类高端装备制造业等产业基金和创新发展基金，以政府资金为主，吸纳养老基金、保险公司、商业银行、资金实力雄厚的企业等机构投资者，充分发挥政府的窗口指导作用，放宽社会资金进入门槛，以提供政策性援助、贷款降息补贴、风险补偿等多种形式活跃市场资金，打造政府主导、社会资金为主力的多方互助服务网络，在较短时间内筹集到较大规模的长期建设资金。第二，创新财政资金支持方式，实现财政资金支持方式由原来的“补建设”转型至“补运营”，实现资金由初始投入转向事中投入，有利于控制项目风险，充分发挥资金利用率，主要针对制造业技术研发创新、产学研结合、相关公共服务体系、人才队伍建设等资金扶持方式创新。第三，借鉴发达国家投资基金成功模式，加强国际交流与合作，发展中外合资、合作制造业产业基金，合理运用人民币基金、美元基金和平行基金（股权投资和私募股权）模式，缓解因外汇管制所导致的“进入难”和“退出难”问题以及国内资金无法走出国门的困境，同时引进国外先进的管理知识和运作经验，探索具有中国特色的装备制造业产业投资基金的发展模式。

二是，要创新间接和直接融资产品和服务。首先，银行机构要根据企业类型和发展阶段，适当调整金融产品种类、期限、利率、担保方式、偿还方式等，提供针对性资金支持。尤其是，针对高端装备制造等行业的巨额资金需求，国有商业银行要发挥主力军作用，积极主动加强与地方性商业银行、股份制银行的合作，加大与信托公司、证券公司等金融机构的业务联系，建立银团贷款联盟或投贷一体化等组合金融产品，探索降低单个金融机构风险的风险分担机制。大力发展融资租赁模式，支持重点领域大型装备制造业企业集团开展融资融物相结合试点，开展租赁资产的证券化试点，增强装备制造业企业资产的流动性，提高资金周转率；打破传统的融资租赁的范围局限，引导商业银行、保险机构、信托等金融机构与租赁服务跨界合作。鼓励跨国并购，引入国际战略合作者，完善装备制造业担保体系，开放可以抵押、质押、留置的不动产以及不动产的范围，加大商业性金融业对装备制造业“走出去”的服务力度。其次，保险机构要发挥风险规避功能。如针对高端装备制造继续推出“首台套”保险产品，发挥保险补偿功能，以市场化方式分散用户风险，增加用户采购“首台套”的信心，实现制造业和保险业互利共赢；针对新材料制造继续推出新材料首批次应用保险补偿机制，充分利用市场化手段，对新材料应用示范的风险控制和分担做出制度性安排，突破材料应用的初期市场瓶颈，激活和释放下游行业对新材料产品的有效需求。

三是，推动投贷联动金融服务模式创新，通过贷、债、股投资联动机制，为不同成长阶段的企业提供差异化投融资需求，为企业打造一站式金融服务。要稳妥有序推进投贷联动业务试点，鼓励和指导试点银行业金融机构以投贷联动方式，为装备制造业以及科创型制造业企业提供持续资金支持，促进企业融资结构合理化，有效降低融资成本。银行机构要尽快完善内部风控体系设计，有意识地培养相关专业人才，通过多渠道、多方式的投贷联动弥补自身的不足，从当前注重外部投贷联动机制转向内部投贷联动合作模式。一方面，建立银行及其投资功能子公司、政府贷款风险补偿基金、融资担保公司、保险公司、境内外大保险公司“共保体”间的风险分担和补偿机制，有效降低银行信贷风险；另一方面，鼓励银行机构与外部证券公司开展合作，创新开发可转换债券等投资工具；与创投机构、风投机构、各类基金开展合作，成立保险资产管理公司、金融资产投资公司等，积极整合各自的资金、信息和管理优势，探索多样化的投贷联动业务；加强银保合作，为投贷联动业务提供更多的投资风险缓释措施和贷款风险损失补偿。同时，要建立健全借壳上市或银行间股权交易平台，创新商业银行退出方式。通过投贷联动，银行机构可以通过参与股权投资，利用未来的股权投资收益补偿现有的信贷风险，有助于分散风险和平滑收益；通过与投资机构合作进行股权投资，可降低企业的资产负债率，有利于企业进一步获得银行贷款；可以优化资本结构，产生较强的股权激励和债务压力效应，有助于提高企业的研发效率。

四是，大力发展产业链金融产品和服务。金融机构要将产业链金融作为对公业务转型的重要方向，大型国有银行在原有贸易融资、供应链融资的基础上，利用与核心企业的战略合作关系，创新模式，开展线上供应链、产业链金融服务；部分股份制银行开发生态金融、建立产业链金融事业部，深入融入汽车、钢铁、电子、医药等产业链，构建专业化产业链金融服务。鼓励金融机构依托制造业产业链核心企业，积极开展仓单质押贷款、应收账款质押贷款、票据贴现、保理、国际国内信用证等各种形式的产业链金融业务，有效满足产业链上下游企业的融资需求。积极将区块链技术引入供应链金融，对全流程的数据信息进行存储、处理和传递，借助大数据和智能算法实现全流程的可视化管理，同时确保数据的不可篡改和真实性，从而将核心企业的信用传递至更多级的供应商，解决了中小企业和银行之间因信息不对称造成的融资困境，降低银企对接成本。从全球范围来看，要大力发展贸易融资、供应链融资和产业链金融，为产业企业在境外投资设厂、资源开发、参与基础设施建设以及装备出口、产能转移等提供跨境汇兑、跨境并购、贸易融资、跨境资金管理等全流程、个性化、综合化金融解决方案。

五是，拓宽制造业“走出去”融资渠道。对于“中国制造2025”投资项目，支持大型制造企业集团开展产融结合试点，支持企业跨境并购、境外投资和转型升级，支持企业做大做强。金融机构要根据企业“走出去”的融资需要，进一步优化完善海外机构布局，提高全球化金融服务能力。要积极运用银团贷款、并购贷款、项目融资、出口信贷等多种方式，创新“出口信用保险+商业信贷资金”等组合金融服务，为制造业企业在境外开展业务活动提供多元化和个性化的金融服务。支持“走出去”企业以境外资产和股权等权益为抵押获得贷款，提高企业融资能力。加快推进跨境贸易和投资人民币结算业务，支持制造业企业开展外汇资金池、跨境双向人民币资金池业务，支持企业在全口径跨境融资宏观审慎管理政策框架下进行跨境融资。支持符合条件的境内制造业企业利用境外市场发行股票、债券和资产证券化产品。外汇指定银行要积极指导装备制造等企业“走出去”规避汇率风险，在风险可控的前提下逐步推出更多金融衍生工具，以满足企业规避汇率风险的需求。

4.“绿色支持”“产能过剩”和“产能短缺”再平衡，推动传统制造业改造转型

进入衰退期，会出现短期的非均衡，也就是短期产能过剩，市场逐渐收缩，部分企业开始转型或改行，利润水平停滞或不断下降。我国制造强国建设推进过程中，在大力支持战略新兴产业发展的同时，也要兼顾传统产业的转型升级，即传统领域的信息化、智能化、绿色化改造。目前，因传统产业转型升级缺乏市场动力，当商业性金融机构无法为未上市企业提供融资贷款支持并承担相应风险时，应该加大政府扶持力度，发挥政策性融资的引导作用，通过国家开发银行、政府投资基金、国家融资担保基金的作用，实现政府和市场的有效结合，通过直接融资方式、市场化运作，投资于促进工业转型升级的项目和技改工程。对于部分“产能过剩”，可借助“一带一路”建设深入推进，通过政策性银行、商业银行以及双边、多边金融机构提供多元化资金支持，实现沿线“产能过剩”和“产能短缺”再平衡。

对于“高污染”制造业，要创新绿色金融产品、工具和模式，动员各类资本尤其是更多社会资本参与绿色项目建设，加快绿色产业创新升级，推动传统制造业绿色改造转型。第一，通过设立金融机构绿色金融事业部和专营机构，加强培养专业复合型人才，进一步提升绿色金融产品开发、绿色金融商业可持续性等方面的能力和水平。第二，加大制造业绿色改造信贷产品开发力度，创新和发展能效贷款、排污权、碳排放权抵质押贷款等产品；积极发展融资租赁业务，为制造业企业节能环保设施与技术改造提供重点设备租赁服务。第三，提高制造业企业绿色直接融资比重，支持符合条件的制造业企业发行各类绿色债券和股权融资用于节能减排改造，

尤其是比较长期的融资工具，解决期限错配问题。第四，不断创新丰富绿色保险产品，有效分散绿色改造升级过程中的相关风险。第五，以点带面，深化绿色金融改革试点探索，积极探索绿色金融改革创新的模式、路径、举措。

（二）探索构建区域性科技金融专营机构，引导先进制造业要素聚集

1. 在新型工业化产业示范基地等先进制造业聚集地区，探索建立科技金融专营机构

鼓励符合条件的银行机构设立科技金融专营机构和新型网络银行，在客户准入、信贷审批、风险偏好、业绩考核等方面实施差异化管理。持续探索民营互联网银行发展之路和业务模式，借助现代数字通信、互联网、移动通信及物联网技术，通过人工智能、云计算、大数据、区块链等技术在线实现为制造业企业客户（尤其是创新型中小企业）提供存款、贷款、支付、结算、汇转、电子票证、电子信用、账户管理、货币互换、P2P金融、投资理财等全方位无缝、快捷、安全和高效的互联网金融服务，拓展传统银行的服务边界，向通常无法在传统金融渠道获得贷款的小微客户发放“金额小、期限短”的纯信用小额贷款以及提供综合金融服务，让金融无处不在、无时不有、无人不享，弥补现有金融体系的不足。

2. 稳步推进科技和金融结合试点，开展企业融资、技术评估、产学研转让、财务法律等业务，打造“一站式”科技金融示范中心

培育发展多样化的科技金融服务组织，大力发展科技金融专营机构，完善科技金融普惠金融体系，为科技型中小企业提供个性化、特色化、全

方位的金融服务。发展科技保险，深入研究在科技创新领域的保险风险作用机制，研究在人工智能、新能源汽车、新材料、生物医药、大数据等方面利用科技保险分散风险，鼓励创新的产品和服务。研究利用保险资金支持创新创业的方式方法，促进银行、保险和担保机构合作，推动贷款保证，责任保险，鼓励交叉性的产品创新，支持科技保险专有机构的发展。

3. 鼓励银行业金融机构加大云计算、区块链等新技术运用，为制造业企业提供数字化、智能化金融科技综合服务

要加大金融科技产品服务创新力度，加强人工智能、移动互联网、大数据、云计算等科技成果运用，加快完善小微企业、民营企业、科创企业等重点领域的信贷流程和信用评价模型，引导企业征信机构利用替代数据评估企业信用状况，降低运营管理成本，提高贷款发放效率和服务便利度，纾解企业融资难融资贵的困局，促进经济转型升级和新旧动能转换。基于海量数据处理和智能审计等技术，综合分析企业类型、财务状况、偿债能力等，降低信息不对称，加强风险侦测和预警，及时调整融资主体信用评级，防止资金流向经营状况差、清偿难度大的高风险企业，为解决脱实向虚、资金空转等问题提供决策支持。加强供应链大数据分析应用，确保借贷资金基于真实交易，通过跨界融合、搭建供应链金融服务平台、建立产业链生态等，为供应链上下游企业提供高效便捷的融资渠道，解决供应链资金配置失衡等问题，合理引导金融资源配置到制造业发展的关键领域和薄弱环节。

（三）发展多样性、差异化、协同联动的金融机构体系，提升金融机构支持制造强国建设质效

1. 发挥政策性金融机构对先进制造业的引领和支撑作用

开发性政策性银行是实现国家意志、落实国家政策的重要金融组织，为经济平稳健康发展保驾护航。政策性金融机构要积极发挥逆周期调节作用，加大信贷服务实体经济的力度，通过信贷政策稳定影响经济增长的核心变量。要继续加大开发性贷款总量，重点支持实施“十三五”国家战略性新兴产业发展规划中的21项重大工程和创新平台建设，发挥开发性金融在市场建设、创新发展、引领资金等方面的功能和优势，积极支持集成电路、战略性新兴产业、军民融合、传统产业升级改造等重大项目、重大技术推广和重大装备应用领域的发展。要通过提供出口买方和卖方信贷、境外投资贷款、进口信贷、转型升级贷款等多种信贷产品，并灵活运用银团贷款、融资担保、咨询顾问、选择权贷款等业务模式，通过内外合作、银政合作、银企合作等途径，满足制造业企业多元化和个性化的融资需求，实现金融产品服务与企业需求的有效对接。

2. 发挥好商业银行支持制造业高质量发展的主力军作用

一是，加强与各级政府部门合作，积极支持国家重大战略项目。瞄准国家扶持高端和新兴制造业政策，把握制造强国建设现状和未来趋势，调查走访国家制造业创新中心建设、智能制造、工业强基、绿色制造和高端装备创新工程等领域，适时跟进科技企业产业园区、“制造业+互联网”等重点转型升级项目，建立制造强国建设重点客户名单库，前瞻性布局储备制造强国建设成熟客户，增加专营机构布局，确定择优精准支持的

战略。

二是，依托金融科技，建立“数据化、智能化、网络化”服务新模式，为制造业企业提供综合性金融服务。借助大数据技术，实现内外部数据信息整合直联，提高金融业务流程效率；整合政府与产学研以及各类金融机构的资源。

三是，针对“双创”中小型制造业企业，构建特色化的普惠金融支持体系。地方法人金融机构要注重发挥管理半径短、经营机制灵活等优势，立足当地，服务中小型企业，积极开发针对中小型制造业企业的特色化、专业化金融产品和服务。鼓励有条件的金融机构探索建立先进制造业融资事业部制，加强对信息技术、高端装备、新材料、生物医药等战略重点行业的针对性和专业化支持。

四是，丰富银行的科技信贷产品体系、创新科技金融服务模式，稳步推进投贷联动试点，加快完善科技银行体系。可考虑设立专门支持科技创新的政策性银行，有效支持中国制造的技术创新，占领全球技术的制高点。

五是，合理确定制造业贷款利率水平，加强利率定价能力建设，按照“多予、少取、放活”的原则，不断创新定价模式，取消不必要的资金“通道”“过桥”等环节，在符合国家政策和商业可持续前提下，进一步加大对制造业减费让利空间。

3. 发挥好保险机构对制造业高质量发展的独特作用

要发挥保险机构支持实体经济发展的政策优势，资金规模较大、资金期限相对较长、资金成本相对稳定等负债端优势以及投资领域广泛、投资类型灵活、坚持长期价值投资理念、资产端与负债端匹配度高等资产端优势，在符合保险资金运用安全性和收益性的前提下，通过债权、股权、基金、资产支持计划等多种形式，为制造业转型升级提供低成本稳定资金来源。支持保险机构投资制造业企业发行的优先股、并购债券等新型金融工具，并允许保险资金投资制造业创业投资基金等私募基金。鼓励保险机构与银行机构合作开展制造业股债结合、投贷联动等业务。

4. 规范发展制造业企业集团财务公司

支持符合条件的制造业企业集团设立企业集团财务公司。充分发挥财务公司作为集团“资金归集平台、资金结算平台、资金监控平台、融资营运平台、金融服务平台、投资银行业务平台”的功能，有效提高企业集团内部资金运作效率和精细化管理水平，降低企业集团内部交易成本和融资成本，支持企业集团结构调整；通过为集团提供全球资金集中运营管理、跨境人民币资金池、利率汇率风险管理，海外并购重组顾问、投融资顾问等多样化金融服务，支持其主业融入“一带一路”建设高质量发展，助力集团产业的发展和全球化战略的实施；增强资金支持的针对性和有效性，加大对市场发展前景的先进制造业、战略性新兴产业、传统产业改造升级、绿色产业发展等领域的资金支持力度，以优质创新的金融服务积极支持产业转型升级和价值链再造。

鼓励具备条件的制造业企业集团财务公司在有效防控风险的前提下，逐步建立自身独特的内部运营理念和管理模式。在金融产品供给方面，充分挖掘成员单位最深层次的金融需求，积极借力最广泛的外部金融合作网络，探索提高金融产品的丰富程度和专业化程度，为成员单位产品提供买方信贷、消费信贷和融资租赁服务等个性化金融解决方案。同时，稳步推进开展延伸产业链金融服务试点工作，发挥集团内部金融机构的信息和管理优势，注重产融结合平台协同机制建设，构建集团产业链金融体系，通过“一头在外”的票据贴现业务和应收账款保理业务，改善产业链上中小微企业的融资环境，促进降低产业链整体融资成本。

加强财务公司合作（“财财”合作）。发展同业授信、票据保贴、票据转贴、票据托收、担保业务和代理收付款等业务，提升在信用流转、支付结算效率、降低财务成本的同时，进一步优化产业发展的金融服务环境。探索加强与商业银行、信托公司、券商、基金公司、保险公司、资产管理公司之间的业务合作，如在“财银”合作方面，创新发展从负债端出发的同业业务、从资产端出发的同业业务以及从委托代理等中间业务端出发的同业业务，以加强财务公司的资金管理、调剂资金余缺的同时，满足企业集团日益多样化与专业化的金融需求，深化产融合作。通过加强外部合作，使得财务公司的服务对象不再局限于集团成员单位，突破扩展到以产业价值链为纽带的产业集群，以市场化的方式提供专业化的金融服务，发挥背靠集团、出身事业、熟悉产业、信息对称和易控风险的竞争优势，开展结算、企业存款、企业贷款、融资租赁、信用证等业务，注重营利性，资金运动相对产业化、专业化，成为一类有限社会化的产业银行。

5. 合理引导金融控股公司适度发展，构建回归本业、良性互动的产融结合新机制

我国金融控股集团行业发展时间较短，在前期的发展过程中，出现了部分过度混业、脱实向虚的倾向。要根据当前经济金融发展的新阶段需求，进一步规范金融控股集团的发展。

稳步推进金融综合经营试点，打造制造业产融合作生态圈。鼓励有条件的商业银行和地方政府尝试通过金融控股集团的形式发展混业经营，开

展多元化金融服务，提升综合金融实力。鼓励符合条件的制造业企业集团财务公司加强集团化金融管理，逐步探索构建金融控股集团，促进产业价值链的整合与延伸，推动整体产业转型升级。以融促产，以产助融，做精金融，做优实业。

借鉴日本的做法与经验，秉承“服务主业，协同高效，各自突出，适度联合”的原则，构建制造业金控集团的“矩阵式”协同机制。一方面，在统一发展理念、战略共识和企业文化指引下，通过公司治理和内部管理机制，实现以资本控制为纽带的母子公司的联动发展，即纵向协同机制；另一方面，在不同业态的子公司之间整合资源，共享需求，隔离风险，通过共享控股集团平台，进行联合开发、共同销售等协同行为，实现集约综合经营，提供定制化系统性金融服务，即实现横向“乘法”协同效应。

搭建全方位的资源共享平台，最大化获取协同效应。利用互联网实现“E动态、E产品、E方案、E需求”等板块的线上互动，通过线上线下结合，建立资源、信息、客户、平台、渠道共享平台，实现信息共享、提高沟通效率，实现产融供需的敏捷、有效撮合。集团内部的不同产品和部门，可以通过相互组合，形成完整的金融产业链、产品链和价值链，实现规模经济和范围经济。如对企业客户，银行可以期限灵活的信贷产品为其提供间接融资服务，证券能以资本市场运作为其提供直接融资服务，这些金融服务之间较强的互补性，可产生“加法”规模经济。

提供量身定制的综合金融服务，打造“一站式”金融服务。当前，制造业不断细分，专业领域不断分化。金融控股集团可以依靠自己全牌照、全产业布局的优势，针对这些能带来较高收益客户的多样化特殊型需求，提供量身定制的综合金融服务、共同开发、协同营销、打造“一站式”金融服务。如对一些大企业或跨国企业，金融控股集团既可以灵活运用商业银行授信服务、资本市场服务、银团贷款等“工具箱”，对现有的金融服务进行整合和重构，以期能够全面地、长期地、尽可能一次性地解决投融资需求；又可以利用金融科技，为中小企业量身定制金融服务。

6. 加快制造业融资租赁公司发展

从融资渠道角度看，目前我国融资租赁企业的外部资金有90%以上是来自银行的短期贷款，不但严重依赖于银行信贷，而且贷款期限和公司运营融资租赁业务存在错配，用短期贷款支持长期资金业务无法应对融资租赁企业的流动性资金困难。融资租赁公司既要发挥金融属性，以资融物、以资收租，也要加强对实物资产的管理，以物避险、以物增值。

积极支持符合条件的金融机构和制造业企业在制造业集聚地区，通过控股、参股等方式发起设立金融租赁公司。支持大型飞机、民用航天、先进轨道交通、海洋工程装备和高技术船舶、智能电网成套设备等高端装备重点领域扩大市场应用和提高国际竞争力。要加快融资租赁业务体系创新，大力发展直接融资租赁、经营性租赁、售后回租等业务，并借鉴先进国家经验，探索发展委托租赁、联合租赁、杠杆租赁、项目租赁等新型租赁模式，充分发挥融资租赁业务支持企业“融资+融物”的双重功能，有效“降成本”，支持制造业企业实施设备更新改造和智能升级。通过“以租代购”、分期偿还等方式，帮助制造业企业增加资本积累，增加固定资产投入的成果，规避利率汇率波动风险，加大生产设备技术更新，扩大销售和出口。

充分利用互联网所具有的普惠性、便利性和低成本等优势，构建互联网融资租赁平台。提高融资租赁与制造业融资需求对接的精准度和服务效率，为融资租赁公司和承租人提供高速、开放、平等和透明的互联网服务平台，实现交易双方直接对接，提高沟通协商的便捷性和高效性，提升支持制造业的“设备渗透率”和“GDP渗透率”。颠覆传统的“二八定律”思想，树立“长尾效应”的观念，发挥融资租赁的普惠金融效应，在有效控制风险的基础上，最大限度地为中小企业提供优质的融资租赁产品和服务。

大力推进高端技术装备、智能制造装备、节能及新能源装备等制造业融资租赁公司创新资产管理的新方式。推动租赁资产证券化，拓宽制造业融资租赁机构资金来源，有效减少资本压力，提升租赁资产的流动性，盘活存量资产，实现专业化、特色化和差异化经营，让租赁行业更有效地支持制造业发展。可以选择与信托、证券、基金管理公司等金融机构合作发行资产证券化产品，对于融资租赁公司来说，这不但可以快速实现资金回收，还能使得融资租赁的“融资”功能有序开展和进行，不断提高企业的信用度。此外，可通过外资融资租赁公司选择离岸资产证券化模式，利用境外金融机构进行租赁资产支持证券产品，以便拓宽租赁资产的流动性。

（四）发展多层次资本市场，提升资本市场支持制造强国建设质效

目前我国融资结构不合理、直接融资供给不足问题突出。2018年，在全社会新增融资中，83%是间接金融，即使是商业银行贷款或者信托提供的一些资金，其中只也有17%属于直接融资。在直接融资中，还有一部分是企业债券等，约占10%。反观美国，2018年70%是股权融资，包括私募股权融资和资本市场公募股权融资，而银行债务融资和债券融资只占

30%。其他国家的经验也表明，多层次资本市场是促进科技创新企业发展的“孵化器”和“助推器”，这需要更大程度地发挥层次资本市场对制造业的支持作用，这也是推进金融供给侧改革的关键环节。

1. 多层次资本市场构建“双创”支撑平台增量优化、存量整理

一是，加快推进符合条件的高技术制造业企业在主板市场上市，促进重点领域制造业企业做优做强。一方面，通过大型优质企业整合上市，提升股票市场中制造业企业的质量的同时，减少投资者对制造业股票的投机，改善市场运行的基础，为制造业长远发展和股票市场平稳运行创造条件，为股票市场渐进有效发展提供坚实的微观基础。另一方面，通过大型制造业企业整体上市，扩大股票市场供给规模的同时，更有效地提高先进制造业的股票市值规模，优化股票市场的供给结构，对股票市场发展本身和制造强国建设都意义重大。通过二级市场的股权转让和并购重组，帮助优势企业整合存量资产和资源，扩大经营规模，培育新兴产业集群所需的龙头企业或核心企业。资本市场的高竞争性和高流动性，也符合创新性企业的资金运行特征，有助于创新性企业或项目的融资。尤其是，市场主导型金融模式强制要求参与主体企业进行信息披露，有利于规范企业行为，健全公司治理。

二是，逐步深化中小板建设，成为主板市场的有益补充。先进制造业除了会产生大型企业或者龙头公司外，还会促进更多的中小企业共同发展先进制造业，市场竞争比较充分，中小企业要实现长久发展，上市融资是非常重要的一步，但由于资产规模限制，它们难以在主板上市。要深化中小板建设，完善相关市场制度，将中小板市场培育成为创新型、创业型、成长型中小微企业服务的苗圃和土壤，支持和鼓励缺乏信贷支持且不符合主板上市的科技创新型企业在中小企业板上市。同时，要优化中小企业板的产业结构，建立适合中小企业特点的再融资、并购和股权激励等特殊的制度安排，便于中小企业通过直接股权融资，借助资本杠杆做大做强；设计开发符合先进制造业特点的创新债券品种以及资产证券化等创新工具，丰富制造业筹资形式，扩大资本市场的优质供给。

三是，大力发展和完善创业板建设。战略性新兴产业的产业特征与创业板的功能定位较为契合，战略性新兴产业追求技术创新和商业模式创新，需要充分依托资本市场的力量，创业板将是推动战略性新兴产业成长的重要渠道。对此，要大力发展和完善创业板市场，通过市场化的筛选机制，让真正有产业竞争力的战略性新兴产业企业脱颖而出，同时，加强监管和信息披露要求，规范在创业板上市的企业法人公司治理，引导企业长远发展。通过一大批创新型、成长较快的企业在创业板上市，产生推动产业结构优化升级和产业自主创新的示范效应，引导社会资源集中到具有科技创新和良好成长性的企业。

四是，加快推进创新型中小企业在新三板（全国中小企业股份转让系统）和新四板（区域性股权交易市场）上市或挂牌融资。作为我国多层次资本市场建设的重要组成部分，要进一步深化发展新三板市场，为中小企业发展提供股权激励、股票转让、债券融资等融资服务，鼓励其健全公司治理机制，助力解决中小企业融资难、融资贵的难题。进一步创新发展四板市场，为中小微企业尤其是科技创新企业实现股权转让和直接融资提供更多渠道，充实长期资本实力。产权交易市场可为没达到上市标准的高科技企业提供股权托管、股权质押、增资扩股、转让过户、分红派息等选择。要严格筛选挂牌企业，通过打通连接主板及科创板等板块有效刺激市场，改善市场流动性。建议政府完善产权交易市场，将全国各区域的产权交易机构整合，增强产权交易市场的流动性，实行统一的交易管理制度，为高科技中小企业提供通过产权交易机制获得金融支持的选择。政府也应发展场外交易市场，完善相关法律对场外交易市场进行明确规定，确立柜台市场的法律地位，为场外交易市场的规范发展提供法律保障，尽快建立完善的市场准入制度，为中小企业拓展融资渠道。

五是，发挥好科创板支持制造强国的针对性作用。新设的科创板，要面向世界科技前沿、面向经济主战场、面向国家重大需求，主要服务于符合国家战略、突破关键核心技术、市场认可度高的科技创新企业，重点支持新一代信息技术、高端装备、新材料、新能源、节能环保以及生物医药等高新技术产业和战略性新兴产业。要设置多元包容的上市条件，允许符合科创板定位、尚未盈利或存在累计未弥补亏损的企业在科创板上市，允许符合相关要求的特殊股权结构企业和红筹企业在科创板上市。要放松对二级市场交易的管制，提升市场交易活跃度，提升价格发现功能，引导投资者树立价值投资理念。要注重其与创业板、新三板创新层的差异化发展，避免证券市场板块同质化发展，造成资源浪费，对科创板上市的企业也应注重从研发投入、研发人员占比等方面衡量门槛标准，不仅仅从市值规模、短期盈利等方面要求企业。发展科创板是深化资本市场体系改革的重要一环，将鼓励金融资源更多地配置到创新型产业中，推动互联网、大数据、云计算、人工智能和制造业深度融合，引导国家创新优势和创新发展路径的形成，激发以资本市场为中枢的新发展动能，推动经济的质量变革、效率变革、动力变革。

六是，不断探索创新银行间债券市场和交易所债券市场，支持制造业企业发行债券融资。充分发挥公司信用类债券部际协调机制作用，支持符合条件的制造业企业发行公司债、企业债、短期融资券、中期票据、永续票据、定向工具等直接融资工具，拓宽融资渠道，降低融资成本，调整债务结构。根据先进制造业和战略新兴产业的特点，创新完善“双创债”、绿色债等品种，发展可交换债、可续期债等股债结合融资方式，为企业提供多样化的直接融资服务。企业债券作为资本市场中的主要品种之一，也为需要资本性资金的高新技术企业提供了一种重要的外源融资方式。鼓励制造业企业通过银行间市场发行资产支持票据，以及通过交易所市场开展企业资产证券化，改善企业流动性状况。针对先进制造业中的中小企业融资状况，设立地方“中小企业发债增信资金池”为企业发债增信，提高企业发债可行性，增强企业的市场征信和融资征信。

七是，支持符合条件的优质、成熟制造业企业向境外投资者发行股票，并在境外证券交易所公开上市。通过发展资产证券化产品，利用境外资本的同时，提升中国制造业企业在国际市场上的竞争力。同时，鼓励制造业企业通过资本市场并购重组，实现行业整合和布局调整优化，支持中西部地区承接产业转移，并适度向境外转移低端制造业。

2. 提高机构投资者比重，提升价值投资

我国的资本市场一直被诟病为“散户市场”。我股民数量达1.4亿，其持有股票占市场份额的26%，但是其一年的交易量超过A股交易总量的80%。所以，我国的资本市场属于短期资金市场，缺乏中长期资金进入。要有效发挥资本市场的资金筹集和配置功能，需要增加机构投资者的比重，在提升价值投资的同时，提高市场的稳定性。

一是，借鉴美国成功经验，吸引社会养老保险三大支柱中的最大支柱——企业年金投入资本市场。1975年，美国在实施年金制度之前，其股票交易量中散户所占比重也超过70%。而在年金制度的激励下，当前美国机构投资者持有市值占比已高达93.2%，散户比重不足6%。因此，我国要进一步完善年金制度，做大企业年金，使其成为机构投资的重要来源之一，通过委托专业投资机构，提升长期资本的价值投资。

二是，要进一步完善和加强公募和私募基金投资。基金既是一级市场上市前的企业培育的股权投资力量，也是二级市场资金收购兼并投资运作的关键，所以基金是资本市场发展的“撒手锏”。目前我国基金在投资管理上存在“杂散小”“门槛低”的特点，在投资结构上价值投资比重低。其中，公募基金中一半以上买了货币基金，等同于银行存款，只有约30%和15%分别购买了债券和股票，对股市的支撑作用较小。私募基金近60%作为股权投资基金投向了未上市企业，其中很大部分投向了房地产，甚至是P2P，并未投向制造业实体企业。因此，要对资本市场进行增量优化、存量整理，有效利用科创板政策，鼓励发展股债混合型融资、产业导向的并购融资，拓展私募股权基金的长线资金来源，通过科创板补齐资本市场服务科技创新的短板，为符合国家战略，掌握核心技术，市场认可度高的高新技术产业和战略性新兴产业提供针对性金融服务。

与个人投资者相比，机构投资者具有投资管理专业化、投资结构组合化、投资行为专业化的特点。第一，机构投资者发挥自己在信息掌握和信息分析方面的优势，发现市场上有价值的中长期投资机会，为企业扩大再生产提供资金支持，从而增强资源配置的能力。第二，机构投资者通常参与投资企业的公司治理，使得上市企业质量的提高与机构投资者发展壮大相互促进、良性互动。第三，机构投资者出于自身发展或市场发展需要，倾向于树立理性、成熟的投资理念，选择真正有投资价值的投资标的并长期持有，引导众多中小投资者理性投资，从而抑制短期波动，促进资本市场规范、稳健、高效运作。

3. 完善注册制度和退市制度，推动资本市场形成优胜劣汰生态系统

要借鉴美国的成功经验，完善资本市场注册制度的同时，实施严格的资本市场退市制度，发挥市场的筛选机制，通过“大进大出”实现“大浪淘沙”，培育出一大批世界知名的制造业企业，并实现资本市场资金供需平衡。第一，从上市公司来看，严格的退市制度将敦促上市公司专注主业、完善治理结构、提高公司质量，从而在整个科创板生态上促进优胜劣汰。第二，对投资者而言，严格的退市制度将增强投资者的风险意识，遏制投机炒作行为，形成以业绩为基础的投资理念，从而更好地保护投资者权益。第三，从规范证券市场运作的角度来看，严格的退市制度能够降低市场风险，促进科创板稳健运转。第四，对资源配置而言，严格的退市制度能够帮助科创板形成“价格发现”功能，保证资本有效流动，优化资源配置。在退市制度方面，与主板、中小板和创业板相比，科创板在制度设计上更加全面立体，在退市标准、程序以及执行等方面更加严格。因此，要以科创板制度创新为契机，通过“增量”优化带动“存量”整理，将科创板退市制度推广到整个资本市场，让资本市场形成“有进有出”的生态循环，真正成为“良币驱逐劣币”的市场。同时，在退市制度的基础上，通过科创板筹划注册制的试点。

4. 充分利用风险投资渠道促进高新技术产业发展

战略性新兴产业具有高成长性、高创新性、高风险性等方面的特征，正好与风险投资的投资方向、投资对象、投资方式、投资特点相吻合，风险投资在战略性新兴产业发展初期具有其他金融渠道无法比拟的优势。

一是，市场筛选功能。风险投资选择投资对象时要看该企业的样品、样机或专利是否具有良好的市场前景和潜力，是否具有完整可行的工业化生产方案，在专家的反复推敲、论证的技术基础上再加以确定，一旦确定即付诸实施。

二是，企业培育功能。风险投资一方面，提供企业亟须的、难以从其他渠道获得的长期性资本；另一方面，肩负着输入管理技能、知识经验、市场资讯资源的责任。

三是，风险分散功能。风险投资体系提供了高新技术成果转化过程中的风险社会化承担的机制。

四是，产业导向功能。风险投资体系从某种程度上是政府和民间资本融合的产物，在这个融合过程中，政府通过补贴、税收优惠等方式的介入，体现政府的产业政策意图；此外，风险投资还能起到整合的作用，由于风险投资不只是投资一家，而是投资处于同一行业的企业，因此风险投资可以起到行业整合和产业规划的作用，从而防止高新技术产业集群的无序和重复建设问题。

（五）健全金融基础设施，为金融支持制造强国建设提供公共基础保障

金融基础设施建设是一个国家金融业健康发展的先导性、战略性、全局性工程，其发展与完善能够促进规模更大、效率更高的产业资本的积累，并且能够保障金融市场安全稳定。目前，我国支付结算系统的便捷性和效率性都有待提高，债券市场基础设施存在一定程度的市场割裂，征信

系统仍不完备，一些金融政策法规相对陈旧滞后，难以适应金融发展的扁平化、民主化趋势。因此，要提高金融对制造强国建设服务的效率和水平，必须要有健全完善的金融基础设施提供支撑和保障。

1. 完善金融基础设施组织体系建设

按国际通行分类，金融基础设施包括支付系统、中央证券存管与证券结算系统、中央对手方、交易报告库以及其他金融市场基础设施，要对标国际分类标准，尽快建立金融数据仓库。随着金融市场化推进，要加强对非公司制机构的改革，促进公司制机构发展，明确交易所等运营管理机构的主体位置，让其逐渐变成市场核心，从而促进金融基础设施的市场化。要解决债券市场在监管架构、发行及后续管理、交易和登记结算等方面的"碎片化"市场割裂现象，统一标准、清算、托管、登记方式，推进债券基础设施互联互通，结合市场组织经验与发展格局充分发挥我国企业债券融资优势。

2. 建立健全金融法制体系

法律基础设施是金融基础设施的核心，建立健全金融法律，强化金融执法，是加强金融基础设施建设的重要因素。

一是，要加强立法供给。规范金融基础设施的治理框架、准入机制与运营规划，从根本上推进金融基础设施发展规划与顶层设计的制定；建立完善的法律法规体系，随着实践探索经验丰富，针对层出不穷的金融创新形式，如金融科技、知识产权质押融资、租赁、新型债券、资产支持证券、引导基金等，修订和新制定一系列法律法规。如对于金融科技，要针对现代科技成果金融应用新特点，推动健全符合我国国情的金融法治体系，研究调整完善不适应金融科技发展要求的现行法律法规及政策规定，推动出台金融业新技术应用的相关法律法规，在条件成熟时将原有立法层次较低的部门规章等及时上升为法律法规。进一步深化监管协作方案，让信息监管实现共享，进而推进金融监管统筹，解决“碎片化”问题，从而提高金融资源配置效率。如对于科技金融，要厘清法律边界，明确金融监管部门的职能和金融机构的权利、义务，破除信息共享等方面的政策壁垒，营造公平规范市场环境，为金融与科技融合发展提供法治保障。

二是，要构建跨境监管协作法律框架。要增强金融国际化发展的主导权，对跨境监管协作机制进行有效分析和应对，从而降低国际监管差异，推进国际金融基础设施高效、稳定的发展。另外，还需要掌握跨境业务的监管要求与职责，从根本上提高金融监管的广度与深度。

三是，要加强信息标准化立法。统一信息标准，减少金融基础设施与监管部门的数据统计差异，提升信息使用的可比性与便利性。

3. 完善支付清算系统

建立健全支付系统技术标准体系。继续积极开展支付清算金融行业标准研制，促进人民币支付清算参与方信息系统的互联互通和人民币跨境支付清算参与方之间信息系统互联互通。不断丰富优化支付系统架构，夯实支付清算互联网基础设施建设，为全社会资金流动建造“高速公路”和“大动脉”。

拓展网上支付跨行清算系统服务范围。支持当前支付市场主流移动支付业务场景和认证方式，满足大众二维码扫码支付、短信认证业务等需求，未来进一步实现支持用户使用移动终端进行快速支付和用户使用预留身份认证信息（手机号）进行转账支付等创新需求。

积极引入新兴技术，搭建广覆盖的支付清算平台。及早实现跨部门、跨市场、跨境内外的互联互通，形成市场化的支付结算服务收费定价机制，推动支付结算市场化发展。

建立信息安全策略、信息安全技术和信息安全综合三个层级的安全标准体系。建设安全防护体系，多个安全子系统统一管理，建成安全可控的网络安全防护边界和安全运行环境。

4. 推动征信体系和社会信用体系建设

要根据先进制造业、战略新兴产业和传统产业转型升级的需要，创新征信技术、征信数据源和征信模型，建立健全全国统一的动产质押登记系统、应收账款质押登记系统，为制造业企业尤其是中小企业融资、金融产品创新、信贷人权利保护和银行贷款风险防范提供支撑。

完善金融信用信息基础数据库。引导市场化征信机构依法合规开展征信业务，扩大征信覆盖范围，打造具有较高公信力和较大影响力的信用评级机构，满足社会多层次、全方位和专业化的征信需求，促进信用信息共享与应用。

加快构建覆盖面更广的征信体系。发挥底层金融科技的力量，借助大数据、云计算、区块链等技术全面解决我国多层次征信体系（央行征信中心、地方征信公司、民营征信机构、互联网企业等）之间的“数据孤岛”问题，打破信息不对称，推动多元化征信机构实现错位发展、功能互补，从而探索金融征信与公共信息平台的融合方式。明确整合时限、双向发力，发挥信用评价的引导功能。

形成有效的信用联动机制。要加快社会信用体系建设进度，优化社会信用体系建设组织框架，实行人民银行与国家发改委双牵头的负责制，优化制度设计，促使法院、人民银行、税务等多部门共享数据。

进一步开放国内信用评级市场的准入。更多引入国际信用评级公司，加深国际了解，积极与国际机构开展跨界合作，从而推动国内外信用评级的互相对接。此外，要加强信用信息主体权益保护，防范信用信息泄露风险，完善信用信息主体的异议、投诉及责任处理机制，切实保障个人信用信息安全，提升征信市场有效供给和征信服务水平。

5. 加快推进金融大数据平台建设

信贷市场半径取决于风险控制半径，风险控制半径又取决于信息数据半径。当前，数据资源成为与材料和能源同等重要的制造业生产资源，以大数据、云计算、移动互联为代表的新兴技术，正在成为继资本驱动之后银行保险业发展的强大驱动力，传统金融基础设施已无法满足行业发展新的诉求和应用场景。

要加快建立金融业综合统计体系，并研究建立支持制造强国建设的金融统计制度。可借鉴韩国的先行做法，搭建金融大数据综合服务平台，借助第三方机构先进的信息技术能力，运用大数据、人工智能、云计算等先进技术，通过整合相关部门的数据，打通金融业数据融合应用通道，破除不同金融业态的数据壁垒，化解信息孤岛，制定数据融合应用标准规范，发挥金融大数据的集聚和增值作用，推动形成集“风险预警、信用行家、风险监测、数据分析”于一体的全国一体化大数据中心体系，充分释放大数据作为基础性战略资源的核心价值。

强化金融与司法、社保、工商、税务、海关、电力、电信等行业的数据资源融合应用。政府部门应牵头搭建产融信息对接合作平台，促进产业政策信息、企业生产经营信息、金融产品和服务信息交流共享，降低投融资双方的信息不对称程度，营造良好投融资环境，以便引导更多的投资者进行先进制造业的长期投资。加快推进服务系统互联互通，建立健全跨地区、跨部门、跨层级的数据融合应用机制，实现数据资源有机整合与深度利用。

研究建立支持制造强国建设的金融统计制度，进一步加强对高技术制造业、先进制造业融资情况的统计监测分析。在国家金融基础数据库框架内搭建金融机构资产管理产品报告平台，将金融科技等新产品纳入金融业综合统计体系，通过统计信息标准化、数据挖掘算法嵌入、数据多维提取、核心指标可视化呈现等手段，助力“统一、全面、共享”的金融业综合统计体系建设，覆盖所有金融机构、金融基础设施和金融活动，确保统计信息的完整性和权威性。

6. 建全金融安全保障系统

要严格规范防范化解金融风险，特别是防止发生系统性金融风险，为制造强国建设营造健康稳定的营商环境。监管机构要整治“金融乱象”，严格规范金融综合经营和产融结合。继续坚持总体分业经营为主，在严格监管前提下审慎有序进行金融综合经营试点。对已实行多牌照经营的金融机构，按照突出主业、内部分业、依规经营的要求整顿规范。严禁金融机构凭借资金优势控制非金融企业，制定严格的准入条件、业务清单和负面清单。非金融企业投资参股金融机构必须使用自有资金，持有股份达到一定比例须经金融监管部门审批。加强对金融机构最终控制人及资金来源合法性审查和监测，严格限制一致行动人投资行为。严禁非金融企业挪用挤占金融子公司资金。实体企业经批准所办金融机构，要从制度上隔离实业板块与金融板块，实行子公司法人分开经营，建立风险防火墙，金融板块纳入金融监管，加强并表监管。

要建立适应金融创新的包容审慎监管新模式。监管部门要出台差异化的监管制度，对金融支持新兴产业发展在风险容忍度、不良贷款核销等方面给予差异化对待，还要针对金融创新相应地创新监管方式、健全监管体系，强化金融创新过程中的风险防范。面对金融创新，要给予包容审慎监管，在鼓励创新与有效监管之间寻求动态平衡。在新兴业态尚未成熟之前，除了要建立多层次的金融法律法规体系、提高监管的系统性、转变监管理念外，还要建立健全的金融信息共享机制，提高金融风险预警能力，在多方信息监督的情况下提高金融监管效率，大大降低金融创新的风险发生概率；同时还要适时采用原则性监管、窗口指导、监管沙盒等具有放松制度约束、提高监管信息对称性特征的监管新模式，有效应对由于科技发展和创新而产生的金融风险新挑战。对于金融科技，要充分借鉴监管科技的理念和工具，构建适用、管用的风险防范体系和安全保障体系，让金融科技创新带来的风险始终处于可管、可控的范围内，维护我国货币流通秩序和金融市场活动秩序。要加强金融科技审慎监管，建立健全监管基本规则体系，加大监管基本规则拟订、监测分析和评估工作力度，运用现代科技手段适时动态监管线上线下、国际国内的资金流向，探索金融科技创新管理机制，服务金融业综合统计，增强金融监管的专业性、统一性和穿透性。

（六）健全金融支持制造业的风控体系，为金融支持制造业发展“保驾护航”

当前，受国际贸易环境不确定性增强、国内经济下行压力增大等因素影响，制造业整体增速放缓，企业融资潜在风险增多，杜绝新的产能过剩、防控金融风险仍需多方合力。

1. 通过金融的“风险共担”机制降低创新投资风险

新兴产业具有创新性高、不确定性强、成长周期长、技术资金需求性大、资产专用性强等特点，并且中小企业占据多数，成长性和潜力巨大的同时也意味着较高的沉没成本与融资风险。对此，银行业金融机构要坚持独立审贷、自主决策、自担风险原则，择优支持有核心竞争力的产业聚集区和企业，注重从源头把控风险。尤其是对于知识产权质押融资，商业银行应当对出质人及质物进行调查，办理质权登记，加强对押品的动态管理，定期分析借款人经营情况，对可能产生风险的不利情形要及时采取措施；逐步建立和完善知识产权内部评估体系，加强内部风险评估、资产评估能力建设，探索开展内部评估。保险机构要创新发展企业财产保险、科技保险、专利保险、制造业贷款保证保险、产品质量责任保险等商业保险业务，分担企业经营与融资风险，发挥好其作为“减震器”和“稳定器”的功能的同时，支持科创型技术企业发展壮大，提高“中国制造”的质量和品牌信任度。对于知识产权质押融资，要鼓励保险机构在风险可控的前提下，开展与知识产权质押融资相关的保证保险业务；鼓励保险机构开展知识产权被侵权损失保险、侵权责任保险等保险业务，为知识产权驱动创新发展提供保险服务。要综合利用风险投资、创业投资等金融工具的风险分担与分散功能，运用金融衍生工具进行资本市场风险对冲，从而使制造业企业的风险承受能力突破时空限制，最有效地实现跨区域、跨时间、大规模的风险共担，从而赋予制造业企业更大的创新动力和生产能力。

2. 利用高新技术降低和管控技术风险

在新一轮科技革命和产业变革的背景下，大力发展金融科技成为金融创新的新风向。金融科技在有效提升金融运行效率与降低交易成本的同时，使科技安全风险和传统金融风险叠加，在微观层面增加了新的信息技术风险、经营风险等风险，在宏观层面可能形成外溢系统性风险，并且使金融风险的传染性更强、波及面更广、传播速度更快。对此，金融机构要正确处理安全与发展的关系，运用区块链、大数据和云计算等科技手段，使资金流、商品流和信息流可视且可控、可靠，提高资金供需双方信息对称性，使得金融交易过程和市场价格形成过程更公开透明，从而有效地提升跨市场、跨业态、跨区域金融风险的识别、预警和处置能力，加强网络安全风险管控和金融信息保护，做好新技术应用风险防范，坚决守住不发生系统性金融风险的底线。完善风控体系建设，使风险控制从单客户、单品种、局部化、碎片化的管理方式，向业务关联、上下关联、跨账户交易的大数据风控方式转变，提高金融业务风险防范能力，实现客户资信与风险定价的精准匹配，通过自动化授信降低实际业务办理过程中的操作风险。监管机构在加强行为监管和功能监管的同时，引入“穿透式”监管理念，加强行业自律监管，从金融业务本质入手，将资金来源、中间环节和资金流向穿透连接起来，运用大数据、区块链、云计算等科技，建立健全监管基本规则体系，加快推进监管基本规则拟订、监测分析和评估工作，建立起金融合规、场景依托和技术驱动“三位一体”的金融风险防范体系，增强金融监管的专业性、统一性和穿透性。同时，夯实金融科技基础支撑，持续完善金融科技产业生态，优化产业治理体系，从技术攻关、法规建设、信用服务、标准规范、消费者保护等方面支撑金融科技健康有序发展。

3. 避免诱发新的"产能过剩风险"

在制造业转型升级的过程中，不可避免地会面临两极分化的局面。即高端制造业的国际竞争力有待增强，需大力发展的同时，传统产业在粗放式发展模式下形成结构性"产能过剩"。从历史实践来看，在技术革命爆发的"狂热阶段"，金融资本的逐利本性往往会大规模且迅速地集聚到某一新兴产业，从而导致新的产能过剩或"创新泡沫"。为此，一方面，银行机构要合理调整信贷结构，稳妥有序地退出过剩产能领域，对冶金、建材、石化化工、船舶等行业中有市场、有效益、有技术、经营规范的企业和技改项目，要支持其合理信贷需求。在依法合规、风险可控的前提下，鼓励符合条件的银行机构稳妥开展不良资产证券化试点，主动化解制造业过剩产能领域的信贷风险。另一方面，要发挥银行业同业沟通、协调、自律作用，通过联合授信、银团贷款等方式，形成融资协同效应，切实防止多头授信、过度授信，避免一哄而上、重复建设形成新的过剩产能。要创新绿色金融产品、工具和模式，引导资源更多地参与绿色制造产业发展建设，提升经济可持续发展水平。不断创新丰富绿色保险产品，有效分散传统制造业绿色改造升级过程中的相关风险。政府要发挥宏观审慎职能，坚持适度发展、质效并重的原则，防止新兴产业规模无限制扩张，以杜绝新的产能过剩隐患。

4. 降低制造业企业杠杆率

从资金需求方来说，制造业企业的资产负债结构以及杠杆率，影响着资金供给方的资本收益和资本安全，关系着资金供求双方供求良性互动机制是否能够形成。经济合作与发展组织（OECD）将成员国家的杠杆率风险阈值设定在90%左右，美国处于60%—70%。依据国际清算银行（BIS）

的测算，截至2018年年底，中国非金融企业部门杠杆率（企业部门总负债/名义GDP）已达到151.60%。根据中国社科院报告显示，我国非金融企业部门杠杆率截至2019年3月达到156.88%。从单纯的横向对比来看，目前中国非金融企业部门杠杆率已超越美国和日本，在绝对水平上甚至高于金融危机时期的美国（70%）和泡沫破裂期的日本（147.4%）。因此，从某种意义上说，降低企业杠杆率是推动制造强国建设的关键，是稳增长的重要基础。

为此，第一，金融行业要通过债务减记、债转股、利息减免等方式让利转型升级的制造业企业。尤其是，继续将市场化法制化债转股视为降低企业杠杆率的主要任务，加大力度推动市场化法治化债转股增量扩面提质。在资金来源方面，以金融资产投资公司为主，以社会资本为辅；允许保险、资管等长期资金投资市场化债转股资管产品；商业银行要通过发行永续债、外资入股等方式解决债转股资本占用问题。在转股机制方面，推动交易场所以市场化定价方式开展债转股，开展债转优先股试点，与混合所有制改革结合强化公司治理。在转股对象方面，鼓励对优质企业开展市场化债转股，支持对民营企业实施市场化债转股。第二，通过兼并重组破产等方式实现制造业资源优化配置，通过去产能、提高产业集中度提升企业投资回报率，并有序释放信用风险。第三，大力发展股权融资，拓展融资渠道，有序促进社会储蓄转化为股权投资，作为企业降杠杆的重要补充方式。第四，各地政府部门与金融机构、制造业企业之间要建立定期沟通长效机制，以政府公信力为桥梁加强信息共享，引导实体企业优化自身经营及财务管理模式，引导金融机构强化事前审查与投后管理，在行业投资咨询方面给予支持，健全信用风险管理机制，提升整个制造业金融体系的风险把控能力。

5. 合作防范化解跨境金融风险

随着我国深入参与全球价值链分工，已然深度融入“地球村”。一旦某一国或某一地区发生金融风险，将通过多种途径迅速波及全球，2007年源于美国的次贷危机波及全世界并引发全球经济危机正说明了这一点。当前，全球经济金融仍未完全走出国际金融危机的阴影，国际金融市场风险外溢仍在蔓延，贸易摩擦、地缘政治等潜在风险仍频发，并且信息通信等新技术促进资本流通更快、更频繁、更畅通地跨越国界、跨越地区、跨越行业，更容易诱发金融过度深化并引发“非理性繁荣”和“金融泡沫”，并加剧金融创新风险的混业性、隐蔽性和传染性。因此，要加强国际合作，积极探索跨境金融风险协防机制，加强对经济金融运行情况和金融风险分析研判，加强与相关方就金融业务、风险管理、技术标准等磋商，构建区域性、国际性金融风险预警系统，形成应对跨境风险和危机处置的国际合作机制，提高金融抗风险能力，为制造强国建设营造健康稳定的国际金融市场环境。

（七）加强政策沟通协调，为金融支持制造强国建设提供全方位政策及机制体制保障

一是，要安排财政专项基金作为专门的先进制造业基地建设信贷补偿资金，与商业银行开展助保贷等业务，引导银行增加对先进制造业的贷款，提高对先进制造业企业贷款不良率的容忍度，调动银行创新支持先进制造业发展的积极性。

二是，发挥担保体系在融资中的作用，在加快再担保机构发展的同

时，构建与先进制造业基地建设相适应的“政银担”合作模式，共同参与、共担风险。

三是，推动设立“中国制造2025”风险补偿基金，对金融机构专项贷款损失适当给予补偿。推动地方政府设立统贷平台，创新中小企业“应急周转贷款”等融资模式，发挥开发性金融机构转贷资金的“搭桥”作用，确保中小企业在偿还商业贷款和续贷资金未到位期间资金链不断裂。

四是，完善财税支持政策，为制造业发展营造良好的经营环境。要会同有关部门继续实施普惠性降税降费政策，进一步降低企业经营成本。

五是，发挥财政资金的“四两拨千斤”的引领作用。通过设立并发挥国家新兴产业创业投资引导基金、先进制造产业投资基金等政府投资基金作用，引导社会资本加大对制造业领域投入。

六是，灵活调整外汇政策，助力制造企业“走出去”。外汇管理部门应了解制造业企业遇到的实际困难和掌握企业对外汇管理政策需求，最大限度地为制造业扩大出口和“走出去”提供坚实的外汇政策支持。

（八）坚持扩大开放，推动制造业高质量发展

在大变局时期更要做好应对最坏情景发生的充分准备，丢掉幻想，调动各方面积极性，在深化改革的基础上建设一批推动我国制造业高质量发展的新平台。如建设一批驱动高技术产业创新发展的特殊经济功能区、科技创新集聚区、制度型开放示范区、跨境电商综合试验区、境外经贸合作区等全方位开放平台。在扩大对外开放的过程中提升产业国际竞争力，推动制造业国际化经营和对外经贸高质量发展，赢得新旧动能转换、新旧结构转换、新旧模式转换的最好结果。在供给侧和需求侧多管齐下，用市场

化法治化国际化方式处理好对外开放过程中可能引发的各种风险隐患，防患于未然。

我国制造业拓展国际市场，首先要实施原产地多元化战略、出口市场多元化战略、以质取胜战略、科技兴贸战略、人才强贸的战略，在货物贸易、服务贸易、跨境电商贸易三大领域开辟我国制造业国际化经营的新战场。其次要推动双向投资和跨国收购与兼并，实施有效利用效率驱动型外资战略、有效利用市场合作型外资战略、高质量共建一带一路投资战略、共同开拓第三方市场投资战略、全球资产组合多样性战略等，全面落实《外商投资法》《优化营商环境条例》等法律法规，打造市场化法治化国际化营商环境和投资环境，形成全面开放新格局。再次要统筹推动促进形成强大国内市场与促进形成强大国际市场之间协同发展，努力构建适应新科技革命和产业革命发展趋势的全球产业链、供应链和价值链网络，形成先进制造业与现代服务业深度融合、工业化与信息化深度融合、军民深度融合、产城人深度融合、中间产品与终端产品深度融合的现代产业体系，主动满足国内外个性化、多样性、高品质、差异化商品和服务需求痛点，提升对外商品和服务供给质量、效益和长期增长潜力。

构建开放型经济新体制和新体系。在我国发展与国际变局同步交织、相互激荡的新时代，一是要推动规则等制度型开放，实现治理体系和治理能力现代化。这就要求我们在规则、标准、体制机制、规制和法治与国际高标准相接近、相衔接、相一致。“中国特色”是要求从中国具体国情、发展阶段和历史文化的实际出发，而不是另搞一套，与国际通行规则不接轨。二是要营造市场化法治化国际化的一流营商环境、投资环境、市场环境、创新环境和法治环境。2019年，我国营商环境效率和便利化水平逐渐提升，过去一年提升至46位。我国办理施工许可证平均耗时111天。效率高于东亚地区的132天。我国保护中小投资者指标全球排名升至第28位，效率高于东亚太平洋地区平均排名99和OECD高收入经济体平均排名第46。改革还让我国成为执行合同效率最高的经济体之一。然而，我国在纳税（排名第105）、获得信贷（排名第80）和跨境贸易（排名第56）等领域仍显滞后。三是要培育一批世界一流跨国企业和领头羊，建设一批世界一流大学和人才，形成逐步进入世界一流的基础研究、应用基础研究、共性技术和公共技术研究、开发和试验研究的创新链和跨境创新网络，合作建设一流的现代金融和多层次资本市场体系，打造全球一流的综合物流枢纽和供应链管理的战略支点。为制造业高质量发展创造一流的制度基础设施、支撑条件和发展环境。

在大变局中更要积极主动扩大对外开放。我国数千年文明史、新中国成立70年和改革开放40年的发展历程都证明一点，开放带来进步、封闭必然落后。我国制造业创新发展都是在“引狼入室”“与狼共舞”“培养狼性”的开放环境中提升国际竞争能力、实现制造业由代工贴牌到获得自主知识产权、自主品牌和自主营销渠道，从全球产业链低端到中高端。从汗水驱动到创新驱动的根本性转变。表面看我国制造业发展损失一些短期利益，最终却能够换得我国制造业蓬勃发展的长期利益。工业革命经验表明谁在工业革命中占得先机，谁就能在综合国力竞争中赢得优势。从中长期看第四次工业革命或推动国家竞争力位势发生深刻调整。发达经济体与发展中国家的差距可能再次拉大。这是因为，在第四次工业革命的关键技术领域。发达经济体牢牢掌握人才、技术、资金和规则优势。且仍在不断加大对第四次工业革命产业和技术的战略投入。在此次工业革命中，我国具备两大明显优势。一个是有巨大的市场空间，能够吸引集聚那些必须贴近市场的人工智能、增材制造、生物医药等领域的创新要素，推动产业迈向中高端。另一个是新型举国体制，能够集中优势资源进行攻关，突破一些卡脖子环节，解决科技赶超中的关键问题。只要战略明确、措施得当、保持好历史耐心、战略定力和底线思维，我们就有机会进入世界科技前沿位置。

要辩证处理好全方位开放环境中如何做到关键技术设备和人力资源“自主可控”的问题。这里有三个层次的“自主可控”。第一是“强自主可控”。指技术、产品、软件和创新生态系统掌握在自己手中。其缺点是与国际不兼容，优点是安全可控。这类技术和产品、服务研发和产业化的初期需要国家公共经费投资和党政军公共部门采购支撑；中期需要高质量共建“一带一路”项目支撑；长期需要高层次、宽领域、大范围国际合作支撑。第二是“中自主可控”。中国企业有较强自主知识产权、品牌和营销渠道支撑，但技术、产品和服务是建立在美国高技术企业的生态系统之上，或严重依赖日欧高技术企业难以替代的原材料、零部件、元器件供应，形成了中外企业命运高度依存的情况。如果发生科技战最坏的情景，中国优秀企业会受到重大打击。如韩国三星、LG在日本三种半导体原料断供时出现的情景。第三是"弱自主可控"。即中国高技术企业的技术来源依赖国外高技术企业的专利使用授权，如果两国关系严重恶化，中国企业被列入实体清单而产生断供，就会受到严重影响。

在不断扩大金融、能源、粮食、科技、信息、生物系统等重要领域对外开放的同时，要辩证处理好全方位开放环境中的国家和其他安全保障和风险防范的问题。在新中国成立的70年里，我国经历过从内向发展到不断扩大对外开放的转变，已经发展成为世界第一出口大国、第一外汇储备资产大国、新兴经济体中的第一双向投资大国。下一步如何在可能发生最坏情景的条件下，确保我国制造业发展的产品和服务供需安全、能源运输通道安全、信息和金融安全等，企业、行业协会、主管部门以及国家要高度重视并下大气力抓好的安全保障和风险防范的重要工作。

五

当前金融支持制造强国建设的几项重点工作

自2018年以来，在全球经济复苏步伐放缓、中美贸易摩擦不断加剧等因素影响下，我国制造业高质量发展的内外部形势发生了明显变化，出现制造业投资明显下滑的状况。这不仅加大了经济下行的压力，也不利于“中国制造2025”等战略目标的实现。当前，要针对中美贸易摩擦日趋复杂化、严峻化的现实，加大对制造业专业的帮扶力度，推动制造业投资企稳。

（一）建立制造业金融体系，实现制造强国发展战略

当前金融支持制造强国建设面临结构性矛盾。制约我国制造业大而不强的核心原因除了关键核心技术、原材料等卡脖子及短板问题外，另外一个短板和卡脖子问题是制造业缺乏有效的金融支撑，金融业与制造业缺乏有效衔接和深度融合，金融没有融入制造业。金融业长期处于制造业的上层，制造业尤其装备制造业是国民经济的基础，金融行业依托高额利息、高资金回报率的利益需求与制造业企业投资周期长、资本回报率低、资金

需求量大、产业差异大等特点不相匹配。同时，由于制造业纷繁复杂、行业门类千差万别，需要高度专业化、精细化的金融服务，当前我国银行等金融机构普遍存在对制造业认知能力不足、行业经验缺乏等问题，对传统资金回报率要求的金融运转模式高度依赖，这在很大程度上制约了银行等金融机构深入制造业行业内部为其提供适合产业自身发展需求的金融产品和服务，制造业需要适应金融机构高回报要求的资金使用机制。制造业尤其国家关键核心领域制造业在这种金融体制下很难获得发展，制造业是强国之基，制造强国战略是我国全面建设社会主义现代化的重要支撑，我们必须从国家顶层设计层面改变当前金融体制机制，进行新的金融体系部署，研究适应制造业自身发展的金融体制机制，成立独立的制造业金融体系，成为继银行业、保险业、证券业后的第四大金融系统，在国家体制机制方面进行一系列相关制度性安排，对制造业金融进行统一规划、建设和扶持，促进制造业实现转型升级，实现制造强国。

（二）大力发展产业金融，助推制造业数字化转型

当前全球制造业面临转型压力和困境，数字化和服务化转型是当前全球制造业的转型方向。如何针对制造业的数字化转型、服务型转变进行金融支持方式的创新是当前金融支持制造强国建设迫切需要解决的问题。

传统的生产型制造，企业是主体，企业专注生产和销售，关注的是设备等资产的所有权，从而与外界的商业关系也主要是简单的买与卖的关系。服务型制造时代，消费者成为主体，消费者专注消费和体验，关注的是设备等产品的使用权，从而企业与消费者的关系更主要是服务与被服务的关系，设备等产品只是充当有限时间空间内的服务工具，此时消费者的

行为将不再是选择购买某种产品占为己有，而是注重不占有却能使用。制造业企业正在面临数字经济下人类社会商品经济关系正在发生的转变，如何探索制造即服务，或者产品即服务，是当下全球制造业要回答的问题，也是金融支持制造业发展要面向的主要方向。

金融是现代经济的核心和国民经济的血脉，具有发现价值、整合资源、创造价值的功能，是推动经济发展的核心驱动力。随着制造业向数字化转型，新一代ICT技术越来越普及，工业互联网、智能制造、共享制造、个性化制造、柔性制造越来越取代传统制造，制造业企业的资产将随着数字化过程越来越体现为数字化、无形化、柔性化，生产过程、流通过程、消费过程因为数字化技术的运用变得清晰可见，这些数字化资产在传统的银行等金融机构体系下无法成为可抵押、可担保的资产，企业无法通过这些数字化核心资产从银行等金融机构获得资金。而在数字化技术大发展的环境下，产业金融完全可以实现与产业和企业的深度融合，不依托传统重资产抵押贷款，不依赖对单个企业的利润考核，而通过在整个产业链条上发现价值、获得收益并进一步创造价值，实现在整个产业生态、产业链上的资金、信息有效流转和价值再创造，通过信息化技术密切跟踪研发过程、生产过程、流通过程、消费过程，深度融入产业发展，开发适应性的金融工具、金融产品，发现价值、创造价值，彻底摆脱传统信贷抵押融资模式。

传统市场化的金融机构追求短期资金效益，难以体现国家意志、与国家重要发展战略相适应，当前的政策性金融机构如国家开发银行等远不能满足国家战略发展需要，面对制造强国建设的紧迫性和我国当前又一次站在全球新一轮产业变革和制造业转型的紧要关头，我们迫切需要建立国家产业金融机构，通过金融来实现核心技术的研发和应用、价值的发现和创造、工业基础设施的培育。

当前我国科研体制仍面临诸多问题和挑战，某些重要科研项目由于受迫于科研行政体制束缚而无法顺利实现国家相关科研要求和有效的科研成果转化，我们应该考虑借鉴德国科研体制建设，通过产业金融方式推动科技研发和成果转化。

我们建议在重大核心关键领域、战略性行业、新兴产业设立产业银行，推动相关产业发展。

（三）借鉴融资租赁模式，发展装备制造业设备金融

装备制造业是制造业的核心和基础，解决制造业的融资难题，要从装备制造业来切入。装备制造业有三类资产：土地房产、流动资产和设备，土地房产和流动资产是制造业企业通过银行等金融机构获取资金的主要来源。而相比较而言，美国等欧美发达国家，装备制造业资金的50%以上来源于设备融资，包括设备租赁。我国每年设备投资量是十几万亿元，几乎都是用自有资金或土地房产、流动资产通过银行等金融机构抵押贷款的资金来填补的，这是一个巨大的金融支持空白，企业承受高额还本付息压力。设备作为一项重要资产是所有制造业技术的载体，对制造业的发展起着基础性支撑作用。值得指出的是，我们现在正在经历的制造业困境，欧美国家在30年前已经经历了，尤其是在近十年间成功渡过难关、实现转型，靠的就是设备金融。设备金融需要与产业结合，开发多样化的金融产品，包括基于设备的信贷、融资租赁、经营性租赁、设备共享、设备池（pooling）等，从而促进金融支持制造业，实现制造向服务转型，实

现ICT驱动的共享经济。

专栏一

欧美装备制造业的发展可以大致分为三个阶段：

第一阶段（“二战”后到20世纪80年代初）

类似于中国装备制造业过去30年，受益于大规模基础设施建设和新兴市场扩张，欧美装备制造业获得快速发展的机遇，顺风顺水，一路高歌猛进，几乎没有出现大的挑战。

第二阶段（20世纪80年代初到2002年左右）

随着日本装备制造企业的崛起，面对更有竞争力的价格，欧美企业只能被动通过降价策略保持市场份额。同时受美国经济紧缩，能源价格上涨等因素影响，欧美企业运营成本急剧上升，普遍面临前所未有的挑战。于是欧美装备制造企业开始大力发展服务业务、探索产融结合、发展直接融资，进入漫长的转型阶段。经过20年的探索发展，到2002年左右，欧美装备制造企业已经完全实现了蜕变，由传统以制造为核心转型为高端制造与现代服务融合发展。

发展服务业务：在成本上升及日本产品进入欧美市场的双重压力下，销售新设备越来越困难，很多企业发现后市场服务具有巨大的盈利空间，开始考虑发展生产性服务业务，利用过去多年卖出去的设备实现盈利，这就带来了服务业务的起步。

产融结合：发展服务的思路很简单，但是如何让客户为服务业务付费成为最大的挑战。欧美装备制造业开始把产业和金融结合起来，用资产金融的方式让客户为服务业务买单。这一阶段经历了十年，直到1991年左右基本成型，到2002年基本进入成熟期，产融结合模式成了行业共识。

发展直接融资：20世纪80年代，当时的欧美金融市场与目前中国类似，是以银行为主导的金融体系，后来逐步发展成为以非银行金融机构和直接融资市场为主，这是装备制造企业成功发展资产金融的重要因素。

第三阶段（2003年后）

在2003年之后，欧美装备制造业进入了以服务业务为主导的新发展阶段，转型后的装备制造业成为欧美市场表现最好的行业之一。2008年金融危机后，欧美提出"再工业化"，其发展思路本质上是在现有商业模式基础上，继续深化产融结合、产信结合和信融结合。

纵观全球制造业服务化转型的发展历史，可以发现设备金融作为转型的必备载体扮演了相当重要的角色。设备金融发展的核心动力是设备供应商和设备使用者的需求。

案例

卡特彼勒作为世界上最大的工程机械公司，受经济周期影响很大。在20世纪80年代初和90年代初的经济低谷中，卡特彼勒整体均出现了不同程度的亏损。

1983年，卡特彼勒金融服务公司（简称卡特金融）开始开展业务，专门为购买卡特彼勒设备的终端客户提供设备融资服务，同时还为代理商提供短期融资。随着资产金融业务的发展，服务业务的规模也逐步增大。卡特彼勒通过资产金融更深度、更持续地了解客户的需求，提供客户所需要的服务和方案，涵盖产品的整个生命周期。

2004年，吉姆·欧文斯（Jim Owens）出任卡特彼勒CEO，虽然作为世界工程机械行业领头羊的地位依然牢固，但欧文斯清醒地意识到，卡特彼勒的核心产业工程机械是极具周期性的，为减少制造业整体需求逐步放缓的负面影响，欧文斯决定重点发展卡特彼勒的三个边际利润率较高的服务业务，即金融服务、物流和再制造部门。到2009年，公司的服务性收入占到了总收入的39%，服务性的营业利润更加稳定，在正常年份能达到公司营业利润的50%左右，当经济疲软的时候，如2009年更是占到了90%，抵御了经济周期性影响，使得卡特彼勒第一次在经济周期低谷中整体没有出现亏损（见图1-3），这种稳定性得到了资本市场的认同。

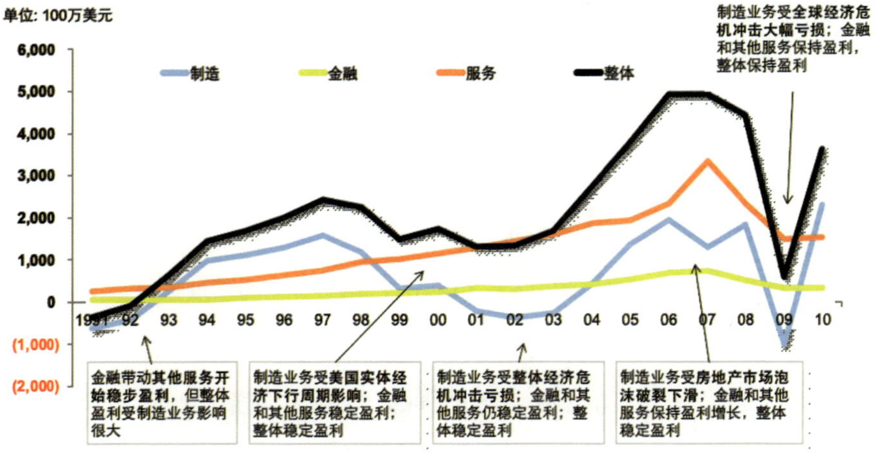

图1-3 以资产金融拉动服务业务，以服务业务对冲经济周期

资料来源：卡特彼勒1991年—2011年10-K报告，www.sec.gov，海尔产业金融咨询服务中心分析估计

专栏二

融资租赁是一种特殊的金融业务，是指出租人根据承租人对租赁物和供货人的选择或认可，将其从供货人处取得租赁物按融资租赁合同的约定出租给承租人占有、使用，向承租人收取租金，最短租赁期限为一年的交易活动。

融资租赁相对于传统的融资方式而言具有一些特有的优势，其一，融资租赁可以克服银行间间接融资顺经济周期的弊端，融资租赁合同的期限和条款较为稳定，能够稳定地为企业提供支持；其二，融资租赁能够在一定程度上解决银行信贷的“道德风险”问题，由于融资租赁提供的是实物而不是资金，可以有效避免贷款方用银行资金从事高风险活动；其三，融资租赁交易成本较低，手续简单，其期限一般较长，能够使企业在较长时间段内分摊成本，缓解了企业一次性投入大量资金的财务压力；其四，提高企业经营效率，化解产能过剩的难题，对于出租方而言，出租房的设备和厂房等资产能够不断地循环出租给不同的承租方，从而获取利润，而对于承租方而言，既不用占用承租方的大量资金，又不用占用承租方的库存，不会造成承租方的过度投资，并有利于承租方及时更新换代设备和技术，进而在市场空间争取中获得主动权。

（四）发挥好结构性货币政策工具作用，专项用于支持制造业投资

自2018年以来，我国已出台7次降准政策，降准空间有所缩小但仍有空间。考虑到外汇占款下降带来的基础货币收缩压力，法定存款准备金率可以降至6%以下。前面的测算显示，2019年制造业投资需要保持5%以上的增速才能有效支撑经济实现6.0%—6.5%的目标，这将产生约1.5万亿元的资金缺口，建议定向降准0—2个百分点。综合考虑金融机构制造业贷款的存量与增量、期限与结构等因素，合理确定其定向降准比例。

（五）发挥好抵押补充贷款PSL在调结构中的积极作用，引导其增加对制造业投资技术改造资金的投放

在当前我国制造业增速下行的情况下，盲目扩大投资可能加剧产能过剩的压力，相对而言，推进制造业技术改造，即可解决转型升级和关键技术领域的“卡脖子”问题，也可增加投资，实现长期结构优化与短期稳增长的平衡，是一个比较现实的途径。国际经验也表明，PSL（抵押补充贷款，Pledged Supplementary Lending的缩写），是实现制造业中长期贷款精准投放的较好方法。例如，英国央行发起融资换贷款计划（FLS，与PSL类似）、欧洲央行发起定向长期再融资操作（TLTRO），均旨在与其他货币政策相配合，提升货币政策传导的有效性。英国央行实施FLS以来，以一年期担保债券利率为代表的融资成本显著下降。

从国内经验来看，PSL在棚户区改造和基础设施建设领域发挥了重大作用，较好地解决了我国棚户区改造缺乏中长期融资来源的问题，保障了棚户区改造顺利推进。同时，棚户区PSL也降低了银行资金成本，为银行补充了优质资产，实现了可持续经营。与棚户区改造、基础设施领域不同，制造业贷款具有规模大、不良率偏高、异质性强的特征，要求制造业PSL应当在发放规模、渠道、机制、投向领域和风险管理方面进行有针对性的设计。制造业PSL的机制设计如下：

发放规模。建议试点开展制造业PSL业务，以提升银行业金融机构制造业中长期贷款占比、降低中长期贷款利率为政策目标。初期规模为5000亿元，后续视情况扩大到全部金融机构制造业贷款的10%左右。据测算规模约为15000亿元（2018年年末全国银行业金融机构制造业贷款余额约为

15万亿元），可为制造业提供稳定的中长期融资来源。

发放渠道与机制。与棚户区改造PSL由政策性银行独家参与不同，制造业贷款信用风险较高、细分行业众多、客户基础繁杂。建议扩大制造业PSL参与银行的准入范围，广泛调动各类银行的积极性。初期可由政策性银行、大型国有商业银行承担制造业PSL发放任务，待运行成熟后可视情况适当扩展。

PSL发放主要有融资额度、利率和折价率三个管理指标，额度指每家参与银行获得的PSL数量，利率是PSL的利率，折价率是作为合格抵押品贷款的抵押率。为激励银行主动作为加大投放、加强风险管控，建议建立“两挂钩、一浮动”的制造业PSL发放机制。“两挂钩”指每家参与银行获得的PSL额度、贷款折价率与制造业信贷增量、不良率挂钩。为激励银行增加信贷供给，只要银行有合格的新增制造业贷款作为抵押，就可以获得相应的PSL额度，形成良性的逆周期制造业信贷投放规则。“一浮动”指每家参与银行PSL利率根据现有货币政策利率适当浮动，可参考LPR利率，通过利率手段相机影响PSL投放规模和节奏。

投向领域。制造业细分行业和地区存在高度异质性，为更好地发挥PSL作用，直击制造业融资的“痛点”“难点”。重点支持制造业高质量发展的领域：其一，投向高技术制造业和战略新兴产业。其二，投向制造业转型升级和技术改造领域。其三，投向国家认定的种子企业、冠军企业、独角兽企业等。四是投向先进制造业和现代服务业融合发展领域。五是国际产能合作、拓展国际市场和技术升级领域等。

风险管理。PSL在棚户区改造方面发挥了重大作用，但是运行过程中也发现了一些风险点，主要表现为：资金挪用风险、道德风险和信用风险等。建议如下：完善制造业PSL资金流向监控体系，防止PSL被挪作他用，特别是流向房市、股市；推动完善参与银行尽职免责制度，确保PSL发放流程规范；完善银行统一授信管理制度，将PSL贷款与其他贷款一视同仁，从贷前、贷中、贷后全流程加强风险管控；加强银行间信息交流，人民银行、银保监会等部门加大向PSL参与银行共享信息的力度，预防多头授信、过度授信。

（六）加强金融机构发挥制造业贷款的“正向激励”，解决其风险偏好下降引发的信用紧缩问题

提高风险容忍度，为金融机构处置不良资产提供便利。建议对制造业贷款不良率高出自身各项贷款不良率3个百分点以内的，可不作为监管评级和银行内部考核评价的扣分因素；放宽不良资产处置要求，允许商业银行在满足一定条件下自主核销；拓宽不良资产处置渠道，对一些特殊原因形成的不良资产，鼓励采取转让、债转股等方式化解，为商业银行处置不良资产提供更多便利。

对制造业贷款利息收入免征增值税，实施正向激励。扩大贷款利息收入增值税优惠政策覆盖面，对金融机构发放的制造业贷款取得的利息收入，免征增值税；及时处置制造业贷款损失，对制造业贷款、担保损失或计提的损失准备金在所得税前扣除，增强金融企业抵御风险能力。

鼓励银行多渠道补充资本金。PSL推动银行表内资产扩张，对资本金提出了更高的要求。因此，应扩大银行资本金补充渠道，完善资本金补充机制。

（七）充分考虑中美贸易问题的长期性、复杂性，帮助制造业中小企业渡过难关

未来一段时间，外部环境的不确定将对我国出口和经济增长带来较大影响。一方面，中美贸易摩擦暂时缓和，但影响会持续，尤其是考虑中美竞争关系的长期存在；另一方面，全球经济减速的影响也将显现。要做好稳投资的落地，为制造业投资发展营造良好的金融环境。

一是，对于发展前景较好、主业突出、负债率较低、风控能力较强的民营企业，要进一步加大融资支持。

二是，对于当下受内外市场波动冲击特别是受到贸易摩擦影响、暂时遇到困难，但仍有市场前景的民营企业，要通过落实续贷政策等解决流动资金问题。

三是，对于投资决策严重失误、缺乏竞争力的企业甚至产能严重过剩领域的僵尸企业，应按照市场化原则稳妥处置相关债务，逐步退出，避免其占用信贷资源。

四是，增强信用担保的保障力度。针对目前商业性担保业务全面停滞的情况，通过税收减免、无偿资助、资本金注入、风险补偿等方式，加大对政策性担保机构的扶持力度。与此同时，由各级政府设立再担保基金，筹建规模大、公信力高、管理水平高的再担保公司，并鼓励市场化程度高的地区建立市场化的再担保体系。

制造业

金　融

Manufacture
Finance

第二部分

国际比较与战略技术

近年来，国内的学者们针对金融支持制造业从不同层面进行了初步研究。在科创中心方面，刘江会（2017）对上海科创中心的金融支持对策进行分析；在金融支持产业园区方面，姚晓(2013)[3]对工业园区的金融服务体系进行了较为全面的分析。此外，国家开发银行党校课题（2016）[4]对开发性金融支持国家级新区的对策进行了研究。总体来说，已有研究主要针对科创中心、工业园区、国家级新区，但缺乏对制造业转型升级的深入探索，且在案例选择上往往局限于某一具体区域，鲜见对国内外、多区域、不同类型模式的比较分析。为此，本部分通过量化标准体系研究，聚焦制造业国际的比较，借鉴和国内多个区域的深入调研分析，分类总结金融支持制造业的模式，最终提出建议与方案。

一

金融支持制造强国量化标准体系研究

按照习近平总书记在政治局第十三次集体学习时提出的“经济是肌体，金融是血脉，两者共生共荣。为实体经济服务是金融的天职和宗旨”的论断，利用市场化的工具与规则，将金融支持制造强国这一市场行为的内涵与外延进行最大限度的“量化”（见表2-1）。

表2-1 金融支持制造强国建设“量化”架构

层次		管理A类标准	管理B类标准	管理C类标准
章节		文字要求	架构要素	指标指数
一	金融支持制造强国建设的重点、短板与弱项	习近平总书记关于推动金融业高质量发展的重要讲话	抓重点/两业态关系	调整到共生共荣状态
			补短板/高质量发展工具	弥补53%的工具体系
			强弱项/金融业对制造业了解缺乏深度，过分使用抵押	建立企业高质量发展报告制度
二	金融支持制造强国建设的标准、机制与环境	签订投贷合同是一个市场行为，能够引导制造企业走向高质量发展轨道	对企业缺乏一套全方位市场化的评价标准	通过八读（CT）看懂制造企业80%
			建立市场化动力机制	投贷合同系统管理
			培育使用标准的市场环境	都讲制造业普通话
三	金融支持制造强国建设的规划、方案与政策	政府部门、金融机构、制造企业三个序列必须有钩稽嵌套的规划与政策	金融业与制造业高质量互动发展规划（2021—2035）	将两业态利润率差调整到1—4区间
			三序列实施方案	量化方案
			三序列配套政策	政策的量化挂钩
四	金融“支持”制造强国建设的平台、报告与曲线	将前三项工作全部在网上实现，每年发布年度报告，描绘年度学习曲线	建设金融支持制造强国信息平台4.0	空间站计划接入1万个企业平台
			高质量发展年度报告	两种多个百强榜单
			建立两业态学习曲线	与规划闭环校射

续表

层次 章节		管理A类标准	管理B类标准	管理C类标准
		文字要求	架构要素	指标指数
附件	附件1	银发〔2017〕58号《关于金融支持制造强国建设的指导意见》数字化解读		
	附件2	推动制造业企业高质量发展实施指南（中国人民银行/团体标准草案）		
	附件3	制造企业高质量发展报告（模板草案）		
	附件4	金融支持制造强国建设空间站平台建设方案		
备注		该架构是按照信息系统4.0对接构化数据的要求开展研究的		

为了便于该研究成果直接应用，按照管理A、B、C三层标准架构研究每一个章节的每一个问题。

该部分的研究成果最终可以用“113”来代表，也是一个实施方案，更是“现代化经济体系”的一个新探索。其中：

“1”代表金融业与制造业“共生共荣”指数FMI（Financial Manufacturing Index的缩写），也可以简称为“金制指数FMI”。FMI=金融业平均利润率/制造业平均利润率。该指数是按照习近平总书记在中央政治局第十三次集体学习时提出的“金融活，经济活；金融稳，经济稳；经济兴，金融兴；经济强，金融强。经济是肌体，金融是血脉，两者共生共荣。为实体经济服务是金融的天职和宗旨。深化金融供给侧结构性改革，要以服务实体经济、服务人民生活为本，在强化服务功能、找准服务重点上下功夫”，这一重要论断上建立的，可以从一个侧面反映两个业态“共生共荣”的生态。2018年，FMI≥8倍（世界500强样本指标≥12倍）。2018年，第二产业占比39%，金融业占比8%，两者加起来占比47%，几乎是半壁江山。两个业态健康发展的状态，几乎能够左右现代化目标的实现。按照十九大报告提出的两步走战略的第一步“2035年基本实现社会主义现代化和建立现代化经济体系”的目标反推，2035年，FMI≤4倍。该指数是空间站的灵魂。

“1”代表金融服务制造强国“空间站”计划实施平台，也是一个金融科技平台。用FTM（FinTec To Manufacturing Spaces Station PIan）代表。该平台具有“立体链接、深度认知、适度安全、效率倍增”四大特征，旨在解决习近平总书记提出的“推动金融服务结构和质量来一个转变，打通金融活水流向实体经济最后一公里”的问题。

一是“立体链接”。包含金融业内部、制造业内部、金融业与制造业之间三个层面的“立体链接”，核心是结构化数据达到80%。让公路与内容同时打通；

二是“深度认知”。在金融机构签订投贷合同决策前增加一个《企业高质量发展报告》，相当于医院检验科的体检报告，让金融机构对制造业企业有一个“深度认知”。该报告包含企业高质量发展指数、企业创新指数、企业品质指数三大指数，类似于医院的血清指标体系、影像指标体系、生化指标体系。医院能够用三套指标判断一个人的健康状况，金融机构就能用三套指数判断一个企业法人的健康状况。目前最大的问题就是判断法人的指标还不完善。只有使用，才能完善。

三是“适度安全”。目前，由于金融机构对制造企业缺乏一个《企业高质量发展报告》或者企业CT，金融机构过度使用“抵押、质押、担保”等手段，金融机构短时间“过度安全”，但长期“会有风险”。

四是“效率倍增”。一个制造业企业的投贷合同每年要发生数起，每一次每个金融机构都要使用《企业高质量发展报告》。实际上，一个企业每年体检一次，出一份《企业高质量发展报告》可以复用。

“3”代表现有政府部门、金融机构、制造企业三大序列的所有围绕资源配置的决策行为和政策条款落地，都可以在FTM平台上存取《企业高质量发展报告》。凡是在FTM平台上提交一个《企业高质量发展报告》的单位，均可收入10000分。凡是在FTM平台上下载一个《企业高质量发展报告》的单位，均可支付1000分。让《企业高质量发展报告》共享。就像医院的《诊断报告》可以共享，但医生的处方不一样。让金融机构与企业形成一种新的“医患关系”。任何一个制造业企业需要与金融机构签订投贷合同时，都需要一个全面的体检。这个体检报告就是《企业高质量发展报告》。

（一）金融支持制造强国建设的重点、短板与弱项

表2-2给出一个金融支持制造强国建设的重点、短板与弱项。其中：横坐标是按照国家标准体系和ISO标准体系关于管理标准的三个层次构建的；纵坐标是按照习近平总书记“抓重点、补短板、强弱项”的工作要求构建的；坐标点是课题组按照2019年2月24日习近平总书记在中共中央政治局第十三次集体学习就推动金融业高质量发展的重要讲话梳理的。该架构不求全面，但求可操作。

表2-2 金融“支持”制造强国建设的重点、短板与弱项

层级	管理A类标准	管理B类标准	管理C类标准
	文字要求	架构要素	指标指数
要点	习近平总书记讲话	本课题提炼的解题模型	本课题提炼的解题方案
抓重点	金融活，经济活；金融稳，经济稳；经济兴，金融兴；经济强，金融强。经济是肌体，金融是血脉，两者共生共荣。为实体经济服务是金融的天职和宗旨	制造业高质量发展（制度增加值+技术增加值+经济增加值）=F[金融业高质量发展（制度增加值+技术增加值+经济增加值）]	在该架构中，暂时不考虑制度和技术增加值。制造业利润率6%，金融业利润率40%，都不可持续，需要国家调整：增加特定国有金融机构和央企上缴利润
补短板	党的十八大以来，我国金融业发展取得了历史性成就。同时也应看到，我们金融业的市场结构、经营理念、创新能力、服务水平还不适应高质量发展的要求	推动高质量发展的工具体系=6（标准体系+指标体系+统计体系+评价体系+考核体系+政策体系）×3（项目+团队和人才+企业）	在该架构中，目前仅掌握高速增长阶段遗留下来的47%的工具，还需要弥补53%的工具，才能推动金融业和制造业高质量发展，通过工具推动服务水平提升
强弱项	构建全方位、多层面金融支持现代经济体系建设的服务体系，推动金融服务结构和质量来一个转变，打通金融活水流向实体经济最后一公里	打通金融活水流向制造业最后一公里=标准化评价（企业征信报告+企业高质量发展报告）+专业化决策（尽调+决策）	在该架构中，如果有企业高质量发展报告，能够量化企业高质量发展指数HQI600+创新指数IDI600+品质指数6δ，金融机构服务结构和服务质量会来一个大转变
备注	横坐标。按照国家标准体系关于管理标准的三要素构建的。 纵坐标。按照习近平总书记“抓重点、补短板、强弱项”的工作方法构建的。 坐标点。绿色部分是本课题研究提出的落地方法，属于下位法。		

表2-3 金融支持制造强国建设的目标

层级要点	管理A类标准	管理B类标准	管理C类标准
	文字要求	架构要素	指标指数
	十九大报告国家战略规划目标	金融业与制造业“共生共荣”指数	本课题提炼的解题方案
第一阶段	2021年—2035年，在全面建成小康社会的基础上，再奋斗15年，基本实现社会主义现代化	金融业与制造业“共生共荣”指数FMI=金融业利润率/制造业利润率。2018年，FMI=8倍。2018年，第二产业39%（制造业），第三产业57%（含金融业8%）。金融业与制造业占比47%，几乎是半壁江山。两个业态的健康发展，几乎决定现代化实现。2035年，FMI=4倍。要在15年内通过市场机制从8倍降低到4倍，这是一项挑战	中国制造业的品质指数都在3δ，意味着销售收入的30%用于补偿修正内耗；如果品质指数都在6δ，意味着销售收入的5%用于补偿修正内耗。企业的利润提升空间是25%。只要金融业按照企业的品质指数实行浮动利率和收益，就能够将FMI调整到2倍左右。企业的品质指数可以通过《企业高质量发展报告》反映
第二阶段	2036年—2050年，在基本实现社会主义现代化的基础上，再奋斗15年，把我国建成富强民主文明和谐美丽的社会主义现代化强国	2050年，FMI=2倍。要在15年内通过市场机制从4倍降低到2倍，这是一项挑战	只要金融业按照企业的品质指数实行浮动利率和收益，就能够将FMI调整到2倍左右。企业的品质指数可以通过《企业高质量发展报告》反映

续表

层级要点	管理A类标准	管理B类标准	管理C类标准
	文字要求	架构要素	指标指数
	十九大报告国家战略规划目标	金融业与制造业“共生共荣”指数	本课题提炼的解题方案
现代化经济体系	现代化经济体系 创新引领、协同发展的产业体系/统一开放、竞争有序的市场体系/体现效率、促进公平的收入分配体系/彰显优势、协调联动的城乡区域发展体系/资源节约、环境友好的绿色发展体系/多元平衡、安全高效的全面开放体系/充分发挥市场作用、更好发挥政府作用的经济体制	创新引领、协同发展的产业体系包含实体经济、科技创新、现代金融、人力资源、协同发展的产业体系	
备注	横坐标。按照国家标准体系关于管理标准的三要素构建的。 纵坐标。按照习主席“抓重点、补短板、强弱项”的工作方法构建的。 坐标点。绿色部分是本课题研究提出的落地方法，属于下位法。		

表2-4给出两种系统工程对比研究架构与结论。通过对比，本课题采用基于模型的系统工程（MBSE）解决制造业与金融业高质量互动发展的函数关系问题。MBSE有一个基本假设：任何复杂系统，都有其固有简单性。无论什么环境，什么事情，不管表面上看起来如何复杂，都可以很快找到一个核心问题。只要集中资源解决这个核心问题，整个系统就是可以很快得到改善的，消除系统内所有症状并不困难。在金融支持制造强国建设这个复杂的巨系统中的核心问题：制造业的“利润率”与金融业的“利

润率”到底应该保持在1—2倍之间，还是1—8倍之间，才能确保两个业态达到习近平总书记提出的“共生共荣”状态，才能够实现金融“支持”制造强国建设的目标。

表2-4 两种系统工程对比研究架构与结论

类型 比较	传统的系统工程（TSE） traditional systems engineering	基于模型的系统工程（MBSE） model-based systems engineering
年代划分	20世纪初，已经开始探索和应用。直到1969年美国军用标准MIL-STD-499《系统工程管理》颁布，将探索几十年的理论方法变成了一套标准，走向全世界	21世纪初，已经开始探索和应用。国际系统工程学会《系统工程2020愿景》指出：系统工程的未来是基于模型的，目前仍处于探索期，将影响未来50年
模型内涵	基于原理模型或分析模型	基于数学模型或计量模型
定义数据	在“脑计算（第一到第三范式）”的范围内定义数据	在“云计算（第四范式）”的范围内定义数据
工作范式	工作1.0（留痕的数字化程度10%） 工作2.0（留痕的数字化程度20%） 工作3.0（留痕的数字化程度40%）	工作4.0（留痕的数字化程度80%） 基本满足智慧管理、绩效考核、问责等需要，能够支撑工业1.0至工业4.0
短板局限	计算、存储、处理等成为问题	纵向可合成、横向可比较成为问题
解决问题	解决大工程时代的管理问题	解决大数据时代的共治共赢共享问题
主要特征	全面性/准确性/一致性	标准化/数字化/智能化
实时性	系统中的任何一个细节变化，都延迟在高层反映出来/垂直	系统中的任何一个细节变化，都实时在高层反映出来/扁平
协同性	全方位标准协同≥20%	全方位标准协同≥80%
系统性	前/中/后关系数字化≥20%	前/中/后关系数字化≥80%
整体性	母/分/子关系数字化≥20%	母/分/子关系数字化≥80%
备注	基于模型的系统工程（MBSE）满足工业4.0的需求。	

1. 抓重点（两业良性互动）

金融业和制造业，是中国两大业态，都是世界第一，已经有非常好的基础和规模。本课题不是研究两大业态的内涵与外延，而是重点研究两大业态高质量互动发展的函数关系。

（1）管理A类标准（习近平总书记的讲话）

新华社2019年2月24日电题：推动金融业高质量发展——学习习近平总书记在中央政治局第十三次集体学习时的重要讲话。习近平总书记在主持学习时发表的重要讲话，深刻阐明金融与经济的关系，就深化金融供给侧结构性改革、增强金融服务实体经济能力、防范化解金融风险、推进金融改革开放等提出了明确要求，为推动我国金融业高质量发展提供了重要遵循，对做好金融工作具有十分重要的指导意义。习近平总书记指出，金融活，经济活；金融稳，经济稳；经济兴，金融兴；经济强，金融强。经济是肌体，金融是血脉，两者共生共荣。为实体经济服务是金融的天职和宗旨。深化金融供给侧结构性改革，要以服务实体经济、服务人民生活为本，在强化服务功能、找准服务重点上下功夫。本课题将习近平总书记的重要讲话确定为管理A类标准，我们仅仅是通过理解来找到落地的工具与方法。一般情况下，一个管理A类标准可以有多种落地方式。也就是说可以有多种管理B类标准和管理C类标准。管理B类标准和管理C类标准属于下位法，不求全面，但求可操作。主要是从某一个角度落地，可以创造性地执行。

（2）管理B类标准（两业函数关系）

将习近平总书记上述重要讲话，转化为下述一组数学模型落地：

公式1：制造业与金融业健康发展正相关。

制造业高质量发展（肌体）=F[金融业高质量发展（血脉）]。

公式2：高质量发展与三个增加值正相关。

制造业高质量发展（制度增加值+技术增加值+经济增加值）=F[金融业高质量发展（制度增加值+技术增加值+经济增加值）]。

公式3：高质量发展与经济增加值正相关。

制造业高质量发展（经济增加值）=F[金融业高质量发展（经济增加值）]。由于制度增加值和技术增加值暂时无法计量，进一步简化。

公式4：高质量发展与利润率正相关。

制造业高质量发展（利润率）=F[金融业高质量发展（利润率）]。由于经济增加值与利润率正相关，进一步简化。

通过上述四个步骤的简化可以得出结论：其一，金融业企业和制造业企业都是企业，都是市场主体，都需要利润率生存；其二，在一个国家内，金融业企业和制造业企业的利润率差应该保持在一个合理的、健康的、可持续发展的范围内；其三，“缩小金融业企业和制造业企业的利润率差的范围”应该是习近平总书记提出的“深化金融供给侧结构性改革”的应有之义。因为两个业态的利润率差范围，不是两个业态能够调整的，而需要国家来调整。

（3）管理C类标准（两业互动目标）

将上述公式进一步转化为指标、指数。图2-1给出中美金融业与制造业的关系图。根据世界500强公开资料整理。中国制造业与金融业利润率比值1—10倍之间，不可持续。美国制造业与金融业利润率比值1—2倍之间，可持续。两个业态的利润率差距，基本上可以代表两个业态可持续发展的程度，也代表两个产业的成熟程度。在2021年—2035年之间，将两个业态利润率差距从1—10倍调整到1—4倍，将会释放金融供应制造业高质量发展的巨大能量。但需要国家出台政策或制定法律调整。例如，增加特定国有金融机构上缴利润，弥补制造业信贷与高质量发展挂钩带来的损失。

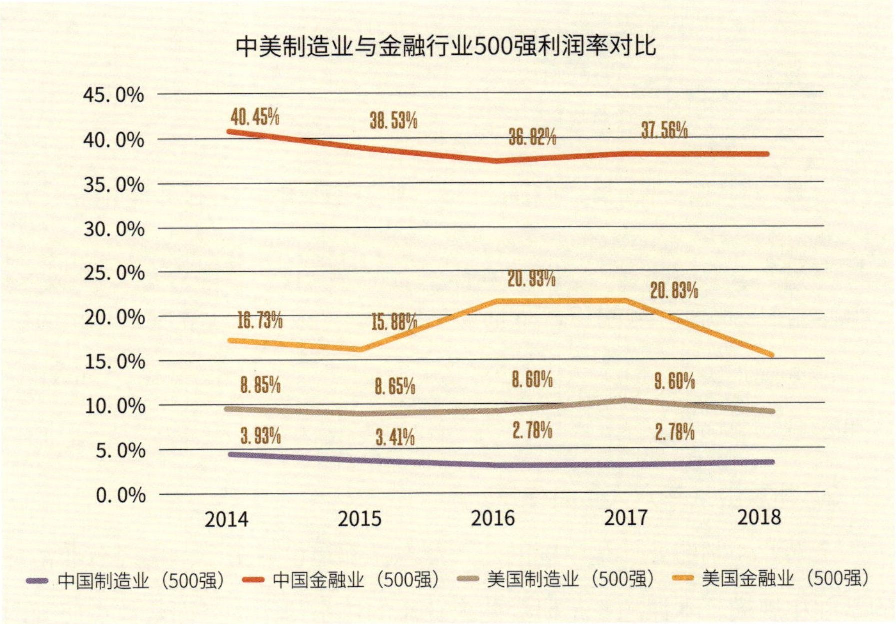

图2-1 中美金融业与制造业的关系图

表2-5 中美金融业与制造业的关系表

国别	年份	《中国制造2025》实施前五年，制造业利润率在降低				
		2014	2015	2016	2017	2018
中国	制造业/20	3.93%	3.41%	2.78%	2.78%	2.74%
	金融业/5	40.45%	38.53%	36.82%	37.56%	37.59%
	倍数/12	10.29	11.31	13.23	13.52	13.71
美国	制造业/20	8.85%	8.65%	8.60%	9.60%	8.41%
	金融业/7	16.73%	15.88%	20.93%	20.83%	14.65%

续表

国别	年份	《中国制造2025》实施前五年，制造业利润率在降低				
		2014	2015	2016	2017	2018
美国	倍数/2	1. 89	1. 84	2. 43	2. 17	1. 74
备注		1. 均为世界500强企业样本数据。 2. 具有可比性。 3. 代表一个大体趋势。				

表2-6 中国制造业规上企业&中国制造业500强&国有银行利润率对比

利润率	2014	2015	2016	2017	2018
中国金融业（500强国有银行）	40. 45%	38. 53%	36. 82%	37. 56%	37. 59%
中国制造业（规上企业）	6. 16%	5. 96%	6. 21%	6. 61%	6. 80%
中国制造业（500强前20名）	3. 93%	3. 41%	2. 78%	2. 78%	2. 74%

2. 补短板（新六大工具体系）

金融业和制造业，是中国的两大业态，都是世界第一，已经有非常好的基础和规模。本课题不是研究两大业态的体系与架构，而是重点研究两大业态在推动高质量互动发展层面工具方法的短板。

（1）管理A类标准（习近平总书记讲话）

习近平总书记指出：改革开放以来特别是党的十八大以来，我国金融业发展取得了历史性成就。同时也应看到，我们金融业的市场结构、经营理念、创新能力、服务水平还不适应高质量发展的要求，诸多矛盾和问题仍然突出。深化金融供给侧结构性改革，推动我国金融业健康发展，任务仍十分繁重。

（2）管理B类标准（新六大工具体系）

将习近平总书记上述重要讲话内容，特别是金融业“还不适应高质量

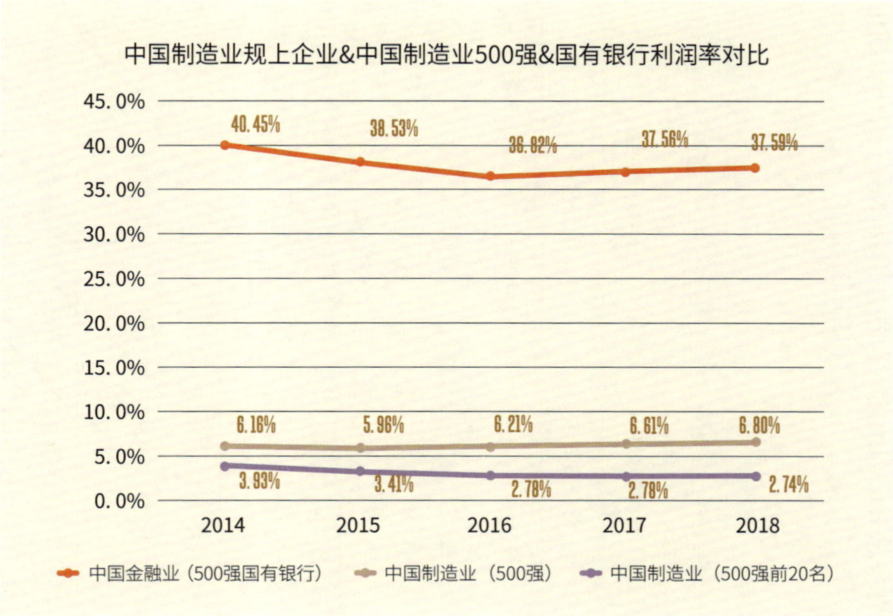

图2-2 中国制造业规上企业&中国制造业500强&国有银行利润率对比

发展的要求”，到底怎样才算适应高质量发展的要求呢？表2-7推动高质量发展的“6×3+1”工具体系告诉我们，还有53%的工具尚未掌握。在该架构中：

“6”代表横坐标。是按照2018年中央经济工作会议习近平总书记提出的必须加快形成推动高质量发展的标准体系、指标体系、统计体系、评价体系、考核体系、政策体系的要求构建的。例如，1公斤等于1000克，这是标准体系；某年目标是完成80公斤，这是指标体系；该年6月30日，已经完成30公斤，这是统计体系；30公斤的质量符合要求，这是评价体系；该年12月30日，已经完成100公斤，这是考核体系；80公斤奖励30元，超额20公斤奖励50元，这是政策体系。通过这个例子可以看出，“新六大工具体系”对推进高质量发展的价值。本课题只是对习近平总书记提出的“新六大工具体系”进一步细化到19类工具。让管理更加精细化和量化。

表2-7 推动高质量发展的“6×3+1”工具体系

全时态		事前									事中				事后				
	标准化表达										结构化统评				学习型曲线				
	计量标准										评价方法				交易规则				
	标准体系						指标体系			统计体系		评价体系		考核体系			政策体系		
全对象	技术标准			管理标准			制度指标体系	技术指标体系	经济指标体系	平面统计报表	立体统计报表	标准化评价	专业化评价	量层面指标	质层面指标	效层面指标	按劳分配	按知分配	按资分配
	基础类	产品类	方法类	管理A类	管理B类	管理C类													
项目	建设项目																		
	科研项目																		
	软课题																		

续表

人才	管理人才																		
人才	科技人才																		
	技能人才																		
组织	政府																		
	企业																		
	大学																		
	研究机构																		
	科服机构																		
	军队订购																		
	金融机构																		
信息系统4.0		金融支持制造强国建设“空间站”计划。上述每个坐标点的动态数据，都应该在信息系统中反映出来。该体系架构能够将信息系统的结构化数据率提升到80%以上，实现智慧管理，满足工业4.0的要求。																	
备注		红区代表中央文件；白区代表原有工具占比47%；黄区代表尚须创建的工具占比53%。 政策体系因不同的机构内容有所不同（分配政策是按照企业写的）。 事前事中事后的数据闭环，就会形成一个机制。																	

“3”代表纵坐标。是按照2018年中办、国办《关于深化项目评审、人才评价、机构评估改革的意见》要求构建的。本课题只是对国务院提出的“三评”进一步细化到13类评价对象。

“1”代表信息系统。金融支持制造强国建设“空间站”计划。该体系架构能够将信息系统的结构化数据率提升到80%以上，实现智慧管理，满足工业4.0的要求。

“6×3+1”代表《管理元素周期表》。该架构是一个解决具有中国特色问题（定量少）的中国量化表达方案。构建遵循下述哲学思想：

一是，按照《道德经》提出的“道生一，一生二，二生三，三生万物”的哲学思想构建的。“道生一”是指依据法律诞生“一个合同”；“一生二”是指任何一个合同都有“评价时态”和“评价对象”两个维度；“二生三”是指两个维度产生若干坐标点；“三生万物”是指每个坐标点上的数据描绘的学习曲线代表该合同的所有事情。也就是说，金融机构供应制造业企业的任何一个合同，都必须做所有坐标点的事情。推而广之，“6×3+1”模型架构是所有企业每天都用的工具。

二是，按照马克思“一门学科只有用数学来表达，才能算真正的科学”的科学思想构建的。也就是说，金融机构供应制造业企业，必须用数学表达，才能推动制造业高质量发展。

三是，按照马克思“必然王国是指人们对人类社会和自然界的必然规律尚未认识和掌握，因而人的活动和行为不得不受这种盲目力量的支配和奴役的状态；自由王国是指人们认识和掌握了社会历史和大自然的必然规律，使自己成了自然界和社会的主人，从自然界和社会领域的盲目力量的支配和奴役下解放出来，从而能自觉地创造自己的历史的一种状态”的评价标准构建的。也就是说，金融机构供应制造业企业，目前还处在必然王国阶段。

四是，按照恩格斯“只有当我们用数字描述一个世界时，就会从必然王国走进自由王国”的路线图构建的。也就是说，金融机构供应制造业企业，目前还没有用数字描述这个世界。

五是，按照1687年牛顿的《自然哲学的数学原理》的思路构建的。也就是说，金融机构供应制造业企业，目前还处在“经济指标”为王的时代，迫切需要一个能够全面反映企业核心竞争力的“制度指标体系、技术指标体系、经济指标体系”并能够与企业授信额度挂钩。金融机构的商业模式基本上是建立在数学模型的基础上的，但目前还不够精细。

六是，按照1869年门捷列夫的《化学元素周期表》的思路构建的。也就是说，金融机构供应制造业企业，目前还处在“剪不断、理还乱”的时代，迫切需要一个《管理元素周期表》诞生。

(3) 管理C类标准（中美量化差距）

根据表2-3可以看出：白区的六大工具体系（旧六大工具体系），是高速增长阶段我们已经习惯了的工具体系，仅占47%，看“总量增长”可以，但看“此消彼长”难，更无法区分“量质效、短板软肋弱项、不平衡不充分不给力”的情况。支撑前40年的高速增长还可以，但因颗粒度还太粗，难以肩负推动高质量发展的使命；黄区的六大工具体系（新六大工具体系），是高质量发展阶段新增工具，占比53%。所有的金融业企业和制造业企业，都必须弥补53%的新工具。这就是习近平总书记提出的不适应高质量发展的本质内涵。下面举证差距：

①中国评价结论目前没有从根本上转变

早在1883年美国《科学》杂志总编亨利·奥古斯特·罗兰对中国的科技有一个评价：假如我们停止科学的进步而只留意科学的应用，我们很快就会退化成中国人那样，多少代人以来他们都没有什么进步，因为他们只满足于科学的应用，却从来没有追问过他们所做事情中的原理。这些原理就构成纯科学。中国人知道火药的应用已经若干世纪，如果他们用正确的方法探索其特殊应用的原理，他们就会在获得更多应用的同时发展出化学，甚至物理学。因为只满足于火药能爆炸的事实，而没有寻根问底，中国人已经远远落后于世界的进步，以至于我们现在只将这个所有民族中最古老、人口最多的民族当成野蛮人。这个评价不见得对，但至少有一点是肯定的：我们偏好做产品，不偏好提炼做产品的方法。具体表现在我们的产品类标准与美国差不多，但方法类标准差距太大。工业4.0的本质是“隐性技术显性化、显性技术软件化、软件技术交易化、交易技术知本化”。我们目前制造业的制度设计还停留在工业2.0阶段。

②管理C类标准我们现在还是短板

表2-8给出美国20世纪60年的3个基础管理标准，相当于制造业普通话。

表2-8 美国20世纪60年的3个基础管理标准

标准内容	第一阶段（1955年起） 工作分解结构（WBS） Work Breakdown Structure	第二阶段（1957年起） 获得价值管理（EVM） Earned Value Management	第三阶段（1985年起） 技术就绪水平（TRL） Technology Readiness Levels
计量标准和方法	1. 任何一个科研项目都可以根据一个国家标准编制一个工作分解结构WBS；2.任何一个工作分解结构WBS都是由若干工作分解单元WBE（Work Breakdown Element）构成的；3.任何一个WBE都应有QCD三要素。Q：技术质量（Quality）C：成本费用（Cost）；D：进度计划（Delivery）；4.事前事中事后三状态	1. 获得价值（EV）一计划价值（PV）=进度偏差（SV）；2.获得价值（EV）一实际成本（AC）=成本偏差（CV）；3.进度绩效指数（SPI）= EV/ PV；4.成本绩效指数（CPI）= EV/AC；5.完工总进度估算=计划总时间/进度绩效指数；6.完工总费用估算=计划总价值/成本绩效指数；7.财务绩效指数（权责发生制）	1. 观察到基本原理并形成正式报告；2.形成了技术概念或应用方案；3.关键功能分析和实验结论成立；4.研究室环境中的部件仿真验证；5.相关环境中的部件仿真验证；6.相关环境中的系统样机演示；7.在实际环境中的系统样机试验；8.实际系统完成并通过实验验证；9.实际通过任务运行的考验
历史沿革和推广	1955年，美国国防部为大量的科研经费投入产出效果管理感到困惑，开始研究工作分解结构这个概念；1975年，正式颁布MIL-STD-881A（防务装备项目工作分解结构）；2005年《工作分解结构手册MIL-HDBK-881》	1957年，美国海军首创PERT/Time方法；1962年美国空军推出PERT/Cost方法；1963年，美国政府公布《国防部和NASA的PERT/Cost指南》；1967年，制定了《成本/进度控制体系规范》（C/SCSC）并强制执行	1995年，美国航空航天局（NASA）提出TRL概念；2001年，美国国防部正式采用TRL进行技术成熟度测评；2002年，颁布军事采办条例DoD 5000.2R，将TRL法律化；2005年，国防部颁《技术就绪水平评估手册》

续表

标准内容	第一阶段（1955年起） 工作分解结构（WBS） Work Breakdown Structure	第二阶段（1957年起） 获得价值管理（EVM） Earned Value Management	第三阶段（1985年起） 技术就绪水平（TRL） Technology Readiness Levels
使用效果及趋势	1975年，NASA颁布工作分解结构手册，被广泛采用，现已在欧美全面推广使用。几乎所有科研项目招投标都离不开它，并被列入项目管理泰斗罗德·科兹纳教授《项目管理：计划、进度和控制的系统方法》之中	1996年，美国国家安全工业协会（NSIA）颁布《获得价值管理体系工业标准指南》；1998年，美国电子工业协会（EIA）公布了《ANSI/EIA-748-1998获得价值管理体系》国家标准；1999年，美国防部宣布正式采用该标准	1996年，成立美国国防技术就绪协会（ADPA）和TRL推进办公室；1997年，NSIA与ADPA合并，形成现在的国防工业协会（NDIA）。该组织旨在通过TRL评价提高国防有关政府机构的效率和工业部门效率
备注	这三个标准军方都曾单独使用过，但没有系统使用。		

美国前国防部长麦克纳马拉于20世纪60—70年代，将福特、普华永道的PPBE（规划/计划/预算/执行）引入军队。后人评价：实施的是看不见的改革，基本上改变了国防部的做事方式，具有里程碑的意义。20世纪50年代，美国军方武器装备研制项目也饱受“拖降涨”之苦。美国军方以“武器装备研制项目”为对象，研究如何通过“合同签订”这个环节管理，用一套标准控制“武器装备研制项目”的投入产出效益。主要做了三件事情：其一，建立PPBE（规划/项目/预算/执行）循环；其二，发布三个标准。1975年颁布MIL-STD-881A《防务装备项目工作分解结构（WBS）》，任何一个武器装备研制项目的组成都必须用一套标准语言来表述；1967年颁布《成本/进度控制体系规范（EVM）》，任何一个武器装备研制项目的成本（C）和进度（D）都必须用一套标准语言来表述；2005年，颁布《技术就绪水平评估手册（TRL）》，任何一个武器装备研制项目的技术状

态和技术质量（Q）都必须用一套标准语言来表述，减少信息不对称；其三，建立学习曲线。学习曲线=PPBE循环=∑（WBS+EVM+TRL）做到极致。美军不断使用这四个管理工具60年不抛弃（只改进），让政府、军队、企业、社会都使用这四个标准，“定势积累”了今天“能打胜仗”的三个重要指标：军民融合指数≥90%，业务综合指数≥80%。

③我们曾经看不懂招标公告

2005年10月25日，法新社从巴格达发出一则电讯，认为造成美军伤亡致命的武器是反抗分子埋设在地下的土制炸弹。为解决此问题，美国联邦商务机会网站发布了编号为“FBO#1451”的招标信息：寻求“有技术资格和能力演示一种安装于地面车辆上能探测土制炸弹和反坦克地雷的高性能透地雷达（GPR）的公司”投标。招标书要求提供雷达技术性能指标的同时，提供雷达技术管理指标：即提供该雷达的WBS列表，提供每个WBE的QCD和TRL，并要求TRL最低应该达到5级，其中70%的WBE的TRL必须达到7级以上。

上述公告发出后，10天内就有9家公司投标（中国企业没有人能看懂这些术语，这就是军民融合的普通话）。在9家公司中满足这50个黑体字要求的有5家公司。再用10天评估和实地考察，确定两家公司签合同。3个月内各交付10套参与试验。第五个月各交付100套。直接运往前线装备，形成战斗力。这就是经典的国防动员能力和军民融合。且不说这个招标书是如何在短期（150天）之内将技术成果转化为战斗力的，仅仅就这种招投标文件的描述方法就值得我们深入研究和思考。这种“统一语言文字、统一度量衡、统一大数据”的描述语言，就值得我们下大力气学习。这个公告的描述语言，至少告诉我们3个重要信息：其一，该雷达由多少个

WBE组成（基本上可以观察到产品的全貌，这是甲方签订合同前必须搞清楚的基本要素）；其二，多少个WBE是货架或准货架产品（TRL达到八级以上的WBE基本上是货架产品，这是产品成熟度和成本周期能否控制住的基本要素）；其三，多少个WBE需要新研制和研制的成果技术储备到底如何（TRL在七级以下的WBE基本上是需要新研制的模块，这是技术状态管理和风险控制的最基本的要素）。这种在招投标时刻的“严酷拷问”是非常必要的，是解决“拖、降、涨”的关键环节。

④我们离再工业化政策还有相当的距离

2013年1月，美国总统行政办公室/国家科学技术委员会/先进制造国家计划办公室发布了《国家制造创新网络（NNMI）：初步设计报告》。建立15个制造创新集群IMI。政府旨在填平研发活动与推广应用之间的鸿沟。只对技术成熟度4级—7级的项目实施“后补助”，但必须看到1级—13级的商业计划书，政府经费主管部门向国会述职“后补助”带动“发展”情况，并给予政府项目主管部门绩效评估。

联邦投资作为融媒，然后在政府部门内部竞标，最后由非政府部门提供11或更多的配套资金。目前已经建立4个IMI：第一个是国防IMI，于2012年8月16日创建，已有85家企业、21所大学和18个非营利机构。将在5年—7年内通过“动态阶段评估和逐年绩效考核”得到7000万—1.2亿美元联邦投资，且必须有7年后自负盈亏的计划。美国军工主要承包商从原来的20家减少到洛克希德 · 马丁、波音、诺斯罗普 · 格鲁曼、雷声、通用动力、L3通信公司等6家。

2009年，奥巴马在《2009年武器系统采办改革法》中提出：推动“竞争最大化”。加强项目分系统分层次的竞争，要求主承包商在开展分系统竞争时，应公平对待其他子承包商，不得限制其他子承包商参与竞争，军方要对分系统的自行研制项目和转包进行监督检查，避免主承包商对于重大项目的所有工作“通吃”。主承包商必须与中小企业做生意，且转包金额不低于3%。美国对公开竞争的措施有国防部创新市场、小企业创新计划等。

⑤中美在标准层面的仍有差距

研究认为：中国的标准体系，目前仅仅建设了50%，还有50%基本上是处女地。目前，国家标准36017项（强制性2086+推荐性33547+指导性文件384），行业标准61197，地方标准38880，军用标准1.2万项。在这些标准中，“方法类、管理B、C类”三类标准占比很低，几乎可以忽略；美国国防部标准MIL标准1.3万项（规范1.2万，国防部标准500项，国防部手册300项）+非MIL标准1.7万项（项目资料说明1600+联邦标准文件4500项+国际标准化协议2400项+非政府标准8000项）。在这些标准中，“方法类、管理B、C类”三类标准占比较高。表2-9给出一个中美制造业对比研究架构与结论。基本能够反映上述比较的结果。我们主要在量化管理上存在很大差距。

表2-9 中美制造业对比研究架构与结论

推进工具 \ 比较国别			中国	美国
			2018年前	1955年至今
推进机制	合同	事前	精力10%	精力80%
		事中	精力80%	精力10%
		事后	精力10%	精力10%

续表

推进工具 \ 比较国别			中国 2018年前	美国 1955年至今
推进标准	技术标准	基础类	★★	★★★★★
		产品类	★★★	★★★★★
		方法类	★	★★★★★
	管理标准	A类/文字要求类	★★★	★★★★★
		B类/架构要素类	★	★★★★★
		C类/指标指数类	★	★★★★★
推进平台	文字学习	出经验	★★★★★	★
		出模式	★★★★★	★
		出标准	★	★★★★★
	数字学习	项目学习曲线	★	★★★★★
		人才学习曲线	★	★★★★★
		企业学习曲线	★	★★★★★
推进工具	PPBE	战略管理	1960年推行	2018年尝试
	WBS	工作分解	1955年推行	1998年尝试
	EVM	获得值管理	1957年推行	2005年尝试
	TRL	技术就绪水平	1985年推行	2010年尝试
推进效果	创新	隐性技术显性化率	≤20%	≥80%
	品质	品质指数σ	3σ	6σ
备注			该表格由中关村巨加值科技评价研究院提供。	

⑥国务院的评价结论

国发〔2015〕13号文件《国务院关于印发深化标准化工作改革方案的

通知》提出的三大问题：其一，标准缺失老化滞后，难以满足经济提质增效转型的需要。标准制定周期平均为3年，“标龄”高出美欧日1倍。我国主导制定的国际标准占比0.5%。“中国标准”在国际上认可度不高；其二，标准交叉重复，不利于统一市场建设。现行国家标准、行业标准、地方标准中名称相同的就有2000个；其三，标准体系不够合理，不适应市场经济发展要求。国家标准、行业标准、地方标准均由政府主导制定，70%为一般性产品和服务标准。国际上通行的团体标准，在我国没有法律地位。

⑦全国人大的行动

2018年1月1日实施的《中华人民共和国标准化法》第十八条：国家鼓励学会、协会、商会、联合会、产业技术联盟等社会团体协调相关市场主体共同制定满足市场和创新需求的团体标准，由本团体成员约定采用或者按照本团体规定供社会资源采用；

第十九条：企业可以根据需要自行制定企业标准，或者与其他企业联合制定企业标准；

第二十条：国家支持在重要行业、战略性新兴产业、关键共性技术等领域利用自主创新技术制定团体标准、企业标准；

第二十三条：国家推进标准化军民融合和资源共享，提升军民标准化通用水平，积极推动在国防和军队建设中采用先进适用的民用标准，并将先进适用的军用标准转化为民用标准。

第二十七条：国家实行团体标准、企业标准自我声明公开和监督制度。国家鼓励团体标准、企业标准通过标准信息公共服务平台向社会公开。

该法律条款，基本上改变了原来标准制定的基本规则。与美国标准制定的方式大体相同。

⑧政府部门、金融业、制造业的行动

政府部门、金融业、制造业，都在按照《中华人民共和国标准化法》的要求推进标准化，但还是按照传统的老路子在推进。例如，现在的标准体系，还是要制定什么标准就写什么标准的名称，看不出标准体系的“短板、软肋和弱项”，不符合中央要求。推动制造业高质量发展，需要政府部门、金融业、制造业三个层面全面按照习近平总书记的要求，创建“新六大工具体系”推进工作。工欲善其事，必先利其器。从上述举证可以看出，工具体系的补短工程，是各个部门能力提升的内在要求。三个序列目前的标准化程度都比较差。

3. 强弱项（高质量发展报告）

金融业和制造业，是中国两大业态，已经有非常好的基础和规模。本课题不是研究两大业态的边界与条件，而是重点研究两大业态在推动高质量互动发展层面的软肋和弱项。

（1）管理A类标准（习近平讲话内容）

习近平总书记指出：要以金融体系结构调整优化为重点，聚焦痛点，疏浚堵点，打通金融活水流向实体经济最后一公里，为实体经济发展提供更高质量、更有效率的金融服务；要构建多层次、广覆盖、有差异的银行体系，开发个性化、差异化、定制化金融产品，改进小微企业和“三农”金融服务；要建设规范、透明、开放、有活力、有韧性的资本市场，构建全方位、多层面金融供应现代经济体系建设的服务体系，适应发展更多依靠创新、创造、创意的大趋势，推动金融服务结构和质量来一个转变，不断畅通金融血脉、服务民生百业。

（2）管理B类标准（现代金融供应模型）

将习近平总书记上述重要讲话精神转换为公式再转化为表格工具落地。

模式1：现代医院“支持”病人的模式

现代医院“支持”病人的模式=标准化检查（询问病史病因+各种检查报告）+专业化决策（医生判断+医生处方）。

为了充分说明问题，将上述公式转化成为表格，可以更加直观地看清楚这种模式的价值。表2-10给出一个现代医院支持病人的基本架构。目前，几乎世界上所有的医院都采用这个模式。说明这个模式有效，更重要的是这种模式对金融机构改善服务模式的借鉴。

从表2-10可以看出：医疗发展几千年，但该架构和模式始终没有变。世界各国目前都使用这种架构和模式。唯独变化的是医院的各种检查设备+报告，每天都在发生变化。这个变化是从1708年荷兰雷文·霍克用自制的显微镜在家里看到细菌开始的，医院购买显微镜，检验科逐渐兴起。奠定了人类智慧医疗的模式。科技发展400多年，只是检验设备越来越多，检验指标越来越精准。

表2-10　现代医院“支持”病人的基本架构

医疗合同 / 合同各方	定量		定性	
	标准化评价		专业化决策	
	能标准化表达部分		不能标准化表达部分	
	询问病史	各种检查设备+报告	会诊	处方
	从外看的行为轨迹	从内看的客观反映	有特色	有偏好
	主观陈述	客观表达	综合分析	治疗方案
病人	病人		需要自评价	
	家属		需要达成共识	

续表

医疗合同 / 合同各方	定量		定性	
	标准化评价		专业化决策	
	能标准化表达部分		不能标准化表达部分	
	询问病史	各种检查设备+报告	会诊	处方
	从外看的行为轨迹	从内看的客观反映	有特色	有偏好
	主观陈述	客观表达	综合分析	治疗方案
医院	检验科		尽量客观表达	
	医生		需要客观表达	
医患矛盾	病人		对医生是一个监督	
	医生		对病人是一个健康支持	
医院代际	医院1.0		望闻问切	
	医院2.0		检查设备和检查报告	
	医院3.0		检查报告互认	
	医院4.0		检查设备互联	
备注		北京市正在试点医院3.0。		

模式2：现代金融供应企业的模式

表2-11给出一个现代金融“支持”企业的数学表达。现代金融“支持”企业的模式=标准化评价（企业征信报告+企业高质量发展报告）+专业化决策（尽调+决策）。

为了充分说明问题，将上述公式转化成为表格，可以更加直观地看清楚这种模式的价值。表2-11给出一个现代金融供应企业的基本架构。目前，唯独中国推动高质量发展碰到具有中国特色的“隐性技术显性化率低”引起的一系列难题。

表2-11 现代金融“支持”企业的基本架构

金融合同		定量		定性
	标准化评价		专业化决策	
	能标准化表达部分		不能标准化表达部分	
	企业征信报告	企业高质量发展报告	尽调	决策
合同各方	从外看的行为轨迹	从内看的客观反映	有特色	有偏好
	主观陈述	客观表达	综合分析	投资方案
政府	人行		有需求/无供给	
	银监会		有需求/无供给	
	保监会		有需求/无供给	
	证监会		有需求/无供给	
	工信部		有需求/无供给	
金融机构	政策银行		有需求/无供给	
	商业银行		有需求/无供给	
	资本市场		有需求/无供给	
	投行/基金		有需求/无供给	
制造企业	上市公司		有需求/无供给	
	财务公司		有需求/无供给	
	母公司		有需求/无供给	
	分公司		有需求/无供给	
	子公司		有需求/无供给	
金融代际	金融1.0	★	☆	
	金融2.0	★★	☆☆	
	金融3.0	★★★	☆☆☆	
	金融4.0	★★★★★	☆☆☆☆☆	
备注		1. 科技部正在试点金融3.0中的“项目、团队、企业”三评标准化。 2. 央企目前也在试点。		

从表2-11可以看出：金融从诞生以来，发展至今，其架构和模式始终没有变。世界各国都将使用这种架构和模式。唯独变化的是各种评价工具+报告。这个变化是从我国专家起草的GB/22900-2009《科学技术研究项目评价通则》开始。现在“标准化评价”已经写进中发〔2012〕6号《中共中央、国务院关于深化科技体制改革，加快国家创新体系建设的意见》。但目前金融机构尚未采用“标准化评价”。

（3）管理C类标准（高质量发展报告）

从表2-12可以看出，企业高质量发展报告，是与企业征信报告平起平坐的一个报告。不同的是：企业征信报告反映的是企业的“法律底线（必要条件）”，也就是说企业触犯道德底线和法律底线的行为历史上有没有；企业高质量发展报告反映的是企业的“绩效高线（充分条件）”。两者的角度和价值是不一样的，不可互相代替，但可互相弥补。一个金融供应行为，应该在这两极之间精准定位。但目前只有一极，很难让金融机构提供更精准的服务。标准化评价有两个载体：

一是《企业征信报告》。企业信用报告是全面记录企业各类经济活动，反映企业信用状况的文书，是企业征信系统的基础产品。主要用于商业银行信贷审批和贷后管理，也用于政府部门评奖、评优、招标或审计机构进行财务审计等许多活动。在经过企业的授权同意后，商业银行、政府部门等可以查询该企业的信用报告。

二是《企业高质量发展报告》。企业高质量发展报告是全面记录企业法人高质量发展指数HQI动态变化的。其一，企业自用。在制定《中长期发展规划》和对标时需要；其二，金融机构使用。投资和商行“投/贷管退”决策时需要；其三，政府部门产业政策、科技支持、绩效考核、军民融合、评奖评优、招标或审计时使用。在经过企业的授权同意后，金融机构、政府部门等可以查询。

表2-12 标准化评价的两个载体

<table>
<tr><th colspan="3" rowspan="3">3S / 2T</th><th>管理A类标准</th><th>管理B类标准</th><th>管理C类标准</th></tr>
<tr><th>文字要求表达</th><th>架构要素函数</th><th>指标指数指南</th></tr>
<tr><th>知</th><th>知行合一</th><th>行</th></tr>
<tr><td rowspan="4">企业征信报告 外延</td><td rowspan="4">中国人民银行征信中心</td><td rowspan="4">企业信用报告是全面记录企业各类经济活动，反映企业信用状况的文书，是企业征信系统的基础产品。主要用于商业银行信贷审批和贷后管理，也用于政府部门评奖、评优、招标或审计机构进行财务审计等许多活动。在经过企业的授权同意后，商业银行、政府部门等可以查询该企业的信用报告</td><td>基本信息。企业的身份信息、主要出资人信息和高管人员信息等</td><td>金融机构，任何一笔投资或信贷决策，都可以通过此类信息否定</td></tr>
<tr><td>信贷信息。在金融机构的当前负债和已经还清债务的信息</td><td>金融机构，任何一笔投资或信贷决策，都可以通过此类信息否定</td></tr>
<tr><td>公共信息。在社会管理方面欠税、行政处罚、法院判决和执行信息</td><td>金融机构，任何一笔投资或信贷决策，都可以通过此类信息否定</td></tr>
<tr><td>声明信息。企业项下的报数机构说明、征信中心标注和信息主体声明</td><td>金融机构，任何一笔投资或信贷决策，都可以通过此类信息否定</td></tr>
</table>

续表

3S / 2T		管理A类标准 文字要求表达 知	管理B类标准 架构要素函数 知行合一	管理C类标准 指标指数指南 行
企业高质量发展报告 内涵	企业法人量化评价中心	企业高质量发展报告是全面记录企业法人高质量发展指数HQI动态变化的。一是企业自用。在制定《中长期发展规划》和与世界一流企业对标时需要；二是金融机构使用。投行和商行“投/贷管退”决策时需要看企业的内涵；三是政府部门产业政策、科技支持、绩效考核、军民融合、评奖评优、招标或审计时使用。在经过企业的授权同意后，金融机构、政府部门等可以查询	企业创新指数IDI权重50%/离散制造管理/中国创建 IDI100≈隐性技术显性化率10% IDI200≈隐性技术显性化率20% IDI300≈隐性技术显性化率30% IDI400≈隐性技术显性化率40% IDI500≈隐性技术显性化率60% IDI600≈隐性技术显性化率80%	创新指数IDI=管理创新（制度指标24个）+技术创新（技术指标24个）+卓越运营（经济指标24个）。标杆值选择世界一流企业单项冠军。满分1000。世界一流在600，国内一流在300。投贷收益与IDI改善精准挂钩
			企业品质指数QQI权重50%/流程制造管理/美国创建 1σ=69万次失误/百万 2σ=30.8万次失误/百万 3σ=6.68万次失误/百万 4σ=0.621万次失误/百万 5σ=230次失误/百万 6σ=3.4次失误/百万	6σ=6个标准偏差 世界一流企业一般在6σ左右，国内一流企业一般在3σ左右。金融机构，任何一笔投资回报或信贷利率，都可以事前约定，与被投企业6σ改善的幅度精准挂钩
备注		1. 企业征信报告是“法律底线（必要条件）”，是企业的外延。 2. 企业高质量发展报告是“绩效高线（充分条件）”，是企业的内涵。 3. 任何一个企业的高质量发展行为=流程行为+离散行为。		

（二）金融支持制造强国建设的标准、机制与环境

表2-13给出一个金融支持制造强国建设的标准、机制与环境。现代工作推进体系=标准（所有工作至少80%有标准，但目前金融机构和制造企

业的标准体系都缺乏50%的标准）+机制（所有决策至少80%有客观指标可依，但目前金融机构和制造企业的决策都缺乏客观指标）+环境（政产学研介金人军八方主体至少有80%的语言能够听懂，但目前八大市场主体都缺乏讲一套制造业普通话的语言环境）。

表2-13 金融支持制造强国建设的标准、机制与环境

层级 要点	管理A类标准 文字要求 中央和国务院要求	管理B类标准 架构要素 本课题提炼的解题模型	管理C类标准 指标指数 本课题提炼的解题方案
标准	国发〔2015〕13号文件提出三大问题：一是标准缺失老化滞后，难以满足经济提质增效转型的需要；二是标准交叉重复，不利于统一市场建设；三是标准体系不够合理，不适应市场经济发展要求。新《标准化法》支持企业标准和团体标准	标准体系=技术标准（基础类+产品类+方法类）+管理标准（管理A类/文字要求类+管理B类/架构要素类+管理C类/评价指标类）。目前，金融机构和制造企业的标准体系仅有50%，还有50%根本没有建立，需要引导建立	八读/企业CT 行业分布表 产业分布表 企业品质表 企业创新表 企业高质量发展表 项目高质量发展表 团队高质量发展表 人才高质量发展表
机制	构建全方位、多层面金融支持现代经济体系建设的服务体系，推动金融服务结构和质量来一个转变，打通金融活水流向实体经济最后一公里	政府的动力=人行+工信部互动调整两个业态利润率	通过八读，精准调控两个业态的健康标准
		金融机构的动力=行政措施+市场工具	通过八读，精准调控企业的投贷收益/减少坏账
		制造企业的动力=提升利润率+按知分配	通过八读，精准调控按知分配/提升利润率
环境	要以金融体系结构调整优化为重点，聚焦痛点，疏浚堵点，为实体经济发展提供更高质量、更有效率的金融服务		
备注			

表2-14给出一个金融支持制造强国建设的客观标准。金融机构的所有投贷决策，都必须看企业的三大指数（高质量发展指数HQI+创新指数IDI+品质指数σ），然后决定投资收益浮动（与三个指数优化程度挂钩）。具体增减幅度可由金融机构与制造企业合同约定。这是金融机构作为甲方，为自己的资金负责任，也应该对乙方高质量发展的内涵进行深挖。这本身就是金融机构“调结构”的一种重要功能。目前，金融机构过度使用抵押、质押等方式，本质上是对把控企业能力的不自信。

表2-14 金融支持制造强国建设的标准、机制与环境

机制		标准			挂钩
		管理A类标准	管理B类标准	管理C类标准	资金
指数		文字要求表达	架构要素函数	指标指数指南	成本
高质量发展管理体系HQM	高质量发展指数HQI	国内Ⅲ流企业	0≤HQI＜100	结构化数据率10%	+40%
		国内Ⅱ流企业	100≤HQI＜200	结构化数据率20%	+20%
		国内Ⅰ流企业	200≤HQI＜300	结构化数据率30%	基准利率
		国际Ⅲ流企业	300≤HQI＜400	结构化数据率40%	-10%
		国际Ⅱ流企业	400≤HQI＜500	结构化数据率60%	-20%
		国际Ⅰ流企业	500≤HQI＜600	结构化数据率80%	-30%
		国际超Ⅰ流企业	600≤HQI＜1000	结构化数据率90%	-40%
全面创新管理体系TIM	创新指数IDI	初级知识创新	0≤IDI＜100	隐性技术显性化率10%	+40%
		初级技术创新	100≤IDI＜200	隐性技术显性化率20%	+20%
		初级管理创新	200≤IDI＜300	隐性技术显性化率30%	基准利率
		隐性技术显性化	300≤IDI＜400	隐性技术显性化率40%	-10%
		显性技术软件化	400≤IDI＜500	隐性技术显性化率60%	-20%
		软件技术交易化	500≤IDI＜600	隐性技术显性化率80%	-30%
		智慧研发企业	600≤IDI＜1000	隐性技术显性化率90%	-40%

续表

机制 指数		标准			挂钩
		管理A类标准	管理B类标准	管理C类标准	资金成本
		文字要求表达	架构要素函数	指标指数指南	
全面质量管理体系TQM	品质指数6σ	谈不上管理	1σ=69万次失误/百万	每天有2/3事情做错	+40%
		有管理但效果不好	2σ=30.8万次失误/百万	每天有1/3资源浪费	+20%
		管理有量低质缺效	3σ=6.68万次失误/百万	销售额30%补偿修正	基准利率
		较好的管理和运营	4σ=0.62万次失误/百万	销售额15%补偿修正	-10%
		强竞争力忠诚客户	5σ=230次失误/百万	销售额10%补偿修正	-20%
		卓越管理+品牌	6σ=3.4次失误/百万	销售额5%补偿修正	-30%
		卓越运营企业	7σ=0次失误/百万	0补偿	-40%
备注		中国制造业企业目前基本上处在红海。 金融支持制造强国的目标是将制造业企业引导到蓝海。 标准对第一、二、三方都是公开的。			

1. 金融支持制造强国建设的市场标准

表2-15给出一个金融“支持”制造强国建设评价标准“一表通”。也是《企业高质量发展报告》的核心内容，一般简称“八读”或者“CT8”。其含义是任何一个投贷合同，作为一个金融机构，要想将传统的“买卖关系”转化为“服务关系”，只需要企业在“八读”中回答问题，也就是一个自评价报告。“一表通”是指从微观、中观、宏观是一个数学模型，甲乙丙三方一组评价标准、事前事中事后一套可比数据。更重要的是每一读，都可以衍生很多表格，但“表根”不变。

表2-15 金融“支持”制造强国建设评价标准“一表通”

机制 / 指数			标准			挂钩
			管理A类标准	管理B类标准	管理C类标准	资金成本
			文字要求表达	架构要素函数	指标指数指南	
宏观	人行/银保/证监会/工信部	一读	不同规模、技术密集度应区别	行业分布表	在16-320个队列中标注★	区别对待
		二读	不同企业寿命周期、不同技术密集度应区别	产业分布表	在16-320个队列中标注★	区别对待
中观	金融机构/制造企业	三读	企业不同品质指数应区别	企业品质表	在1σ-6σ之间标注★	区别对待
		四读	企业不同创新指数应区别	企业创新表	在IDI300-600之间标注★	区别对待
		五读	企业不同的高质量发展指数应区别	企业高质量发展表	在HQI300-600之间标注★	区别对待
微观	项目	六读	项目不同的高质量发展指数应区别	项目高质量发展表	在技术报表中标注★-☆	区别对待
	团队	七读	团队不同的高质量发展指数应区别	团队高质量发展表	在技术报表中标注★-☆	区别对待
	人才	八读	人才不同的高质量发展指数应区别	人才高质量发展表	在5W薪酬结构中标注按知分配占比	区别对待
备注			1. 区块链项目价值评估5层面：公司愿景；哪个行业；在做什么；创始人及其团队如何；财务报告、生产报告、PR方面。 2. 全量数据。克服传统交易的信息不对称， 3. 共识机制。每个结点都按照三张表确认自己的数据，维护网络数据的一致性。 4. 三个特征。保证链上的数据不可篡改；做到溯源监管和责任追究；基于契约自动执行的智能合约。 将主要的法律、法规、政策、要求转化成为管理C类标准，让所有的人在一个架构内说话，为金融区块链分布式记账奠定结构化数据基础。			

（1）《行业分布表》

表2-16给出一个《行业分布表》。至少有三种用途：其一是企业站队。作为一个金融机构，可以让任何一个第一次需要投贷合同（授信额度）的企业，花一秒钟时间，在表2-16上标注一个★，相当企业站队。其二是金融机构规划。一个金融机构，所有投贷行为★的标注图集，就是本金融机构的规划和偏好。其三是金融行业。将所有金融机构收集，就是行业规划。

表2-16 行业分布表

国统字〔2011〕75号		大企业	中企业	小企业	微企业
		人员：X≥2000	100≤X<2000	10≤X<100	X<10
OECD分类与行业		收入：X≥100000	1000≤X<100000	100≤X<1000	X<100
高技术密集度行业	医药制造业/行业				
	计算机、通信和其他电子设备制造业				
	仪器仪表制造业		★		
	信息传输、软件和信息技术服务业				
	研究和试验发展				
	地质勘查				
中高技术密集度行业	化学原料和化学制品制造业				
	通用设备制造业				
	专用设备制造业				
	汽车制造业				

续表

国统字〔2011〕75号 / OECD分类与行业		大企业	中企业	小企业	微企业
		人员：X≥2000	100≤X<2000	10≤X<100	X<10
		收入：X≥100000	1000≤X<100000	100≤X<1000	X<100
中高技术密集度行业	铁路/船舶/航空航天/其他运输设备制造业				
	电气机械和器材业				
中低技术密集度行业	石油加工、炼焦和核燃料加工业				
	化学纤维制造业				
	橡胶和塑料制品业				
	非金属矿物制品业				
	黑色金属冶炼和压延				
	金属制品业				
低技术	煤炭开采和洗选业				
	其他没有注明的				
备注		任何一家企业都可以先站队，再排队。			

(2)《产业分布表》

表2-17给出一个《产业分布表》。至少有三种用途：其一是企业自用。企业判断处在不同周期，遇到的烦恼不一样。其二是金融机构使用。金融机构可以按照不阶段遇到的烦恼，决定投贷行为。其三是金融行业。

将所有金融机构的投贷行为集合，就是行业发展与监管规划。

表2-17 产业分布表

企业全寿命周期		更生期	成熟期	成长期	初创期
		数量：10%	30%	40%	20%
		资产：10%	80%	8%	2%
OECD分类与行业		速配器	催新器	加速器	孵化器
		工业互联网 +速配器	工业互联网 +催新器	工业互联网 +加速器	工业互联网 +孵化器
高技术密集度行业	医药制造业/行业				
	计算机、通信和其他电子设备制造业			★	
	仪器仪表制造业				
	信息传输、软件和信息技术服务业				
	研究和试验发展				
	地质勘查				
中高技术密集度行业	化学原料和化学制品制造业		90		
	通用设备制造业				
	专用设备制造业				
	汽车制造业				
	铁路/船舶/航空航天/其他运输设备制造业				
	电气机械和器材业				
中低技术密集度行业	石油加工、炼焦和核燃料加工业				
	化学纤维制造业				
	橡胶和塑料制品业				
	非金属矿物制品业				

续表

企业全寿命周期		更生期	成熟期	成长期	初创期
		数量：10%	30%	40%	20%
		资产：10%	80%	8%	2%
OECD分类与行业		速配器	催新器	加速器	孵化器
		工业互联网 +速配器	工业互联网 +催新器	工业互联网 +加速器	工业互联网 +孵化器
中低技术密集度行业	黑色金属冶炼和压延				
	金属制品业				
低技术	煤炭开采和洗选业				
	其他没有注明的				
备注		任何一家企业都可以先站队，再排队。			

（3）《企业品质表》

表2-18给出一个《企业品质表》。至少有三种用途：其一是企业自用。企业通过提升品质指数6σ达到提升利润的目标。其二是金融机构使用。凡是达到6σ的，授信额度和利率优惠。其三是金融行业。将所有金融机构的投贷行为集合，就是金融支持制造强国建设的绩效。

表2-18 企业品质表

机制		标准			挂钩
		管理A类标准	管理B类标准	管理C类标准	资金
指数		文字要求表达	架构要素函数	指标指数指南	成本
全面质量管理体系TQM	品质指数6σ	谈不上管理	1σ=69万次失误/百万	每天有2/3事情做错	+40%
		有管理但效果不好	2σ=30.8万次失误/百万	每天有1/3资源浪费	+20%
		管理有量低质缺效	3σ=6.68万次失误/百万	销售额30%补偿修正	基准利率

续表

机制		标准			挂钩
		管理A类标准	管理B类标准	管理C类标准	资金
指数		文字要求表达	架构要素函数	指标指数指南	成本
全面质量管理体系TQM	品质指数6σ	较好的管理和运营	4σ=0.62万次失误/百万	销售额15%补偿修正	-10%
		强竞争力忠诚客户	5σ=230次失误/百万	销售额10%补偿修正	-20%
		卓越管理+品牌	6σ=3.4次失误/百万	销售额5%补偿修正	-30%
		卓越运营企业	7σ=0次失误/百万	0补偿	-40%
备注		中国制造业企业目前基本上处在红海。 金融支持制造强国的目标是将制造业企业引导到蓝海。 标准对第一、二、三方都是公开的。			

欧美日制造业企业，凡是经过质量保证体系认证的企业，一般品质指数都能够达到6σ（3.4次失误/百万），其含义是销售收入的5%用于补偿、修正和售后服务。但中国制造业企业，凡是经过质量保证体系认证的企业，一般品质指数都低于3σ（6.68万次失误/百万），其含义是销售收入的30%用于补偿、修正和售后服务。如果能够将品质指数从3σ提升到6σ，企业就有25%的利润空间。但中国制造业企业品质指数长期徘徊在3σ以下。

欧美日制造业企业，每年可以提升1σ，直到提升到4.7σ，无须大投入，企业利润明显增加。但当达到4.8σ后，企业的管理制度、技术创新、卓越运营都需要重构，需要大的投入。也就是说4.8σ是瓶颈。但中国制造业企业的瓶颈出现在2.8σ。比欧美日企业提前2σ。这就是具有中国特色的问题，需要中国的解决方案。

(4)《企业创新表》

表2-19给出一个《企业创新表》。至少有三种用途：其一是企业自用。企业通过提升创新指数IDI600达到提升利润的目标。其二是金融机构使用。凡是达到IDI600的，授信额度和利率优惠。其三是金融行业。将所有金融机构的投贷行为集合，就是金融支持制造强国建设的绩效。

表2-19 企业创新表

机制		标准			挂钩
		管理A类标准	管理B类标准	管理C类标准	资金成本
指数		文字要求表达	架构要素函数	指标指数指南	
全面创新管理体系TIM	创新指数IDI	初级知识创新	0≤IDI<100	隐性技术显性化率10%	+40%
		初级技术创新	100≤IDI<200	隐性技术显性化率20%	+20%
		初级管理创新	200≤IDI<300	隐性技术显性化率30%	基准利率
		隐性技术显性化	300≤IDI<400	隐性技术显性化率40%	-10%
		显性技术软件化	400≤IDI<500	隐性技术显性化率60%	-20%
		软件技术交易化	500≤IDI<600	隐性技术显性化率80%	-30%
		智慧研发企业	600≤IDI<1000	隐性技术显性化率90%	-40%
备注		1. 中国制造业企业目前基本上处在红海。 2. 金融支持制造强国的目标是将制造业企业引导到蓝海。 3. 标准对第一、二、三方都是公开的。			

中国制造业企业的隐性技术显性化率低于30%（创新指数低于30%），基本上处在“用留人的办法留技术、肥水不流外人田、教会徒弟饿死师傅、肉烂在锅里”的用硬件定义制造业的阶段。员工与企业之间缺乏一种技术交易体系，一套制度体系是按照工业1.0—工业2.0设计的，一个人在企业的地位取决于离不开这个人。

欧美制造业企业的隐性技术显性化率大于80%（创新指数大于80%），基本上处在“任何一个技术人员，进入企业，5年—8年时间，基本上能够将一个人的隐性技术全部显性化，并形成工业软件。任何人离开，对企业都没有重大影响”的用软件定义制造业的阶段。员工与企业之间的技术交易体系非常完善。一套制度体系是按照工业3.0—工业4.0设计的，一个人的地位取决于显性技术的多少。

（5）《企业高质量发展表》

表2-20给出一个《企业高质量发展表》。至少有三种用途：其一是企业自用。企业通过提升高质量发展HQI600达到提升利润的目标。其二是金融机构使用。凡是达到HQI600的，授信额度和利率优惠。其三是金融行业。将所有金融机构的投贷行为集合，就是金融支持制造强国建设的绩效。

表2-20 企业高质量发展表

机制		标准			挂钩
		管理A类标准	管理B类标准	管理C类标准	资金
指数		文字要求表达	架构要素函数	指标指数指南	成本
高质量发展管理体系HQM	高质量发展指数HQI	高速增长Ⅰ期	0≤HQI＜100	结构化数据率10%	+40%
		高速增长Ⅱ期	100≤HQI＜200	结构化数据率20%	+20%
		高速增长Ⅲ期	200≤HQI＜300	结构化数据率30%	基准利率
		高质量发展Ⅰ期	300≤HQI＜400	结构化数据率40%	-10%
		高质量发展Ⅱ期	400≤HQI＜500	结构化数据率60%	-20%
		高质量发展Ⅲ期	500≤HQI＜600	结构化数据率80%	-30%
		世界一流企业	600≤HQI＜1000	结构化数据率90%	-40%
备注		1. 中国制造业企业目前基本上处在红海。 2. 金融支持制造强国的目标是将制造业企业引导到蓝海。 3. 标准对第一、二、三方都是公开的。			

中国制造业企业的隐性技术显性化率低于30%（创新指数低于30%），基本上处在“用留人的办法留技术、肥水不流外人田、教会徒弟饿死师傅、肉烂在锅里”的用硬件定义制造业的阶段。员工与企业之间缺乏一种技术交易体系，一套制度体系是按照工业1.0—工业2.0设计的，一个人在企业的地位取决于离不开这个人。

欧美制造业企业的隐性技术显性化率大于80%（创新指数大于80%），基本上处在“任何一个技术人员，进入企业，5年—8年时间，基本上能够将一个人的隐性技术全部显性化，并形成工业软件。任何人离开，对企业都没有重大影响”的用软件定义制造业的阶段。员工与企业之间的技术交易体系非常完善。一套制度体系是按照工业3.0—工业4.0设计的，一个人的地位取决于显性技术的多少。

（6）《项目高质量发展表》

表2-21给出一个《项目高质量发展表》。至少有三种用途：其一是让市场这只“无形的手”更有力。所有项目，首先推送给“产学研服金人”六大市场。其二是让政府这只“有形的手”更精准。市场不投且有鸿沟的项目，才需要政府弥补。政府旨在填平研发活动与推广应用之间的鸿沟（4级—7级）。其三是让军队这只“特殊的手”更有效。在“市场不投，政府不补”的技术中，军队只要认为有必要，就可以从1级—13级投资。一次评价，多次使用；降低信息不对称，提升全社会资源精准配置的“量质效”。这个时候，军费就会发挥最大效益。目前三个秩序不是互补，而是叠加。

表2-21 项目高质量发展表

权责发生制	Q	C								D
	技术质量等级	经费（万元）								时间
统一度量衡	不同交付物更换不同模板	政府	市场机制（无形的手）						军队	年月
		政	产	学	研	介	金	人	军	
	13级	回报级	回收投资并持续盈利		▲					
	12级	利润级	项目开始盈利并持续		▲					
	11级	盈亏级	达到盈亏平衡点		▲					
生产力	10级	销售级	第一笔销售收入到款△		▲				PE	
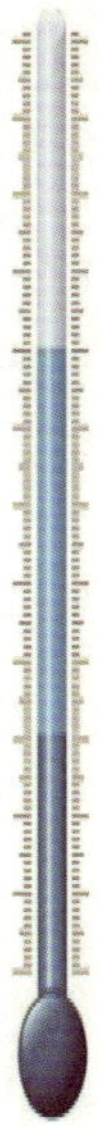	9级	系统级	实际通过任务运行成功考验		▲					
	8级	产品级	实际系统完成并通过验证△		▲			○		
	7级	环境级	在实际环境中系统样机试验	&	▲			○		
	6级	正样级	相关环境中的系统样机演示	&	▲		★			#
	5级	初样机	相关环境中的部件仿真验证	&	▲		★		VC	#
	4级	功能级	相关环境中关键件仿真验证	&			★			
科技	3级	仿真级	关键功能实验结论成立▲			☆			天使	#
	2级	方案级	形成了技术概念/方案			☆				
	1级	报告级	观察到基本原理并形成报告			☆				
备注			该表格2018年已经在国家重点科研计划中使用。							

（7）《团队高质量发展表》

表2-22给出一个《团队高质量发展表》。至少有三种用途：其一是人才用。每一个人才，都可以有一张《个人高质量发展表》，相当于一个个人创新绩效账本。其二是团队用。每一个团队，都可以有一张《团队高质量发展表》，是一个统计报表。其三是企业、金融机构、政府部门等用。通过该表，可以看出这个团队“隐性技术显性化率”，同时，也能够看出该团队带来的风险。这是企业、金融机构、政府部门都关心的。

表2-22 团队高质量发展表

隐显转化率			制度创新		技术创新								卓越运营		塔率
					技术创新				知识创新						
统一度量衡			指标创建	指标刷新	基础研究	应用研究	开发研究	建设项目	论文论著	标准	专利	工业APP	指标创建	指标刷新	
	13级	回报级													10
生产力	12级	利润级													15
	11级	盈亏级													20
	10级	销售级													30
	9级	系统级													35
	8级	产品级													30
	7级	环境级													40
	6级	正样级													55
	5级	初样机													50
	4级	功能级													60
	3级	仿真级													70
科技	2级	方案级													80
	1级	报告级													100

续表

隐显转化率	制度创新		技术创新								卓越运营		塔率
			技术创新				知识创新						
统一度量衡	指标创建	指标刷新	基础研究	应用研究	开发研究	建设项目	论文论著	标准	专利	工业APP	指标创建	指标刷新	
数量=Σ1-13	8	1	5	1		8	5		7	9		4	
质量=Σ（1-9）平均	5	6	4	3		6	8		9	1		3	
效果=Σ（10-13）/1-13	1	1	1	1		1	1		1	1		1	
平均年度推进	0.2	0.6											
备注	塔率：客观反映该团队隐性技术显性化的程度。												

该表格是一个动态表，可用于对团队的事前事中事后动态对比考察。每个人一张表，团队是所有人立体统计合成的表。该架构将习近平总书记提出的"量质效"转化为表格工具落地。

（8）《人才高质量发展表》

表2-23给出一个《人才高质量发展表》。至少有三种用途：其一是人才用。每一个人才，都可以有6W薪酬结构。每个人才可以用6W薪酬结构进行职业生涯设计。其二是团队用。每一个团队，都可以在6W薪酬结构中，对每个人进行定位并设计。其三是企业、金融机构、政府部门等用。通过该表，可以看出这个人才、团队、企业的核心竞争力。更重要的是引导企业提升按知分配的比重，提升"隐性技术显性化率"。有经验的金融机构，仅凭这张表就能判断该企业的寿命。

表2-23 人才高质量发展表

激励		薪酬激励					股权激励
		以人为本40%		以绩为本60%			以资为本+
		身份管理	岗位管理	管理创新	技术创新	卓越运营	股权管理
		德、廉	能、勤	绩	绩	绩	德能勤绩廉
约束				制度增加值	技术增加值	经济增加值	
		W1	W2	W3	W4	W5	W6
	主要内容	基本工资+年功工资	岗位工资+津补贴+保险	制度指标体系（量+质+效）	技术指标体系（量+质+效）	经济指标体系（量+质+效）	从W3+W4+W5历年积累数据中选优
	操作附件	附件1：身份管理办法	附件2：岗位履职标准	附件3：制度创新评价标准	附件4：技术创新评价标准	附件5：卓越运营评价标准	附件6：股权管理办法
	标杆值	10%	30%	20%	20%	20%	
	上年值	20%	60%	0	0	20%	
	当年值	18%	52%	5%	5%	20%	
组织	主责任人	人力资源主管HR	人力资源主管HR	董事长COB/CEO	首席技术官CTO/CIO	总裁/总经理CEO/CFO	董事长COB
	追究指标	违规率=年因党纪国法企规处分人数/年职工总人数	换岗率=当年调换工作岗位人数/年职工总人数	制度增加值=制度指标体系（本年分值－上年分值）	技术增加值=技术指标体系（本年分值－上年分值）	经济增加值=经济指标体系（本年分值－上年分值）	持股率=职工持股人员数量/全体职工总数
	优化目标	年学习曲线降低1%	保持在10%左右	逐年提升10%	逐年提升8%	逐年提升6%	保持在20%

续表

<table>
<tr><td colspan="2" rowspan="6">激励
约束</td><td colspan="5">薪酬激励</td><td>股权激励</td></tr>
<tr><td colspan="2">以人为本40%</td><td colspan="3">以绩为本60%</td><td>以资为本+</td></tr>
<tr><td>身份管理</td><td>岗位管理</td><td>管理创新</td><td>技术创新</td><td>卓越运营</td><td>股权管理</td></tr>
<tr><td>德、廉</td><td>能、勤</td><td>绩</td><td>绩</td><td>绩</td><td>德能勤绩廉</td></tr>
<tr><td></td><td></td><td>制度增加值</td><td>技术增加值</td><td>经济增加值</td><td></td></tr>
<tr><td>W1</td><td>W2</td><td>W3</td><td>W4</td><td>W5</td><td>W6</td></tr>
<tr><td rowspan="2">个人</td><td>保底目标</td><td>不受处分</td><td>满足岗位SOP</td><td>可比条件下得分排序前80%</td><td>可比条件下得分排序前80%</td><td>可比条件下得分排序前80%</td><td></td></tr>
<tr><td>努力目标</td><td>争做先进</td><td>挑战岗位SOP</td><td>可比条件下得分排序前20%</td><td>可比条件下得分排序前20%</td><td>可比条件下得分排序前20%</td><td>5年进入职工持股人员序列</td></tr>
<tr><td colspan="2">备注</td><td colspan="6">1. W1、W2、W6都比较成熟。
2. 核心是在W3、W4、W5三个层面建立新的计量标准。
3. 这是一个公开的赛马场和赛马规则。</td></tr>
</table>

2. 金融“支持”制造强国建设的市场机制

为了有效解决习近平总书记提出的“金融业的市场结构、经营理念、创新能力、服务水平还不适应高质量发展的要求”的问题，表2-24给出一个金融支持制造强国建设的内涵与外延。也就是说金融业自己本身要创建很多工具，才能改变经营理念，才能提升服务水平。

表2-24 金融支持制造强国建设的内涵与外延

项目		阶段	高速增长阶段	高质量发展阶段
			2018年之前	2018年之后
			看整体性的“总量增长”	看结构化的“此消彼长”
			容易出现“一增长遮千丑”的问题	掀开内部看短板、弱项、软肋、不平衡、不充分的问题
			优化47%的工具	弥补53%的工具
			不除弊可以兴利	不除弊无法兴利
内涵	政府部门	人行	管理A类标准	制定管理A+B+C类标准
		银监会	管理A类标准	制定管理A+B+C类标准
		保监会	管理A类标准	制定管理A+B+C类标准
		证监会	管理A类标准	制定管理A+B+C类标准
		工信部	管理A类标准	制定管理A+B+C类标准
	金融机构	银行	财务报表	财务报表+技术报表+制度报表
		投行	财务报表	财务报表+技术报表+制度报表
	制造企业	上市公司	财务报表	财务报表+技术报表+制度报表
		财务公司	财务报表	财务报表+技术报表+制度报表
		计划部门	部门之间数据共享率30%	部门之间数据共享率80%
		财务部门	管理会计核算到部门	管理会计核算到人
		质量部门	品质指数3δ	品质指数6δ
		科技部门	创新指数200	创新驱动发展指数600
		人事部门	按知分配占比1%	按知分配占比40%
外延	监管	人行	管理A类标准监管	管理A+B+C类标准监管
		工信部	管理A类标准监管	管理A+B+C类标准监管

续表

阶段 项目			高速增长阶段	高质量发展阶段
			2018年之前	2018年之后
			看整体性的“总量增长”	看结构化的“此消彼长”
			容易出现“一增长遮千丑”的问题	掀开内部看短板、弱项、软肋、不平衡、不充分的问题
			优化47%的工具	弥补53%的工具
			不除弊可以兴利	不除弊无法兴利
外延	供给	银行	财务报表	利率与高质量发展绩效挂钩
		投行	财务报表	投资与高质量发展绩效挂钩
	需求	资金	财务报表	利率与高质量发展绩效挂钩
		资本	财务报表	利率与高质量发展绩效挂钩
备注			1. 内涵（标准化）。三个层面都必须创建新六大工具体系。 2. 外延（市场化）。合同标的必须与高质量发展的指标改善挂钩。 3. 内外（结构化）。内外数据80%相通。	

（1）“支持”的内涵

《现代汉语词典》对“支持”的解释是：支撑、维持、应付、打点、供应、把持、支援、鼓励、赞同等。为了将“支持”这个词的含义进一步“量化”表达，在本课题中选用“供应”这个含义比较贴切。“供应”是指通过资金、资本“供给”实施“支持”。

（2）“支持”的外延

现代经济体系对于金融均衡发展的要求，已经分化为金融体系内部的完善和金融体系外部的连接两个层面的问题。

在政府部门、金融机构、制造企业三大序列中，每个序列都有各自独立的业务，这是每个序列自身发展的问题。本课题只关注三大序列的交集（图2-3），也就是支持的全部内容。

图2-3 政府部门、金融机构、制造企业交集

(3)“支持”的载体

从图2-3可以看出，金融支持制造强国建设的绝大部分都是市场行为，都集中在投资或信贷合同这种载体上。根据《中华人民共和国合同法》第十二条：合同内容由当事人约定，一般包括当事人的名称和住所、标的、数量、质量、价款或报酬、履行期限地点和方式、违约责任、解决争议的办法等八条。这个规定内容是很丰富的。金融机构作为甲方，既可以只关心按期还贷，也可以在关心企业发展“量质效”的同时，关心按期还贷。不管是资本投入合同，还是资金信贷合同，目前的金融机构只关心按期还贷，不太关心企业发展的“量质效”。如果在合同上有些规定，将这个“买卖行为”转化成为一个“深度服务行为”，就是另外一番景象。在企业需要资本或资金的时候，作为甲方，提出企业高质量发展的要求或

内部改变的指标来，乙方是最能够接受的。就像医生给病人的医嘱一样。但目前的金融机构的服务距离医生还有一定距离。这是金融机构支持制造企业最重要的环节。

（4）“支持”的系统

表2-25给出一个金融支持投贷合同的系统架构。也就是说，任何一个投贷合同，如果都能够按照该架构留痕，该合同就能够起到推动制造业高质量发展的目的。该架构能够满足对一个项目或多个项目实现“全周期（TIL1-13级）、全时态（事前＋事中＋事后）、全角色（甲方＋乙方＋丙方）、全标的（主交付物＋副交付物）、全状态（9WBE＋9WBE）”的五全数据系统管理和分布式记账，并与绩效、问责、分配、资源配置等挂钩，实现数据闭环校射，建立项目深度学习曲线，将项目管理结构化数据率提升到80%以上，为现实系统和信息系统提供A/D、D/D、D/A转换系统及方法。从表2-25可以看出，目前金融机构的投贷合同，仅仅是完成了6/15，还有9/15的工作没有全部做。

表2-25 金融“支持”投贷合同的系统架构

时态 \ 主体		甲		乙			丙	
		第一方/出资方		第二方/承担方			第三方/评价方	
		甲A	甲B	乙A	乙B	乙C	丙A	丙B
		投资合同	信贷合同	企业	项目	团队	标准化评价	专业化评价
事前	企业征信报告						第三方评价报告	
	企业高质量发展报告	第二方评价报告	第二方评价报告	第一方自评价报告	第一方自评价报告	第一方自评价报告	第三方评价报告	
	尽调							

续表

时态 \ 主体		甲 第一方/出资方		乙 第二方/承担方			丙 第三方/评价方	
		甲A	甲B	乙A	乙B	乙C	丙A	丙B
		投资合同	信贷合同	企业	项目	团队	标准化评价	专业化评价
事前	决策							
	合同+附件			企业三张表	项目三张表	团队三张表		
事中	统计监测							
	年度检查							
	里程碑评价							
	里程碑交割							
事后	项目验收							
	绩效考核							
	后跟踪							
	教训清单							
	学习曲线							
备注		5×15=75个						

(5)“支持”的动力

金融机构支持制造企业，不是一个行政行为，而是一个市场行为，应该设计一个可持续发展的动力机制。这是推动金融业与制造业高质量互动发展的根本。主要解决下述三个问题：

①经费来源

一是，采用国家对央企征缴超额利润的办法，对特定国有金融机构在税前征收一定比例的国家收益。例如，利润率超过30%的银行，征缴超额利润50%；

二是，按照李克强总理在2019年《政府工作报告》中提出“增加特定国有金融机构和央企上缴利润”；

三是，特定国有金融机构设立支持制造业高质量发展专项储备金。目前金融机构利润率在40%以上，制造业利润率在6%，这需要结构性改革。不管采取哪一种办法，一定要将金融支持制造业变成一种市场机制。

②经费使用主体

经费来源不管采用哪一种方式，总是需要这笔经费建立“支持”机制的。同样的钱，在推动制造业高质量发展层面来看，放在银行比上缴财政效果更好。主要理由是：金融机构与制造企业的关系如“医患关系”。凡是想要钱的企业，都是“病人”。如果“医生”决定输血，“病人”就有救。如果“医生”在输血的同时，采取“资金+标准+机制”，这个时候“病人”是最听话的。一是，五大国有银行增加上缴利润，可以核定一个基数，但留在金融机构；二是，银行对于制造业企业按照企业高质量发展指数HQI指标改善浮动利率；三是，银行浮动利率损失部分，可冲减上缴利润部分。

③评价金融机构支持的“量质效”

从2020年开始，每年评价每个金融机构支持制造业高质量发展的“量质效”。将习近平总书记提出的“为实体经济服务是金融的天职和宗旨”的要求落在实处。

（6）“支持”的机制

金融机构支持制造企业，不是一个行政行为，而是一个市场行为，应该设计一个可持续发展的动力机制。这是推动金融业与制造业高质量互动发展的根本。主要解决下述三个问题：

①投资收益

事前：高质量发展指数HQI≥300或创新指数IDI≥300或品质指数≥3σ的企业，才给投贷。

事中：高质量发展指数300≤HQI≤400，原投资收益可降低30%，让利给企业。

事后：高质量发展指数400≤HQI≤500，原投资收益可降低60%，让利给企业。

②信贷利率

事前：高质量发展指数HQI≥300或创新指数IDI≥300或品质指数≥3σ的企业，才给信贷。

事中：高质量发展指数300≤HQI≤400，原信贷利率可降低30%，让利给企业。

事后：高质量发展指数400≤HQI≤500，原信贷利率可降低60%，让利给企业。

③授信额度

事前：高质量发展指数HQI≥300或创新指数IDI≥300或品质指数≥3σ的企业，才给授信额度。

事中：高质量发展指数300≤HQI≤400，原授信额度可提升30%，让利给企业。

事后：高质量发展指数400≤HQI≤500，原授信额度可降低60%，让利给企业。

（7）“支持”的目标

通过2021年—2035年的金融支持，基本上可以让金融业与制造业高质量互动发展。金融业与制造业的利润率在1—4倍之间。这是一个总体控制目标，需要典型样本数据支持。

（8）“支持”的任务

人行和工信部是政府的两个部门，肩负两个产业协同高质量发展的使命，必须按照习主席“新六大工具体系”的要求，重构本产业的“新六大工具体系”。一是系统性不够。现行的六大工具体系缺乏“高质量发展”计量模型这个灵魂贯穿始终与纵横；二是整体性不够。每一个体系之内数据与指标呈现为“碎片化”、缺乏钩稽嵌套；三是协同性不够。在“计量标准、评价方法、交易规则”三个要素中缺乏“计量标准”。

3. 金融“支持”制造强国建设的市场环境

日本、美国、中国三个国家，虽说国情不一样，但都经历“推动制造业高质量发展”的阶段。从日本和美国走过的历程对比来看，对我们金融支持制造强国建设的国家制度设计应有所借鉴。

（1）国家难题

1987年，美国制裁日本与2018年美国制裁中国，表面上看起来差不多，但本质上是不一样的。表2-26给出两种制裁的对比研究结论，中国将比日本制造业难得多。这是国家的难题，需要联合解决。

表2-26 国家难题

3S 国别	管理A类标准 文字要求 宏观	管理B类标准 架构要素 中观	管理C类标准 指标指数 微观
老大对老二的遏制/日本	1985年签署的广场协议，日本GDP是美国的32%。半导体向美国出售的价格必高于“公平价格”。 1987年的“东芝事件”：东芝向苏联出售半导体，遭到美国人处罚。日本GDP是美国的52%。 1995年，日本经济巅峰，日本占比71%，之后失去20年	当美国福特被日本丰田搞得内出血时，人们才想起了戴明。1980年，美国国家广播电台（NBC）以“日本行，为什么我们不行”为题，让美国人清醒。当时美国企业只能做到3σ，而日本的企业已经能够做到6σ。这才是美国人害怕的东西。6σ才是高质量发展的核心	GDP长期徘徊在1%，但日本制造业的利润率在10%以上，企业是健康的。售价=原材料成本+人工成本+管理费+利润。企业苦练内功。将成为高质量发展的必修课。例如，通用每辆新车分摊职工医疗保险成本高达1500美元，德国大众418美元，丰田97美元
老大对老二的遏制/中国	2008年，美国金融危机，中国GDP是美国35%。 2018年，中国GDP是美国的66%，制裁开始。失去第一贸易、出口工业产值大国地位。 2023年，中国GDP是美国的85%。要想保住经济大国地位，制裁的时间窗口10年	当美国制裁中兴时，中国企业只能做到3σ，而美国、日本的企业已经能够做到6σ。美国人担心的不是GDP总量，而是从3σ到6σ。从这一点上看，美国人制裁中国不是晚了，而是提前了3σ。中国提出制造业高质量发展，本质是从3σ到6σ，但遭到遏制，谁来突破	20世纪，中国制造业税前利润率是美国的60%。低于美国大萧条（1929—1933）的水平。 2016年，全国规上企业利润率6.2%。高技术企业利润率6.6%。仅是美国的40%，在这样的利润率下，在3σ的基础上，企业实现自救的成功率是极低的，挑战是极其严峻的
备注	1. 对日本是从6σ开始遏制的，对中国是从3σ开始遏制的，提前3σ。 2.“推动制造业高质量发展”的本质是品质指数从3σ到6σ。 3. 这也是具有中国特色的难题。		

（2）工具突破

全面质量管理体系，最初都是在统计工具和方法层面有重大突破，才会迅速推广的。对中国高速增长阶段制造业发展功不可没。中国《国家创新驱动发展战略纲要》已经下发5年，但缺少工具层面的抓手。

表2-27 点上突破

3S	管理A类标准	管理B类标准	管理C类标准
	文字要求	架构要素	指标指数
2T	宏观	中观	微观
全面质量管理体系 引进	理论提出遭冷遇 1940年前，美国人戴明认为，企业“生产质量”将是未来竞争的焦点。提出“全面质量管理”理论雏形，主要是在统计工具和方法层面有重大突破，后离开军队和政府部门，开办管理咨询公司，向美国企业推广。由于美国企业日子好过，没有太大响应	试点突破下功夫 戴明认为，美国企业财大气粗不用，日本有可能用。在1940年与日本科学家与工程师联盟（JUSE）建立联系，将质量管理理论用在日本丰田等企业试点，取得了重大突破。创建13+1条规则和PDCA循环。质量管理98%的挑战来自发掘公司上下的知识诀窍	体系创建又认证 美国国家广播电台（NBC）于1980年制作的纪录片《日本行，为什么我们不行》，让美国人意识到质量管理的重要性。美国通用电气公司（GE）于20世纪50年代末提出TQM（全面质量管理）概念,摩托罗拉于1986年提出6σ（六西格玛），从此3σ到6σ遍布全球。该体系的创建与认证对中国高速增长阶段贡献很大
全面创新管理体系 输出	理论提出遭冷遇 2006年前，有专家认为，企业“创新质量”将是未来竞争的焦点。提出“全面创新管理”理论雏形，主要是在统计工具和方法层面有重大突破，后离开军工企业，开办科技评价研究院，向国有企业推广。由于高速增长阶段日子好过，没有太大响应	试点突破下功夫 国企不用，院所有可能用。在2009年将起草的《科技通则》在航天科工206所、六院试点成功，获国家现代管理成果奖，2018年在国资委业绩考核工作会上交流按知分配经验。创建13级计量标准和按知分配规则。找到IDI与σ的正相关函数关系	2018年，新华社发布《园区4.0》消息，非公众题材三天点击量超过97万。同年10月，中关村巨加值科技评价研究院巨建国受聘于科技部，对国家重大科研计划进行标准化评价。2019年3月14日，给中国中车制订了创新指数IDI从300提升至600的实施计划

续表

<table>
<tr><th rowspan="3">3S

2T</th><th>管理A类标准</th><th>管理B类标准</th><th>管理C类标准</th></tr>
<tr><th>文字要求</th><th>架构要素</th><th>指标指数</th></tr>
<tr><th>宏观</th><th>中观</th><th>微观</th></tr>
<tr><td>备注</td><td colspan="3">1. 国家标准GB/T22900-2009《科学技术研究项目评价通则》颁布实施。
2. 张德江同志批示：请毅中、求发同志阅示。在科技领域推行“科技评价通则”是一项重大改革，也是一项基础性、战略性工程。建议先试点，取得经验后全面推广。中发〔2012〕6号《中共中央、国务院关于深化科技体制改革，加快国家创新体系建设的意见》第五章第十四条：开展科技项目标准化评价和重大成果产出导向的科技评价试点，完善国家科技重大专项监督评估制度。
3.《国家“十二五”科学和技术发展规划》第十章第四条提出：推动科学技术研究项目的标准化评价。发展第三方独立评估制度，指导和支持社会专业评价机构开展科技评价。
4. 该标准获得国家标准创新贡献奖。</td></tr>
</table>

（3）政府引导

美国政府通过了鲍德里奇国家质量改进法案，通过管理A、B、C三层标准推动制造业高质量发展，全部落地。中国政府应该通过“法律+法规+标准+政策+文件”推动金融支持制造强国建设。目前，主要是下发文件比较多，但缺乏美国的管理C类标准。

表2-28 政府引导

3S / 2T	管理A类标准	管理B类标准	管理C类标准
	文字要求	架构要素	指标指数
	宏观	中观	微观
全面质量管理体系 品质指数σ	全面质量管理体系文本	卓越绩效评价准则	品质指数6σ
	20世纪80年代，在极大的质量压力下，美国工商界（政府部门、金融机构、制造企业）对于质量活动呈现出与日俱增的兴趣。美国借鉴日本丰田的成功，形成一套全面质量管理体系，推动美国制造业高质量发展，同时向世界输出，鱼和熊掌兼得，形成美国人用一套工具推动的模式	1987年1月16日，美国通过了鲍德里奇国家质量改进法案，第一步制定《卓越绩效评价准则》。该准则是全面质量管理体系落地的一个基本架构，让全面创新管理体系有活力，有抓手。凡是真正实施的企业，实施三年后各项指标均比一般企业提高25%。GE世界一流，管理输出才算世界一流	1σ=69万次失误/百万 2σ=30.8万次失误/百万 3σ=6.68万次失误/百万 4σ=0.621万次失误/百万 5σ=230次失误/百万 6σ=3.4次失误/百万 7σ=0次失误/百万
全面创新管理体系 创新指数IDI	全面创新管理体系文本	创新绩效评价准则	创新指数IDI600
	21世纪20年代，在极大的创新压力下，中国工商界（政府部门、金融机构、制造企业）对于创新活动呈现出与日俱增的兴趣。中国能否借鉴美国的成功，建立一套全面创新管理体系，推动中国制造业高质量发展，同时向世界输出，鱼和熊掌兼得，形成中国人用一套工具推动的模式	2019年，中央经济工作会议七大任务之首就是“推动制造业高质量发展”。中车能否创建一个“全面创新管理体系＋创新绩效评价准则＋创新驱动发展指数IDI”向社会发布。实施三年后各项指标均优化25%。创新问题是具有中国特色的问题，自己解决。中车世界一流，管理输出才算世界一流	0≤IDI＜100 100≤IDI＜200 200≤IDI＜300 300≤IDI＜400 400≤IDI＜500 500≤IDI＜600 600≤IDI＜1000

续表

3S / 2T	管理A类标准	管理B类标准	管理C类标准
	文字要求	架构要素	指标指数
	宏观	中观	微观
备注	1. 美国公司经验。公司早期每5年改进10倍；实施6σ后，2年改进10倍，4年改进100倍；霍尼韦尔年节省6亿美元。 2. 中国企业目前品质指数在3σ左右，根本的原因是“隐性技术显性化率”低于30%。 3. 如果中国政府推动制造业高质量发展缺乏一套标准体系，是很难见到实效的。应该通过金融机构支持，创建具有中国特色的工具体系。		

（4）金融支持

共有三种方式：一是提前设置门槛。为不同类型的企业设置高质量发展指数HQI600、创新指数IDI600、品质指数6σ的门槛值。凡是在2021年达不到指标的，不予贷款。二是合同设置条件。在信贷合同中，将三大指数改善作为一个必要条件，与信贷利率挂钩。三是对赌协议。在信贷合同中，将三大指数改善作为一个对赌条件，与投贷收益挂钩。三个指数做得好，可以缓解抵押、质押的压力。

表2-29 金融支持

机制 / 指数		标准			挂钩
		管理A类标准	管理B类标准	管理C类标准	资金成本
		文字要求表达	架构要素函数	指标指数指南	
高质量发展管理体系HQM	高质量发展指数HQI	国内Ⅲ流企业	0≤HQI＜100	结构化数据率10%	+40%
		国内Ⅱ流企业	100≤HQI＜200	结构化数据率20%	+20%
		国内Ⅰ流企业	200≤HQI＜300	结构化数据率30%	基准利率
		国际Ⅲ流企业	300≤HQI＜400	结构化数据率40%	-10%
		国际Ⅱ流企业	400≤HQI＜500	结构化数据率60%	-20%
		国际Ⅰ流企业	500≤HQI＜600	结构化数据率80%	-30%
		国际超Ⅰ流企业	600≤HQI＜1000	结构化数据率90%	-40%

续表

机制 / 指数		标准			挂钩
		管理A类标准	管理B类标准	管理C类标准	资金
		文字要求表达	架构要素函数	指标指数指南	成本
全面创新管理体系TIM	创新指数IDI	初级知识创新	0≤IDI<100	隐性技术显性化率10%	+40%
		初级技术创新	100≤IDI<200	隐性技术显性化率20%	+20%
		初级管理创新	200≤IDI<300	隐性技术显性化率30%	基准利率
		隐性技术显性化	300≤IDI<400	隐性技术显性化率40%	-10%
		显性技术软件化	400≤IDI<500	隐性技术显性化率60%	-20%
		软件技术交易化	500≤IDI<600	隐性技术显性化率80%	-30%
		智慧研发企业	600≤IDI<1000	隐性技术显性化率90%	-40%
全面质量管理体系TQM	品质指数6σ	谈不上管理	1σ=69万次失误/百万	每天有2/3事情做错	+40%
		有管理但效果不好	2σ=30.8万次失误/百万	每天有1/3资源浪费	+20%
		管理有量低质缺效	3σ=6.68万次失误/百万	销售额30%补偿修正	基准利率
		较好的管理和运营	4σ=0.62万次失误/百万	销售额15%补偿修正	-10%
		强竞争力忠诚客户	5σ=230次失误/百万	销售额10%补偿修正	-20%
		卓越管理+品牌	6σ=3.4次失误/百万	销售额5%补偿修正	-30%
		卓越运营企业	7σ=0次失误/百万	0补偿	-40%
备注		1. 中国制造业企业目前基本上处在红海。 2. 金融支持制造强国的目标是将制造业企业引导到蓝海。 3. 标准对第一、二、三方都是公开的。			

（5）企业自救

共有三种方式：一是与世界一流企业对标。世界一流企业的三个指数为高质量发展指数HQI600、创新指数IDI600、品质指数6σ；二是制定企业《中长期发展规划》，将三个指数逐年分解，逐年考核完成，自加压力；三是内部建立激励与约束匹配机制，对“管理创新、技术创新、卓越运营”全面建立三套指标和指数，将指标改善与绩效考核、分配直接挂钩，提升按知分配的比例到40%。

表2-30 企业自救

机制 指数		标准			挂钩
		管理A类标准	管理B类标准	管理C类标准	资金成本
		文字要求表达	架构要素函数	指标指数指南	
高质量发展管理体系HQM	高质量发展指数HQI	国内Ⅲ流企业	0≤HQI<100	结构化数据率10%	+40%
		国内Ⅱ流企业	100≤HQI<200	结构化数据率20%	+20%
		国内Ⅰ流企业	200≤HQI<300	结构化数据率30%	基准利率
		国际Ⅲ流企业	300≤HQI<400	结构化数据率40%	-10%
		国际Ⅱ流企业	400≤HQI<500	结构化数据率60%	-20%
		国际Ⅰ流企业	500≤HQI<600	结构化数据率80%	-30%
		国际超Ⅰ流企业	600≤HQI<1000	结构化数据率90%	-40%
全面创新管理体系TIM	创新指数IDI	初级知识创新	0≤IDI<100	隐性技术显性化率10%	+40%
		初级技术创新	100≤IDI<200	隐性技术显性化率20%	+20%
		初级管理创新	200≤IDI<300	隐性技术显性化率30%	基准利率
		隐性技术显性化	300≤IDI<400	隐性技术显性化率40%	-10%
		显性技术软件化	400≤IDI<500	隐性技术显性化率60%	-20%
		软件技术交易化	500≤IDI<600	隐性技术显性化率80%	-30%
		智慧研发企业	600≤IDI<1000	隐性技术显性化率90%	-40%

续表

<table>
<tr><th colspan="2" rowspan="3">机制
指数</th><th colspan="3">标准</th><th>挂钩</th></tr>
<tr><th>管理A类标准</th><th>管理B类标准</th><th>管理C类标准</th><th rowspan="2">资金成本</th></tr>
<tr><th>文字要求表达</th><th>架构要素函数</th><th>指标指数指南</th></tr>
<tr><td rowspan="7">全面质量管理体系TQM</td><td rowspan="7">品质指数6σ</td><td>谈不上管理</td><td>1σ=69万次失误/百万</td><td>每天有2/3事情做错</td><td>+40%</td></tr>
<tr><td>有管理但效果不好</td><td>2σ=30.8万次失误/百万</td><td>每天有1/3资源浪费</td><td>+20%</td></tr>
<tr><td>管理有量低质缺效</td><td>3σ=6.68万次失误/百万</td><td>销售额30%补偿修正</td><td>基准利率</td></tr>
<tr><td>较好的管理和运营</td><td>4σ=0.62万次失误/百万</td><td>销售额15%补偿修正</td><td>-10%</td></tr>
<tr><td>强竞争力忠诚客户</td><td>5σ=230次失误/百万</td><td>销售额10%补偿修正</td><td>-20%</td></tr>
<tr><td>卓越管理+品牌</td><td>6σ=3.4次失误/百万</td><td>销售额5%补偿修正</td><td>-30%</td></tr>
<tr><td>卓越运营企业</td><td>7σ=0次失误/百万</td><td>0补偿</td><td>-40%</td></tr>
<tr><td colspan="2">备注</td><td colspan="4">1. 中国制造业企业目前基本上处在红海。
2. 金融支持制造强国的目标是将制造业企业引导到蓝海。
3. 标准对第一、二、三方都是公开的。</td></tr>
</table>

（6）中介推动

共有三种方式：一是建立《企业高质量发展报告》制度。将《企业征信报告》与《企业高质量发展报告》共同变成一种制度，也是信息披露的核心内容。二是建立企业高质量发展评价中心，培训并认证中介机构，鼓励现有中介机构开展《企业高质量发展报告》评价任务。三是建立推动制造业高质量评价公共服务平台，采用区块链技术，布局分类记账，为全社会智慧评价奠定基础。

（7）军队扶持

共有三种方式：一是建立《企业高质量发展报告》制度。将《企业征信报告》与《企业高质量发展报告》共同变成承接军品的门槛。二是建立企业高质量发展评价中心，培训并认证中介机构，鼓励现有中介机构开展《企业高质量发展报告》评价任务。三是建立推动制造业高质量评价公共服务平台，采用区块链技术，布局分类记账，为全社会智慧评价奠定基础。

（8）社会协同

共有三种方式：一是培育“供需标准化表达”语言环境。中发〔2012〕6号文件《中共中央、国务院关于深化科技体制改革，加快国家创新体系建设的意见》提出：开展科技项目标准化评价和重大成果产出导向的科技评价试点。科技部在浙江、青岛、海淀已经试点10年了。所谓“标准化评价”就是按照国家标准GB/T22900-2009《科学技术研究项目评价通则》进行“事前标准化表达、事中标准化统计、事后标准化考核”的语言体系，也是一套“军民融合普通话或制造业普通话”。本标准适用于自然科学领域的所有科研项目。为科学技术研究项目的投入产出效率评价提供了科学、规范的方法，可实现对科学技术研究项目的“量化”管理。北京市海淀区于2014年是第一个将“标准化评价”变成一个独立政策的。阿里巴巴为什么能够在3年—5年之内完成“成千上万人网上消费”，一个直接的原因就像当年秦始皇完成了“统一语言文字、统一度量衡”的问题。同理可证：能够在未来3年—5年之内完成“成千上万人网上研发”，一个直接的原因就是从今天开始就布局“供需标准化表达”的基础语言体系建设。

二是构建“供需智慧对接体系”。只要供需标准化表达语言环境得到充分普及，供需智慧化对接，将是自然而然的事。科技大市场服务功能提升完善的关键在于供需标准化表达语言环境与供需智慧对接体系、供需实时交易体系三者相互协同运行。其中：供需智慧化对接体系主要是按照中发〔2016〕35号《中共中央、国务院关于实行以增加知识价值为导向分配政策的若干意见》的要求，建立一套“按知分配”（按知识创造价值分配）的规则体系。遵循一套统一的“计量标准、评价办法、交易规则”。

三是建设“供需实时交易体系”。习近平总书记在2018年中央经济工作会上提出必须抓紧形成推动高质量发展的“标准体系、指标体系、统计体系、评价体系、考核体系、政策体系”六大工具体系。高新区现有的六大体系，都是高速增长阶段遗留下来的，看“总量增长”可以，但看“此消彼长”难。特别是无法满足“量质效、短板软肋弱项、不平衡不充分不给力”的需要，目前的颗粒度还比较粗，难以肩负推动高质量发展的使命。“供需实时交易体系”的两个必要条件是：供需标准化表达语言环境和供需智慧化对接体系同时建立。供需实时交易体系主要是利用物联网、大数据、移动互联网、工业互联网等新一代信息技术，对西安科技大市场现有网络平台进行全面升级改造，每月发布标准化供给清单、需求清单、供需匹配清单，每月统计监测军民融合项目，并结合西安硬科技大会，每年举办“军民融合高技术成果博览会及高峰论坛”，集中发布我市年度军民科技协同创新发展报告，并将该平台作为一项全面深化改革案例向全国复制、推广。

（三）金融支持制造强国建设的规划、方案与政策

表2-31给出一个金融支持制造强国建设的规划、方案与政策。重点是将习近平总书记提出的“经济是肌体，金融是血脉，两者共生共荣”的讲话精神转化为一个数学模型，首次制订一个《金融业与制造业高质量互动发展规划（2021—2035）》子规划。因为金融支持制造强国建设的价值很大，作用也很大。

表2-31 金融“支持”制造强国建设的规划、方案与政策

层级	管理A类标准	管理B类标准	管理C类标准
	文字要求	架构要素	指标指数
要点	习近平总书记讲话内容	本课题提炼的解题模型	本课题提炼的解题方案
规划	制订子规划《金融业与制造业高质量互动发展规划(2021-2035)》，旨在落实习近平总书记提出的“经济是肌体，金融是血脉，两者共生共荣。打通金融活水流向实体经济最后一公里，为实体经济发展提供更高质量、更有效率的金融服务”	2021年—2025年：将两个业态的利润率差调整到1—8倍，初步建立“良性互动”生态	政府部门/八读+政策优惠 金融机构/八读+利率优惠 制造企业/八读+按知分配
		2026年—2030年：将两个业态的利润率差调整到1—4倍，建成“相互促进”生态	政府部门/八读+政策优惠 金融机构/八读+利率优惠 制造企业/八读+按知分配
		2031年—2035年：将两个业态的利润率差调整到1—2倍，建成“共生共荣”生态	政府部门/八读+政策优惠 金融机构/八读+利率优惠 制造企业/八读+按知分配
方案	将银发〔2017〕58号《关于金融支持制造强国建设的指导意见》7章23条6124个字，逐条逐句转化成为管理C类标准落地，建立一个公共服务平台反映落地效果	人行和工信部都需要制订，旨在改善三个指数的方案	通过市场规则调整两个业态的利润率差
		每个金融机构都需要制订，旨在改善三个指数的方案	通过市场规则推动用户高质量发展
		每个制造企业都需要制订，旨在改善三个指数的方案	通过市场规则推动员工隐性技术显性化

续表

层级 要点	管理A类标准 文字要求 习近平总书记讲话内容	管理B类标准 架构要素 本课题提炼的解题模型	管理C类标准 指标指数 本课题提炼的解题方案
政策	政策体系=漫灌政策（普惠政策，解决行业普遍存在的问题）+滴灌政策（主要是结构调整的政策，达到三个指数才能够享受的政策）。主要增加政策的数字挂钩	人行和工信部都需要制订，旨在改善三个指数的配套政策	评价金融机构推动企业高质量发展“量质效”并排序
		每个金融机构都需要制订，旨在改善三个指数的配套政策	评价制造企业推动高质量发展“量质效”并排序
		每个制造企业都需要制订，旨在改善三个指数的按知分配	评价员工推动隐性技术显性化“量质效”并排序
备注	重点是通过一套数学模型控制两种业态，符合金融学规律； 金融支持制造强国建设的力度，主要体现在指标改善上。		

1. 目标规划

（1）规划架构

表2-32给出一个《金融业与制造业高质量互动发展规划（2021—2035）》规划蓝图的基本架构。

表2-32 金融业与制造业高质量互动发展规划（2021—2035）

国别 业态		中国		美国	
		2018年前 高速增长阶段	2018年—2035年 高质量发展阶段	2018年前 高质量发展阶段	2018年—2035年 高质量发展阶段
金融业	世界范围规模排序	世界第一	世界第一	世界第二	世界第二
	500强金融企业利润率	40%	20%	15%	13%
	推进工作的工具体系	六大工具体系	习主席提出的新六大工具体系	新六大工具体系的效果	新六大工具体系的效果

续表

业态 \ 国别		中国 2018年前 高速增长阶段	中国 2018年—2035年 高质量发展阶段	美国 2018年前 高质量发展阶段	美国 2018年—2035年 高质量发展阶段
金融业	高质量发展指数	品质指数3δ 创新指数300	品质指数6δ 创新指数600	品质指数6δ 创新指数600	品质指数6δ 创新指数600
	典型资源配置模式	尽调+决策	尽调（企业CT+传统）+决策	尽调（四大评级公司）+决策	尽调（四大评级公司）+决策
	生存环境与压力	M2为200万亿	M2为300万亿	M2为100万亿	M2为100万亿
制造业	世界范围规模排序	世界第一	世界第一	世界第二	世界第二
	500强制造企业利润率	3%	10%	8%	9%
	推进工作的工具体系	六大工具体系	习主席提出的新六大工具体系	新六大工具体系的效果	新六大工具体系的效果
	高质量发展指数	品质指数3δ 创新指数300	品质指数6δ 创新指数600	品质指数6δ 创新指数600	品质指数6δ 创新指数600
	典型内部分配模式	按劳分配30% 按知分配1% 按资分配59%	按劳分配30% 按知分配40% 按资分配30%	按劳分配30% 按知分配40% 按资分配30%	按劳分配30% 按知分配40% 按资分配30%
	生存环境与压力	产能过剩 消费不足	结构调整 重新洗牌	再工业化布局基本完成	再工业化持续效果显现
未来发展趋势的基本判断		金融业利润过高不可持续，制造业利润过低不可持续	“新六大工具体系”重塑金融业与制造业协同高质量发展的关系	金融业与制造业已经形成比较稳定的良性互动关系	金融业与制造业比较稳定的良性互动关系会持续微调
备注		本架构为规划沙盘，在每个坐标点上推演。			

（2）中美对标

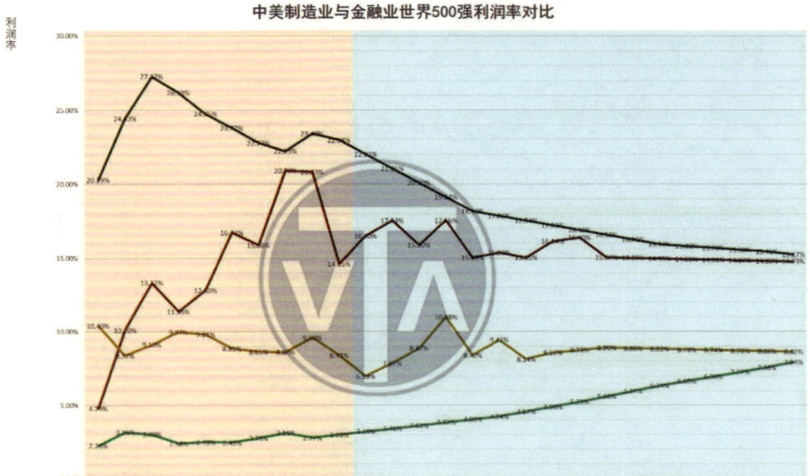

	2009	2010	2011	2012	2013	2014	2015	2016	2017	2018
中国世界500强金融业(下降态势)	20.29%	24.43%	27.27%	26.19%	24.75%	23.77%	22.77%	22.23%	23.40%	22.98%
世界500强美国金融业	4.79%	10.10%	13.32%	11.35%	12.80%	16.73%	15.88%	20.93%	20.83%	14.65%
世界500强美国制造业	10.40%	8.37%	9.10%	9.97%	9.81%	8.85%	8.65%	8.60%	9.60%	8.41%
中国世界500强制造业(上升态势)	2.23%	3.16%	3.00%	2.38%	2.49%	2.45%	2.75%	3.11%	2.77%	2.98%

	2019	2020	2021	2022	2023	2024	2025	2026	2027	2028	2029	2030	2031	2032	2033	2034	2035
中国世界500强金融业(下降态势)	22.02%	21.06%	20.10%	19.14%	18.18%	17.86%	17.54%	17.22%	16.90%	16.58%	16.26%	15.94%	15.82%	15.70%	15.58%	15.46%	15.27%
世界500强美国金融业	16.50%	17.53%	15.90%	17.56%	15.05%	15.39%	15.05%	16.14%	16.40%	15.07%	15.03%	14.99%	14.95%	14.91%	14.87%	14.83%	14.79%
世界500强美国制造业	6.99%	7.87%	8.87%	10.98%	8.40%	9.42%	8.14%	8.57%	8.73%	8.90%	8.86%	8.82%	8.78%	8.74%	8.70%	8.66%	8.62%
中国世界500强制造业(上升态势)	3.19%	3.40%	3.61%	3.82%	4.03%	4.24%	4.57%	4.90%	5.23%	5.60%	5.97%	6.34%	6.65%	6.96%	7.27%	7.58%	7.94%

图2-4　中美金融业和制造业利润率对比曲线

图2-4给出《金融业与制造业高质量互动发展规划（2021—2035）》的一个数学模型。金融支持制造强国建设的总体目标是：利用15年的时间，充分发挥联合起来办大事的优势，将制造业与金融业的利润率之比调整到1—2的可持续发展区间。其中：2009年—2018年的数据，来自财富中文网（www.fortunechina.com）世界500强榜单。中美金融业数据选取榜单内所有金融业企业，中国9家，美国7家。中美制造业数据选取榜单内该国前20名且利润非负的企业（中国剔除4家利润为负的企业，美国剔除0家）。测算结果：美国金融业利润率平均14.12%，制造业利润率平均9.18%；中国金融业利润率平均23.83%，制造业利润率平均2.72%；2019年—2035年的数据，是按党的十九大报告提出的“2035年基本实现社会主义现代化和建

立现代化经济体系”的目标反推测算的。确定在2035年，中国金融业和制造业的利润率应接近美国2018年的水平。

（3）金制指数

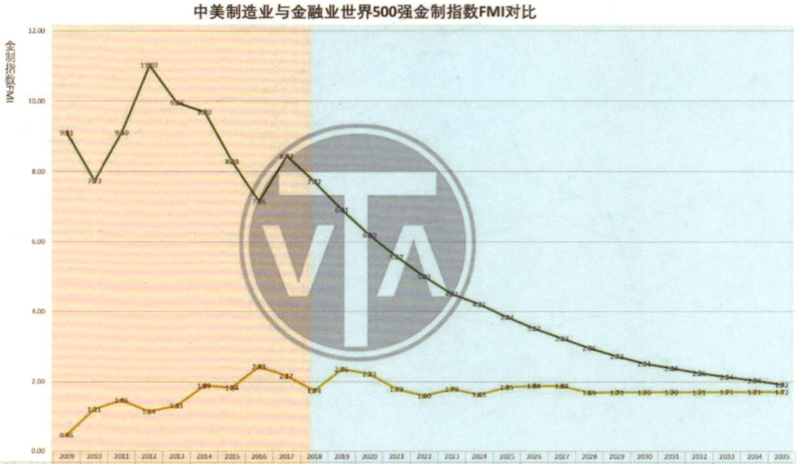

	2009	2010	2011	2012	2013	2014	2015	2016	2017	2018	2019	2020	2021
世界500强中国FMI指数(下降态势)	9.11	7.73	9.10	11.02	9.96	9.70	8.28	7.16	8.44	7.72	6.91	6.20	5.57
美国FMI指数	0.46	1.21	1.46	1.14	1.31	1.89	1.84	2.43	2.17	1.74	2.36	2.23	1.79

	2022	2023	2024	2025	2026	2027	2028	2029	2030	2031	2032	2033	2034	2035
世界500强中国FMI指数(下降态势)	5.01	4.51	4.21	3.84	3.52	3.23	2.96	2.72	2.51	2.38	2.26	2.14	2.04	1.92
美国FMI指数	1.60	1.79	1.63	1.85	1.88	1.88	1.69	1.70	1.70	1.70	1.71	1.71	1.71	1.72

图2-5 中美金制指数FMI对比

图2-5给出中美金制指数FMI对比曲线。其中：2009年—2018年的FMI是根据图2-4数据测算的。尽管中美金融业与制造业发展处在不同的历史阶段，数据统计口径和利润算法存在差异，但从十年历史数据来看，中国FMI=8.8，美国FMI=1.5。课题组研究认为：美国FMI≤2不见得是最佳值，但可以作为一个2035年的控制目标。中国FMI≥8距离金融业与制造业“共生共荣”的生态尚有很大差距。这个差距并不可怕，可怕的是我们能否确保各种政策“合力”在未来15年内，持续对中国FMI有所控制、有所优化、有所改善；2019年—2035年的数据，是按照“现代化经济体系”至少有一个金制指数FMI≤2，接近美国2018年的水平。中国应该从2019年开

始，监测FMI的目标值和现实值之间的偏差。这也是检验财税政策、科技政策、产业政策、金融政策“合力”的一个重要指标。

（4）改善目标

表2-33给出金制指数改善的目标规划，能够动态反映“政府政策合力效果、金融机构服务结构和质量改善、制造业企业创新与品质提升”三者良性互动的关系。

表2-33 金制指数改善的目标规划

主体 \ 目标		共生共荣Ⅰ期 2019年—2023年 FMI从8到4	共生共荣Ⅱ期 2023年—2027年 FMI从4到2	共生共荣Ⅲ期 2027年—2035年 FMI维持在2
政府	政策协同标准	创建部门之间的协同标准	将部门之间的协同标准深化到政策	让部门之间的协同标准成为习惯
	政策合力效果	政策合力逐年在FMI上显现	政策合力逐年在FMI上显现	政策合力在FMI上波动
金融机构	投贷决策模式	过分使用抵押质押	增加根据制造企业健康状况授信	根据制造企业健康状况授信成为常态
	直接融资占比	20%	40%	80%
制造企业	创新指数IDI	200	400	600
	品质指数δ	2δ	4δ	6δ
备注		每个坐标点可以分析更多因素。		

（5）中央要求

习近平总书记指出，要以金融体系结构调整优化为重点，聚焦痛点，疏浚堵点，打通金融活水流向实体经济最后一公里，为实体经济发展提供更高质量、更有效率的金融服务；要构建多层次、广覆盖、有差异的银行体系，开发个性化、差异化、定制化金融产品，改进小微企业和“三农”金融服务；要建设规范、透明、开放、有活力、有韧性的资本市场，构建全方位、多层面金融支持现代经济体系建设的服务体系，适应发展更多依靠创新、创造、创意的大趋势，推动金融服务结构和质量来一个转变，不断畅通金融血脉、服务民生百业。

（6）中国人民银行的要求

2009年，中国人民银行的工作会议指出，进一步落实好金融服务实体经济各项政策措施。按照市场化、法制化的原则，继续运用各种政策工具，从债券、信贷、股权等方面引导金融机构加大对民营企业小微企业支持力度。进一步提升支付、征信行业及商业银行服务民营企业小微企业的能力和水平。同时，引导金融机构继续做好重点领域和其他薄弱环节的金融服务，加大对高新技术企业、新兴产业和制造业结构调整转型升级的支持。以服务实体经济为导向，持续推动债券市场产品创新和规范发展。强化市场化的约束机制，推动完善债券市场信用评级制度。

2019年3月24日，中国人民银行行长易纲在中国发展高层论坛发表《继续扩大金融开放，推动经济高质量发展》的讲话（表2-34）。

表2-34 易纲在中国发展高层论坛的讲话

<table>
<tr><th rowspan="3">层级
标题</th><th>管理A类标准</th><th>管理B类标准</th><th>管理C类标准</th></tr>
<tr><th>文字要求</th><th>架构要素</th><th>指标指数</th></tr>
<tr><th>易纲讲话内容</th><th>易纲讲话内容</th><th>在制造业落地的问题</th></tr>
<tr><td rowspan="2">金融业开放取得突破性进展</td><td rowspan="2">2018年4月，习近平主席在博鳌论坛宣布金融业加大开放，提出政策落实“宜早不宜迟，宜快不宜慢”；人行随后代表中国政府宣布了一个金融开放时间表和11项措施。绝大多数已经落地，极少数尚未落地的开放措施修法程序也已经到最后阶段；外资金融机构进入中国市场取得明显进展；人民币汇率形成机制有效推进</td><td>瑞士银行对瑞银证券的持股比例提升到51%；安联（中国）保险获准筹建；美国标普获准进入我国评级市场；美国运通公司在我国境内发起设立合资公司。2018年6月，A股正式纳入MSCI指数。2018年，境外投资者投资中国债券市场增加6000亿美元。目前总量达到1.8万亿美元</td><td>在2018年世界500强中，中国金融机构利润率40%，美国金融机构利润率15%；中国制造企业利润率3%，美国制造业企业利润率8‰。在这样的现实基础上，在这样的金融进一步开放条件下，金融业支持制造业应该有一个什么控制指标？两个业态共生共荣指数为12，美国为2，如何通过市场机制调整</td></tr>
<tr><td>参考一揽子货币进行调节，中央银行已经基本上退出了外汇市场的日常干预，人民币汇率弹性不断增强</td><td>美国金融业占GDP的26%，中国占8%；美国企业80%的融资渠道依靠股市，中国20%。我们主要是依靠银行
地方政府动力不足和国家经济金融政策的影响</td></tr>
</table>

续表

层级 / 标题	管理A类标准	管理B类标准	管理C类标准
	文字要求	架构要素	指标指数
	易纲讲话内容	易纲讲话内容	在制造业落地的问题
扩大金融业对外开放势在必行	扩大金融业对外开放，金融业自身发展的需要，也是深化金融供给侧结构性改革、实现经济高质量发展的内在需求。金融业本质上是竞争性服务业。金融业和金融市场具有三大职能	有效配置资源/将巨大的储蓄转换为金融资产，配置在银行、证券、保险等各种产品上	一次配置很好；二次配置存在问题：将各种金融产品精准配置到制造业企业，助推制造业高质量发展
		管理风险/主要是通过价格发现和提供工具进行风险管理。如果用国债收益率曲线作为无风险利率，金融交易可以把各种风险溢价定价，准确地传导信息。提供各种金融对冲工具	
		提供金融服务/关键是配置资产和管理风险。专业的金融服务可以降低交易成本和时间	目前流向制造业的资金交易成本很高，缺乏对制造企业的CT，过度使用低压、质押、担保，信用使用低
进一步扩大金融业对外开放的五点考虑	坚持金融服务业开放、金融市场开放、人民币汇率形成机制改革协调推进	持股比例、设立形式、股东资质、业务范围、牌照数量等方面中外资机构同等标准	
	全面实施准入前国民待遇加负面清单制度	非禁即入。中外资依法进入负面清单之外的领域和业务	
	完善金融业开放的制度规则，实现制度性、系统性开放	加强顶层设计，统一规则，同类金融业务规则尽可能“合并同类项”	

续表

层级 \ 标题	管理A类标准	管理B类标准	管理C类标准
	文字要求	架构要素	指标指数
	易纲讲话内容	易纲讲话内容	在制造业落地的问题
进一步扩大金融业对外开放的五点考虑	改善营商环境	提高审批过程的透明度和审批效率	
	完善金融监管	中外资机构都必须持牌经营，接受监管	
完善与金融业开放相适应的风险防控体系	金融业开放本身并不是金融风险产生的根源，但开放过程可能提高金融风险防范的复杂性	充分发挥国务院金融稳定发展委员会统筹协调作用，形成政策合力	2018年年末宏观杠杆率总水平为250%
		健全货币政策和宏观审慎政策双支柱调控框架。确保经济运行在合理区间	
		加快金融市场基础设施建设，做好金融综合统计。运用现代科技手段和支付结算机制，实时动态监管线上线下、国际国内资金流向流量	
		健全问题金融机构的处置机制。探索以存款保险为平台，建立市场化法制化的金融机构退出机制	
备注			

表2-35 金融支持江苏制造业提质增效（2018年）

层级 标题	管理A类标准	管理B类标准	管理C类标准
	文字要求	架构要素	指标指数
	小标题	具体措施	相关指标
聚焦重点领域，优化金融资源配置	着力支持先进制造业发展壮大	《中国制造2025江苏行动纲要》提出15个重点领域	截至2017年年末，对15个领域贷款余额3295亿元，同比增长18.1%，增速超过全部制造业贷款14.2个百分点
	着力支持产业集群集聚发展	全省28个国家级园区和产业集群	交通银行江苏分行为28个产业园的企业融资900亿；全省共通过人民银行征信中心应收账款融资平台促成融资1.87万笔，总金额1.03万亿元。笔数和金额连续三年全国第一
	着力支持传统产业升级改造	关于构建绿色金融体系的指导意见	排污权质押、合同能源管理等融资模式；50亿元绿色债券
聚力政策协同，扩大金融资源投入	强化政策引导，在“精准”上下功夫	将金融支持制造业纳入MPA（宏观审慎评估体系）考核	按照增量、扩面、创新三个标准，对地方法人机构支持制造业情况进行考评。2017年，向辖内73家法人金融机构发放再贷款187亿，再贷款累放额和机构覆盖面分别同比提升273%、35.2%
	强化银企对接，在“疏通”上求实效	融资洽谈、推荐优质项目、发布投资计划等	2017年，共组织银企对接500余场，设计制造企业9000家，融资需求4200亿元。泰州模式=融资服务+信息查询+信用评价+风险预警。全省9个地市建立线上平台，注册2.7万家企业，融资需求3.7万笔
	强化渠道拓展，在“开源”上做文章	信贷、全国金融市场、银行间债务融资工具	发展银行间债务融资工具1503亿元，沙钢集团首家获得DFI储架发行资质，可对多种债务工具进行统一注册、自主发行
	强化考核评估，在“做实”上深耕细作	会同省金融办建立制造业金融贷款月度通报制度	金融服务劳动竞赛，制造业金融品牌建设年，打造“一行一品”制造业金融产品体系，表彰金融机构10家，个人163人

续表

层级 / 标题	管理A类标准	管理B类标准	管理C类标准
	文字要求	架构要素	指标指数
	小标题	具体措施	相关指标
聚力创新驱动，优化金融服务方式	创新抵押担保方式，积极发展弱担保、无担保信贷产品	推动信用类融资产品创新。协同培育第三方征信机构，着力构建多层次、广覆盖的信用服务体系；基于推动政府风险补偿的信贷新产品；推动新型抵押质押贷款产品业务发展	2015年，苏州企业征信服务公司成立。已实现对66个政府部门公共事业单位的信息采集，覆盖全市16万家企业，采集信息6600万条。已有89家金融机构接入，查询企业征信报告26万笔。省内以纳税、用电等信息为重要审贷依据的信贷产品不断涌现。江苏银行纯信用产品“税e融”为例，已经累计授信2.2万户，发放贷款13.9万笔，金额206亿。省内13家金融机构与省科技厅合作，推出“苏科贷”系列产品。4500家科技型中小企业发放贷款370亿元。
	创新资金投入模式，通过设立产业基金、探索投贷联动	支持金融机构发起或参与“产业基金类”产品	招商银行南京分行与省政府共同发起现代产业股权投资基金，总规模150亿
		推动有条件的金融机构与创投机构合作，提供股债结合的融资服务	江苏银行的“投贷之星”，目前已经为38个科创型企业提供超过3亿元的授信。南京银行的“小股权+大债权”模式
		创新综合金融服务，为企业利用资本市场牵线搭桥	科技金融生态综合金融服务模式。一方面提供常规金融服务，一方面对接大中型企业对其并购重组

续表

层级 标题	管理A类标准	管理B类标准	管理C类标准
	文字要求	架构要素	指标指数
	小标题	具体措施	相关指标
聚力资源整合，便利企业“走出去”	简政放权，促进对外投资便利化	境外直接投资业务由事前审批改为事后登记	江苏联发股份在埃塞俄比亚建设产业园，累计汇出1900万美元
	创新服务，助力企业参与国际竞争	满足真是合规对外投资需求	国家开发银行江苏省分行与境外发达国家银行达成等值200亿元人民币跨境贷款合作意向
	内外联动，提升企业资金使用效率	大力推动跨国公司外汇资金集中运营	参与试点企业70家，累计归集资金总额1407亿美元
聚力优化环境，促进金融服务可持续	推动区域金融改革试点	2016年11月，泰州市建设金融支持产业转型升级改革创新试验区获国务院批准	应收账款质押融资 排污权质押贷款 双创专项债 金融生态镇
	着力优化金融生态环境	2016-2020江苏省县域金融生态环境建设规划	江苏省金融生态县创建考核办法。每年对金融系统系统评估。
	有效提升支付清算服务水平	支付清算基础设施建设，搭建高效便捷的资金清算汇路	实现跨行资金汇划“零在途”。2017年，支付系统共发生交易4.74万亿笔，金额326.87万亿元。
备注	但是也应看到，为了更好地满足制造业企业转型升级多元化、多层次、全方位的金融需求，全省金融部门无论是在转变金融服务方式，还是在优化资源配置上，也都还有较大的提升空间。		

（7）工业和信息化部的要求

金融支持制造强国建设研究课题，是工信部为了制定《制造强国中长期发展规划（2021—2035）》提前启动的“趋势条件类、目标任务类、政策法规类”三大类16个研究课题之一。该课题属于政策法规类，属于三个并行研究的课题之一。要求该研究课题突出“战略性、全局性、开放性与市场化”。要求该研究课题的研究成果，能够在制造强国未来15年规划中直接应用。这是本课题研究追求的目标。

2. 实施方案

表2-36给出银发〔2017〕58号文件落地实施方案。在该架构中，每一句话都应该找到落地的指标。

表2-36 银发〔2017〕58号文件落地实施方案

3S / 7P	管理A类标准	管理B类标准	管理C类标准
	文字要求	架构要素	指标指数
	宏观	中观	微观
一	高度重视和持续改进对制造强国建设的金融支持和服务	应聚焦制造业发展的难点痛点，区别对待、有扶有控=难点（创新指数200—600）+痛点（品质指数2δ—6δ）	让利率和投资收益率与企业品质指数和创新指数升降幅度动态挂钩
		改进和完善金融服务水平=标准化评价（企业征信报告+企业高质量发展报告）+个性化决策（尽调+决策）	企业高质量发展指数HQI=企业创新指数IDI600+企业品质指数6δ

续表

7P \ 3S	管理A类标准	管理B类标准	管理C类标准
	文字要求	架构要素	指标指数
	宏观	中观	微观
二	积极发展和完善支持制造强国建设的多元化金融组织体系	发挥各类银行机构的差异化优势，形成金融服务协同效应	协同=在原有模式不变的前提下增加企业高质量发展指数
		完善银行机构组织架构，提升金融服务专业化水平	专业化=企业高质量发展报告可将买卖转化为服务
		规范发展制造业企业集团财务公司	规范=企业高质量发展指数
		加快制造业领域融资租赁业务发展	大型装备按TIL13级租赁
三	创新发展符合制造业特点的信贷管理体制和金融产品体系	改进授信评价机制，考量企业技术、人才、市场前景等软信息	企业高质量发展指数与授信额度关联指标
		大力发展产业链金融产品和服务	产业链=WBS+TIL
		推动投贷联动金融服务模式创新	投贷与高质量发展指数挂钩
		完善制造业兼并重组的融资服务	企业高质量发展指数
		切实择优助强，有效防控风险	高质量发展指数与利率挂钩
四	大力发展多层次资本市场，加强对制造强国建设的资金支持	充分发挥股权融资作用	高质量发展指数
		促进创业投资持续健康发展	高质量发展指数
		支持制造业企业发行债券融资	高质量发展指数
		支持制造业领域资产证券化	高质量发展指数
五	发挥保险市场作用，助推制造业转型升级	积极开发促进制造业发展的保险产品	鼓励制造业贷款保证保险
		扩大保险资金对制造业领域投资	研究启动重点新材料首批次保险补偿机制试点工作

续表

7P \ 3S	管理A类标准	管理B类标准	管理C类标准
	文字要求	架构要素	指标指数
	宏观	中观	微观
六	拓宽融资渠道，积极支持制造业企业“走出去”	拓宽制造业“走出去”的融资渠道	权益为抵押获得贷款
		完善对制造业企业“走出去”支持政策	鼓励企业使用人民币对外贷款和投资
七	加强政策协调和组织保障	深入推动产业和金融合作	高质量发展报告共享
		加大货币信贷政策的支持力度	成绩突出金融机构优先支持
		优化政策配套和协调配合	信贷风险分担机制
		加强监督引导和统计监测	新六大工具体系
备注	该文件共有7章23条，每条都可以找到新的数字工具。		

(1) 政府部门

①人民银行

主要职责：是国家干预和调控国民经济发展的重要工具。负责金融安全。金融机构利润率和制造业利润率反差，必须采取“市场（80%）+行政（20%）”的工具调整。

②银保监会

主要职责：依照法律和行政法规监管。中国前20名利润大户，几乎全部是银行等金融机构，对银保监会来说是具有一定风险，要让银行不出问题，必须将制造业健康提到“衣食父母”的位置。

③证监会

主要职责：中国上市公司IPO招股说明书要求披露18项。包含制度指标体系（14.发行人的公司治理结构等）、技术指标体系（11.发行人的业务和技术概况；16.业务发展目标）、经济指标体系（15.主要的财务资料、主要财务指标、盈利预测数据以及管理层的财务分析意见）。不能没有找到制度指标体系和技术指标体系，就忽略了。

④工信部

主要职责：行业管理。制造业与金融业利润率差距巨大，工信部应积极采取措施。努力提升全面质量管理体系品质指数3σ～6σ与全面创新管理体系创新指数300～600。工信部可以学习国际上发达国家政府的全面质量管理体系，帮助制造企业解决现实难题。

（2）金融机构

①政策性银行

为了自己的长期利益，也需要在原有模式不变的前提下增加企业CT，帮助企业提升全面质量管理体系品质指数3σ～6σ和全面创新管理体系创新指数300～600。市场规则的理由是：品质指数和创新指数太低，对所投资金不安全。所以，利率就要高。贷款1亿，每年给3000万，每年提升一个σ。如果达不到，后续贷款不给。

②全国商业银行

为了自己的长期利益，也需要在原有模式不变的前提下增加企业CT，帮助企业提升全面质量管理体系品质指数3σ～6σ和全面创新管理体系创新指数300～600。市场规则的理由是：品质指数和创新指数太低，对所投资金不安全。所以，利率就要高。

③地方法人金融机构

为了自己的长期利益，也需要在原有模式不变的前提下增加企业

CT，帮助企业提升全面质量管理体系品质指数3σ～6σ和全面创新管理体系创新指数300～600。市场规则的理由是：品质指数和创新指数太低，对所投资金不安全。

④资本市场/投行/基金

为了自己的长期利益，也需要在原有模式不变的前提下增加企业CT，帮助企业提升全面质量管理体系品质指数3σ～6σ和全面创新管理体系创新指数300～600。

⑤互联网金融/科技金融

为了自己的长期利益，也需要在原有模式不变的前提下增加企业CT，帮助企业提升全面质量管理体系品质指数3σ～6σ和全面创新管理体系创新指数300～600。

（3）制造企业

①上市公司

按照上市公司IPO招股说明书要求披露18项披露。包含制度指标体系（14.发行人的公司治理结构等）、技术指标体系（11.发行人的业务和技术概况；16.业务发展目标）、经济指标体系（15.主要的财务资料、主要财务指标、盈利预测数据以及管理层的财务分析意见）。

②企业财务公司

为了自己的长期利益，也需要在原有模式不变的前提下增加企业CT，帮助企业提升全面质量管理体系品质指数3σ～6σ和全面创新管理体系创新指数300～600。市场规则的理由是：品质指数和创新指数太低，对所投资金不安全。所以，利率就要高。贷款1亿元，每年给3000万元，每年提升一个σ。如果达不到，后续贷款不给。

③企业财务部

将财务、计划、人事结构化数据率提升到80%，为智慧企业奠定基础。按照法人治理三张《制度报表》、项目治理三张《技术报表》、财务治理三张《财务报表》，可将企业80%的行为全部变为数据。

④企业计划部

将财务、计划、人事结构化数据率提升到80%，为智慧企业奠定基础。按照法人治理三张《制度报表》、项目治理三张《技术报表》、财务治理三张《财务报表》，可将企业80%的行为全部变为数据。

⑤企业人事部

将财务、计划、人事结构化数据率提升到80%，为智慧企业奠定基础。按照法人治理三张《制度报表》、项目治理三张《技术报表》、财务治理三张《财务报表》，可将企业80%的行为全部变为数据。

3. 配套政策

表2-37给出该课题需要研究和解决的问题。共有45个研究课题。每个课题之间，都有严密的逻辑关系。这种研究架构，就是本着应用建立的。因为任何一个研究成果落地，都需要管理A类、B类、C类的转化。

表2-37 研究架构与内容

<table>
<tr><th colspan="2" rowspan="3">3M
3层级</th><th>管理A类标准</th><th>管理B类标准</th><th>管理C类标准</th></tr>
<tr><th>文字要求类</th><th>架构要素类</th><th>指标指数类</th></tr>
<tr><th>银发〔2017〕58号文件的内容和现有文件的内容</th><th>政府、金融业、制造业达成共识的架构</th><th>利用架构中的指标工具与支持政策挂钩</th></tr>
<tr><td rowspan="5">政府部门</td><td>人行</td><td rowspan="5">金融部门应聚焦制造业发展的难点痛点，坚持区别对待、有扶有控原则，不断优化金融支持方向和结构，提质增效</td><td rowspan="5">全面质量管理体系
品质指数3σ～6σ
全面创新管理体系
创新指数300～600</td><td rowspan="5">按照品质指数和创新指数浮动利率</td></tr>
<tr><td>银监会</td></tr>
<tr><td>保监会</td></tr>
<tr><td>证监会</td></tr>
<tr><td>工信部</td></tr>
<tr><td rowspan="4">金融业</td><td>政策性银行</td><td>要在重点领域和薄弱环节切实发挥引领作用</td><td>在原有模式不变的前提下增加企业CT</td><td>将企业品质指数与金融产品优惠挂钩</td></tr>
<tr><td>全国商业银行</td><td>要积极发挥网络渠道、业务功能协同等优势</td><td>在原有模式不变的前提下增加企业CT</td><td>将企业品质指数与金融产品优惠挂钩</td></tr>
<tr><td>地方金融机构</td><td>积极开发针对中小型制造业企业的特色化、专业化金融产品和服务</td><td>在原有模式不变的前提下增加企业CT</td><td>将企业品质指数与金融产品优惠挂钩</td></tr>
<tr><td>投行/基金</td><td>合理考量制造业企业技术、人才、市场前景等“软信息”，将相关因素纳入银行客户信用评级体系</td><td>全面质量管理体系
品质指数3σ～6σ
全面创新管理体系
创新指数300～600</td><td>品质指数逐年提升10%
创新指数逐年提升10%</td></tr>
<tr><td rowspan="5">制造业</td><td>上市公司</td><td>IPO18项披露</td><td>企业CT</td><td>三套指标体系</td></tr>
<tr><td>企业财务公司</td><td>有效提高企业集团内部资金运作效率和精细化管理水平</td><td>在原有模式不变的前提下增加下属单位企业CT</td><td>将企业品质指数与金融产品优惠挂钩</td></tr>
<tr><td>企业财务部</td><td>管财</td><td>项目技术报表</td><td>事财人结构化数据80%</td></tr>
<tr><td>企业计划部</td><td>管事</td><td>项目技术报表</td><td>事财人结构化数据80%</td></tr>
<tr><td>企业人事部</td><td>管人</td><td>项目技术报表</td><td>事财人结构化数据80%</td></tr>
</table>

续表

3M / 3层级	管理A类标准	管理B类标准	管理C类标准
	文字要求类	架构要素类	指标指数类
	银发〔2017〕58号文件的内容和现有文件的内容	政府、金融业、制造业达成共识的架构	利用架构中的指标工具与支持政策挂钩
科技金融+工业互联网+企业CT平台	高度信息化、智能化、物联网、区块链、5G技术为一体的金融支持制造强国企业CT平台与空间站计划，让政府、金融业、制造业都讲“制造业普通话”		
备注	将政府、金融业、制造业联系起来；不要最后都靠国家。		

（1）政府部门配套政策

2007年—2017年

中国金融业的利润率基本上维持在40%以上，中国制造业的利润率基本上维持在6%左右。美国金融业的利润率基本上维持在13%以上，美国制造业的利润率基本上维持在15%左右。

2017年—2027年

李克强总理在2019年《政府工作报告》中谈到“大幅度减税和国有资本收益增长的关系”时说，现在中国经济受到挑战，咱们就减税，减税财政收入少了，又不想搞太大的赤字，有两个办法：一是各级政府要过紧日子；二是增加特定国有金融机构和央企上缴利润。两个业态之间的利润率差距如此之大，维持时间如此之长，需要政府从法律或行政措施来调整。调整的方向是缩小利润率差距，调整的方法是市场化手段。

调整方案：一是对五大国有银行增加上缴利润（或者建立支持制造业

高质量发展专项基金），利润率超过30%的银行，增加上缴利润30%，但留在金融机构；二是银行对于制造业企业按照企业高质量发展指数HQI指标改善浮动利率；三是银行浮动利率损失部分，可冲减增加上缴利润部分；四是银行支持制造业企业提升高质量发展指数HQI的经费，可冲减增加上缴利润部分；五是研究证明，在企业需要资金的时候，通过银行为企业提出优化高质量发展指数HQI的要求，企业最容易落实，也是银行的一个市场行为。这笔资金放在银行支持制造业企业比放在政府发挥的效益更大。

2027年—2037年，金融业与制造业基本上进入健康可持续发展通道。两个产业规模成为世界第一的同时，两个产业的成熟度也成为世界第一，同时创建一套具有中国特色的“金制”体制。

金融支持制造强国建设研究课题，是工信部为了制定《制造强国中长期发展规划（2021—2035）》提前启动的“趋势条件类、目标任务类、政策法规类”三大类16个研究课题之一。

（2）金融机构配套政策

金融支持制造强国建设研究课题，是工信部为了制定《制造强国中长期发展规划（2021—2035）》提前启动的“趋势条件类、目标任务类、政策法规类”三大类16个研究课题之一。

金融政策与制度安排、金融市场准入与资金扶持、金融创新、资金安排如下：

①扶持具有中国特色的“标普公司”

中国的金融业和制造业位列世界第一，但没有自己的评价标准和评级公司。解决具有中国特色的问题，必须有中国人自己的标准。不相信自己，何来自信。中关村巨加值科技评价研究院目前建立的一套标准体系、标准、专利、专著等知识产权，可以通过国家购买，然后普及。1860年，美国债券投资规模只有20亿美元，就出现了标准普尔评级公司。普尔1860年出版《铁路历史》将统计与评价分开，产生标准。2019年1月28日，央行标普获准进入中国，全部业务牌照。中国银行间市场交易商协会接受债券评级业务。信用评级在风险揭示、风险定价方面的作用。严重冲击毫无权威性可言的评级公司。大量经济数据，原来认为是秘密。大公国际：央行、财政部、证监会批评。暂停评级业务一年。与关联公司公章公用；发行服务的同时高额咨询服务；委员资格不符合要求；部分评级项目底稿缺失。

②资金成本与品质指数挂钩

针对银行：第一，采用国家对央企征缴超额利润（制造业品质指数提升专项基金）的办法，对银行业在税前征收一定比例的国家受益，反补制造业。利润率超过30%的银行，征缴超额利润50%；第二，银行对于制造业企业利率按照企业品质指数提升浮动部分损失，可冲减征缴的超额利润部分；第三，银行支持制造业企业达到6σ的，可使用支持资金。

针对企业：所有银行资金成本，都必须与制造业企业的品质指数（或创新指数）挂钩。将品质指数3σ（6.68万次失误/百万）作为一个基本门槛。凡是品质指数低于3σ的，资金成本上浮10～50个百分点；凡是品质指数高于3σ的，资金成本下浮10～50个百分点。引导所有制造业企业苦练内功。当然，刚开始可能会有品质指数造假。

这不是行政措施，而是市场手段。作为金融机构，按照企业品质指数的大小，调整利率，是对自己资金的负责任。不这么引导，金融业和制造业都不苦练内功，都会喊叫。因此，要将全社会引导到一个“求真务实”的环境，需要付出必要的成本和风险。

（3）制造企业配套政策

金融支持制造强国建设研究课题，是工信部为了制定《制造强国中长期发展规划（2021—2035）》提前启动的“趋势条件类、目标任务类、政策法规类”三大类16个研究课题之一。

①企业内部虚拟综合部门（IPT）

将“研发、生产、产品服务、管理”等部门联合起来组建一个虚拟综合部门（IPT），推动产品的高效高质生产及供应。这是一个战略部署，也是一个典型的通过“管理变革”推动“技术创新”的路径。IPT能否成功，主要取决于能否找到推动企业高质量发展的“6+1”工具体系。其中：“6”是“标准体系、指标体系、统计体系、绩效评价、政绩考核、政策体系”六大工具体系，让每一个人都有动力技术显性化、软件化；“1”是指核心竞争力计量模型，能够将每个人每天的“微创新”整合成为一个高质量发展指数HQI并描绘学习曲线。用“管理标准”和“技术标准”双轮驱动“工业技术软件化”高质量发展，引领企业全面“转型升级”。

“管理标准”驱动微观创新生态逐年改善30%。第一，建立一个计量模型。能够将综合部门（IPT）的工作标准化表达率从目前的不足10%提升到80%以上，达到智慧CEO的最低要求。核心竞争力的计量模型=工业技术软件化产生的绝对比例（隐性技术显性化率≥80%）+工业技术软件化刷新的相对速度（显性技术年刷新率≥20%）+工业技术软件化对技术创新速度的贡献度（研发周期代际降低率≥20%）；第二，创建六大工具体系。坚持用“图表数”说话，按“量质效”评价，靠“前中后”比较。

建立六大工具体系，并放进计量模型之中，形成一个智慧管理平台，让“研发、生产、产品服务、管理”等部门产生并共享结构化数据，职责钩稽嵌套，行为互为因果；第三，建立一个现代工作推进体系。建立一个现代工作推进体系，逐步形成推动“工业技术软件化”高质量发展的“项目级、个人级、企业级、院级”四级知识管理平台。

“技术标准”驱动工业APP逐年增长30%。第一，建立工业APP通用技术模板。能够让8000名技术人员，每一个人都有动力、有能力实现“隐性技术显性化、显性技术软件化、软件技术交易化”；第二，创建工业APP通用技术平台。能够让每一个人，都能够在完成“设计、生产、服务、管理”任务中，采用至少70%的工业APP完成工作；第三，完善工业APP智慧评价。每一个成功的工业APP，都需要创建、刷新、迭代等不断完善，就需要一个智慧评价公共服务平台。

“管理标准”和“技术标准”双轮驱动的关系。一是皮毛关系。“管理标准”是“皮”，“技术标准”是“毛”。皮之不存，毛将焉附。这是中国航天科工三院先进行综合部门（IPT，即Integrated Product Team，集成产品开发团队）改革的逻辑；二是土壤和树苗关系。“管理标准”是“改善微观创新生态”，“技术标准”是“具体创新的项目要达到的目标”。没有土壤，树苗是长不好的；三是组织与个人的关系。“管理标准”是“告诉每一个人，您的任何技术软件化后，您的收益是有保障的”，“技术标准”是“告诉每一个人，只要您的技术指标达到要求，您就放心显性化”。没有收益，谁都不愿意显性化。

②鼓励企业建立“按知分配”制度

中发〔2016〕35号《中共中央、国务院关于实行以增加知识价值为导向分配政策的若干意见》是一个非常好的文件，到目前为止，没有在制造业领域落地的规则。世界一流企业的全分配模型＝按劳分配（30%）＋按知分配（40%）＋按资分配（30%）。但目前制造业企业按资分配达到69%，按知分配不到1%。很多企业在薪酬结构中设计按知分配，但由于缺乏对知识的“计量标准、评价办法、交易规则”，又将按知分配的钱再按照岗位分配，失去薪酬结构的意义。

根据新《企业会计准则》，科目312105为企业发展基金。主要用于支持企业技术创新等活动。但在该科目下，目前制造业企业只有“公积金、公益金”。可否在该科目下设立一个“知本金”，专门用于制造业企业“按知分配”？“知本金”是指企事业单位，为了激发内部创新活力，提升按知（知识、技术、管理等）分配的比重，在财务报表“企业发展基金”项目下单列的一个子基金（简称知本金）。该“知本金”是介于薪酬性收入和股权收入之间的一种分配状态，具有多种转化功能。凡是设立知本金的企事业单位，每年转入知本金的额度，可以享受税前加计扣除政策。企业所得税“加计扣除政策”已经有前车之鉴。

为什么不能建立制造业“隐性技术显性化”的制度？世界一流企业，5万人可以在一个网上研发，任何人在任何时间取得的任何“微创新”，都能够实时“共享”。中国一流企业不但做不到，而且正在朝反面走去：一个办公室邻座的人都无法“共享”，何谈开放式创新，这就是创新型国家建设这个“千里之堤”上的无数“蚁穴”。原因只有一个：目前没有行之有效的内部知识产权保护规则，导致微观创新生态恶化。这个差距就注定了中国一流企业用“优秀的人”与世界一流企业用“优秀的体系”对抗，输赢不言自明。这个问题必须解决。一个人什么时候才会创新呢？只有当一个人的隐性知识被“强制（政策赎买）”显性化后，这个人就失去了“优势地位”。他为了保持在组织中的地位和待遇，就必须创新。假如企业内部实行知识产权保护，谁的技术被“共享”的次数越多，谁得到的奖金就越多。情况马上就会“反转”，很多人就会“抢注”。这就是制度造就人才。

为什么不能建立制造业“技术报表”制度？能够自动按照月度、季度、年度提供一套类似“财务报表”那样的“技术报表”，并建立一套“技术报表分析报告和制度体系”。能够通过这套技术报表，实时动态地了解和掌控每个“在研项目”的技术成熟度、距离货架产品有多远、有多少技术风险等诸多要素，实时动态地计量和考核每个法人、团队、个人在每个科研项目上的技术增加值（TVA），这些数据可以与项目资源配置和激励机制挂钩。全部规则都应公开透明，可避免个人进入技术黑洞，可避免企业进入技术死亡谷，可避免“拖降涨”。一套“财务报表”的最大价值是能够将所有的“经济行为”变成数字来运算，因果可查；一套“技术报表”的最大价值也是能够将所有的“技术行为”变成数字来运算，因果可查。一个企业法人，可以通过“企业财务报表”推进企业的资本管理，也可以通过“企业技术报表”推动企业的知本管理。

我们距离用软件定义制造业的环境还有多远？目前，绝大多数院所都处在“用留人的办法留技术、肥水不流外人田、教会徒弟饿死师傅、肉烂在锅里”的传统创新生态之中，这与工业技术软件化的创新生态格格不入。工业技术软件化的思路是：打造“隐性技术显性化、显性技术软件化、软件技术交易化，交易技术知本化”的现代创新生态环境。

（四）金融支持制造强国建设的平台、接口与应用

表2-38给出一个金融支持制造强国建设的平台、接口与应用。重点是将习近平总书记提出的“要加快金融市场基础设施建设，完善金融制度体系”的要求转化成为一个信息4.0平台（国际空间站计划）。核心是既满足中国需要，也满足“一带一路”需要。

表2-38 金融支持制造强国建设的平台、接口与应用

层级＼要点	管理A类标准 文字要求 设计要求	管理B类标准 架构要素 本课题提炼的解题模型	管理C类标准 指标指数 本课题提炼的解题方案
平台	在政府部门、金融机构、制造企业三个序列目前运行体制、机制不做大的调整的前提下，利用各方都能够接受的“标准”渗透到目前业务的各个环节，让其产生结构化数据，成建制地实现习近平总书记提出的“新六大工具体系”	国际空间站计划 信息系统4.0 标准化评价公共服务平台 标准化评价=从外部看（企业征信报告+企业征信中心+企业征信平台）+从内部看（企业高质量发展报告+企业高质量评价中心+企业高质量评价平台/区块链）	企业高质量发展报告=企业高质量发展指数HQI600+企业创新驱动发展指数IDI600+企业品质指数6δ=用区块链技术实现价值链的计量记账方法，为所有金融投贷行为提供企业CT挂钩，让企业CT工具变成一个必要工具
接口	各政府部门、金融机构、制造企业三个序列，都可以通过“国际空间站”下载标准，输入数据，进行项目、团队、企业体检，并将数据留在平台	1个总平台+N个平台+M个子平台	所有平台都使用八读标准产生数据
		每个平台=提供数据+使用数据	提供数据积分10000分/个，使用数据1000分/次
		评价每个金融机构和制造企业的数据	为每个金融机构和制造企业分类排序

续表

<table>
<tr><th rowspan="3">层级
要点</th><th>管理A类标准</th><th>管理B类标准</th><th>管理C类标准</th></tr>
<tr><th>文字要求</th><th>架构要素</th><th>指标指数</th></tr>
<tr><th>设计要求</th><th>本课题提炼的解题模型</th><th>本课题提炼的解题方案</th></tr>
<tr><td rowspan="3">应用</td><td rowspan="3">建立平台数据年度报告机制。不同的只是数据的“量质效”不同罢了。三种报告，各有不同用途。文字可以不一样，数字也可以不一样，但数字格式必须基本一样。让“各领域、各层级、各部门”在一个数据架构下，感觉到危机和荣辱</td><td>对上报告/秘密
公开报告/公开
对下报告/排序</td><td>两个业态调整
主要成绩
存在问题</td></tr>
<tr><td>纵向可合成
横向可对比
点上可排序</td><td>类似财务报表
同类企业
同类企业排序</td></tr>
<tr><td>高质量发展年度榜单
高质量发展年度指数
高质量发展年度报告</td><td>16-320类分别榜单
16-320类分别指数
16-320类分别报告</td></tr>
<tr><td>备注</td><td colspan="3">全社会关注三大指数，引导企业苦练内功。三个指数好，自然啥都有。</td></tr>
</table>

表2-39功能的结构化数据设计准则，适用于所有管理信息系统，特别适用于以项目为主线的管理信息系统。按照项目配置的资源占比达到80%，就抓住了这个牛鼻子，管理信息系统结构化数据可达到80%。

表2-39 可持续升级的管理信息系统设计架构标准

数据处理层级 / 信息系统代际				数据采集	数据运算	数据应用
				A/D转换模块	D/D转化模块	D/A转化模块
				结构化	人格化	曲线化
				项目	组织	决策
				事前	事中	事后
				标准体系（数据） 指标体系（数据）	统计体系（数据） 评价体系（数据）	考核体系（数据） 政策体系（数据）
信息化 1.0	结构化数据 10%	管理A类标准	部门级数据	X+N X个项目数据 N个信息系统	Y+N Y个部门数据 N个信息系统	Z+N Z个决策数据 N个信息系统
				量：可比较 质：难比较 效：难比较	量：可比较 质：难比较 效：难比较	量：可比较 质：难比较 效：难比较
平台化 2.0	结构化数据 20%	管理B类标准	业务级数据	X+1 X个项目数据 1个信息系统	Y+1 Y个部门数据 1个信息系统	Z+1 Z个决策数据 1个信息系统
				量：可比较 质：可比较 效：难比较	量：可比较 质：可比较 效：难比较	量：可比较 质：可比较 效：难比较
元素化 3.0	结构化数据 40%	管理C类标准	元素级数据	1+X 1套项目数据标准 X个试点项目都用	1+Y 1套组织数据标准 Y个试点组织都用	1+Z 1套决策数据标准 Z个试点决策都用
				量：可比较 质：可比较 效：可比较	量：可比较 质：可比较 效：可比较	量：可比较 质：可比较 效：可比较

续表

数据处理层级 / 信息系统代际				数据采集	数据运算	数据应用
				A/D转换模块	D/D转化模块	D/A转化模块
				结构化	人格化	曲线化
				项目	组织	决策
				事前	事中	事后
				标准体系（数据） 指标体系（数据）	统计体系（数据） 评价体系（数据）	考核体系（数据） 政策体系（数据）
智慧化4.0	结构化数据80%	管理标准体系	决策级数据	1+X 1套项目数据标准 X个项目都用	1+Y 1套组织数据标准 Y个组织都用	1+Z 1套决策数据标准 Z个决策都用
				量：学习曲线 质：学习曲线 效：学习曲线	量：学习曲线 质：学习曲线 效：学习曲线	量：学习曲线 质：学习曲线 效：学习曲线
备注	系统1.0：按部门业务类型，在一个法人内，数据共享低于10%（异床异梦） 系统2.0：按统一业务类型，在一个平台内，数据共享低于20%（同床异梦） 系统3.0：按业务构成元素，在一个语系内，数据共享低于40%（同床同语） 系统4.0：按决策支持速度，在一个机制内，数据共享高于80%（同床同梦）					

1. 国际空间站平台

金融支持制造强国建设——国际空间站项目。旨在通过该平台提升中国制造的国际竞争力。全部采用高出美国的标准，整合全社会制造业资源，推动制造业高质量发展。

（1）总体架构

图2-6给出一个“国际空间站”总体架构。该平台架构的核心功能是通过一套量化标准将现有的政府部门、金融机构、制造企业三个序列的日常业务“串”起来，形成一个分布式记账格式（区块链）。

金融支持制造强国——“国际空间站”总体架构

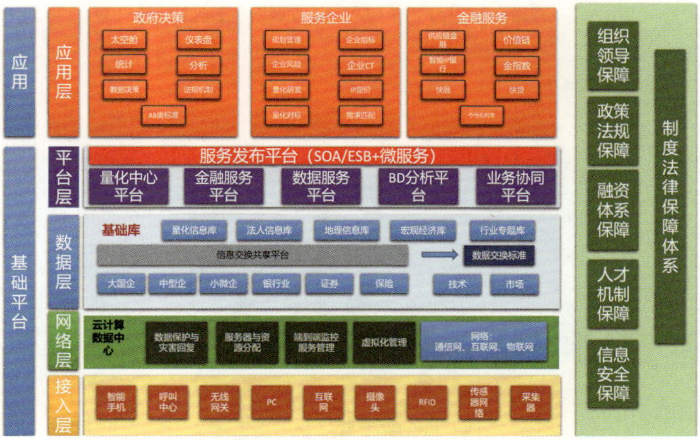

“国际空间站”顶层设计

注：量化中心B端：指数据中心提供系列量化的Back Ground后台；制造业C端：是指制造业企业的客户端，它是后台服务的前段交互接口。

图2-6“国际空间站”总体架构

（2）基础设施

图2-7给出一个国际空间站基础设施。该基础设施的核心是将通信网、互联网、工业互联网三网联通，实现《企业高质量发展报告》的算法与模型共享，使用区块链技术记录每个环节的数据，为价值链计算和绩效提供数据支持。

"国际空间站"基础设施

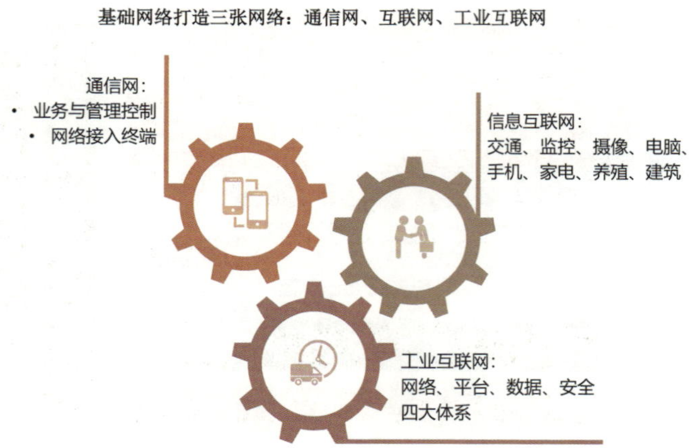

图2-7

(3) 重点设施

图2-8给出一个国际空间站重点设施。该重点设施的核心是"量化管理中心"。这是目前政府部门、金融机构、制造企业三个序列共同的短板，也是该平台的生命力。

金融支持制造强国的重点

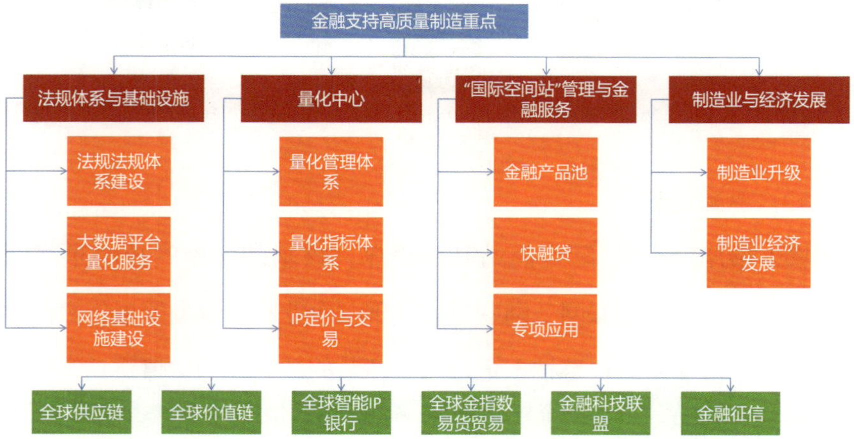

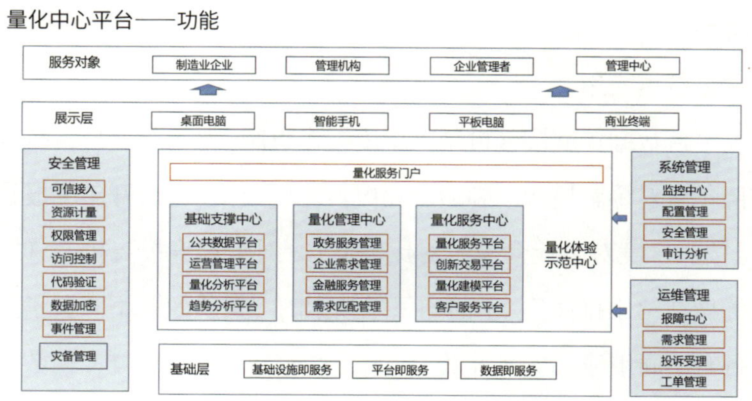

图2-8

2. 平台接入与输出

该平台不打乱现有政府部门、金融机构、制造企业三个序列的基本秩序，只是为三个序列提供算法、标准、机制、政策挂钩等可以量化的数据支持。

（1）政府部门接入

包括人行、工信部等与金融支持制造强国相关的部门的基础数据，都需要将这些数据进行结构化处理，才能与全社会资源精准配置相挂钩，才能让中国制造业与金融业健康发展。

（2）金融机构接入

包括投行、商业银行等所有金融机构，都可以接入，利用标准和算法产生《企业高质量发展报告》，提供一个积分1万分。也可以直接使用《企业高质量发展报告》，使用一次减分100分。

（3）制造企业接入

包括人行、工信部等与金融支持制造强国相关的部门的基础数据，都需要将这些数据进行结构化处理，才能与全社会资源精准配置相挂钩，才能让中国制造业与金融业健康发展。

3. 平台数据应用

建立平台数据年度报告机制。年度报告机制=对上年度报告机制（主要是按照年度对金融机构、制造企业报告对比数据）+公开年度报告机制（主要是按照年度对全社会报告对比数据）+对下年度报告机制（主要是对下级的做法给出排序）。不同的只是数据的“量质效”不同罢了。三种报告，各有不同用途。文字可以不一样，数字也可以不一样，但数字格式必须基本一样。让“各领域、各层级、各部门”在一个数据架构下，感觉到危机和荣辱。

（1）年度报告

① 年度报告（对上/秘密）

成立金融支持制造强国建设领导小组。根据小组的职责定位，每年应该给小组一个《金融支持制造强国建设年度发展报告（秘密）》。主要反映目前存在的问题。小组就是专门解决这些有难度的问题的。特别是两个业态的利润率调整的“量质效”。

② 年度报告（对外/公开）

全世界和全国人民，都在关心金融支持制造强国这个国家战略的执行情况。当然也不排除敌对势力的“关心”。每年应该向全社会发布一个《金融支持制造强国建设年度发展报告（公开）》。主要反映每年的进展、成绩和存在的问题。这是任何一个行政机构，都应该对外报告的。

③ 年度报告（对下/内部）

金融支持制造强国这一战略是由“各领域、各层级、各部门”执行的。执行的主体共有6层，每层都有7个环节，共有42个坐标点。每个坐标点的“输入输出增加值”都需要绩效评价、问责，并与资源配置挂钩。每年公布“各领域、各层级、各部门”执行的“量质效”，本身就是一个推进机制，也是一个工作生态。

（2）纵横比较

① 横向比较

表2-40给出一个《金融支持制造强国年度发展报告》的基本架构，实质上相当于一个第一、二、三方评价的载体，也是对“上中下”的一个交代。发展报告应主要回答与世界主要国家金融支持制造强国进行“量质效”三个层面的对标，与主要国家差距缩小情况，形成一种克服困难的氛围。

② 纵向比较

主要是用金融支持制造强国指数MCI反映一条学习曲线和多个单个指标曲线。让人们既能够看到整体，又能够看到细节。更重要的是反映整体和局部之间的函数关系。主要有宏观指标比较、微观指标比较、典型领域比较、整体推进情况、重点突破情况、成绩、问题、建议三清单，除从“军队和政府”年度计划实施情况总结外，还从企业（院所）/金融机构/第三方直接征集，汇集数据，趋势分析。

③ 点上比较

每年的年度发展报告，必须至少有正面和负面的各5个单位或部门的典型材料。这是人们从微观分析中观、宏观的一条主要途径。特别是典型的案例分析，是能否解决制约金融支持制造强国发展瓶颈的试金石。不要传统的总结成绩的案例。只需要从工作方式方法层面创新的鲜活案例。所谓案例，必须具备三个要素：一是有可推广的工具和方法；二是有可复制的经验或教训；三是有可比较的“量质效”指标。

表2-40 《年度发展报告》基本架构

年度报告推进路线	与世界融合第一梯队、第二梯队进行"量质效"三个层面的对标											
	横向比			纵向比								
	年度计划软课题研究			年度计划提供数据						年度计划社会调查		
	与美德日韩差距缩小情况			整体推进情况			重点突破情况			成绩/问题/建议三清单		
主要章节	宏观指标比较	微观指标比较	典型领域比较	政策法规	规划计划	指标指数	创新项目	专利	标准	成绩清单	问题清单	建议清单
应回答的主要问题 引导软课题用指标回答这些问题	比较R&D投入与GDP的各种关系，建立各种比较指标和指数，预测融合业研发R&D与GDP关联	比较百强企业的各种指标；建立创新型企业标杆性指标和税惠门槛指标，引领融合百强量质效	每年主要比较10个典型领域或典型产品的市场份额/技术储备/专利技术/标准制定/技术创新速度	来自年度计划	与三步骤战略目标的差距缩小情况/与第一步战略目标差距的缩小情况/13个分规划的年度执行	建立中国融合业创新驱动发展指数/建立中国融合监测指标体系/逐年增加指标/2020年基本健全	来自年度计划	来自年度计划	来自年度计划	除从政府年度计划实施情况总结外，还从企业（院所）/金融机构/第三方直接征集，成绩清单	除从政府年度计划实施情况总结外，还从企业（院所）/金融机构/第三方直接征集，问题清单	除从政府年度计划实施情况总结外，还从企业（院所）/金融机构/第三方直接征集，建议清单

续表

年度报告	与世界融合第一梯队、第二梯队进行“量质效”三个层面的对标			
	横向比	纵向比		
推进路线	年度计划软课题研究	年度计划提供数据		年度计划社会调查
	与美德日韩差距缩小情况	整体推进情况	重点突破情况	成绩/问题/建议三清单
备注	每年7月30日之前，发布《金融支持制造强国年度发展报告》。所有数据应逐年可比。金融支持制造强国指数，是金融支持制造强国深度发展的风向标，统领金融支持制造强国工作。是一套从微观、中观、宏观向上合成的、可比的指标体系，根据各种权重和标杆设置，分析计算得出的。发展报告应主要回答下述问题：与世界金融支持制造强国最好的国家进行“量质效”三个层面的对标，差距缩小情况，宏观指标比较、微观指标比较、典型领域比较、整体推进情况、重点突破情况、成绩、问题、建议三清单，除从年度计划实施情况总结外，还应从企业（院所）/金融机构/第三方直接征集，汇集数据，趋势分析。只要年度目标计划，按照“标准化”要求编制，建立在目标计划之上的“督促检查、月季年通报、统计监测、绩效考核、中期评估”等难题，都会变得非常简单。			

（3）发布榜单

①金融机构学习曲线

是指具有独立法人资格的组织或非法人组织。例如，金融委、军委、政府、企业，都属于“母组织”。应从指标库中选择一些能够逐年反映业务“量质效”的指标，描绘学习曲线（见图2-9）。

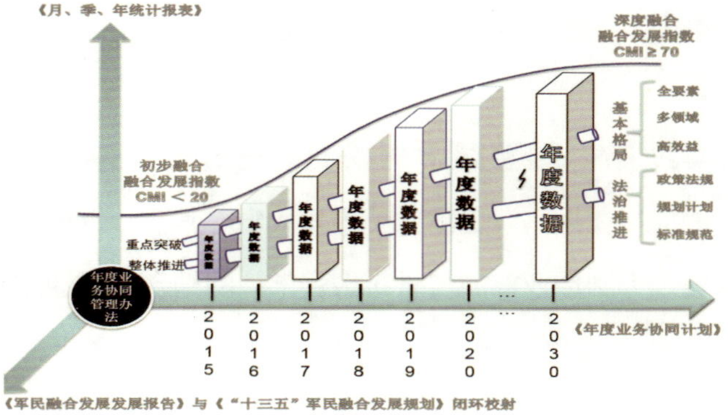

图2-9 学习曲线

②制造企业学习曲线

它是指不具有独立法人资格的组织。例如：融委、军委、政府、企业的部门，都属于“分组织”。应从指标库中选择一些能够逐年反映业务“量质效”的指标，描绘学习曲线。

③各种榜单

发布高质量发展榜单、发布高质量发展指数、发布高质量发展年度报告。

二

金融支持制造业高质量发展的国际实践与经验

当前，新一轮科技革命和产业变革正前所未有地改变着人类生产力布局，世界主要经济体纷纷出台制造业发展战略。为此，各国竞相发挥自有金融体系的资源整合与配置功能，推动金融创新与变革，以赋能本国的制造业发展战略并角逐全球产业链分工调整布局新的制高点。回顾历史，正视当下，先进国家的做法与经验为我国金融支持制造强国建设提供了一定参照。

从国际实践来看，金融支持产业发展总体上形成两种模式：一种是市场主导型金融支持体系，以美国、英国为代表。其充分发挥市场的支配力量，更多地表现为制造业部门与直接融资部门的结合，并通过政府的综合布局与支持不断完善和演变。另一种是银行主导型金融支持体系，以德国、日本为代表。其更多地表现为制造业部门与银行部门的结合。整体而言，发达国家金融支持制造业无外乎风险投资、证券市场、商业银行和政策性金融机构四条路径，同时辅以相应的政策制度和法律法规。

（一）美国金融支持制造业高质量发展的具体实践

1. 美国制造业发展的特点

（1）美国制造业发展的优势

优势和未来机会的契合度较高，全球制造业发展趋势将使美国制造业已有的优势进一步增强。

一是，美国制造业的成本较低。与发达国家相比，2016年美国制造业员工平均薪酬为每小时39.01美元，与大多数欧洲国家相似，低于德国、瑞士。与新兴市场国家相比其劣势也并不大，并正在改善。美国制造业生产率远高于中国及全球水平。2016美国制造业增加值2.183万亿美元，就业人数1230万，人均产值约17万美元，中国制造业增加值3.08万亿美元，就业人数约1.2亿，人均产值约2.6万美元，据此估算美国人均产值比中国高6.5倍。同期中国制造业平均工资约每小时4.26 美元，只有美国的0.109。但由于美国人均产值比中国高约6.5倍，假定中美人均劳动小时相同，则美国的人均劳动成本仅比中国约高1.4倍。

二是，美国制造业的出口竞争力较强。美国的货物出口以难以替代的产品为主，收入弹性从而周期性波动较低，加上其在发达国家中的成本优势，美国制造业在出口中的占比未下降，其制造品出口在全球的占比仍很大而且衰退以来回升并维持在10%上下，而同期日本、西欧在全球占比下降。2015年美国与其自贸协定伙伴的制造业贸易为顺差127亿美元，而与其他国家则为赤字6396亿美元，说明美国的出口在自由贸易环境下更具有竞争优势。

三是美国制造业的技术和人才有较大优势。美国出口制造产品中高技能技术密集型占46%，低技能技术密集仅占14%，这一结构优于德国、日本、韩国和中国（德勤，2012），更有可能在未来竞争中处于领先地位。据布鲁金斯学会分析，美国的先进工业公司在美国雇用了80%的工程师，从事90%的私营部门研发，获得了85%的专利。美国的先进技术工业目前的生产总值占美国生产总值的17%，高于制造业本身的占比。

（2）美国制造业发展的劣势

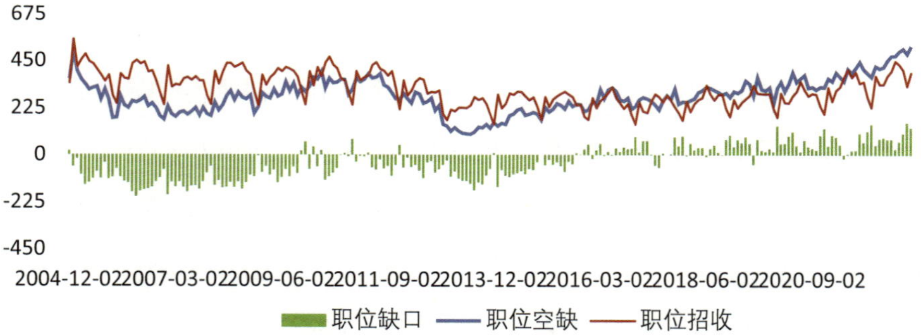

图2-10 美国制造业职位空缺、职位招收和职位缺口（千人）

资料来源：美国劳工部，美联储

一是，制造业缺乏足够的合格雇员和熟练劳动力。由于美国制造业过去几十年来忽视生产环节和技术工人，导致技工短缺现象严重。劳工部数据表明，美国制造业职位空缺和新雇人员的缺口在过去几年迅速扩大（见图2-10）。劳工部数据表明由于找不到合格的申请人，目前美国89%的制造商有职位空缺，随着制造业继续复兴这一压力会上升。据德勤报告的预测，2018年—2028年由于技能差距可能使240万个职位难以填补，并导致该行业损失4540亿美元。劳工部联邦注册学徒数据库表明2017年所有行业的53607名注册学徒中，制造业只占17559名，培训新的多技能熟练制造业工人将需投资于长期全面的培训项目。而麦肯锡估计国家学徒计划每年可能需花费400亿美元，这对美国制造业发展形成了挑战。

二是，制造业研发R&D支出占比较小且增长较慢。2015年，美国制造业研发支出量为2360亿美元，低于中国的2780亿居第二位；其在全部商业性研发支出中的占比仅为68%，低于主要制造国的85%—90%。就2010年—2015年制造业研发支出增幅看，美国仅为10%，低于中国（91%）、韩国（50%）、中国台湾（33%）、英国（22%）、德国（19%）、日本（12%）（CRS，2018）。

三是，在制造业长远发展和就业增长间寻求平衡。制造业就业增长和美国长远发展趋势并不完全一致。以农业为例，200年前美国农业劳动力占90%，随着生产率提升该占比下降到目前的2%。制造业劳动力下降也是大势所趋，所以真正需要关注的是因外部不公平贸易及供应链安排导致的下降而不应和制造业本身进步相抗衡，更不应为了增加就业而牺牲生产率增长。然而特朗普政府过于关注就业增长包括恢复传统产业的就业，则有可能导致就业增长领先产出，影响制造业生产率提升及长远发展。

四是，固定投资及其增长不足。美国制造业固定投资/GDP占比不足3%，与主要制造业国家相比并不高。2017年以来与生产率改善相关的设备及知识产权类投资增长平均值低于此前的复苏阶段，最近还有减速趋势（见图2-11）。美国企业海外子公司汇回了净2170亿美元但真正用于固定投资的有限，表明企业对美国制造业的信心仍不足。

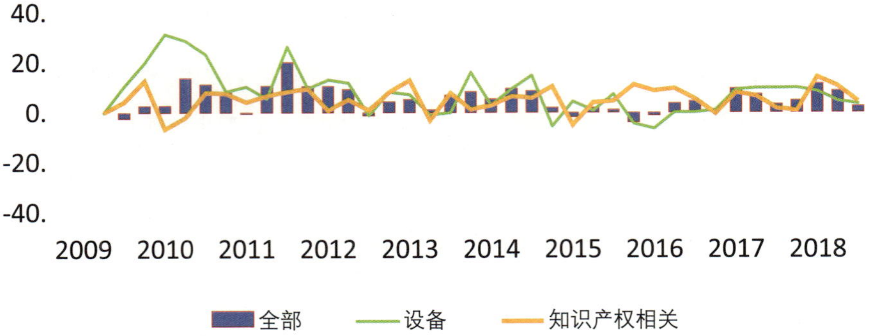

图2-11 美国非居住类固定投资（%，季度环比年化）
资料来源：美联储

综上所述，美国复兴制造业的特点更有利于其未来发展。美国制造业复兴确实在发生，只是其程度及模式并不确定，人们的解读、采用的标准、预设的目标差异也较大。但可以肯定的是，制造业增加值的GDP占比，特别是就业人数占比，以及在全球的占比不必要也不可能完全恢复到鼎盛时期。制造业更多的是在结构和质量上向更高阶段回归，其生产率及增长质量也可能进一步提升。例如，据麦肯锡全球研究院MGI预测，美国制造业若按目前趋势继续发展，其基线实际增加值到2025年可能从目前的约2.1万亿美元增加到2.8万亿美元（MGI，2017）。据此推算其年均增长率为5%，高于实际GDP的潜在及预期增长率，其在GDP占比则可能上升。而据美国劳工部预测，制造业就业在全部就业比值可能从目前的8%在2026年继续下降到6.9%（BLS, 2017）。这预示其生产率及增长质量的进一步改善。

2. 美国金融支持制造业发展的主要做法

（1）构建起层次分明、功能完备的资本市场体系

美国已形成世界上最发达的资本市场，并形成了层次分明、结构合

理、风险分散、多重覆盖的“金字塔式”市场结构。从构成来看，第一层是以纽约证券交易所为代表的全国性市场（主板市场），主要为成熟企业提供上市融资服务。第二层是创业板市场（二板市场），以纳斯达克全国资本市场和纳斯达克小型资本市场为主体，其中全国主板市场面向成熟型企业，小型资本市场面向规模较小、处于成长期的新兴企业。第三层是区域性证券交易所，主要包括芝加哥证券交易所、太平洋交易所、费城股票交易所、波士顿股票交易所和国际证券交易所等。第四层是场外柜台交易系统、粉红单及地方性柜台交易市场，主要为未上市的股票和证券提供交易和流通的场所，虽不具备实际的融资功能，但其数量多、进入门槛低、服务领域广泛，为资本市场构建了广阔坚实的基础，为上市融资等高层次资本运作提供了有力支撑。

“金字塔式”的资本市场构成相对稳定合理，各层市场之间的链接与跃迁机制，使得资本市场能够为不同规模、不同发展阶段、不同资本需求的企业量身打造资金支持方案。在20世纪后半期，美国技术创新与资本有机结合，高科技产业得到突飞猛进的发展，成功推动美国经济实现了转型和产业升级。资本市场的发展带动了一大批美国科技企业的兴起，如英特尔、微软和甲骨文等公司的上市，奠定了美国计算机产业在全球的领先地位；思科、朗讯的上市，推动了美国通信业的迅猛发展；雅虎、亚马逊和谷歌的上市，使美国成为网络科技行业的领航者。

（2）资本市场参与主体以机构投资者为主

从美国资本市场的主体结构来看，银行、证券公司、投资公司、保险公司、投资信托公司、各种福利基金、养老基金及金融集团等机构投资者占比较大，重视价值投资，市场稳定性较强。据统计，截至2018年年中，美国机构投资者持有市值占比已高达93.2%，个人投资者持有市值占比不到6%。与个人投资者相比，机构投资者具有投资管理专业化、投资结构组合化、投资行为专业化的特点。一是，机构投资者发挥自己在信息掌握和信息分析方面的优势，发现市场上有价值的中长期投资机会，为企业扩大再生产提供资金支持，从而增强资源配置的能力；二是，机构投资者通常参与投资企业的公司治理，使得上市企业质量的提高与机构投资者发展壮大相互促进、良性互动，三是，机构投资者出于自身发展或市场发展需要，倾向于树立理性、成熟的投资理念，选择真正有投资价值的投资标的并长期持有，引导众多中小投资者理性投资，从而抑制短期波动，促进资本市场规范、稳健、高效运作。

（3）金融产品与服务创新层出不穷

从美国金融发展历史来看，金融创新与变革助推美国率先实现了第二次和第三次工业革命，并成就了美国的经济强国地位。尤其是20世纪60年代以来，金融创新层出不穷，金融制度、金融产品、交易方式、金融组织、金融市场等方面的创新和变革促进金融领域各类要素重新优化组合和重新配置。

从资本市场来看，创新贯穿于美国资本市场发展的各个环节，完善了资本流动机制，提高了资本配置效率。尤其是，美国形成了成熟的风险投资市场和风险贷款市场，推动科技产业长盛不衰。目前，美国已发展成为全球最大的风险投资市场，细分为种子与天使投资、早期风险投资和后期风险投资。投资形式也由最初硅谷驱动的单极体系演变为多极体系并不断向境外传播。以芝加哥商业期货交易所为代表的许多交易所长期致力于金融衍生品的开发，以满足对投资风险不同偏好的各类投资者需求，也为资本市场提供了各种可供选择的避险工具。同时，持续的产品创新也促进了诸如养老金之类的各种社会资本进入资本市场，扩大资本市场的资金来源。从商业银行来看，不断整合信贷、股票、债券、基金、保险等领域，开发复杂性、综合性的组合产品，如多层次住房抵押贷款、资产证券化、担保债务权证，同时大力推动了金融市场在资本运作、财务管理、资产负债管理等方面的创新。

（二）英国金融支持制造业高质量发展的具体实践

1. 英国制造业发展特点

英国金融行业投资实体产业较为少见，产业资本进入金融业的案例较多。比如，维珍集团（Virgin Group）是英国最大的私营企业集团之一，旗下拥有200多家公司，业务涉及通信、航空、旅游、休闲和健康等多个领域。1995年，维珍理财（Virgin Money）成立，维珍集团正式进军金融业。维珍理财最初只经营简单的个人存贷汇业务。自2002年起，其业务领域扩大到信用卡、个人贷款和各类保险业务，2012年维珍理财成功收购北岩银行（Northern Rock），成为英国本地主流银行之一。截至 2016年年末，维珍理财在英国客户超过330万，网点82个，总资产为351亿英镑，一级核心资本11亿英镑，税后利润为1.4亿英镑。

（1）英国产业资本进入金融业须获得金融监管机构批准

进入金融行业主要通过两个方式：一是，大型实体产业集团设立机构并向金融监管机构申请金融牌照；二是，入股现有金融机构。无论通过哪种方式，都要向监管机构报批。向金融监管机构申请金融牌照须满足以下要求：在英国有注册的公司和英国国内办公地点；有能力审慎经营，包括充分的财务和非财务资源；PRA 和 FCA 能够进行有效监管；适当的管理层；适当的内部政策和流程；有效管理利益冲突；稳定可持续发展的商业模式等。英国金融监管机构对于来自产业资本的金融机构股东并无限制，只要满足上述要求，无论产业资本还是金融资本的企业，都可获得金融牌照。

（2）入股现有金融机构也须获得金融监管机构批准

根据《2000 年金融服务与市场法案》第十二章，投资者首次获持有金融机构或其母公司10%以上的控制权，包括股权、投票权或影响力，须向监管机构报批；投资人增加或减少对该机构的控制权，达到 20%、30% 和50%时，都须向监管报批。

（3）金融资本进入实体没有相应的法律规范和直接限制

根据对金融机构的监管要求，英国金融机构需遵守审慎经营的原则，一旦进入实体产业，应建立相应的风险控制配套措施。同时，由于金融机构向实体产业客户提供金融服务，自身的实体产业投资行为可能与客户利益产生冲突，因此金融机构须根据自身情况制定和执行利益冲突管理办法。

（4）英国对产融结合的“防火墙”属于“软性防火墙”

英国对产融结合没有法律上的“硬性防火墙”。只要满足法律和监管要求，任何产业资本都可进入金融行业。反之亦然。但是，由于金融业在英国是受高度监管的行业，产业资本进入金融业必须满足较高的法律和监管要求。由于英国金融监管要求非常严格，因此这些要求可看作是产融结合的“软性防火墙”。

2. 英国金融支持制造业发展的主要做法

（1）商业银行不断探索产业投资新模式

英国商业银行不断探索混合型产业投资新模式。17世纪末，英国构建起“以英格兰银行为中心、遍布全国各地的商业银行为外围”的银行网络体系，助推了第一次工业革命的爆发，推动英国率先完成工业革命并步入“工业时代”。2008年，全球金融危机发生之后，英国商业银行普遍缩减贷款资产规模，将贷款主要投向具有优质抵押品和投资经营更谨慎的企业的同时，进一步探索更综合化、更可持续的产业投资路径。2011年，英国银行家协会与巴克莱银行、汇丰银行、劳埃德银行、苏格兰皇家银行、渣打银行等主要银行共同出资并成立了“商业成长基金（Business Growth Fund，BGF）”。

BGF专为制造业等重要领域的高成长中小企业提供投资资金，针对企业不同成长阶段可提供BGF创业投、BGF成长投和BGF上市投（“股权+债券”混合投资）三类投资，并利用已投企业的网络资源为投资企业提供各类商业对接和人才服务。相对于标准化融资模式，这种新型的私募股权基金更符合中小微企业灵活、复杂、多变的融资需求。截至2018年年初，BGF已向220家企业投资超过14亿英镑，成为英国当前最活跃的成长资本投资机构，有效弥补了初创融资与风投基金之间的市场空白，支持制造业等领域中小企业迅速成长，为英国产业振兴发挥了重要作用。

（2）建立政策性与市场性联动投资机制

英国拥有发达的创业资本和私募股权投资市场，为本国及欧洲其他国家产业发展提供了强大的资金支持，覆盖了从原材料工业到消费者服务的各个领域，尤其是为信息技术、生命科学等新兴科技型产业中的创新企业提供了重要的融资支持。英国创业投资及私募股权投资体系既包括以政府为主导的创业投资基金，也包括以科研院所及企业为主导的私募股权投资。

从政府层面来看，英国推出了各类独具特色的政策性创业投资基金，其中企业资本基金最具代表性。该基金设立的目的在于通过政府引导及私人部门的积极参与，切实解决初创企业股权融资缺口问题，支持中小企业高速成长，为英国科技等支柱产业提供源源不断的动力。苏格兰政府为促进中小企业融资，针对企业发展不同阶段的不同需求，设立了一系列政府投资基金，其中以苏格兰联合投资基金为典型。2010年—2013年，该基金募集发起者苏格兰投资银行通过投资3950万英镑，撬动了8250万英镑社会资本投资。2009年，英国政府设立了风险投资基金——英国创新投资基金。该基金由美国政府基金和个人投资者基金共同构成，设有两只母基金——Hermes环境创新基金和英国未来科技基金。通过“母基金”的形式，英国创新投资基金吸引了众多投资者参与股权投资，包括金融机构、企业投资者、其他政府基金、高净值人群等，提升了投资杠杆并推动了投资多元化。该基金集中投向了战略性新兴产业，包括数字科技、生命科学、清洁技术和先进制造业。

从高等院校方面来看，为了推动高校科技成果转化以及科技领域发展，英国依靠高等院校设立了创业投资公司。以剑桥创新资本公司为例，主要业务集中在抗癌新疗法临床实验、人工智能决策体系、机器人进行微创手术等医疗科技领域，投资项目集中在剑桥大学的技术转移转化，同时将创新技术、高级专业人才和诸多企业家联系起来，打造剑桥良好的产业发展和创新创业环境。

（3）金融科技提升金融服务质效

英国政府将金融科技发展纳入国家战略，给予资金、政策及监管等多方面扶持，使金融科技从早期的创新源泉发展成为独具特色的新兴产业。2008年，英国政府在伦敦实施“金融科技中心”计划，即通过金融科技人才培育、资本投入及相关基础设施建设，大力发展金融科技孵化器、加速器，确立英国金融科技全球领先地位。据统计，2018年上半年，英国金融科技投资总额超越美国，同时占据欧洲首位。截至目前，有50%的欧洲金融科技初创公司诞生在英国，同时还向欧洲、中东，以及非洲地区提供世界级的金融科技基础设施。英国金融行为监管局于2016年首创“沙盒监管模式”，为全球金融科技的长期健康发展提供了经验。在“监管沙盒”框架内，金融机构或金融科技企业按审批程序提交申请，在一定时间和范围内测试新型金融产品。对顺利通过测试的项目，即使达不到现行法律法规的要求，监管部门也可对申请机构授权，使其在更大范围推广；对未能达到预期效果的项目，监管部门则有权终止测试。这一监管模式为新技术试验提供相对宽松的制度环境，有力地推动了英国金融科技创新的发展，同时也有效地防范了金融创新带来的风险。

（4）绿色金融理念促进经济健康可持续发展

在全球气候变暖、环境趋于恶化的背景下，英国较早提出将绿色金融作为促进产业转型升级和经济可持续发展的一种创新型金融模式。近几年，英国政府持续不断推动绿色金融的发展。由英国政府支持的绿色金融小组，协调包括伦敦证券交易所、英格兰银行、汇丰银行等各方力量，用金融手段推动绿色环保产业发展。2012年，英国政府全资成立英国绿色投资银行，成为世界上第一家专业从事绿色金融的政策性银行，其80%以上的资金投资于四大优先领域，即海上风电、废物和生物能源、提高能效以及社区可再生能源。此外，伦敦证券交易所积极发行绿色金融债券。截至2017年年底，共发行了64只绿色债券。2019年7月，英国政府公布了“绿色金融战略”，金融部门将协助企业进行环境信息披露，积极采取行动应对气候变化与环境退化，并推动英国2050年零排放目标。绿色金融作为一种新的发展理念，一方面，可以通过金融可持续发展推动传统产业转型升级，推动经济健康可持续发展；另一方面，可以将金融资源有针对性地配置到新能源、新材料等技能环保新兴技术，促进新兴制造产业发展。

（三）日本金融支持制造业高质量发展的具体实践

1. 日本制造业高质量发展的特点

（1）产品质量控制

日本企业十分注重质量管理，以丰田生产模式（Toyota production system）为例，这是一套以经营理念、生产组织、物流控制、质量管理、成本控制、库存管理、现场管理和现场改善等在内的较为完整的生产管理技术与方法体系。日本的很多企业都运用丰田生产模式，实施精益生产，在生产全过程中对产品质量进行控制，确保达到标准。

（2）创新体制

日本的制造业一直非常重视创新，企业的创新投入较高，专利取得数量国际排名前列，在汤森路透评选出的《2015全球创新企业百强》榜单里，日本以40家高居榜首，力压美国的35家，成为世界第一。在政府政策层面，日本政府一直推行“产学官”的合作研发体制，“产”指企业，“学”指大学，“官”指政府及其研究机构。联合研发制度对企业和高校都有益处，高校的科研成果可以更实用化，企业也可以迅速转化科研成果；同时，企业还可以节省研发成本，特别是对于研发实力相对较弱的中小企业来说，与大学和科研机构合作可以大大提高他们的创新能力。

(3) 产业链构建

日本制造业在长期发展过程中经历了层层分包的金字塔型分工体系，大企业和供应商之间有长期稳定的合作体系，产业链分工明确，高度专业化。以日本的汽车产业为例，日本的大型汽车企业如丰田、本田等在日本国内都有着庞大的供应商体系，为其提供零部件等细分类的产品，而很多供应商也随着大企业购买其产品树立了品牌，建立了自己的销售网络，扩展了市场。

(4) 产业链转移

日本由于领土面积较少，国内人口高龄化，长时间以来十分注重开拓海外市场并将生产线转移到国外，特别是在2011年东日本大地震后，日本掀起了对外投资建厂的高潮。但是，日本的对外转移并没有带来产业的空心化，这主要是在大公司内部保留了研发等高附加值的生产环节，以及核心零部件和机械设备机床等核心部件，而将附加值较低、技术含量不高的生产环节向国外转移。2017年，日本制造业仍有6成的企业在国内保持母工厂，从事研发活动。

2. 日本金融支持制造业发展的主要做法

(1) 财团模式

日本的产融结合源于“二战”后产生的“财团模式”，即财团通过各种程度的参控持股形式，渗透到产业链的上下游企业中，形成综合化经营。其中，财团所属的银行可以为同集团下的企业提供资金支持，创造出稳定的融资环境，而企业则专注于产品研发、新产品推出和销售。表2-41列示了日本国内六大财团及其旗下金融、商社和制造企业。

表2-41：日本六大财团及其旗下金融、商社和制造企业

	三井财团	住友财团	三菱财团	三和财团	富士财团	第一劝银
金融集团	三井住友金融集团		三菱东京金融集团		瑞穗金融集团	
金融类公司	樱花银行	住友银行	三菱银行	三和银行	富士银行	第一银行
	三井银行	住友信托	三菱信托	东洋信托	富士信托	朝日生命
	三井生命	住友生命	明治生命	日本生命	富士生命	富国生命
	三井海上	住友海上	东京海上		安田海上	日产海上
商社	三井物产	住友商事	三菱商事	日商岩井	丸红商事	伊藤忠商事
				日棉		
著名制造企业	丰田	NEC	三菱重工	夏普	日产汽车	富士通
	东芝	松下	三菱汽车	NTT	佳能	五十铃
	索尼	马自达	三菱电机	京瓷	日立	旭化成
	三井造船	住友化学	旭硝子	三得利	日清	川崎重工
	石川岛	住友金属	立邦漆	神户制钢	日本油脂	古河电气

资料来源：《三井帝国在行动——揭开日本财团的中国布局》

（2）主交易行制

日本形成了独特的支持产业发展的金融模式——“主交易行制”。“主交易行制”是交易行制的延伸。日本的企业至少和两家银行有业务往来关系，主交易行是指与一家企业有贷款交易关系且占比最大的银行，或与这

家企业存在人员派遣关系的银行。通过“主交易行制”，银行与企业之间形成“利益共同体”，将产业资本和金融资本有机结合起来，并将资金渗透到产业链的上下游企业，从而支持本国产业发展。对于银行来说，主交易行能获得这家企业最多的交易份额，对企业有更大的话语权，同时能获得更丰富、更准确的用户信息。对于企业来说，第一，主交易行在银行交易和贷款当中都占最大的份额，是这家企业最大的债权人，因此银行会关心企业的经营，向企业派遣高管，为企业的经营提供建议和指导。第二，可以从主交易行获取相对稳定的资金支持，不必担心资金忽然中断等问题。如果发生了一时的资金周转困难或经营状态不佳面临倒闭危机，企业可向主交易行求援，主交易行也较愿意提供资金支持，帮助企业渡过难关。第三，如果主交易行是有名的大银行，其他银行会以此为信用背书，从而更放心地和这家企业建立交易关系。

（3）其他金融体系

日本金融体系具有多层次、规模庞大且成熟度高的特点，各项金融服务体系齐全，金融发展的广度和深度均在世界前列。以东京为例，截至2019年3月，东京证券交易所共有上市公司3,655家，包括东证一部市场2,134家、东证二部市场493家、创业板278家、科技板682家、东京专业投资者市场（包括股票和债券）31家，2018年，市值达到6.29万亿美元，排在美国纽约交易所和纳斯达克交易所之后，位居世界第三位。根据东京市的金融统计，截至2016年年底，东京共有日本国内的银行数98家（包括都市银行、地方银行等），门店数达到1159家，总信贷金额199.8万亿日元，是同年东京市GDP的1.9倍。

（4）中小企业专项金融支持

日本素有“中小企业王国”之称，大量“隐形冠军”支撑了日本产业结构转型升级和经济发展。在“主办银行制”基础上，日本通过“官方机构功能”为创新型中小企业提供信用补充。官方机构有若干家，有提供贷款的机构，有提供担保的机构，还有帮助中小企业重建的机构。如日本政策金融公库是依据《株式会社日本政策金融公库法》成立的特别公司，由中小企业金融公库、国民生活金融公库、农林渔业金融公库和国际协力银行的国际金融部门等四家政策性金融机构合并而成，专门为中小企业提供长期且低息贷款，对普通金融机构开展的金融服务进行补充。商工组合中央公库是以中小企业等协同组合、中小规模企业为成员的团体，帮助其成员顺畅享受金融服务。信用保证协会是依据《信用保证协会法》成立的政策性官方机构，为中小企业提供融资债务担保，在日本全国47个都道府县都有设置。日本来自民间金融机构的中小企业贷款余额约为250万亿日元，其中信用保证协会提供担保的余额约为21万亿日元，即日本国内对中小企业贷款的10%由信用保证协会提供担保。日本政策金融公库中小企业事业部下属信用保险机构对信用保证协会发放的贷款给予再保险，即一旦借款企业无法支付本息，协会可以从保险公库获得70%至80%的再保险。此外，保险公库还会对信用保证协会提供必要的短期和长期资本贷款，充任最后贷款人，保证协会平稳运转。再生支援协议会是支援陷入困境的中小企业重建的“官方机构”，在日本全国47个都道府县也都有设置。此外，日本推动相关立法，改善中小企业融资环境。2008年全球发生金融危机之后，于2009年—2013年专门通过立法，出台实施《中小企业金融顺畅化法》，进一步有效改善中小企业融资环境。

（四）德国金融支持制造业高质量发展的具体实践

1. 德国制造业高质量发展的特点

德国制造业综合实力一直保持在世界前列，近15来年，德国制造业出口稳步增长，制造业出口占全球制造业出口的比重2000年以来一直保持在10%以上。德国企业数量占欧洲制造企业总数的10%以上，其营业额占欧盟制造业总营业额27%。制造业附加值占德国“附加价值”总额的超过五分之一，比例处于欧洲最高水平之列。越来越多的外国企业落户德国，并获益于德国完善的商业环境和超高的生产率。

据世界银行的统计数据，德国高科技出口额占制成品出口额的比例维持在12%以上；另外德国机电产品、运输设备、光学、医疗设备等产业的出口额总和占制造业出口额的比重持续高于50%。

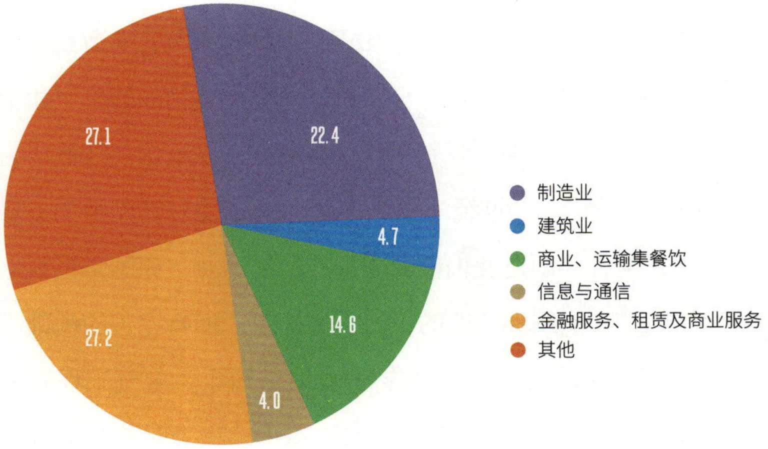

图2-12 德国2012年国内生产总值构成（%）

资料来源：德国贸易与投资促进署GTAI

(1) “德国制造”的主要特点

与各种制造模式不同的是，作为一个整体而言，“德国制造”具有以下特点。

首先，制造业是德国的支柱产业，在世界范围处于行业领先地位。在1990年之前，西德近40%的就业岗位都与制造业有关。2012年，德国制造业对国民经济的贡献是最大的。制造业的附加值占德国全行业总额的22.4%，差不多与金融服务、租赁和商业活动的比例持平，制造业在国民经济中的主导地位已自不待言。

居于世界领先的“德国制造”，不是一两个产业，而是几乎所有的制造部门，包括传统制造业、新兴能源和节能产业、绿色和环保产业。

在传统制造业中，汽车制造业被誉为德国“工业中的工业”，是欧洲最大的乘用车生产商，欧洲市场超过1/3的轿车是由德国厂商制造的，拥有最集中的OEM汽车生产车间。机器设备制造业被称为“世界工厂的制造者”，德国人把它改造成为高科技国家的发动机，先进制造业的核心领域；20世纪初期，化学制造业就几乎垄断了全球化学制品的生产和销售，使德国在这一领域处于一种“旁若无人”的境地，以致这一产业成为“德国最伟大的工业成就”。20世纪50年代以后，继续成为世界化学工业的垄断者和领先者；与化学制造业相伴而成长的是制药业，德国是世界上最大的化工产品出口国，是欧洲首选的化工投资地区，拥有完善的基础设施、研究机构和高素质劳动力，也是世界第三大生产国 。电气工程制造业跨越了3个世纪，经历了电气化、电子化和信息化这三个时代。就欧洲的半导体和显示器市场规模而言，德国的电子产业位居第一。“萨克森硅谷”区域已经成为全球五大半导体产业群之一。

在每一产业的细分部门，德国也处于世界前列。以机械设备制造业为例，在该产业所有分支领域，无论是成套设备，如机床、建筑机械和纺织机械，还是机械零部件，如轴承和变速箱等，德国企业制造的产品都处于行业领先地位，在其所在行业成为领导者。

（2）中小企业及家族企业为主的产业组织形式

据德国贸易投资署的统计数据显示，2011年，德国机械设备制造业共有6300家公司，其中87%以上的企业是中小企业，且绝大多数是家族企业，平均从业人员不超过240人，雇用了90.8万名高素质的劳动力，这就是国际社会称之为“典型德国结构”的产业结构。小而精是德国中小企业的特点，小是指企业的规模相对于大企业而言，从业人数较少；精是指产品的科技含量和单位产值较高。它们更接近用户，更富有创造力。

德国经济支柱中小型企业（SME）具有强大的创新实力，是德国的经济支柱，为推动德国出口增长起着重要作用。在德国，中小型企业占企业总数的99.6%，员工数量占德国劳动力总数的79.2%。许多中小型企业在各自领域居于世界领先水平。德国中小型企业与拜耳、巴斯夫、戴姆勒、大众和西门子等大型国际化企业共同构成德国制造业基础。

2. 德国金融支持制造业发展的主要做法与成功经验

（1）银行与企业之间形成“利益共同体”

德国的银行主导体系又称为“全能银行制”，即德国的银行采取混业经营模式，不受金融分业经营的限制，业务涵盖的范围从传统银行到证券、保险，又到衍生品和其他金融业务，再到实业投资。“全能银行制”通过“主持银行模式”，助力国家产业结构调整。所谓“主持银行模式”，是指银行能够参与到公司经营和管理过程中，大银行通过对公司持股或贷款的方式，与企业产生密切联系，并且大银行还通过向公司派遣监事等方式，对公司进行监督和指导。通过人事参与或直接或间接地影响企业融资，是德国“主持银行模式”的集中体现。一方面，银行参与公司经营决策，长期持有企业大量股票，减少交易中的逆向选择和道德风险；另一方面，银行会对出现经营危机的企业尽可能地提供帮助，帮助企业制定和追求长期发展目标，实现双赢并且避免短视行为。

（2）政策性金融支持为先进制造业提供系统性资金支持

德国科技产业创新主要由企业完成，科技企业的科研投资占全国科研总量的70%。德国的政策性金融机构为科技产业提供多种融资服务，科技研发又推动先进制造业和智能制造不断创新发展，夯实了德国制造强国的基础。目前，德国为科技企业服务的金融机构达200多家，包括德国复兴信贷银行、储蓄银行、州立银行、担保银行及合作银行等政策性金融机构，为科技企业提供信贷融资和股权融资等服务。同时，德国政府构建了以担保银行为核心的、州政府和联邦政府为支撑的多层次融资担保体系。其中，担保银行是推动小微和创业企业的主要机构，由相关工商业行业协会、储蓄银行、国民银行、私人银行、保险公司等发起设立，是介于政府与行业协会之间的公益性组织，只对储蓄银行、合作银行、商业银行等贷款银行提供担保和贷款发放业务，有效分担了银行信贷融资的风险，保证了产业发展获得信贷融资的可持续性。此外，德国政府于2005年参与设立了高科技创投基金，重点资助信息通信技术、生命科学、自动化与电子技术、清洁技术、纳米技术等重点产业领域，其投资规模占德国国内种子资本市场总量的54%。

（五）国际经验对我国金融支持制造强国建设的启示与建议

1. 美国经验对我国金融支持制造业高质量发展的启示

（1）完善政策支持机制，引导先进制造业健康发展

政策的支持和引导无疑是资金流向先进制造业的重要保障。受多方面因素的影响，抵押担保贷款依然是银行比较青睐和常用的贷款方式。一是，安排财政专项基金作为专门的先进制造业基地建设信贷补偿资金，与银行开展助保贷等业务，引导银行增加对先进制造业的贷款，提高对先进制造业企业贷款不良率的容忍度，调动银行创新支持先进制造业发展的积极性；二是，发挥担保体系在融资中的作用，在加快再担保机构发展的同时，构建与先进制造业基地建设相适应的政银担保三方合作模式，共同参与、共担风险；三是，推动设立“中国制造2025”风险补偿基金，对金融机构专项贷款损失适当给予补偿。推动地方政府设立统贷平台，创新中小企业“应急周转贷款”等融资模式，发挥开发性金融机构转贷资金的搭桥作用，确保中小企业在偿还商业贷款和续贷资金未到位期间资金链不断裂。

（2）实行差异化监管政策，激发银行金融服务动力

银行监管部门对银行的不良贷款、充足率要求，使得银行管理人员趋于谨慎。对属于先进制造业的企业或项目贷款，监管部门在银行不良贷款的分类、核销和对人员考核方面应制定差异化的政策，适度提高对先进制造业的不良贷款的容忍度。适度放宽对先进制造业贷款的风险权重，减轻资本充足率对先进制造业贷款投向的长期约束。中央银行和监管部门还可以仿效对战略性产业的信贷支持措施，通过货币政策导向效果评估等措

施，对金融机构支持先进制造业发展的状况建立考核评价机制，对优先发展先进制造业的金融机构在资本充足率、准备金收缴、贴现率水平考核等方面给予优惠政策，激发商业银行向先进制造业提供金融服务的内在动力。

（3）精准对接企业需求，创新银行金融服务模式

对于政府类投资项目，通过PPP、政府购买服务等新型融资模式，提供中长期贷款支持产业园区基础设施、标准厂房等建设。同时，积极为政府类投资项目提供融资租赁、专项建设基金等金融产品。对于成长型企业投资项目，探索运用投贷联动和投、贷、补模式，对成长型企业提供全方位支持。积极引导风险投资、产业基金等，支持创新型、成长型制造企业股权融资。对于成熟型企业投资项目，支持大型制造企业集团开展产融结合试点，支持企业跨境并购、境外投资和转型升级，支持企业做大做强。推动符合条件的“中国制造2025”企业通过银行间债券市场发行非金融企业债券，支持优质企业在主板、新三板、区域股权交易中心上市和交易。一些装备制造业企业对外投资力度明显加大，不少企业开始通过新建和并购等方式开展海外投资。对此，金融部门应在外汇管理和服务上给予更大的支持。商业银行应加快推进跨境贸易和投资人民币结算业务，积极为大型装备制造企业开拓海外市场和生产基地提供资金支持。在风险可控的前提下逐步推出更多的金融衍生工具，以满足企业规避汇率风险的需求。

比如，保险机构创新设计高端制造业保险产品，发挥风险保障作用。保险机构对接如芯片设计与制造相关的产业，特别加强对新型战略性、重大技术装备等先进制造业的沟通，深入了解，创新开发符合市场需求的、特色化的高端制造业金融保险产品，同时结合政府已开展的保险补偿试点

机制，加强“政府+保险+企业”合作模式[5]，利用财务资金杠杆作用，强化保险的风险保障功能，分担企业的风险，促进先进制造业的健康持续发展。

（4）进一步加大多层次资本市场支持，促进企业多渠道融资

先进制造业的发展应充分利用资本市场，不同发展阶段和融资需求的企业与不同层次资本市场相对应。处于成熟期的企业可通过主板市场的支持，实现进一步的技术创新；具有良好成长性的企业应主动与金融机构对接，完成股份制改造，增强建立现代企业制度的自觉性和主动性。新三板是全国性的股权交易系统，主要服务于成长初期的企业，是推动企业成长的重要平台。积极鼓励和支持符合条件的先进制造业企业在新三板挂牌交易，健全公司治理机制，规范公司财务运作。此外，先进制造业企业应根据自身发展状况，充分利用区域性股权交易市场，努力拓展融资渠道。债券市场融资也是先进制造业发展可考虑的途径，应充分调动企业债券融资、公司债券融资的积极性，针对先进制造业中的中小企业融资状况，设立市级的“中小企业发债增信资金池”为企业发债增信，提高企业发债可行性，增强企业的市场征信和融资征信。

2. 英国经验对我国金融支持制造业高质量发展的启示与建议

（1）“绿色支持”“产能过剩”和“产能短缺”再平衡，推动传统制造业改造转型

对于“高污染”制造业，要创新绿色金融产品、工具和模式，动员各类资本尤其是更多社会资本参与绿色项目建设，加快绿色产业创新升级，推动传统制造业绿色改造转型。一是，通过设立金融机构绿色金融事业部和专营机构，加强培养专业复合型人才，进一步提升绿色金融产品开发、

绿色金融商业可持续性等方面的能力和水平；二是，加大制造业绿色改造信贷产品开发力度，创新和发展能效贷款、排污权、碳排放权抵质押贷款等产品；积极发展融资租赁业务，为制造业企业节能环保设施与技术改造提供重点设备租赁服务；三是，提高制造业企业绿色直接融资比重，支持符合条件的制造业企业发行各类绿色债券和股权融资用于节能减排改造，尤其是比较长期的融资工具，解决期限错配问题；四是，不断创新丰富绿色保险产品，有效分散绿色改造升级过程中的相关风险；五是，以点带面，深化绿色金融改革试点探索，积极探索绿色金融改革创新的模式、路径、举措。

（2）运用金融科技拓宽金融服务边界

要鼓励银行业金融机构通过大数据、云计算、人工智能、区块链技术，优化信贷融资服务，为制造业企业提供数字化、智能化金融科技综合服务。要加大金融科技产品服务创新力度，加强人工智能、移动互联网、大数据、云计算等科技成果运用，加快完善小微企业、民营企业、科创企业等重点领域的信贷流程和信用评价模型，引导企业征信机构利用替代数据评估企业信用状况，降低运营管理成本，提高贷款发放效率和服务便利度，纾解企业融资难融资贵的困局，促进经济转型升级和新旧动能转换。基于海量数据处理和智能审计等技术，综合分析企业类型、财务状况、偿债能力等，降低信息不对称，加强风险侦测和预警，及时调整融资主体信用评级，防止资金流向经营状况差、清偿难度大的高风险企业，为解决脱实向虚、资金空转等问题提供决策支持。加强供应链大数据分析应用，确保借贷资金基于真实交易，通过跨界融合、搭建供应链金融服务平台、建立产业链生态等，为供应链上下游企业提供高效便捷的融资渠道，解决供应链资金配置失衡等问题，合理引导金融资源配置到制造业发展的关键领域和薄弱环节。

3. 日本经验对我国金融支持制造业高质量发展的启示与建议

（1）扩大产融结合，加强金融业支持实体的力度

日本的产融结合有着悠久的历史，大财团制度使得企业和银行有着天然联系，对促进日本战后经济发展做出了重要贡献。对于我国来说，建立企业和银行之间的良好关系，减轻信息不对称，扩大产融结合，是金融支持制造业发展的有效途径。一是，对生产企业提前支付货款，保障生产企业的财务稳定，并在生产企业购买进口机械设备或原材料时提供延期支付等金融业务；二是，对缺乏资金而又难以获得银行贷款的中小型原料批发商提供贷款和信用支持，使其在资金短缺时能够维持运营；三是，向零售商提供信贷服务，允许零售商延期付款，对产品需求者提供贷款，使其拥有购买产品的资金。

（2）解决中小企业融资难问题

中小企业是产业发展的中坚力量，必须从政策和制度等方面进行设计，从实际出发减轻中小企业的融资难问题。一是，在推动中小银行回归本源的基础上，进一步加强货币政策对中小型银行支持力度。在我国商业银行信贷呈现一定结构化的背景下，中小银行从自然属性、优势以及经验来看，都是支持民营及小微企业的重要力量。二是，扩大对商业银行不良贷款容忍度，落实尽职免责。从“宽货币”到“宽信用”分三大步骤：第一步是资金供给，第二步是放贷意愿，第三步是货币需求。受经济下行压力加大影响，民营及小微企业信用风险积聚，商业银行风险偏好降低。叠加金融严监管影响，中小银行不良贷款真实暴露，不良贷款率激增，逼近

监管红线，商业银行将更多精力放在排风险、处置不良上，更加惜贷、慎贷。未来金融政策可探索差异化监管政策，适当提高对小微企业贷款的不良率容忍度。同时对于基层信贷人员落实尽职免责，改革不良贷款考核机制，提高业务积极性。

（3）建立多层次资本市场

资本市场是为制造业发展提供融资的有效渠道，通过主板、科技板、创业板等多层次资本市场提供符合企业发展阶段的资金。未来要激活资本市场，推动科创板和注册制落地，促进更多的小微企业、创新型企业通过创业板、新三板、科创板融资，加强制度设计：一是要建立起市场化的股票发行制度，注册制要建立市场化的退市机制，建立起严格的信息披露制度，提高监管力度和事中事后监管水平；二是，改善投资者结构，提高机构投资者比重；三是，完善交易制度设计，进一步规范公司停牌行为，取消股票交易印花税；四是，完善法律体系，提升监管震慑力，显著提高违法犯罪成本。

4. 德国经验对我国金融支持制造业高质量发展的启示与建议

（1）提升商业银行服务制造业的水平和效率

全国性商业银行要积极发挥网络渠道、业务功能协同等优势，依托金融科技建立“数据化、智能化、网络化”服务新模式，为制造业企业提供综合性金融服务；借助大数据技术，实现内外部数据信息整合直联，提高金融业务流程效率；整合政府与产学研以及各类金融机构的资源，针对“双创”中小型制造业企业，构建特色化的普惠金融支持体系。地方法人金融机构要注重发挥管理半径短、经营机制灵活等优势，立足当地，服务中小企业，积极开发针对中小型制造业企业的特色化、专业化金融产品和服务。鼓励有条件的金融机构探索建立先进制造业融资事业部制，加强对信息技术、高端装备、新材料、生物医药等战略重点行业的针对性和专业化支持。

（2）要发挥政策性金融的鼓励与引导作用

充分利用政策、资金、法律等手段，综合运用减免税收、政府财政直接拨款，发挥好已有的战略性新兴产业发展基金、国家新兴产业创业投资引导基金、国家中小企业发展基金、国家科技成果转化引导基金、先进制造业产业投资基金、军民融合发展基金等各类政府引导基金，设立医药等先进制造业政策性扶持资金及科技创业投资基金等形式，加大对生物医药等制造业的政策性资金投入力度，同时充分发挥政策性资金的引导和杠杆作用，吸收并整合多方社会资本支持初创企业的培育与发展。可借鉴美国发展方式，在产业发展初期，采取政府资金支持带动社会资本的方式，与民间资本一起参与项目的建立，并加快推动研究成果转化，吸引更多企业加入，增加社会资本投入，为政府资金的逐步退出创造条件。

三

金融支持制造业的货币战略

（一）大力发展制造业金融，切实支持制造强国建设

制造业是社会经济的基础，是国计民生的重要行业，也是一个国家的核心竞争力。就像离开农业的发展就没有饭吃，没有制造业就无法进行任

何工业革命与信息革命。但是，无论是全球还是中国，制造业的发展都遇到了瓶颈，制造业投资与发展的速度出现了持续下降的态势。这与制造业自身的特点与发展规律高度相关，也与金融业发展的短期化、虚拟化与泡沫化相关。在全球格局中，美国资本把低端价值链转移到发展中国家，导致全球制造业价值链断裂；德意志银行则是通过泡沫化的金融衍生品把大量资金抽离制造业，通过大宗商品的制造业源头的自然资源的衍生品交易，把制造业推上了金融危机的风口浪尖；中国很多银行资金空转难以进入制造业。金融资本在全球范围内正逐步退出制造业，制造业投资出现持续下降的趋势。

人类社会从生产力的角度可以划分为原始社会、农业社会、工业社会、信息社会、智能社会到科学社会，每个社会阶段都会出现一种新的产业，并且这个产业就会成为价值链的高端产业，而原有的产业则会后退到价值链低端，并且金融资本会出现退出趋势。就像目前金融资本正在放弃制造业，流向信息产业等新兴产业。新兴产业之所以能对原有产业进行革命，相比而言，它具有更大的红利，这种红利会引导资源和资本向新产业转移，甚至出现大规模要素退出制造业，导致基础产业失败，引发大规模的社会与经济危机。上溯到1929年与2007年两次大危机都与金融资本“脱实向虚”和泡沫化相关。

我们经研究也发现金融能够为制造业赋能，并促进制造业长期可持续发展。所以，对于当前的制造业要作为一个基础产业和一个特殊产业来支持，就像对农业的政策性支持一样，在政府政策上优先、补贴和减免税；在金融方面，成立专门的系统与部门。我们把支持制造业的这种专门的金融体系叫作“制造业金融”。

1. 全球制造业走向衰落，投资下降，PMI指数持续不景气，制造业与制造业金融需要重新整合资源，转换发展方式，特别是在工业社会向信息社会和智能社会转型过程中，需要大力发展制造业金融，加大政策性金融对制造业的支持力度，为制造业赋能，促进制造业高质量可持续发展

从全球范围看，制造业出现了整体衰退的趋势，制造业优势较强而信息产业不发达的国家经济也出现了不同程度上的衰落。比较典型的是德国、意大利、日本等，很多名牌制造企业失败或倒闭，如西门子、通运、索尼、柯达等。一些地区走向衰落，如美国的底特律、德国的汉堡、中国的东北、天津、洛阳等地区。环顾全球，越来越多的信号表明，出口导向型制造业的衰退正在蔓延整个经济领域。2019年9月30日，日本公布的数据显示，8月日本工业产出环比下降1.2%，降幅远超市场预期，并几乎完全抵消了7月份1.3%的增长。这是日本经济及其制造业因全球贸易冲突而面临压力的最新警告信号。德国经济情况更为糟糕，就业岗位增速早已开始骤然放缓。德国9月制造业采购经理人指数（PMI）出人意料地下跌至41.4。而德国综合PMI下降了2.6，至49.1。这是近七年来的最差值，直接指向了经济衰退。即便在全球进口规模最大的美国，也面临出口制造业放缓的情况。2019年9月27日，美国商务部下属美国普查局公布的数据显示，若除去国防订单，美国8月份耐用品新订单环比下降0.6%。

与此同时，自由市场经济背景下的金融业出现了短期化、虚拟化和泡沫化的趋势。由于制造业的特殊性，大量资金逃离制造业，脱实向虚，甚至出现大量资金在金融系统内空转的现象。特别是利润丰厚的房地产行业、赚快钱的互联网行业、靠近C端的暴利行业成为资本追逐的对象。

中国的问题更加严重与特殊。自2014年以来，中国制造业投资增速持续下降。从15%以上的增速下降到5%以下，并且有进一步下降的态势。

由于中国制造业发展起步晚、速度快、规模大，有其特殊的发展规律与特点，更加需要金融业的支持。

2. 科技革命推动价值再造，传统制造业面临巨大挑战。金融业面向转型中的制造业，需要创新模式。重大科技创新和关系到国家核心竞争力制造业项目和企业需要集中力量办大事。要充分利用现代信息技术、区块链技术和智能化技术，大力发展金融科技，使科技金融成为制造业金融的主要形式。科技金融能够化解目前制造业金融的卡脖子问题，通过大数据、大平台和高科技，解决以往很多疑难杂症

一系列前沿技术将从根本上颠覆制造业体系，包括人工智能（AI）、物联网、高级机器人、自动化、可穿戴设备、3D打印。这些技术与其他新技术如何演变与发展，它们的应用速度，将决定未来的制造业形态。同时，我们正处于一个多边世界，传统强国势力仍在，新兴大国不容小视，局部地区冲突升温。此外，一些新增不稳定因素，例如全球频发的恐怖主义事件，也正在悄然改变着世界格局。

科技革命正在颠覆传统制造业，对科技成果转化为现实生产力提出了更高的要求，正在改变以往的价值模式。技术创新频率加快，这为制造业带来巨大的机会，也带来巨大的风险。传统企业与中小制造业企业面临被碾压的境地，而与之对应的金融资产风险上升。由此要求制造业金融完成三个重要的任务：一是如何推动传统制造业企业和中小制造业企业转型升级，盘活资产存量；二是如何推动产学研一体化，促进科技成果转化为现实生产力，形成特殊的为科技产业服务的金融体系；三是政府要推动形成良好的制造业金融生态，集中力量办大事，完成一些市场无法完成的工作。

德国、美国特钢行业的整合，往往都是在金融资本支持下实现的。如融资租赁可以解决设备闲置问题，兼并重组可以解决价值链再造问题，专利银行制度可以解决科技研发与转化的信息不对称问题等。传统的金融模式已经不再适合未来制造业金融。科技金融将在未来制造业方面发挥作用，4.0版的科技金融支持工业4.0，这种配合性安排是制造业与制造业金融的重要特点和规律。

科技金融1.0版

科技金融1.0版，就是科技金融对传统金融的改造，提高原有金融服务质量、效率与速度，降低金融成本，解决融资贵与融资难的问题。

科技金融2.0版

科技金融2.0版，就是金融企业与科技企业的相互外包与合作，金融信息化、智能化的速度加快，2.0版将改变金融服务形态、深度与广度，并促进实体经济与科学技术深度融合。

科技金融3.0版

科技金融3.0版，就是科技+财务，也是去中介化，将金融与实体经济融为一体。3.0版科技金融将使金融目标战略与实体经济完全一致。

科技金融4.0版

科技金融4.0版，就是去货币化，以数字经济为背景，实现租货贸易的高级别形态。困扰实体经济的金融与货币问题得到解决，金融与经济合二为一。

图 2-13 科技金融1.0→4.0版

制造业金融将从传统金融中独立出来。无论是金融产品的设计、金融机构的设立，还是金融服务流程也都将产生颠覆性变化。智能化金融技术将与智能化的机器对接，大数据的消费将与大数据的金融对接，制造业物联网将与物联网供应链金融对接，可追溯的区块链将与区块链金融对接。高度发达的信息化、自动化、智能化的制造业直接转化到金融领域，如金融机器人取代银行柜员、信贷员、研究员、风控师，将大幅度降低金融业的成本，催生一个新的体系金融制造业。目前中国人民银行研发的数字货币、脸书研发的数字货币Libra，已经推动兴起金融制造业这个新的产业。未来，制造业金融与金融制造业将互相促进，良性互动。

黑客攻击、机器替代效应、规模效率递减规律到国家冲突、价值链曲线趋向陡峭，贫富差距扩大，这些对金融业的影响日益增大，对制造业金融的风险管理提出了更高的要求，形成制造业金融风险管理体系。制造企业与金融风险管理面临新的竞争，技术的价值正在迅速取代人工价值与资本价值。甚至在某些制造业行业与金融行业，风险控制技术成为成败的唯一重要因素。银行的风控能力创造的价值会逐步超过营销价值，银行业进入技术为王的时代。

3. 制造业存在巨大的沉淀成本、创新成本、重置成本、环保成本和安全成本，使得转型与创新的风险加大，需要特殊的财政转移支付与政策性金融的支持。在金融监管方面应该有特殊的准入制度和优惠政策

制造业需要分工上的创新与企业的集团化管理，对产业金融的发展，对金融资本与产业资本的融合发展提出了新的要求。在一定程度上，国家的核心制造业需要产学研一体化、供产销一体化、科产金一体化的垄断式企业集团与跨国企业集团，具有强大的研发能力、定价能力与风险管理能力。在全球范围内，制造业衰退与制造企业过于分散，将与无法承担一系列机会成本有关。

沈阳机床案例对于制造业的这些成本具有典型意义，从中可以分析当前制造业的一些重要特点与规律。

沈阳机床2011年排名世界第一、我国机床行业最顶尖代表之一的“机床巨头”，正因破产重整陷入退市危机。出现这样的局面，有机床行业的现状、市场的变化、企业自身管理等多方面的原因。仅就沈阳机床的研发来说，曾经i5智能控制系统震惊业界。然而，自2012年起，沈阳机床开始从世界第一的高度以断崖式的速度向下坠落。i5业务的发展却很快，三年之间，销量从几百台到几千台直至2018年的18000台。与此同时，沈阳机床的负债率达到了9成。

2019年8月18日，沈阳机床集团（以下简称“沈机集团”）控股子公司沈阳机床股份有限公司（以下简称“沈阳机床”，000410.SZ）发布公告称，已被法院裁定受理破产重整。9月5日，中国通用技术（集团）控股有限责任公司（以下简称“中国通用”）拟作为意向战略投资者，参与沈机集团及其下属八家公司重整。根据协议，沈机集团和沈阳机床将接受中国通用提供的共益债借款2.2亿元和2.8亿元。加上沈阳市财政上半年已经拨付的3亿元资金（由沈阳国资委注资进盛京资产），换言之，这场驰援我国最大机床企业的“续命金”已增至8亿元。

沈阳机床的破产重整有其个性化原因，也和行业整体不景气密切相关。近几年来，国内机床行业一直处于下行趋势，市场需求低迷，竞争不断加剧，大部分机床企业的发展，因此陷入停滞，甚至面临生存危机。i5曾经风靡一时，但真正为沈阳机床创造了多少效益、为沈阳机床发展注入了多少动能？从最终结果来看一目了然。智能制造不是讲概念、不是玩大跳跃，应真正找到切合企业自身的智能制造升级发展之路。

曾经的中国机床龙头，缘何业绩持续低迷？债台高筑之下，又因何走向破产边缘？沈阳机床破产重整，不仅是当前国内大部分机床企业现状的镜像，更是中国整个机床行业大环境的缩影。

由于资不抵债，净利断崖式下跌，沈阳机床共计向中国银行、盛京银行、朝阳银行借款18.3亿元，截至其与各家银行约定的还款时间，沈阳机床股份有限公司共有9.25亿元逾期金额未偿还，逾期债务类型包括借款利息和借款本金。债务逾期难题露出水面，紧随的是一系列诉讼缠身。2019年仅7月、8月两个月，沈阳机床因债务逾期涉及的诉讼就高达4起。事实上，沈阳机床债务问题早有端倪。根据2019年5月底深交所向公司发出的2018年年报问询函，至2018年年底，沈阳机床货币资金余额总计35.09亿元，其中34.77亿元资金受限（包括被冻结的银行存款504.62万元）。2018年年末净资产为0.67亿元，资产负债率达99.26%。2019年，这一情况持续恶化。第一季度沈阳机床净资产为-5.10亿元，第二季度这一数据已降至-14.66亿元，较上年同期暴跌2278.51%。

沈阳机床金融债务严重，资产负债率持续处于高位，每年的利息费用消耗了企业大量流动资金。2018年，沈阳机床财务费用高达8.6亿元，占营业收入的17%。庞大的利息支出使得公司流动资金十分紧张，加之金融政策日趋收紧，行业企业普遍借贷困难，沈阳机床生产资金投入严重下滑。

债台高筑仅是沈阳机床诸多问题的冰山一角。连续7年的净利下滑和持续亏损，以及机床行业的不断萎缩，正将这家被誉为“中国机床摇篮”的明星企业，推向破产的边缘。中国工业报记者梳理发现，自2012年起，该企业业绩颓势已经显现，从扣非净利来看，沈阳机床已连续亏损7年。

2012年—2018年年报显示，沈阳机床扣非净利润和经营性现金流已连续7年为负。其中，7年的扣非净利润分别为-7.74亿元、-10.74亿元、-14.32亿元、-6.79亿元、-0.64亿元、-0.77亿元、-0.18亿元，经营活动产生的现金流量净额分别为-0.57亿元、-11.23亿元、-19.36亿元、-28.61亿元、

-16.43亿元、-13.44亿元、-12.75亿元。截至目前，亏损仍在持续。来自沈阳机床的财务数据显示，2019年一季度，沈阳机床净利润亏损4.5亿元，较上年同期暴跌3646.89%；二季度，净利润亏损14.10亿元，比上年同期暴跌5685.01%。换言之，沈阳机床已资不抵债。押宝i5后，它的销量与负债齐飞，然而，创新与突破，并未给沈阳机床全面转型打开局面。

对于业绩大幅下滑原因，除受外部市场环境不利影响外，公司持续面临资金紧张、生产投入严重不足的局面，大量机床订单延期交付。与此同时，因交货延迟，代理商及潜在直接客户的新合同签订意愿严重不足，致使营业收入规模受到严重影响。受累子公司欠账及回款难，也是沈阳机床进入困境的重要因素。华屹公司和金鼎公司成立于2018年3月，与沈阳机床一同同为控股股东沈机集团旗下子公司。在两家企业运营期间，形成大量欠款。企业清收回款速度放缓，期后回款不甚理想。究其原因，是沈阳机床的经营机制对其发展造成了一定影响，其中包括i5的销售模式。

资料显示，2007年，沈阳机床开起i5运动控制核心技术研发，并在5年后取得阶段性进展。从2007年至2017年，仅研发费用就投入了11.5亿元。2017年11月7日，在上海工博会上，沈阳机床正式发布i5OS智能平台。

i5智能控制系统的问世，震惊业界，引领机床行业踏上了工业互联网快车道。更有当地媒体声称，它定义了世界工业未来。然而，具有讽刺意味的是，恰恰是自2012年起，沈阳机床开始从世界第一的高度以断崖式的速度向下坠落。为摆脱业绩困境，自2010年6月起，沈阳机床几乎每年都会发布《债务豁免公告》。沈阳机床不仅被其供应商豁免了一部分债务，就连客户欠它的钱也被它自己打了个折。2017年12月14日晚间，沈阳机床发布债务豁免通知，公司下属分、子公司与361家供应商签署豁免协议。供应商同意按一定比例豁免债务。换言之，彼时沈阳机床涉及拖欠供应商贷款合计4.72亿元，在债务减免1.34亿元后，只需偿还3.38亿元。

国内机床消费与生产的结构性矛盾突出，我国机床企业“大而不强”主要体现在两大方面：一方面，是缺乏核心竞争力，大部分企业技术创新投入不足，研发投入占营业收入比重一般在5%以下，自主创新能力较弱，导致国产机床在技术性能、质量、交货期和服务等方面与国外知名品牌相比存在较大的差距；另一方面，是同质化竞争严重，在高端市场竞争能力普遍缺失的情况下，国内机床企业集中在中低端市场厮杀、倾轧。

从沈阳机床的案例中，结合国内相当一部分企业的情况，对于制造业和制造业金融，具有以下特点和规律：

（1）制造业企业具有别的行业所没有的特殊的创新成本，从新产品的研发到转化，风险高于其他行业，特别是国际顶尖技术的攻关，如果没有特殊的金融支持，仅仅依靠市场金融，难度大，可能会使企业走向失败。

上述案例中的沈阳机床，由于i5智能制造投入大，见效慢，再加上国内宏观环境变化，形成了巨大风险。此时，政府或者特殊金融部门（如政策性金融、风投、政府财政）应当有可持续的支持。特别是沈阳机床已经是全球第一，属于国家战略性企业，这种企业应当制定一企一策的金融支持方案，促进其创新的可持续性。而不是如案例中所说的银行诉诸法庭和退市。

（2）大型制造企业与国家关键技术企业面临巨大的沉淀成本，当全球技术变革时面临的技术重置成本巨大。在这种情况下，市场化金融企业会选择退出。所以，在技术研发与成果转化上，对于国内众多企业具有外

部性，在产学研一体化和科技开发方面应当形成体系，这种体系具有公共物品属性，其资金来源与成本应当由国家开发性金融来解决，并且应该有一定的政府补贴。

中国国家开发银行应当成立相应部门，支持像沈阳机床这种全球战略性企业的尖端产品研发与生产。在过去几十年中，国开行把重心放在地方公共设施与土地储备方面。在未来应该形成金融组合拳与风险防火墙，确保全球战略性企业的创新与发展。在必要情况下，国家应当成立专门制造业金融机构，支持国家关键技术企业的发展。如专利银行、科技银行、制造业银行、制造业基金、资本市场设立制造业板和制造业绿色通道。

（3）从全球来看，金融资本在自由市场机制下，流向短平快的暴利企业，对于中长期的创新项目会选择退出或者是为了规避巨大沉淀成本与快速技术替代成本的投资风险。这可能也是全球金融资本退出制造业的重要原因。

核心制造业船大难掉头，一旦在全球领域内同行业发生技术创新，巨大的投资可能作废，必须使企业长期在某一领域保持领先，一旦技术工艺被超越，在现代大规模生产和全球化竞争的背景下，企业失败的可能性加大，失败的速度也加快。国际上很多百年老牌制造业公司近来出现倒闭潮，表明制造业发展出现了新的特点与风险。所以，金融要加大力度支持企业建立研究所和实验室，设计企业研发投入的可持续发展的金融政策，甚至可以允许大型制造企业建立科技银行和专利银行。国家成立专门的制造业研发基金，在税收政策上对企业的研发投入减免所得税。

（4）全球气候变化增加制造业的环保成本，很多地区和国家选择退二进三。所以，金融政策与财政政策应当采取特殊措施进行应对，政府应

当对企业新增的环保投资给予支持，通过环境指数和碳排放量交易对企业的环保投入及时补偿。

特朗普的贸易战加剧了全球制造业的不确定性，英国脱欧加剧了欧洲局势动荡与金融风险。显然，这种系统性风险需要在全球层面和国家层面制定制造业金融政策。如果没有国家政策的维稳和全球性的协调机制，全球制造业可能会进一步走向衰退。在国家制造业金融政策方面，面临监管准入制度的改进，可以考虑三种方案：一是由原有的政策性金融中独立出制造业金融事业部；二是国家专门成立政策性制造业银行；三是允许大型制造企业产融结合，成立和发展制造业金融服务集团。

4. 制造业具有更加严重的信息不对称问题，存在劣币驱逐良币现象。特别是中小制造业企业融资难融资贵问题更加突出。在这个方面需要政府有关部门出面和出资，研究和开发制造业金融大数据平台，平台聚合制造业企业、金融企业和政府服务，建立专门的制造业征信机构，建立全方位的制造业金融服务信息系统与公示系统

制造业企业由于距离消费市场较远，更多关注技术开发和产品工艺，存在较为严重的逆向选择、搭便车和道德风险问题。

天同律师事务所在其向递交国务院国资委“融资性贸易的法律风险防控”的专题报告中曾经描述中国制造业金融中的道德风险问题：“2012年，上海爆发了上千起重复质押、空单质押等钢贸融资违约案件，2014年，青岛港曝出铜、铝融资仓单重复质押事件，青岛的18家中资商业银行集体卷入其中，该案主角德诚矿业及其关联公司骗贷金额就超过160亿元。融资性贸易的大多数交易模型兴盛于钢贸行业，最终又因为虚假仓单质押、重复质押等问题，沉重地打击了钢贸行业。这其中固然有不可抗拒的市场规律，但更应当引发企业法务工作者警惕的是，曾经在钢贸行业中被普遍利用的仓单质押、保兑仓等各类交易模式如今也正在其他大宗商品交易领域泛滥，其风险问题不可谓不严峻……”

中国蓄电池行业是逆向选择、劣币驱除良币问题的典型案例。蓄电池的极板生产是国家环保整治的重点之一。一些“三无”企业缺乏相应的环保投入和环保设施，加之极板加工设备落后、工艺粗糙，极板加工费每吨仅需3000元，远低于正常成本，而这些极板大多流入非法的地下工厂，经组装后的蓄电池大量流入市场。同时，由于大部分地下非法蓄电池生产企业不提供票据，也无环保和社保费用，总体生产成本更低廉，其产品的价格也远低于正常的市场价格。然而，对普通消费者而言，仅从蓄电池标识上很难看出产品是否合法，往往会被动接受零售商建议，购买非法厂家产品，形成安全隐患。非法蓄电池地下工厂的“死灰复燃”，不仅严重冲击了正常的市场秩序，也加大了环境污染风险。与之形成强烈反差的是，环保和技改投入大的正规蓄电池企业却备感压力。以天能集团为例，累计投入10多亿元，用于环保设备更新和技术革新，开展机器换人，提升装备、改进工艺，不断提高单位面积的人均产出率，又投入1.1亿元对装配车间进行装备技改，还投资18亿元建设循环经济产业园，采用全球最先进的再生技术对废旧铅蓄电池进行规模化、无害化回收处理，每年可处理15万吨废旧铅蓄电池。像天能集团这样的上市企业，严格按国家相关的标准和要求规范生产，大力实施节能减排，正常上缴国家税收、缴纳职工社保，运营费用相对较高，其产品价格要高于非法“地下工厂”的15%～20%，在市场竞争中无疑会处于被动地位。

制造业集群缺乏技术创新，有导致长期锁定在产业链低端的倾向，有严重的搭便车问题。缺乏技术创新是制约我国制造业集群升级的关键性问题。以浙江为例，从2000年—2004年，集群经济总产值增量约9830亿元，真正源于新技术新产品的产值约889亿元。产业集群中规模以上制造业企业的研发支出占销售收入的比重仅为0.45%，低于全国制造业规模以上企业的0.61%和发达国家3%的水平，80%的民营企业没有新产品开发能力，57.52%的企业没有投入科研经费，仅18.10%的企业拥有自主的知识产权产品。制造业的巨额投资主要是用于扩大再生产，新产品的技术大多采取“拿来主义”的模仿手段，创新中的“搭便车”行为严重。同时，技术进步的“外资依赖路径”明显，从而导致集群产品结构趋同、技术档次较低、企业创新动力不足。这种缺乏核心技术、缺少自有品牌、在产业价值链条上“中间大、两头小”的制造业集群，如果不加快“研发、设计和营销”等环节的发展，则有导致集群长期锁定在全球产业链低端的倾向。

信息不对称问题存在的道德风险、逆向选择与搭便车问题，在制造行业特别严重。这些问题是制造业融资方面的重要障碍。因此，在全球范围内都出现了金融退出制造业的趋势。

制造业金融不同于其他金融领域就是如何在防止信息不对称方面应当有特殊的制造业金融的风险防范体系。现代信息技术的发展为制造业风险管理提供了系统的制度安排。一是充分利用大数据技术、区块链技术、智能化技术防范制造业金融中的道德风险、逆向选择和搭便车问题。二是发展科技金融，实现供应链金融＋区块链的模式，对制造业进行产品全程追溯和识别，对库存、应收款等要运用物联网、传感器等技术加强适时风控。三是金融机构利用现代信息技术，建立智能化、生态化的风控系统，全方位提高制造业金融的风险管理技术，建立现代化、信息化、智能化、生态化、专业化的制造业金融风险管理的理论体系和技术体系。只有安全的风控体系，才能为制造业提供更多、更好、更便宜的融资。

5. 制造业处于价值链低端，需要发展融资租赁，创新专利金融，整合供应链与产业链金融，放开制造业与金融业的有机结合，允许大型制造业企业建立与创新制造业金融控股公司与平台等金融牌照。根据国际上发达国家的经验，允许大型制造业企业拥有自身的制造业金融机构并创新金融产品，甚至把制造业的产品与金融产品结合，转化为价值链高端金融科技产品，才能使制造业企业走向价值链高端，实现可持续发展

制造业存在严重的产业、金融与科技相互脱离的三张皮现象，金融服务能力不足，深度与广度不够。特别是在科技成果转化方面、知识产权保护方面、产学研结合方面，缺少深入细致的机构与产品设计。

科技成果转化率低的问题破解，必定会在市场经济体制完善过程中逐渐得到完成。因为随着市场化程度的提高，科技成果转化率提高的障碍和难度会越来越小，市场机制推动科技成果转化的动力会越来越大。但市场化是个渐进成熟的过程，而提高科技转化率又是急迫的问题，作为政府部门有所作为的现实选择还是从制度层面来突破。

政府政策层面。坚持问题导向，将破除科技成果转移转化的体制机制障碍作为着力点，注重政策的部门协调。加快建立“政府财政科技投入+担保贴息+产权质押+股权融资+风险投资+保险”的科技金融体系，引导更多的社会资本对科技创新和科技成果转化的支持。加快深化科技人才评价机制改革。根据行业、产业特色形成多层次或更精细化的职称评聘标准，由科研人员选择参评，改变片面追求论文论著数量的单一职称评定办法，营造大众创业万众创新的社会氛围。

科技主管部门工作层面。在科研机构和高校职务科技成果等无形资产的处置和收益权、股权和分红激励、技术转移机构和技术转移服务、产权交易市场制度等方面制定操作性强和具体的激励政策；要将技术市场，技术转移机构和科技服务机构建设、鼓励科技人员兴办领办科技型中小微企业和科技成果入股，促进科技成果的资本化、产业化作为科技体制改革的主要任务来设计和推进。在转变管理职能，深化科技计划、项目和经费改革的进程中，对科研项目的立项和顶层设计，应以企业需求为主导，以推进科技成果转移转化为核心。

科研院所和高校主管部门工作层面。通过建立考核机制，引导科研院所和高校的应用科研瞄准国内外市场需要，主动走向市场，科研项目从选题的立项到成果转化必须紧密围绕产业发展，尤其是与新兴产业的发展紧密结合。通过建立分类考核机制，引导科研院所和高校人员在教学、科研、转化方面有所侧重，鼓励交叉，允许将企业委托项目作为科研业绩列入考评指标范围。

企业主管部门工作层面。策应创新驱动战略，关键在于推动企业成为创新体系的主体。加大国有企业科技投入与转化考核指标权重，对班子特别是主要负责人的考核由过去单一利润考核向利润和科技投入与转化效益的考核并重。加快科技型中小微企业创新环境的建设，增加有影响力的科技型中小微企业科技人员、管理人员在财政科技投入项目的立项、评审、评优的比例。鼓励建立科技型中小微企业投入为主、财政投入为辅的科技成果转化风险基金。

6. 制造业由于对技术人才、工艺人才和研发人员的特殊需求，其分配体制不同于其他企业，应当在分配制度，员工持股、通证制度上进行创

新，建立具有制造业金融特点的多层次制造业资本市场，特别是在基金、上市、兼并重组、收购等方面研究系统机制与体系，放开准入并给予政府补助和财税减免

《人民日报》对三省六市100家企业的问卷调查结果显示，制造业吸引人才正面临“三难”。高达 73.08% 的企业认为，目前企业迈向高质量发展的过程中最主要困难就是“技术人才缺乏”。“央企招一个博士生能给出的年薪大概二三十万元，而民营企业年薪能给到四五十万元”。“想挣钱的都奔房地产、金融去了，奔制造业的少”，“一流的设计师、研发人才去高校，二流的去设计公司，三流的才来制造业企业”，“懂机器的不懂软件，懂软件的又不懂机器，人才太少”。

近年来，许多新兴行业的迅速崛起，再加上传统行业经济下滑，使得不少制造业的企业进入了低潮，人才流失严重。人才是科技企业的核心竞争力，企业要想拥有较强的核心竞争力，想要在市场中脱颖而出，关键取决于是否拥有足够的核心技术人才。

制造业金融应当具备支持制造业吸引和培养一流的人才，为制造业人才机制赋能。一是在多层次市场制度中，支持技术人员持股计划与知识产权的持股计划。二是政策层面对制造业人才实施所得税减免政策，支持制造业建立大工匠制度，培养企业家的创新精神。三是结合近期的区块链技术的发展，推动通证制在企业管理中的应用与通证（token：一种投资人、员工与客户分配制度的有价权证。）的交易所市场的发展。四是大力支持个人创新创业，促进风险投资的发展。五是大力发展为科技服务的金融体系，设立专利银行制度，支持知识产权融资和数字资产的资本化与可交易。制造业作为国计民生的基础与国家竞争力的核心，应当享有农村金融与农业享有的税收减免政策，建立制造业金融体系、制度与政策，使制造业金融成为一个专门的学科、专门的金融服务，设置专门制造业金融机构，允许制造业企业成立专门服务于自身的金融企业和金融控股公司。必须准确定义制造业科技金融体系与为科技发展服务的金融体系。支持建设为科学技术服务和科技成果转化服务的金融体系，支持应用现代信息技术、智能化技术打造为制造业提供赋能、增效、减负、融资、支付、价值管理的科技金融平台和聚合生态系统。

7. 政府采购是制造业与制造业金融发展的重要途径。制造业具有生产周期长，资金回笼慢，时效性强，容易形成产能过剩的特点，要求制造业金融特殊的期限结构和金融产品；政府应强化全国的信息管理与发布机制，防止一刀切和一阵风摊大饼上项目的运动式发展

美国利用政府采购成功地扶持了计算机、半导体和集成电路等高技术产业，其政府采购促进技术创新的成功经验值得我国借鉴。美国联邦政府采购将会优先考虑本国的产品。美国联邦政府每年要采购约3500亿美元的产品和服务，其中绝大部分是本国产品。美国在政府采购领域优先扶持本国工业的习惯由来已久，早在1875年就有法律规定在公共项目中要“偏向使用美国材料”。20世纪30年代，始于美国的经济大萧条席卷世界，各国纷纷采取拿来主义政策，在这种环境下，为了保护国内工业和建筑业、刺激，《购买美国产品法》于1933年3月出台，明确规定联邦政府采购必须优先购买本国产品。70多年来，该法律经过了几次修正和补充，但实质精神从未变更，短期内也不太可能有重大变更。根据《购买美国产品法》的现行规定，联邦政府机构在采购供最终使用的产品时，必须购买美国产品，即同时符合下述两个条件的产品：产品在美国生产；美国零部件成本占产品总成本的50%以上。该法律还有一个关于建筑材料的特别条款，规定美国公共建筑或公共工程的建造、改造和维修都必须使用本国建筑材料。由于制定该法律的目的是促进本国的生产和就业，它对美国产品的界定是采取地域而非企业所属国家的方式，美国企业在海外生产的产品不符合要求。

国家发展和改革委员会主任何立峰曾透露，2019年，中国将大力推动制造业高质量发展，实施一批制造业技术改造和转型升级重大工程，加大政策支持力度，切实引导和支持土地、金融、创新、人才等要素向传统产业改造提升集聚，促进传统产业向数字化、网络化、智能化升级。他表示，2019年，中国将大力支持关键核心技术攻坚，推动新一代人工智能创新发展。中国还将适度超前布局建设重大科技基础设施，进一步完善支持首台（套）示范应用的招投标、政府采购等政策措施。

8. 中国制造业在国企与民企之间信用不对称，存在较为严重的银行与国企之间的关系型融资，监管机构与相关的金融法规、管理办法对民营企业有歧视政策。制造业金融应当通过价值链支持企业改制，支持制造业改革开放。通过资本市场，支持兼并重组，盘活资产存量，通过资金把高端生产力输入中小制造业企业和民营企业

一个典型的案例就是中国的特钢行业。特钢，就是在钢材里添加镍、铝等特殊化学成分，使其比普通钢材具有更高的强度和韧性等，广泛应用在航空、核电等高端产业领域。而兴起于“三线建设”时期的江油市，则是中国四大特钢产业基地之一，2016年，江油特钢实现产值约200亿元，约占全市GDP的半壁江山。虽然位于钢材产业的高端位置，但江油特钢企业近年来却略显尴尬：虽饿不死，但又无力发展。据了解，全市共有30

多家企业，其中发展得不错的六合锻造利润率约10%，而其他企业大部分规模不大，利润率更低。这种格局与特钢的特点有一定关系。普通钢材品种较少，而需求量很大，适用于大规模的工业生产。而特钢品种繁多，添加不同的元素、制成不同的尺寸，都是一个新品种，且往往是小批量定制，天然就难以形成巨头企业。一些企业拥有投资上千万元的先进设备，在没有生产订单时，就会形成巨大浪费；以每年一次的法兰克福国际材料展为例，因为产品线有限，小企业支付几十万元的参展费用不划算；定制的特钢产品往往订单量不大，像航空使用的特钢产品，有时一笔订单不过几百公斤，而炼一炉至少有20吨。订单之外的产品只能降价出售或闲置。

我们调研发现，江油特钢产业在早期的国有企业改造时的私有化过程就犯了严重的错误。这种错误在全国案例很多，如东北制造业大部分进行民营化形成东三省经济的塌陷，河南三门峡市大型金矿企业改制后倒闭。在20世纪，中国的国有企业的运动式改革的民营化私有化对中国制造业影响巨大。可以说，整个的上海制造就是毁于这种完全私有化改造之中。另一个典型案例就是山东省的青岛市，基本上保留了原有的国有工业体系，然后进行科学治理体系的重建，进行股份制改造，反而取得了巨大的成功。如青岛海尔、青岛海信、青岛啤酒。这一点对中国的社会制度改革亦有重要的借鉴意义。这种改革成本甚至可以追溯到农村改革中，包产到户随着农业机械化与现代化的推进出现明显不适。

制造业有着特殊的发展规律，制造业随着大工业、大机器、高科技、大平台时代的到来，明显不同于原有的手工作坊模式。加上中国民营企业家原本缺少资本、技术与管理知识积累，金融进入风险大，形成了长期的民营企业融资难、融资贵的问题。中国制造业改革应当建立一个适应科技革命与现代化大生产的科学治理体系，这种体系包括股份制和通证制。这种体系的形成需要金融业的特殊支持。

（二）加快建立现代货币政策治理体系

2020年，中国经济最重要的任务是坚决贯彻落实党的十九届四中全会精神，敢于创新、勇于创新、善于创新，把制度变革作为突破口，创新理论、创新制度、创新政策、创新技术，充分利用“科技革命”这一重要的百年转折的契机，推动制度变革特别是政治制度的变革，深化改革开放，逐步实现国家经济金融治理体系与治理能力现代化。

在货币金融政策方面，要进一步执行中央经济工作会议精神，实施积极的财政政策与稳健的货币政策，推动结构性供给侧改革。创新金融制度，把充分就业作为货币政策最重要的目标，用现代信息技术、大数据技术、区块链技术、智能化技术武装货币政策，实现货币政策体系建设“弯道超车”，学会在数字经济、信息社会的背景下，创新货币政策理论与技术，以科技革命为契机，用人的价值作为单变量生产函数，求解货币政策目标，建立和完善数字化、智能化、动态化、精准化的宏观调控体系，建立现代货币政策治理体系。

1. 中国经济金融的系统性风险及其深层次原因

中国经济下行压力加大以及体制性、结构性方面的问题，需要引起重视。具体来看，消费增速持续下滑，进出口增速大幅下降，虽然房地产开发投资保持坚韧，基建投资有所回升，但受民营经济为主体的制造业投资增速大幅下滑影响，总投资增速有所回落。服务业的比重持续上升，但整体上仍面临效率不高、市场化程度不足等问题，一定程度上延滞了经济结构和体制的转型。劳动力市场持续疲软，居民收入水平增速下降。总和生育率下降，老龄化问题严重，人口结构性问题亟待解决。受以猪肉为代表的食品价格快速上升等因素影响，CPI同比增速不断上升，但受需求和国际大宗商品价格等因素影响，PPI同比增速自2019年7月以来持续为负，CPI和PPI剪刀差不断扩大。

尽管一些新经济行业增速较快，但其在国民经济中的比重还不高，对冲传统经济增速下滑的作用有限。

从内部来看，防范化解金融风险依然是重中之重。家庭部门杠杆率不断增加，严重制约了家庭消费潜力的释放，增加了金融风险。受总需求不足的影响，企业经营困难进一步加大，不得不被动加杠杆。重要的是，家庭和企业部门之间相互加强的反馈作用，使得不论是家庭杠杆率的下降还是僵尸企业的出清都变得愈加困难。为了保就业，地方政府对企业的补贴虽然会起到一些效果，但仍难以扭转企业经营问题对家庭部门的负面影响。与此同时，随着经济环境不确定性的增加及地方政府债务违约风险的上升，须警惕金融系统内部风险与之相互叠加，引起金融再次“脱实向虚”，服务实体经济的能力下降。

从外部来看，中美贸易摩擦持续以及贸易环境的紧缩将继续拖累进出口增速，同时全球增长放缓也导致外部需求放缓，这将进一步拖累进出口增速。尽管人民币汇率2019年11月以来在合理区间小幅震荡，但人民币长期贬值压力仍不可忽视。

2. 实现中国经济金融治理体系和治理能力现代化

党的十九届四中全会提出了实现国家治理体系与治理能力现代化的决定，这一决定切中时弊，为我们解决当前经济金融中的一系列问题创造了重要条件，指明了正确的方向。

习近平总书记指出，创新是引领发展的第一动力，为我国经济高质量发展提供了重要的理论支撑。2020年，中国经济发展创新性地发展马克思主义思想，结合中国实践，以科技革命为契机，集中全中国人民的智慧，以5000年中华文明为基石，创新伟大的思想与理论，并使这一思想和理论与全球的价值观相统一、相融合，并且成为全球发展思想和理论的标杆。未来的国家竞争主要是思想与技术的竞争。中国有5000年的文明史，这是中国的优势。充分研究和运用这一优势，海纳百川，吸收全球优秀的文化与技术，创新社会制度。

科技革命包括信息化革命、智能化革命、价值革命、科学技术革命，必将引起社会革命。本轮科技革命是百年未有之大变局，是人类的第三次文明，第一次文明是原始社会，第二次文明是阶级社会，第三次文明是科学社会。目前，全球正在从第二次文明向第三次文明过渡，这为中国实现与全球文明的对接，实现理论与思想的转型创造了条件。习近平主席在G20大阪企业家高峰论坛上指出，人类社会经历了原始社会、农业社会、工业社会、信息社会、智能社会。从生产力层面深刻论述了人类历史的发展方向，提出了全新的历史观，这也突破了阶级划分社会的标准。

中国的经济金融问题已经触碰了改革开放的“硬骨头”，到了“遇山开路，遇水架桥”的关键时期，很多矛盾需要用新的理论、新的思想、新的制度来解决。

（1）解决当前国际国内各种经济金融问题的突破口

一是，以马克思劳动价值理论为基础，创新价值理论。解决简单劳动与复杂劳动难以计量的“马克思难题”，利用科技革命带来的大数据技术和区块链技术，精准计量与核算人的价值；把人的价值作为经济体的主变量，确立以人民为中心的价值观，把经济活动转化为发现人的价值，管理人的价值，创造人的价值，把人的价值最大化作为经济发展的目标。

二是，以科技革命为契机，推动第二次文明（阶级社会）向第三次文明（科学社会）转变。关键是要大力发展数字经济，实现商品经济时代向数字经济时代的转变，推动阶级社会向科学社会的转变。利用区块链技术，发展通证经济，实现生产资料数字化，数字分配通证化，实现经济成果由资本（人的存量价值）、劳动（人的流量价值）、客户（人的信息数字价值）共同参与分配的通证经济制度。一旦经济红利由员工参与多元分配，阶级剥削问题就会迎刃而解，生产关系就实现了质的飞跃。这种制度既具有社会主义性质，又实现公平有效的现代化治理体系，是对资本制度的否定与超越，但又同时具有全球性的普世价值观。

三是，把人的价值作为价值函数的主变量以后，大力发展以数字经济为基础的人的价值管理体系，并推广至全球。实行严格的准入制度和科学的监管体系，鼓励科技型央企、大型的高水平科技企业在全球发展以区块链+人的价值为基础的数字货币。以个人的时间使用权为质押，以市场化定价为依据，全面推动人的价值的提高，一旦中国人的平均价值等于美国人的平均价值，中国的经济总量将是美国的3倍～4倍。所以，全球经济竞争的核心是人的价值竞争。中国经济发展的真正动力是人民。

（2）建立超市场的市场经济，实现资源配置方式“弯道超车”

中国之所以能崛起，是因为中国特色市场经济的特殊性。这种特殊性归纳起来就是“超市场的市场经济”。

一是，市场。这种经济制度是市场经济，遵循价值规律，发挥市场对资源配置的基础性作用。

二是，信息技术+市场。充分发挥信息技术在市场中的作用，实现市场功能建设的“弯道超车”。市场的重要功能在于发现信息与价格，互联网的快速发展，使市场的自发功能被互联网机制超越。科技革命能够引发社会制度变革，中国正在践行这种变革。目前，区块链、物联网、人工智能、大数据等在中国政府部门的应用意义重大。这种科技革命可能会从根本上解决中国的制度问题，使得中国自然演进到科学社会。

三是，有效政府+市场。充分发挥政府+市场的合力作用，弥补市场机制的不足。市场有与生俱来的局限性，这种局限性表现为：信息不充分、不对称、机会价值、效用失真、有效需求失衡、交易成本等。这些局限性是各种危机的根源，也是市场失灵的原因。所以，市场经济这种机制就需要公信力的政府来弥补市场机制的不足。但政府的调节机制必须是科学的、有效的，在很多时候，政府也是失灵的。所以，中国应当充分把握世界科技革命的大势，推动政府科学化水平，使得政府的大部分职能通过人工智能、大数据、云计算、区块链等技术的有效运用来实现。改变现有的金字塔式行政层级体制，裁撤人员，将政府职能以信息化的方式外包给有实力的科技公司和信息公司。推动区块链技术在社会治理方面的应用，充分发挥区块链在信任机制、共识机制、共享机制方面的重要作用，逐步形成科学自主的社会治理体系。政府职能的科学化、信息化转化，将减少传统上很多政府职能的人为操作空间，使得政府职能更加公开化、透明化，降低腐败滋生的空间，更好地为人民服务。完全自由的市场经济不能解决中国的问题，不适应中国国情。在自由市场经济体制下，全球价值链治理的严重缺陷就是两极分化，使得全球价值链的价值资源配置越来越趋向高端。与之相对应的是，全球货币制度安排、贸易制度安排、政治制度安排。个别大国垄断世界资源，人为制造国别价值差异，阻碍了全球价值的自由流动。我们可以看到的是，在这一制度下，南美洲的国家（如巴西、阿根廷、委内瑞拉等），原来的殖民地国家（如印度和非洲国家），后来通过改革实现自由市场经济的国家（如俄罗斯、东欧国家等），经济发展每况愈下。

四是，央企（国企）+市场经济。央企与国企是政府管理经济、弥补市场局限性、客服市场失灵的重要工具。中国的央企与国企（以下统称国企），有着更为重要的历史使命。它既是中国防范危机的保障，也是中国参与全球价值链的核心竞争力。中国由于历史原因，在全球价值链的建设上面临人口众多、差异性大、发展相对落后等诸多问题。要想超常规地加快价值链的修复、维护与发展，需要国有企业形式的特殊价值链。国企的目标函数与民企不同。国企在时间上追求可持续发展，在空间上追求市场、社会、自然的协调发展，区域性均衡发展，人的均衡发展，城乡均衡发展，全球均衡发展。但是，国有企业制度也存在诸多问题。因此，要求我们必须建立科学的国有企业管理体系，这就需要创新管理体制机制。一方面，推动国企的信息化、智能化管理，充分运用新一代信息技术，可以试点合伙制管理与通证管理，把区块链技术引入国企改革，使得国有企业管理制度透明化；另一方面，把国企管理与个人价值管理结合起来，建立科学的价值配置模型。国有企业形式是一种特殊的价值链，在这个体系中，如何发现人的价值、实现人的价值、管理人的价值，实现价值的最大化，具有特殊的规律，也遵循科学价值理论的一般规律。

中国超市场的市场经济体系是中国奇迹的重要原因。特别是在目前日趋激烈的全球竞争下，正确认识和总结这种经济制度，具有重要的理论和现实意义。

（3）实施信息化、扁平化、智能化、科学化组织管理与现代化治理

习近平总书记多次指出，当代中国的伟大社会变革，不是简单延续我国历史文化的母版，不是简单套用马克思主义经典作家设想的模板，不是其他国家社会主义实践的再版，也不是国外现代化发展的翻版。中国特色社会主义之所以“能”，不仅在于有马克思主义科学理论做指导，更在于秉持了马克思主义理论的开放性，始终站在时代前沿，将马克思主义理论与中国的实际相结合，根据中国的实践、用中国的语言、总结出适合中国社会发展的中国化的马克思主义理论，即毛泽东思想和中国特色社会主义理论体系，不断用创新的理论来指导中国的发展。

改革开放以来，我们党根据世情国情和党情的变化，进行了艰辛的理论探索，先后形成了包括邓小平理论、“三个代表”重要思想、科学发展观、习近平新时代中国特色社会主义思想在内的中国特色社会主义理论体系，这一理论体系既坚持了马克思主义理论的科学性、真理性，又体现出了时代性、创新性。这一理论体系，科学地回答了“什么是社会主义、怎样建设社会主义”“建设什么样的党、怎样建设党”“实现什么样的发展、怎样发展”和“新时代坚持和发展什么样的中国特色社会主义、怎样坚持和发展中国特色社会主义”等重大课题，指导中国现代化事业迈上了一个又一个台阶、创造了一个又一个奇迹。

科技革命的到来，为中国共产党的理论创新与制度创新，迎来了重要的机遇。面对当前中国改革开放的复杂形势和各种困难，需要按照习近平总书记提出的发展数字经济、数字世界的战略要求，充分认识科技革命是

百年变局的重要含义，推动中国社会向第三次文明转变，创新价值理论与分配制度，推动政党理论再上一个新的台阶，实现中国的科学思想、科学社会制度与全世界价值观有机统一，并形成科学的、有说服力的、有重要实践价值的理论与创新体系。这需要中国共产党与时俱进，尊重科学，真正以人民为中心，改革开放，深入而努力实践，变成一个科学的党、人民的党、先进的党、智慧政党、高效的党，用最先进的科学技术，包括互联网技术、信息化技术、智能化技术、区块链技术武装自己。

（4）创新科学的资本市场和房地产制度与市场体系

中国在生产资料公有制的基础上建立资本市场制度，在微观基础上“血脉梗阻”，难度较大。“股权分置”改革以后，资本市场资源配置功能弱化。再加上监管制度的不健全、不公平等问题，资本市场改革的难度不断加大。

房地产市场遭遇了更为严重的“制度硬核”，土地制度公有制与私有化产权的矛盾日益明显。政府加大对房地产的调控力度，客观上，使得房地产市场化出现严重倒退。

资本市场和房地产市场发展战略是中国经济的“两大蓝海战略”，必须尊重市场规律，厘清政府与市场的边界。这个方面既要按市场规律办事，又要发挥政府市场化调控和科学监管的能力。建立科学的、市场的、民主的、信息化的、智能化的现代监管体系。坚决克服运动式监管、一刀切“割韭菜”监管、官僚主义监管和形式主义监管。

在科技革命背景下，探索人类第三次文明与区块链技术的对接，实现资本市场经济向通证经济的过渡。在科学监管的背景下，严格技术准入制度，推动股份制向通证制的过渡，实现“人民中心”论与现代化信息化智能化管理制度的有机统一。所以，科技革命引起的信息化革命、智能化革命、价值革命和社会变革，是中国改革开放和实现高质量发展的“金钥匙”。

（5）为民营企业、外资企业等创造全球最好的经济金融生态

大力发展科技金融，创新金融制度，使金融更好地为实体经济与民营企业服务。要充分认识到民营企业融资难、融资贵是金融内在的制度性问题，必须通过制度性、结构性方案来解决。政府应当增加民营企业的融资担保能力，使生产资料使用权、知识产权、集体土地使用权、数字资产具有法定的融资能力，着力发展供应链金融+区块链，多渠道真正解决民营企业融资难问题。

为民营企业、中小企业创造全球最好的营商环境。必须从制度上、法律上保障民营企业的各种权利，建立服务型政府，尊重企业家，使创业企业家得到真正的主人翁地位，尽量减少意识形态领域的各种冲突，建立“弯道超车”的现代化、数字化制度体系。

大力发展数字经济、数字金融，支持科技创新体系建设，建立科学、有效的制造业金融体系。防范与化解各种经济金融风险，建立精准的、智能化的、市场化的反危机系统并有效切分到各高科技企业，实施分布式外包，集中连接到“中央大脑”。特别是在中国全面对外开放的背景下，各种风险暴露，要进一步完善与建设高度灵敏发达的国际反危机系统与防火墙。

3. 货币政策以充分就业为最重要目标，着手建立现代货币政策治理体系

2019年，中国人民银行贯彻落实党中央国务院提出的各项方针政策，

继续实施稳健的货币政策，大力推进供给侧结构性改革和金融全面对外开放；下大力气支持实体经济，实现了中国金融业稳定健康发展。

2020年，面对更加复杂的国内国际环境，金融风险加大，金融稳定压力加大。要遵照中央经济工作会议的统一布置，全面抓好“六稳”工作，进一步深化金融业改革开放，紧紧围绕“三大攻坚战”，贯彻落实党的十九届四中全会精神，加大理论创新、制度创新、技术创新、操作创新的力度，努力建设现代化货币政策体系。

创新货币政策理论，充分运用科技革命与价值革命的契机，探索数字经济背景下的货币金融理论，探索单要素（人的价值）生产力背景下经济增长理论，深入研究全球价值链函数、国家价值链函数、企业价值链函数、家庭价值链函数与个人价值链函数，为建设实现金融业治理体系与治理能力现代化奠定理论基础。

创新货币金融制度，深入研究在中国特色社会主义背景下，如何建立既能更好地服务实体经济，又能防范金融风险；既能实现充分就业，又能实现货币稳定；既能增强国家经济的核心竞争力，又能实现国际收支平衡的货币政策制度安排。

大力支持发展数字经济与数字金融，建立专门的监管体系；积极参与全球数字经济合作与竞争，创新以人的价值+区块链的数字资产体系，抢占全球数字货币制高点。

创新宏观管理与统计的市场化机制与微观机制，加大推动建设金融信息化与统计制度外包力度，通过大数据、区块链管理消费与投资数据，并且集成现代化的、动态化的、大数据的、市场化的宏观管理模式与货币政策决策与执行体系。

把稳健的货币政策与宏观审慎监管有机结合，全面支持“三大攻坚战”各项目标的完成，以充分就业为最主要目标，发现人的价值，管理人的价值，创造人的价值，力争实现中国第二次更大规模的“制度红利”，支持国民经济稳定、健康、可持续发展。

总之，2020年是中国不平凡的一年，既是全球百年变局之年，也是中国制度转型，建立现代化制度的一年。

在货币政策方面，关键是要学会在信息社会，在数字经济背景下，在新的价值函数中把握货币政策的目标与工具，创新货币政策理论，紧紧抓住科技革命的契机，突破传统理论的不足之处，在以人的价值作为单变量的生产力函数中，求解各项货币政策目标。

（三）对脸书的Libra及未来数字货币的思考与应对之策

Libra的出现，标志着信用货币向数字（资产）货币的转化，数字货币是信息社会必然的基础设施。全球货币战争进入了新的时期。

2019年6月18日，由全球社交网络巨头Facebook（脸书）主导的数字货币Libra测试网在GitHub开源上线，并发布白皮书。Libra的使命是建立一套简单的、无国界的货币和为数十亿人服务的金融基础设施。从联合创始人列表来看，加入Facebook Libra计划的合伙人基本上都是支付或互联网领域的头部玩家，包括信用卡清算巨头MasterCard和VISA、线上支付系统Paypal、线上旅游预订公司BookingHoldings、电商平台Ebay和Mercado、线上打车平台Left和Uber、流媒体音乐平台Spotify、线上奢侈品平台Farfetch，以及电信运营商Vodafone等。Libra体系有三个核心。据白皮书描述，Libra是以区块链为基础的、有真实的资产担保的、有独立的协会治理的全球货币，货币单位为Libra。Libra将由真实资产储备作为担保，每枚Libra数字货币都会有对应价值的一篮子货币和资产做信任背书，受Libra协会的创始成员监督，每位创始成员负责运行一个验证者节点。

Libra的出现引发了全球的关注与讨论，在定位上它是全球性的数字货币；在技术上是结合了脸书技术与区块链技术；从联合创始人来看，则是强化了这种数字货币的支付功能与交换媒介的作用；从它的储备基础来看，它则是IMF特别提款权（SDR）的拓展版。总而言之，Libra强化了美元的地位，基本上是美元数字化的样板，似乎要形成一个“数字化布雷顿森林体系”，脸书的白皮书称之为“天秤座共享体系”。Libra的出现有几个重要标志：其一，世界货币向数字化转型；其二，新的世界货币体系重建；其三，全球货币战争进入新的阶段；其四，牙买加体系基本上结束。

从全球货币历史来看，从物物交换到物币物交换再回到物物交换是一个必然的循环。从无货币到有货币再到无货币当中的每个阶段都是经历漫长的历史过程。问题的关键是：货币是否一定要经过数字货币时代？现在是否可以进入无货币的易货贸易时代？作为价值尺度的货币锚如何变化？

传统货币理论认为，货币有五大功能：价值尺度功能、支付功能、交换功能、贮藏功能、世界货币。比特币之所以不能称为数字货币，就是因为它的数量受到严格的限制，不能满足货币的基本功能的支付功能的需要。Libra具备了支付功能的需要，但它是否是全球公允的价值尺度还是值得研究的。因为它的基础货币锚仍然是不确定性较大的国家信用货币，而这种体系正处于衰退之中。建立在高度发达的信息技术和大数据基础上的易货贸易可能会取代货币的支付与交换功能。作为价值计量单位的功能是无法取代的，就像度量衡一样，是我们认识和把握商品世界的基础工具。当商品经济时代进入数字经济时代，传统的信用货币由于货币锚的缺失，对数字资产的价值尺度功能与计量的难度将不断加大。

从货币演化的角度讲，全球三次大危机从某种程度上来看，是由货币危机引发的结果。1929年大危机是金本位崩溃引起的，20世纪70年代的石油危机是美元体系崩溃的结果，2007年的经济危机则是牙买加体系失效和一个新的货币体系产生的过程。可以说，本轮货币危机还是进行时。全球经济在等待一个新的货币体系的降生。而且从历史经验看，这个货币战争过程是艰难的、血腥的、痛苦的。Libra的出现，标志着信用货币向数字（资产）货币的转化，数字货币是信息社会必然的基础设施。全球货币战争进入了新的时期。

1. 人类社会由工业社会进入信息社会，经济形态也由商品经济进入数字经济，数字货币是人类货币历史的必然产物，它既是一种机会，也蕴藏着风险

信息社会与工业社会的不同之处在于，信息是人们创造价值的主要工具，人们消费的价值也主要是信息产品，信息处于全球价值链的顶端。人类进入信息社会，不仅仅是生产方式与生活方式的进化，还是文明的进化，世界观的进化。就人所能认知的客观世界而言，它是人类接收信息的总和，信息社会是一个每天都在拓展客观的世界，我们每天都在面临一个拓展了的世界。价值是指客观世界对人的有用性，也就是价值是人接收到的对人有用的信息。信息社会的价值形式与内容每天都是在扩张。在工业社会，我们主要依靠“时间维度”创造价值，而在信息社会，我们主要依靠“空间维度”创造价值。价值函数由原来的线性转化为几何级数的函数，价值体由平面化转变成立体化、无形化、多维化。作为“价值尺度”的货币自然要发生对应变化，向数字货币过渡。因此，数字货币是人类从工业社会向信息社会过渡过程中的必然产物。

随着社会历史形态由工业社会向信息社会转变，人类经济基础形态也由商品经济转变为数字经济。在商品经济中，价值规律是物以稀为贵，而在数字经济中，价值规律是数以大为贵（大数定律与价值共享性）。数字价值随着数据量的增加而不断增加，负熵不断减少。根据香农（信息计量学创始人）的研究，数字价值就是确定性。从商品经济向数字经济过渡的一个显著的标志是区块链的应用和发展。区块链是数字经济的必要条件和重要的基础设施。商品经济时代，人们用会计核算价值、管理价值；在数字经济时代，人们用区块链核算价值、管理价值。因为数字经济的价值链生态发生了重要变化，企业的原有边界被打破，转化为一种新的集合体，在这种新型企业中，分配方式发生了改变，从原来的按照所有权分配利润，转化为以使用权为主，从原来的生产资料，转化为数字资产，企业投资人、员工、客户共享企业成果。这种分配制度的变化，从根本上改变了原有的社会制度，是人类历史的重大转折。数字经济使价值规律的变化，用区块链的分布式账户和超级账户管理价值，个人替代企业成为经济的基本细胞成为可能，企业、政府、社团等则转化为“价值链”。因此，在数字经济时代，价值尺度是数字货币。

数字经济的分配制度发生重要改变，是信息社会的重要特征。资本市场势必发生改变。这为资本市场改革与监管提供了重要思路。实际上，我们已经感觉到目前资本市场出现的问题是外生的，是制度性问题，不仅仅是监管的问题。因为“资本为王”的时代过渡到“数字为王”的时代。

信息和数字成为最重要的生产资料。这个时候，“股份制”向“通证制”过渡成为必然趋势。通证制是一种新的分配形式和资产管理制度，通证（token）是投资者、客户、管理者、员工共同参与企业收益分配的数字凭证。中国的国有企业改革可以通过通证制实现制度性创新。通证制是资本市场改革的方向，通证作为一种数字资产，逐步向数字货币过渡。

综上所述，数字货币是信息社会的必然产物，也是数字经济的基本条件。货币历史从信用货币过渡到数字货币是经济历史演化的必然规律。

国家之间的竞争与合作形式将发生重大变化，这个变化需要引起高度重视。美国在数字经济与数字货币方面已经占领了价值链的制高点，众多国家仍然一无所知。Libra优势与挑战并存，各国监管是当前主要障碍。一方面，Libra融合了区块链技术和比特币优势，升级技术和发行机制。Libra较USDT在主体信用、组织架构、币值稳定和生态构建方面有显著优势。

另一方面，发行主体和国家监管风险对Libra的推广构成挑战。其一是发行主体风险，作为一种货币，Libra天然面临与商业银行类似的风险，包括超发、挤兑以及隐私泄露风险。其二是国家监管风险，Libra可能削弱各国货币主权，冲击现有货币体系，各国监管层和国际组织普遍对Libra持有中性谨慎的态度，不排除未来部分国家禁入Libra的可能。Libra或冲击货币体系、银行体系、资本市场和其他数字货币。对货币体系的影响：Libra超主权货币雏形显现。首先，Libra协会并非试图打造超主权货币，但是Libra或自然演变为超主权货币。从美元全球化的历程来看，资产抵押、丰富生态使Libra具备了超主权货币雏形，流通范围逐渐扩大可能使Libra自然演变为超主权货币。预计Libra将首先流通于金融基础设施相对落后的小国，前期对于大国主权货币的冲击相对有限，Libra在小国流通情况是其能否成为超主权货币的风向标。其次，Libra可能冲击国家货币主权，影响货币政策和财政政策施行。货币政策方面，匿名、点对点交易特性使Libra成为资本跨境流动的新渠道，各国央行资本流动管制难度增加；部分商品可能使用Libra进行定价，部分小国货币甚至可能被取代，货币政策将失效。财政政策方面，政府无法征收“铸币税”，且丧失赤字货币化工具，财政收入萎缩，债务违约风险放大。对其他数字货币的影响：Libra无法取代比特币，也不构成直接竞争。Libra定位于支付手段，其设计构想克服了比特币的三大缺陷，是更优秀的支付媒介。而由于比特币在信用风险和功能定位方面的不同，二者不会构成直接竞争关系。事实上，作为一种数字货币，Libra的推广和普及将使比特币被更多人所接受和认可。对银行体系的影响：银行贷款、跨境支付业务承压。

跨境支付业务是Libra最主要的应用场景，这将冲击传统商业银行的跨境支付业务。同时，Libra未来有可能进行信用扩张，这将冲击商业银行贷款业务。对资本市场的影响：未来企业或通过“Libra+ICO”进行融资，投资门槛低、无须审批的特点方便企业快速寻找合作伙伴，但恶意炒作代币或破坏正常金融秩序，甚至会引发系统性金融风险。面对Libra，中国应拥抱创新与挑战，鼓励中国央行推进数字货币研发，鼓励中国互联网企业与Libra加强合作。

从长远角度来看，与其被动应对，不如主动出击，中国应重视数字货币和区块链技术带来的技术变革新机遇。中国在互联网金融和移动支付领域是领先于美国的，这对增强世界人民支付便利性、中国互联网科技实力、移动支付实力、人民币国际化、建立全球金融中心等具有战略意义。

2. 从数字资产到数字货币：世界货币进入深度寻锚阶段，这需要科学的价值论创新。人的价值作为“货币锚”实现货币第六大功能，即价值创造功能。以此为基础形成新的世界货币体系，可以发现一个全新的价值世界，一个全新的世界经济

在未来一段时间，由信息化生存的各种数字资产会越来越多，包括比特币、以太坊、Libra等各种数字资产、技术通证和数字货币。但是，真正的稳定币的“货币锚”是“人的价值”。

脸书的Libra仍然是建立在区块链基础上的信用币，它的致命弱点仍然是建立在飘浮不定的现有货币体系上，而且美元体系的前景仍存在较大不确定性。

物质世界是人接收信息的总和，价值是对人有用性，就是对人有用的信息，那么，价值就是人接收的对人有用的信息，这种信息就是人的价值，人的价值就是价值本身，价值世界是可以度量的。设价值为V，度量衡恒等式为POT（People’soptionoftime）=单位一小时人的价值，即单位时间人的价值，这个POT是可以通过市场来度量的。大数据、云计算、区块链通过期权理论来定价。区块链的发现使我们能够有效管理、计量与核算人的价值。这就改变了以往价值无法直接计量的长期问题。那么，有用的信息就是可以度量的，信息是可以通过市场进行价值度量的，我们找到了信息的度量工具，也就找到了一个新的世界的度量工具。有用的信息也叫信用，所以信用也是可以度量的。

仙农与哈莱特研究的信息量主要是一种负熵，一种不确定性。当事件概率为1时，信息量等于零。当事件概率为0时，则信息量是无穷大的。因而，仙农的信息度量是计算一种信息源的不确定性而非信息本身。他定义的信息是一种不确定性的数量。他认为信息是一种解决不确定性的量。世界的本源是未知的，是完全不确定的，我们接收信息是为了消除这种不确定性。例如，我们通过秤计算物体的重量。通过质量与速度发现物质的能量。而人类只能通过定义各种未知来消除各种不确定性。数学无论多么复杂，都是为了解决这个问题。

信息是可以通过市场、通过价值被计量的一种方法。也就是说，市场可以对信息的有用性进行求解，这种求解的结果是从价值维度的信息量。从而使信息可以度量确定性。当我们知道所有真理都是相对于人的感觉。那么，价值世界是人类认知的一个重要维度，它强调的是一种有用性。实际上，对人无用的信息是不存在的。认知即有用。（社会空间的价值与自然空间的价值和市场空间的价值是不一样的）。从这个高维度的有用性上来讲，我们的研究结论是价值就是信息本身，物质世界等于价值。

货币是价值尺度，寻找货币锚就是要找到价值的本源。西方各种主流价值思想从商品作为起点来研究价值与从人作为起点来研究价值是不同的。前者是把商品作为研究目标，作为主变量，把人的价值作为工具变量，从系统论的角度讲，函数关系是人为商品服务，人是商品的工具，产生了各种“拜物教”，这种忽视人自身作为价值主题的价值观，是“金钱世界的罪恶根源”。后者把人作为主变量，承认人类经济活动的目标是提高人的价值，创造人的价值。这种价值理论是科学的，称之为“科学价值论”（这是本书近期研究的重要理论成果）。

科学价值论有以下观点：

一是，科学价值论把人的价值作为研究起点、研究对象和研究目标。

二是，商品的价值是指商品中包含的人的价值。

三是，人的价值是可以计量的，现代信息技术包括区块链、大数据、云计算、智能化是计量人的价值的基本技术，核心计量方法是：区块链+人的价值。

四是，人的价值是通过市场发现的，当信息完全充分时，人的价值等于人的价格，市场完全竞争。人的价值的度量衡是1POT=单位小时的平均价值量。

五是，生产函数、增长函数中原有变量都可以转变为人的价值单变量。经济运动的本质是人的价值运动。

六是，价值运动规律在市场空间、社会空间、自然空间是不同的，不能混淆。但是三个空间的价值是联系并可以换算的。

七是，人的价值在供给与需求端、生产端与消费端是统一的。

八是，货币（C）是人的价值尺度，在数字经济中，货币转化为一种数字货币并以人的价值加上区块链系统生成。

九是，在科学价值论体系下，货币本身就是价值尺度，单位货币量衡等于单位小时系统空间中人的价值。当货币与价值尺度度合二为一时，不再有通胀与通缩。货币流通规律与价值规律、生产规律、经济运动规律完全一致。

十是，在科学价值论体系下，货币产生了一个最重要的新的功能，即管理价值与创造价值的功能。货币发行以个人真实价值（当信息完全充分时人的价值）作为基础，并计量、管理、创造每个人的价值，企业、政府、金融等都属于一种价值链的组合。

科学价值论之所以为科学就是在现代信息技术基础上，人的价值、商品的价值可以完全计量，经济活动以人的价值最大化作为目标，人不再是

"物"的奴隶，"金钱拜物教"终结。实现价值运动在需求与供给端、三大空间的有机统一，是人类社会的理想。科学价值论与现有经济体系与理论有系统性接口，因而具有重要的实践价值。在日常经济活动中，价值的收入口为工资收入和资本收入，价值的出口则为储蓄和消费增量，这个过程中主要是人的价值函数（人的价值流量+人的价值存量）在发生作用。我们投放货币是根据人的价值抵押严格界定。

科学价值论基础上定义的世界数字货币体系，把货币与价值与人类的生产目标、生活目标统一起来，为我们展示了一个全新的价值世界。在这个世界中，不再有通缩与通胀，人与人是平等的，每个人的价值量与收入量是公平公正的，经济制度是完全民主的。货币不但是价值尺度，而且货币本身就是价值，货币产生了一个重要的功能即发现价值、管理价值、创造价值，这种数字货币才是人类的理想货币。

未来在新的价值体系与货币体系下，人的价值管理与创造将是最赚钱的行业。货币政策主要要调整到发现人的价值、管理人的价值、创造人的价值。在现有的货币政策框架体系中要高度关注充分就业与劳动生产率的提高，并且作为货币政策的首要目标。实际上，在科学价值论体系下，货币政策的其他三个目标已经统一于人的价值最大化目标中。各个国家货币的汇率将围绕真实就业率与劳动生产率来波动。

3. 面对数字货币竞争的中国对策

人民币体现了早期中国政府的深远智慧，人民币这个名字就是体现人的价值，体现按照人的价值分配的思想。中国有14亿人口，只要实现全体人民的价值最大化，中国经济将远远超越任何其他国家，中华文明会实现一个更加伟大的复兴时代。

中国共产党是人民的政党，是一个科学执政的政党，并始终把人民的价值与福利作为自己的最高宗旨。一个重要的优化路径是尊重每一个人的价值，把个人的价值差异作为市场与社会发展的基本动力，运用政府税收政策调整收入差异并以此实现全体人民的共同富裕。不同的是资本主义以资本为起点，以资本为中心，以资本为落脚点和生产目标；社会主义以人民为起点、以人民为中心、以人民的福利为目标。当发生危机的时候，资本主义救资本，出现资本抽逃，往往危机会更加严重。社会主义救人民，增加有效需求，是解决危机的最好办法。这些重要观点是对价值论、经济学、反危机理论的重大突破。从历史上来看，第一次大危机后期的罗斯福新政策就是采取了扩张的财政政策与货币政策，大幅度增加人民的收入和有效需求，成功地化解了金融危机，并且实现了美国的伟大崛起。

中国面对十分复杂的国际国内环境，需要从理论上制度上实现重大突破与改革。当今世界的竞争主要是思想竞争、制度竞争、技术竞争与人才竞争。正如习近平总书记所说，中国共产党必须勇于自我革命，为中国人民的利益，冲破思想束缚和制度、技术、人才的藩篱，抢占全球思想制高点、制度制高点、技术制高点、人才制高点。

面对中美贸易摩擦，以及金融博弈和货币竞争，应当关注以下对策：

第一，人民币如何转化为世界数字货币。发挥中国比较优势，走向未来世界数字货币、世界经济。让阿里、腾讯、平安一账通等在瑞士发行以人的价值为基础的数字货币，以人民币作为抵押的The people's coin[TPC]。

第二，进一步研究与创新科学的价值理论，作为中国发展的理论基础，与全球各种价值观有机统一。进一步以老子道家文明为基石，推进中国自然主义哲学体系的发展与创新，推动人与自然关系的自然主义历史观的创新发展，重视汤因比历史观与自然主义历史观的统一，为中华文明自身的崛起奠定基础，并以此化解各种意识形态和制度上与其他国家的分歧与矛盾。

第三，把充分就业与提高劳动生产率作为宏观经济政策的主要目标。 货币政策要对国家的真实就业率与劳动生产率建立单列的考核体系、大数据体系，并进行动态的、科学的、可控的管理。

第四，货币发行重点关注货币对于人的价值弹性和货币的有效供给弹性。 优化产能，优化库存，优化杠杆，提质增效。

第五，根据习近平总书记提出的大力发展数字经济，建立数字中国、数字世界的要求。 在科学监管的基础上，发展数字资产市场，允许大型尖端科技企业在全球发行以人的价值为基础的数字货币，参与全球数字货币竞争。以人民币为背景的、以人的价值为价值基础的数字货币一定会成为未来的世界数字货币。

最后，强化科学监管，建立专门的数字经济、数字资产、数字货币监管机构，在明确监管职能与监管目标的基础上，把监管任务、技术、执行外包给全球一流科技公司、信息技术公司、智能化公司。绝不能再延续现有的官僚主义监管、一刀切监管、运动式监管。建立科学化的、技术化的、信息化的、智能化的、市场化的、民主化的、大数据的、动态化的高度灵敏精准的监管制度和体系，推进与实施监管系统外包，建立全球一流的监管制度、技术、人才与网络体系。

人类社会正在进入一个信息社会，世界经济正在进入数字经济。这是一个百年转折，有巨大风险，但也是重大的历史机遇。面对脸书推出的Libra数字货币，中国需要高度重视，大力发展数字经济，加强科学监管，推动以人的价值为基础的各种数字资产的形成与发展，发现人的价值，管理人的价值，创造人的价值，逐步形成以人民币为基础的世界数字货币，这种货币对于中国、对于全球，对于全世界人民有长远的价值与意义。

（四）研究与建立全球易货贸易制度

中国历史上的春秋战国时期，是人类文明的伟大时代。很多思想与战略，至今仍然价值连城。姜子牙“封神榜”灭商建周定乾坤，卯定天下800年；“商鞅变法”废井田，开阡陌，点下“天目”，实现奴隶社会向封建社会的转变，跨越历史1000年；“张仪纵横”化六国“合围攻秦”于无形；孝公“声东击西，暗度陈仓”，实现大国崛起；秦始皇建立封建帝制，统一文字与度量衡，统一天下。

纵观当今天下，犹如春秋战国。天下之争，犹如商周，需建“封神台”，就是“命运共同体”之“普世价值，思想先导”，在全球思想竞争中，吸收全球精华，众采百家，形成一体；中美之争，犹如秦魏。需用“商鞅变法”之“天目”，实现制度跨越，乘势科技革命，实现第三次文明，走出“阶级社会”，走进“科学社会”；全球贸易战背景下，突破“西方合围”，需用“张仪纵横”，孙子兵法“暗度陈仓”，建立企业微观市场机制的全球价值链、供应链、易货贸易的“三位一体”机制，突围现有国际贸易与货币体制禁锢；未来发展应建立国际标准与国际总部，创新贸易制度与货币制度，实现中华文明的伟大崛起。

人类最早的商品交易是物物交换，由于信息不对称和不充分等问题，人们逐渐发现一些商品具有普遍的接受性，就把它作为一般等价物。市场经过不断筛选过程，最终选择了黄金、白银等贵金属作为货币，形成了金本位制。金本位崩溃以后过渡到信用货币，经历了布雷顿森林体系和牙买加体系，逐步进入一种不稳定的“高熵混沌”状态。商品交易变得更加不确定，货币也变得愈加复杂，原有的交易收益变成了巨大的交易成本。货币金融体系在一定程度上成为实体经济的负担与泡沫，使得价值分配更加不平等，占据大量的“资源成本”已经远远大于它给人类带来的好处，阻碍生产力的发展，并且不断地制造风险和危机。特别是美元霸权与“贸易壁垒”，已经严重伤害人类的公平与福利。

贸易制度从“物—物交换”到“物—币—物”交换，再到“物—物交换”的“现代化易货贸易”，是一个闭环的客观的生态循环过程。本轮科技革命为创新交易制度提供了时机。面对世界货币体系的诸多问题，建立在现代信息技术基础上的易货贸易成为必要和可能。人们对高级形态的易货贸易需求不断加大。与此同时，各个国家已经出台各种政策扶持易货贸易的发展，相当一部分进出口企业尝到了它的好处。现代易货贸易始于20世纪50年代的美国，经过几十年的发展，已成为21世纪商业的重要组成部分。它不但是企业处理闲置资产、积压库存的增值策略，更成为企业扩大贸易机会、扩展营销渠道、获得额外利润的全球贸易手段。80%的全球500强企业已设立易货贸易专部。资料显示，美国易货贸易已占全世界商业交易总量的30%。国际互换贸易协会IRTA预测：未来5年内，易货公司客户数目将翻一番，平均年增长率可达到15%。初步统计至2019年年末，全球易货贸易总量已经达到大约4.2万亿美元。

中国面临十分复杂的国际贸易形势，需要研究和探索新的贸易制度，形成新的“国际化制度红利”。设计和建立“现代化易货贸易”生态、标准、联盟与制度，占领全球价值链制高点。推动交易制度与货币制度的联动改革与创新，实现更加公平、更加有效、更加科学的贸易环境。

1. 全球化倒退，世界贸易面临衰退趋势。全球现有贸易制度及其对应的货币制度问题多，风险大，需要进行改革

在过去、现在和未来三个时间结点上，贸易与货币不断演绎新的制度与体系。本轮科技革命将创新出一个更加安全、有效、公平、方便的贸易制度与货币制度，这是一个重要转折。

货币是为商品交易服务的，货币不是交易的目标。商品交易是为了人服务，人是目标函数，商品是自变量函数。人的价值是商品交易的目标。当货币对商品的服务交易收益大于交易成本时，货币有存在的必要，如果交易收益小于交易成本，则货币就没有存在的价值，并逐步退出流通。这里的交易收益是相对于交易成本而言，是一个制度术语，就是指货币对于商品交易提供的“便利”和“麻烦”“好处”和“坏处”。

人类使用货币的历史产生于最早出现物质交换的时代。在原始社会，人们使用以物易物的方式，交换自己所需要的物资，比如，一头羊换一把石斧。但是有时候受到用于交换的物资种类的限制，不得不寻找一种能够为交换双方都能够接受的物品。这种物品就是最原始的货币。牲畜、盐、稀有的贝壳、珍稀鸟类羽毛、宝石、沙金、石头等不容易大量获取的物品都曾经作为货币使用过。物物交换就是商品和服务直接进行交易。比如，一个猎人帮我猎杀一头猎物，我就给你一把石斧。但是，这种交易需要花费的时间较长。不过，慢慢地，一种史前货币形式就出现了。它们都是很容易交易的商品，比如，动物皮毛、盐和武器等。这些商品逐渐成为媒介，不过它们的价值并不总是固定的。物物交换的方式很快成为当时流行的方式，直到现在全球商品交易还有部分维持着这种交易方式。

在上述这个交易过程中，如果人寻找或者是使用这些“容易交易”的商品付出的代价仍然大于直接去寻找石斧的成本，市场就会选择不再使用这种媒介。当我们评估现阶段的货币时，突然发现，货币不但“反客为主”，而且把人变成了它的“奴隶”，人们为货币付出的代价越来越大，直接发展到货币危机、金融危机，甚至是战争。货币交易的风险不断增大，覆盖了它的收益。

表 2-42　三种不同交易制度的比较

时间坐标	交易制度	收益	成本
过去	物物交换 货币交换	收益呈现“U”形	成本呈现“U”形
现在	电子货币 电商交易	效率提高，方便快捷	风险加大、不公平加剧，风险与不平等成本不断上升
未来	数字货币 易货贸易	效率提高，创造价值	降低风险和成本，减少货币掠夺和“不平等”，实现交易正的收益和福利

一是，由于美元霸权，现有交易制度与货币制度在一定程度上变成了一种“掠夺模式”，特别是美国第45任总统特朗普上台以后，堂而皇之地申明“美国第一”，更加剧了世界贸易体系的不公平。

这种掠夺包括美国对全球的掠夺、政府对人民的掠夺、富国对穷国的掠夺。为了占有这种“掠夺模式”的主导权，各种贸易战、金融战、货币战、石油战不断升级，从而引起国家之间的争端。从这一角度上说，这种货币制度带给人类的已经不是福利和交易收益，而是灾难。

2020年全球新冠肺炎疫情暴发以后，这种“掠夺”可能升级。全球经济不确定性不断增大，货币与金融危机如临深渊。在美国时间2020年3月15日，紧急降息100个基点外加7000亿美元QE的组合拳未能快速奏效后，美联储3月19日再度祭出“大杀器”，市场呼声最高的CPFF终于落地，并且联合全球九大央行推出美元临时流动性安排，直接跨界IMF，充当了全球央行的职能，美元的国际地位得到进一步强化。由于美元仍然具有世界货币功能，巨量的货币投放（5万亿美元以上）再加上零利率和“全球央行”角色，是对全球的直接掠夺，甚至是为美国重构新的“数字化布雷顿森林体系”，形成新的美元霸权做准备。

二是，货币衍生的庞大的全球金融体系对于人类来讲变成了巨大的成本与泡沫，占有大量资源，反客为主，就像是癌细胞侵蚀健康细胞一样，侵蚀人类的福利。

迄今为止，全球的金融体系非常发达，并且出现了泡沫化和虚拟化的趋势。而且金融的交易量远超商品交易，货币与金融市场有时成为发达国家经济侵略的工具。过度的金融衍生品已经不再为实体经济服务，而是成了一种赌场，它不但不创造价值，还占有大量资源，吞噬人类的福利，并且使财富向少数人集中，成为“潘多拉盒”中放出的魔鬼。货币及其衍生出的金融体系对于人类生产和商品交易的交易成本远远大于交易收益。在此背景下，人类社会的经济活动迷失了“初心”。仅伦敦的日均外汇交易量达到了18万亿英镑。那么，这个数字是什么概念呢？简单来说，伦敦一天的外汇交易量相当于深圳一年GDP的8倍。美国企业债中最危险的BBB级债券（投资级债券中评级最低的债券），其规模自2000年后房地产泡沫破灭后便一路走高，从7500亿美元增加到目前的2.25万亿美元，近20年增长了3倍。2020年年初，由于名义上应对新冠病毒，各国央行注资超过10万亿美元。全球货币与金融体系更加远离实体经济，金融泡沫化趋势将进一步加剧，走上“脱实向虚”的不归之路。

三是，现有的交易制度与货币制度潜伏巨大的风险与危机，不断升级。汇率风险、信用风险、制度风险、操作风险不断加大。

美国政府和美联储于2020年3月18日，再度疯狂，分别推出1万亿美元财政刺激和商业票据融资机制（CPFF）。在亚洲金融市场当日进入午后交易时段时，市场的避险情绪卷土重来，各国股市纷纷下跌，市场流动性奇缺造成的对美元需求让美元指数于2017年4月后再度站上100的整数关口。北京时间3月19日晚间，美股开盘后，三大股指全部大幅下跌，跌幅都超过5.50%，道琼斯工业指数再度跌破20000点关口；欧洲三大指数的跌幅也都超过了5%。美国股市在短短一个月内熔断了5次，这是前所未有的。

可以预见，新冠肺炎疫情发生以后，全球的汇率风险、货币风险、金融风险将进一步加大，随时可能爆发全球性经济危机。这种状况无疑将对全球经济和国际贸易造成非常不利的影响。货币的交易成本将急剧上升，易货贸易的需求会大幅度增加。

四是，全球化倒退，世界贸易谈判困难重重，贸易壁垒不断严重，国家之间的贸易战不断升级，全球贸易呈现衰退趋势。

经济全球化在迅速倒退。2020年年初的新冠肺炎疫情蔓延助推某些孤立主义、单边主义、民族主义和贸易保护主义思潮。疫情的全球大流行、全球经济的短期衰退，使得生产者、消费者信心严重受挫。在这个特定背景下，某些逆全球化思潮重新抬头，甚至更为盛行。孤立主义、单边主义、民族主义和贸易保护主义盛行，有可能使经济全球化进程出现倒退。

疫情的全球性大流行，使疫情暴发国无暇顾外。更重要的是，各种逆全球化思潮、主张严重冲击经济全球化，由此使双边、多边的自由贸易安排与区域经济一体化进程受到严重影响。在这个背景下，对按计划实施中美第一阶段经济贸易协议，对2020年完成中欧投资协定谈判并启动中欧自贸区可行性研究，对加快中日韩自贸区谈判进程、推动三国和区域全方位经贸合作、共同推动RCEP协定如期签署生效等，都有可能带来新的变数。根据世贸组织数据，2020年2月，全球进出口跨境贸易同比负增长约10%。

2. 本轮科技革命引发的信息革命与价值革命，为改革和创新交易制度与货币制度创造了条件

传统的易货贸易有5种形式：第一种是直接互换；第二种是平台信息聚合的大数据交易；第三种是国际贸易中的信用证互换，余额结算；第四种是各种形式的代币计账互换；第五种是国际上的大宗商品或者是特殊国家没有交易的货币支付条件而进行的物物交换。这5种交易形式各有利弊，各有特点。直接互换如果没有好的信息工具，仍然无法解决信息不充分和不对称问题，只能在小范围小商品上适用。第三种信用证互换交易，原则上属于货币交易。第二、四、五种交易形式近期有增长态势，主要是因为信息技术的发展、商业形式的需求和一部分国家的货币短缺，或者是特殊的商业用途。

从贸易历史和商品交易的成本的角度，重点考虑上述各种货币交易中出现的问题，需要创新针对性的商品交易制度，来降低风险，阻止货币霸权，提高社会经济效率。本书重点研究三种基于现代信息技术与现代科学价值论的两种易货贸易模式：金指数平价、人的价值平价。

表2-43 七种易货贸易的形式和特点

易货形式	主要特点	主要用途	平价形式	发展前景
直接互换	小范围小商品	物物交换以节约费用	PPP	补充作用
信用互换	记账互换	约定俗成，节约成本	信用平价	特殊作用
大数据互换	信息平台	撮合交易	大数据	金融限制
代币记账	积分数据	商业用途	会员平价	法律限制
大宗商品	特殊交易	特殊目标	PPP	适用限制
金指数平价	黄金指数	降险提效	金指数	战略作用、降低风险、制高点
价值平价	人的价值	价值管理	价值	创造价值、降低风险、制高点

以上表格分别从主要特点、主要用途、平价形式、发展前景等4个方面描述了7种不同的易货贸易交易形式。针对目前国际贸易与货币制度中存在的各种问题，需要设计既能够较好完成贸易，又能够克服现有制度存在的问题。显然，1～5种模式基本上是传统的贸易形式和以信用货币为核算基础的记账形式，不可能克服现有货币制度特别是以“美元霸权”为特征的国际货币体系。

（1）金指数平价的易货贸易的设计与意义

金指数平价的易货贸易是指充分利用现代信息技术，既克服黄金的“数量不足性通缩”的瓶颈，又发挥出黄金相对稳定的特性，设计一种“金指数码”，建立全球发码中心，通过区块链与大数据的“供应链追溯”和“价值链追溯”进行定价和价值管理，实现“见物易物”，“一码在手，易遍全球”，逐步形成全球大数据体系。

假设在A国有一商品G（A），B国有一商品G（B），A国货币为M（A），B国商品为M（B），G（A）在A国的价格为P[G（A）]，G（B）在B国的价格为P[G（B）]。P[G（A）]=xM（A），P[G（B）]=yM（B），按照国际定价，A国黄金价格为1克=Q（1）M（A），B国的黄金价格为1克=Q（2）M（B），1M（A）=1/Q（1）克黄金，1M（B）=1/Q（2）克黄金，P[G（A）]=x×1/Q（1），P[G（B）]=y×1/Q（2）。P[G（A）]/P[G（B）]=[x/Q（1）]/[yQ（2）]。则1P[G（B）]={[x/Q（1）]/[yQ（2）]}P[G（B）]。

以上计算过程从表面上看，还是以一国国内的价格在计量黄金与商品的价格，但是它有六个重要的意义：一是通过逆运算消除了价格变动；二是求解了直接交易价格而没有使用美元；三是继承了黄金的稳定性而消除了国际汇率的波动性；四是避免使用美元进行交易，规避了货币“受控风险”；五是这种指数的大数据会产生稳定的独立的定价体系；六是区块链“双方追溯”是质量体系与消费价值体系的运动过程，具有重要的“平台价值”，增进人类福利。

金本位制的消亡已经一个多世纪，很多学者还在怀念金本位制的好处。黄金价格比较稳定，不存在强权货币的掠夺。但是，黄金数量的严格限制，往往造成通货紧缩，形成生产过剩的经济危机；金本位制下，国家调节经济的功能很小，遇到经济危机只能靠市场复苏，社会经济经历漫长而痛苦的时期。黄金的重要价值基础是体力劳动，当科学技术高度发达以后，它不再适合充当一般等价物。所以，为了吸取金本位制的好处，减少金本位制的坏处，可以使用一种“金指数平价”的易货贸易的安排。

“金指数平价”一个重大的需求是减少企业贸易的汇率风险，特别是一些极不稳定币种的汇率风险，如委内瑞拉的货币等。这种制度可以消除货币掠夺和美元霸权，减少货币制裁与金融制裁对世界经济的负面影响。在个别国家出现严重的货币价值与价格脱离的“货币屏障”的情况下，“金指数平价”的易货贸易能够减少贸易损失。

所以，以上的求解过程表面上仍然使用A国与B国的市场价格进行换算，但是当求解了金指数以后，就发生了“质变”，这种质变在于“在现有贸易和货币制度下”，易货贸易取代了美元，成为一种交易制度，而且这种交易制度是公平有效的。

区块链与大数据形成的易货（平台）生态体系，会逐步形成一种标准化的制度，使金指数平价逐步转化为一种全球性的贸易体系。“金指数平价”全球易货贸易（平台）生态系统具有以下技术特征：第一，以区块链驱动的需求和供给双向可追溯的大数据交易体系，体系遵循服从“瓦尔拉斯均衡”和“纳什均衡”，在国家调控介入的背景下，服从“帕累托最优均衡”。如中国的广州的“真知码”在这个方面具有300多项专项知识产权，已经与国家控股银行等建立了长期合作关系，从而创新出一种“多维码”交易系统，实现了“见物购物”。第二，以区块链作为基础设施，通过全球消费供应链和价值链的“双链”定价体系，供应链侧重于成本曲线求解，价值链则从“人的价值平价”的价值函数曲线求解，消费端则从需求端通过“消费定制”求解最优需求曲线，实际就是求解预算线与最大价值交点的组合轨迹。通过瓦尔拉斯均衡求解两条曲线相交形成定价机制。值得注意的是这里把传统经济学的“无差异曲线”转换成“人的价值曲线”，这是基本价值理论的创新。第三，管理人的价值大数据、消费大数据和产品成本大数据，并把这些大数据价值化和资产化，生成“金指数平价”标准化大数据系统，形成中长期市场基础。

明修栈道，暗度陈仓是一个成语，是指将真实的意图隐藏在表面的行动背后，用明显的行动迷惑对方，使敌人产生错觉，并忽略自己的真实意图，从而出奇制胜。当下中美贸易战中，中国一方面，要按照现有国际规则与制度框架，积极谈判，“明修栈道”；另一方面，要“暗度陈仓”，善于创新国际贸易与货币制度，建立国际标准与总部基地。表面上是国家与国家的对弈，实际上要通过微观市场主体的企业，让他们得到更多利益，形成市场化的重要力量与通道。由于西方国家现有的民主制度中“弱政府、强企业”，一旦企业利益得到保障，政府一般会认可和接受。当中国的企业与全球企业建立“生死与共”的联盟时，根据市场规律生成的“国际标准与总部”，加上科技革命的信息技术创新，定会远胜现有的贸易与货币制度。

（2）价值平价的设计与意义

“金指数平价”易货贸易的定价机制中的价值链定价，其实质就是从收入与支出方求解人的价值曲线并与瓦尔拉斯均衡、纳什均衡共同求解人的价值曲线，并生成“区块链+人的价值”的数字资产和数字货币体系。贸易制度从“信用货币”上升到“价值货币”实际上是一个“去货币化”的过程。因为在这种背景下，货币与价值本身一体化，这是一种高级形态的“价值平价”的易货贸易，这种贸易形式与“金指数平价”易货贸易是有机连续的。它们存在连续的合作的相互支持的关系。在实际操作中，它们可以并存，“价值平价”是“金指数平价”的贸易制度的高级形态，也是人类货币制度的高级别形态。因为这种贸易制度和货币制度是一个创造价值的过程。

沿着科学价值论方向研究的货币制度能够创造价值，而且数字货币传导机制是一种价值创造的市场过程。目前各国中央银行推出的数字货币都没有这种功能，主要原因是对价值规律、货币规律和经济增长规律缺少正确而深远的认知。这种货币制度从机制上否定了以美元为基础的现有的信用货币体系，使得全球免受美元霸权和“抽血”。由中国大型科技公司推广至全球，将对中华民族崛起产生关键性作用，并对人类发展做出重要贡献。

战国时期，秦国的秦孝公即位以后，决心图强改革，便下令招贤。商鞅自卫国入秦，并提出了废井田、重农桑、奖军功、实行统一度量和建立县制等一整套变法求新的发展策略，深得秦孝公的信任。于是，便任他为左庶长，在公元前356年和公元前350年，先后两次实行以“废井田、开阡陌，实行县制，奖励耕织和战斗，实行连坐之法”为主要内容的变法。经过商鞅变法，秦国的经济得到发展，军队战斗力不断加强，发展成为战国后期最富强的集权国家。

从历史学的角度来考察，商鞅变法实质上是人类历史上最重要的变革，使人类社会实现了从奴隶社会向封建社会的过渡，大大地解放了生产力。这个变革跨越人类历史1000年到2000年，直到19世纪末20世纪初，欧洲的农奴制才逐步解体。当今全球的制度竞争不断升级，西方国家以中国非市场经济的名义，在世界贸易中排挤中国。中国需要借科技革命百年变局之机，解放思想。价值理论的创新，确立人的价值最大化的目标，实现人的财富自由、精神自由和生命自由。推动和形成“商鞅变法”式的改革，实现贸易制度沿着“金指数平价”过渡到“价值平价”，实现货币制度由“信用货币”向“价值货币”的转化，实现社会制度由“阶级社会”

向“科学社会”的转化，可以最大限度地解放生产力，把人民从现有不公平的制度框架中解放出来。中国过去40余年的改革开放，解放了生产力，实现了巨大的“国内制度红利”，今后30年的改革需要基于全球视角，实现第二次巨大的“国际制度红利”，同时实现人类命运共同体的“共享、共赢、共识、共生”。

3. 中国应实施“全球易货贸易”战略，建立全球易货贸易总平台、制度体系和标准体系，应对美元霸权和各种危机，创新多赢的世界贸易与货币制度，占领全球价值链制高点

有必要对中国实施全球易货贸易进行科学的评估，在这里我们启用SWOT（Strengths Weaknesses Opportunities Threats）分析。所谓SWOT分析，即基于内外部竞争环境和竞争条件下的态势进行分析，即与研究对象密切相关的各种主要内部优势、劣势和外部的机会和威胁等，通过调查列举出来，并依照矩阵形式排列，然后用系统分析的思想，把各种因素相互匹配起来加以分析，从中得出一系列相应的结论，而结论通常带有一定的决策性。运用这种方法，可以对研究对象所处的情景进行全面、系统、准确的研究，从而根据研究结果制定相应的发展战略、计划及对策等。

（1）优势（Strengths）

中国有14亿人口，是全球最大制造业和贸易最大国。这些优势为中国建立“金指数平价”“价值平价”的全球易货贸易总平台奠定了无可比拟的优势。

中国风险防火墙较好，与全球货币与贸易具有隔离设施，可以有效防止“货币掠夺”转化为“资源掠夺”。中国相对独立自主的经济制度、贸易制度和货币制度在防范“资源性占领”和“危机病毒传染”方面具有较好的隔断。

中国是超市场的市场经济，具有“弯道超车”的操作空间与机制。主要表现在中国有发达的信息化体系，可以超越市场信息形成更高层次的信息强度，从而实现对西方市场自发秩序的跨越。

由于中国是一个贸易大国，在全球易货贸易中所占比例大。21世纪以来，中国信息化与智能化产业快速发展，建立了全球一流的信息化基础设施和信息化企业，完全有能力建设与主导全球易货贸易的信息化平台与生态。这种优势是其他国家所不具备的。

中国的国企与央企具有竞争与防范危机的“超市场功能”，并且国有企业的目标函数不同于民营企业，具有集中力量办大事的优势。

中国的社会制度强调“人民中心”论，这为“区块链+人的价值”的数字货币的交易制度提供了重要的制度保障。

（2）弱点（Weakage）

中国的贸易体系具有脆弱性，市场体系仍不健全，监管制度仍需进一步完善。特别是近几年来，在全球贸易竞争格局中，美国联合一些发达资本主义国家，以“中国是非市场经济国家”“意识形态冲突”等为名，对中国外向型经济、“一带一路”倡议等进行围堵。从历史上看，很像中国的战国时期，六国围攻秦国的格局。新冠肺炎疫情以后，这种形势会变得更加严峻。中国必须立足国内，内有“商鞅变法”，外有“张仪纵横”。

在全球贸易制度与货币制度中，中国缺少制高点，缺少“话语权”“主导权”。国际贸易与货币组织总部受美国操控，美国可能可以动用这些机构、标准、法庭等工具对中国进行制裁。

货币结算与金融主导权由美国操控，特别是美元在国际货币体系中的霸权地位，使美国拥有攻击和制裁中国的手段，一旦美国发动对中国的货币金融攻击，势必对中国的国际贸易、金融体系、货币安全造成巨大伤害。

中国国内经济贸易基础脆弱，制造业呈现衰退，实体经济下沉，中小企业和民营企业发展困难，地方政府债务风险和家庭债务风险不断加大。

特别是近几年来，中国的外贸企业受到内外条件恶化的影响，竞争力下降，中小外贸企业倒闭、跑路较多。由于有些行业和产品“汇率严重倒挂”，出口受阻，大量中国制造开始“退回中国”，特别是轻工业品、加工产品、农产品、耐用消费品、家电、服装等行业，中外价格悬殊加大（国外便宜，国内贵），这犹如在出口的大门口堵上“屏障”。“世界工厂”的产品一旦退回国内，就产生了严重的产能过剩，在“去产能”导向下，大量优质的出口加工型中小企业、农产品加工企业走上了“不归路”，如此循环正在使中国的“世界贸易大国地位”进入“退出模式”。

（3）机遇（Opportunities）

尽管中国的国际贸易面临很多困难和危险。但是，我们也应该清醒地看到，中国正面临重大历史性机遇。

全球贸易与货币格局正处于重大转折点，现有全球贸易与货币上层建筑正在崩溃。美元霸权的本质被越来越多的国家所认知，特别是很多贫穷的市场经济国家越发感觉到，正是美国的“吸血机器”制造了他们“长期的贫困”。特朗普就任总统以来，这个国家表现得更加贪得无厌。欧洲也在进行反思，欧洲目前的经济困难也与“美国吸血模式”高度相关。中国应加大对这个方面的研究与揭示。

资本主义自由市场经济开始暴露出很多致命的弱点，正在走向没落。

实际上市场具有与生俱来的局限性和“癌细胞”，主要有信息不充分、有效需求失衡呈不可逆惯性、交易成本、效用失真、市场与社会及自然的价值冲突等，这些问题不断积累，产生各种危机。科技革命特别是信息化变革将摧毁传统的市场经济及其赖以生存的价值理论，正在重构新的市场规律。全球需要对贸易制度与货币制度进行改革。

全球经济变革与中国的特殊背景，迎来“中国机遇”。全球经济从商品经济向数字经济转换，从股份制经济向通证经济转换，货币制度由“信用货币”向“价值货币”转换。近几年中国经济转型取得重要成果，信息经济与智能化经济全球领先。面对全球变革，中国没有西方国家的巨大的“制度成本”“沉淀成本”，而且现有的制度安排，为全球贸易制度与货币制度的创新提供了重要条件。

（4）威胁（Threats）

百年转折，何去何从决定命运。科技革命与智能化革命，正在使世界面临百年之大变局，千年之大转折，在这个转折点选择方向与道路，决定未来百年，甚至是千年的盛衰。中国必须参与和主导全球贸易制度和货币制度重构，否则，失去的可能不是10年，可能是100年。

世界贸易体系正在重构，西方国家不承认中国市场经济地位，正在全方位地孤立中国。

世界货币体系正在重构，美国可能通过极度宽松的货币政策，收购全球资源，恢复强势货币；美联储极有可能与脸书联合推出“数字美元”，构建“数字布雷顿森林体系”，形成长期的美元霸权地位。

中国不可能在现有的贸易制度与货币制度下强势崛起，因为根据慕尼黑安全会议，西方国家已经把中国确定为主攻方向，那么屈守于现有的西方国家主导的“碉堡”下，等待我们的是进一步的困难与危机。

面对全球复杂的形势和风险，根据中国的实际情况，中国需要研究和确立相应的贸易战略和货币战略。

第一，中国在贸易制度与货币制度方面要有所创新，用“金指数平价”“价值平价”（亦称人的价值平价）为基准的“易货贸易”逐步减少美元霸权对中国的影响与风险。任何一种体系的形成必须有深刻的思想理论的创新与技术创新。“得道多助，失道寡助”，没有伟大的思想就没有伟大的实践。中国必须解放思想，把中国几千年的伟大文明从“教条的笼子里”释放出来，这是中华民族伟大复兴必走的一步“棋子”。创新人类的贸易制度与货币制度需要一种全人类的“共识思想”“共识机制”“共享机制”“共生机制”“共赢机制”。这“五共要素”是我们与全球谈判的基础，也是制度创新的原则。“道不同不相为谋”，中国不可能在不同的“意识形态”与“价值观”下建立全球性联盟。

第二，创新全球易货贸易总部基地和“全球易货贸易联合会”，通过会员制与“全球供应链联合体”“全球价值链联合体”形成“三位一体”的新型国际贸易制度和货币制度。

“三位一体”战略实施的要点在于微观机制，是企业通过“供应链”“价值链”在市场规则下，在“共识、共享、共生、共赢、共担”的基础上的自发组织机制，这不同于以往任何国际组织。

现有的以国家政府为主体的国际贸易组织与国际货币组织，一方面受制于“霸权制度”与“霸权货币”，在理论与意识形态领域根深蒂固于效用价值论为主导的自私性自由主义。而科技革命的出现，特别是大数据、区块链、智能化等新型技术与基础设施的出现，使人类的意识形态转变到

“共享、共识、共生、共赢”和“人的价值最大化”的价值体系，完全“利己性假设”已经被否定，注定滋生现有国际贸易与货币制度的“理论与技术体系”走向否定之否定，也就是再生。因此，创新国际贸易与货币制度是科技革命引起的历史必然。

第三，通过政府外包服务和混合所有制模式，在国内自由贸易区先试先行。组合国内一流的科技企业、互联网企业、物联网企业、智能化企业参与系统平台建设和生态建设，打造高质量高水平全球易货贸易总部基地和“三位一体”信息化平台，整合全球供应链与价值链资源，并且把基础设施延伸到全球每个角落。

第四，在需求上，外贸企业都深受货币不稳定和贸易条件恶化、贸易战之苦，一旦开放这种平台，一定是广受欢迎。实际上，全球易货贸易近几年已经取得了较快发展，初步统计交易量达到4.2万亿美元。

微观主体与市场机制驱动的“三位一体”架构，具有内在的发展动力，并且能够较快形成资源积聚效应，通过“三位一体”架构的机制与制度，迅速向全球推广与复制。这种模式是解决当前中国受到政府层面贸易围攻的重要方案。因为，西方国家制度的最大特点就是企业并不是受制于政府，相反作为纳税人，政府更多受制于企业。

第五，设计“金指数平价”和“价值平价”的易货贸易的交易规则和全球化标准，打造知识产权体系和全球互联网组织体系，建立“金指数码”的全球发码中心与“价值平价”的交易中心。

第六，加强科学监管，建立专门的大数据监管与监测体系，制定严格的准入制度与技术标准，防止“一窝蜂”而产生的道德风险与逆向选择，从开始就建立全球最先进的“安全防火墙”。

2020年年初，美国为了防范新冠病毒危机，推出了极度宽松的货币政策，是对全世界的再一次掠夺。纵观全球，布雷顿森林体系建立起来的以美元为中心的世界货币体系、支付体系，以及在此基础上构建的世界贸易体系，实际上变成了一台美国的“吸血机器”。欧洲国家经济走向衰落，俄罗斯、非洲国家经济每况愈下，中东国家则“血流成河”，南美、澳大利亚、东亚国家经济负债累累，这些都是拜美国所赐，美元体系不断吸取全球人民的血汗。更为甚之，特朗普上台以后，提出“美国优先”“美国第一”的口号，启动了对全球的制裁模式和脱群模式。中国绝不能走美国模式，而要认识美国的贸易制度与货币制度的本质，推动世界贸易制度与货币制度的现代化与公平化。

科技革命引领百年变局，千年转折，人类正在走出阶级社会，走向第三次文明——“科学社会”。中国需要在人类历史中有所担当，有所创新，有所贡献。建立基于全球利益与价值诉求的“全球易货贸易体系”，摆脱美元体系的奴役，实现全世界共享、共识、共生、共赢。创新价值理论，推动“金指数平价”“价值平价”，使全球货币制度与贸易交易成本下降，交易收益大幅度上升，摆脱“吸血机器”。更为重要的是，通过新制度的建立，使全球贸易制度与货币制度能够创造价值，成为创造价值的机器。

Manufacture
Finance

第三部分

科技金融方案

近几年，我国金融业蓬勃发展，金融业增加值增长迅速，尤其是2005年到2015年，其平均年增长率超过了14%，其占GDP的比重也呈现较快的提升趋势，由2000年的4.8%上升到2018年7.7%，2015年甚至高达8.4%，但与此同时，我国GDP增长率却呈现出逐年下降趋势。这表明我国金融发展与经济增长并不同步，表现出金融过度化的特征。那么，当前我国经济中出现的金融资本“脱实向虚”“资金空转”等现象是否表明我国金融过度发展了呢？对此，有学者认为我国已形成了结构性“金融膨胀”现象和金融超发展现象[6]；但也有学者认为我国金融业不是发展过度，而是发展不足，8.4%的高占比只是“虚火”旺盛的表现[7]。金融发展是否适度，应该是相对于经济增长水平而言的，以金融发展如何更好地服务实体经济为衡量标准。

任碧云与贾贺敬（2019）从金融规模、金融结构和金融效率三个维度，通过构建基准面板模型和面板门槛模型，分别考察了2000年—2016年中国金融体系对制造业产业升级的作用，得出以下研究结论：一是从金融规模、金融结构和金融效率来看，当前的金融体系并未有效地支持制造业产业升级；二是金融规模对制造业产业升级存在门槛值，门槛值为金融业增加值占GDP比重的4.19%，而2017年中国这一比重为8%；三是金融效率对于推进制造业产业升级具有最为显著的作用。这就要求中国金融体系通过科技革命，进一步提升自身的效率，进一步激发经济活力，促进经济增长。

一

科技革命是中国经济发展的“白天鹅”

中国经济发展存在着“白天鹅”，这只“白天鹅”就是科技革命。中国只要抓住科技革命的机会，才能创新经济、变革社会，要高度重视科学技术。

科技革命是指21世纪初以信息技术革命为基础的信息化革命、智能化革命、新能源新材料革命、生命科学革命等，将深刻影响生活方式与生产方式，触发引起社会历史的重大变革，这将对中国乃至世界经济产生重要影响。

本轮科技革命引起价值革命与价值理论的创新。价值理论将把人的价值作为价值研究的起点、中心与终点，建立科学价值论体系，价值由扁平的线型结构向无形化、立体化、多维化的几何级数转化，经济增长的速率与衰退的速率都是几何级数的增长、超越、失败、衰退，上述现象可能会在瞬间发生，宏观经济政策与技术如履薄冰。要发展投资，资本市场一定要看到这种立体、多维、无形的价值和风险。

科技革命对中国的影响，无论周围环境如何，中国都将顺应科技革命的大潮，推动自主创新、科技兴国、产业升级，科技革命将使中国的经济爆发巨大的增长潜力，不排除将来还会出现两位数的增长，立足国内，放眼全球，这是革命性的变化。

科技革命推动的价值革命将使中国的生产力大幅度增长，对于经济循环来讲，资本主义以资本为起点，资本为中心、资本为终点，社会主义的生产过程与资本主义社会是一样的，同样要发挥资本的重要作用，但我们是以人的劳动价值为起点，以人的劳动价值为中心，以人的劳动价值为终极目标。当危机爆发的时候，资本主义主要是保护资本，而我们是保护劳动者、保护人民。这段话具有深刻的经济学含义，是对价值理论的创新，也发现了治理危机的基本规律。科技革命将推动中国的社会变革，在中央政府的倡议下，中国各级政府都在建设智慧城市、数字经济、智能化管理、创新体制机制。习近平总书记在各种场合强调数字经济、数字发展，就是要高度重视科学技术在中国的重要意义。

1. 中国经济发展的五大风口

中国正在从第一大银行大国转向资本第一大国，中国银行的总资产是300万亿元，是美国的2.5倍。超大型银行的总资产是18万亿元，世界银行是5000亿美元，相当于3万多亿元，所以，中国的资本市场正在形成改革，科技革命的到来为我们资本市场的发展提供了更大的机会。目前的情况下，中国经济发展有五大风口。

第一，中国数以百万亿的无形资产和僵尸资产没有盘活，中国目前面临经济增长阶段的一个重大障碍，已经影响了创新和建设，更进一步地影响下一代的学习。第二，供应链金融支持实体经济。供应链金融能够贴近实体经济，支持实体经济，服务实体经济。第三，将来最赚钱的行业是人的价值管理，其潜力非常大，大健康产业是人的价值的一部分。第四，区块链核算经济，管理价值。第五，未来将从数字资产发展到数字货币。

那么，科技金融将如何被应用在资本市场中？科技金融将广泛应用于资本市场，无论是股票市场，还是金融监管制度，都将发生重大的变化。

全球竞争中的资本市场未来将是整个金融的主战场，特别是进一步的社会分工、整合资源，金融监管都在科技方面，在全球竞争方面显示出科技对于资本市场监管的重要意义，将来会有一些大的券商、大的投资公司在全球发挥作用，并主要呈现出三个特征：一是波动加大，技术股比重加大；二是智能化操作，信息化管理；三是风险与监管技术的提高。

笔者认为，科技革命将对资本市场的监管产生重要影响，监管的民主化、技术化、智能化、市场化将改变监管制度和体系，监管主体、对象、方法、形态将发生重要的变化，监管系统将大量外包，可以将各项监管内容外包给大型科技公司。中国必须改进管理制度。

科技革命引起商品经济向数字经济转化，一个重要的标志就是区块链技术取代会计成为管理与核算价值的工具。归纳起来叫作“未来已来”，股票市场可能终结于通证市场。通证是指股东、员工和客户一体化形成的一个票类。这可能是现代经济、未来经济的趋势。

2. 在经济活动中凸显出人的价值

全球价值链主要是指市场价值链、社会价值链、自然价值链及“三合一”形成的综合价值链。价值是一种对人的有用性，世界是人接收信息的总和，价值也是指人接收的一种对于人的有用信息。因此，价值始终是指人的价值。商品的价值是指商品中包含的人的价值，而消费商品则是产生人的价值。经济增长的核心动力在于人的价值与通过消费创造的人的价值的函数的导数为正，即经济的每个循环的价值量呈现增长状态。

从全球综合价值链来看，市场价值链向高端转移，特别是人口众多的发展中国家价值量大幅度下降，货币金融环境恶化，全球价值链的总量呈现恶化状态，总量呈现递减状态。这种情况的累积将触发全球经济危机。特别是新兴经济体出现了大量的隐性失业，非洲等大多数落后的经济体依靠发展中国家的外部性急剧下降，经济不平衡状态加剧。全球面临价值衰退型危机。这主要是因为特朗普的单边政策、贸易战，以及发展中国家经济政策、社会政策与自然政策的偏差引起的。

中国的价值链在向全球价值链高端发展中受到阻碍。一方面国内主要价值链出现断裂，如P2P爆雷、大量中小企业破产与失败；另一方面，国际上受到美欧日韩澳等多方的干扰，进出口增速下降，价值链出现裂缝，价值外溢严重，出现了“失血”状态。

全球价值链发展需要修复、维护和管理。其根本目标在于不断提高人的价值，实现每个人的价值最大化。一个国家经济发展的核心目标在于发现人的价值、实现人的价值和创造人的价值。而追求每个人的价值最大化，是全球价值链的理想，也是每个人的理想。实现这个目标在宏观上要注重充分就业的货币政策目标。在微观上、制度上要形成实现人的价值最大化的体制机制。在技术上，要充分利用现代信息技术、平台技术和科技革命，推动社会向科学的、民主的、共享的、绿色的、文明的方向发展。因为价值从来都是人的价值，价值从来都是人创造的。

二

大国竞争的核心是科技竞争

科技革命是全球性的，大国竞争的核心是科技竞争。新时代科技革命总体表现为五个方面：

第一，价值革命。由于信息化、智能化、大数据、互联网、物联网、人工智能等的发展，经济社会中的价值体系发生了变化。原来的劳动者、劳动对象、劳动资料构成的传统价值形态转化为立体化、多维化、无形化的价值形态，价值规律发生重要变化，由此引发经济规律、社会发展规律的变化。价值运动的速率发生变化，由过去的线性变化转变为多维几何级数变化，也就是说经济增长和衰退都会呈现几何级数的变化速率，这就导致一国经济体可能在很短时间内出现崩溃式危机，也可能在很短时间内高速发展、创造大量财富。这种变化对宏观调控和防范危机的理论和政策都提出了严峻挑战。在价值规律发生重大变化的背景下，对于国家而言，如果还用传统的经济思维管理经济、调控经济，很可能会发生重大失误。对于企业而言，如果只是延续传统模式，则很有可能在竞争中失败甚至倒闭。对于个人而言，财富可能在很短时间内急剧增长，也可能在很短时间内急剧缩水。在数字经济时代，价值理念由原来的“物以稀为贵”转变为“数以大为贵”。共享经济就是在数字经济时代价值体实现裂变，价值运动呈现几何级数式变化。所有商品分为可共享产品和不可共享产品。可共享产品又可分为有限共享产品和无限共享产品。商品的这种共享性使价值立体化，呈现几何级数式的变化特征。信息科技产品具有巨大的共享性特征，信息科技愈发展，经济发展表现出的共享性就愈强，价值乘数愈大。市场规律是市场机制的一个重要功能，市场运作规律从价格发现转向价值发现，发现共享性经济，从而促进社会经济快速发展。

第二，信息化革命。新一代信息科技引领本轮科技革命的发展，主要包括互联网、物联网、大数据、云计算、人工智能、区块链等，形成信息化革命浪潮。信息化革命将对传统产业产生颠覆性影响。互联网高速发展的十年来，全球经济结构、产业结构发生重要变化。由于互联网的共享性以及其对经济社会资源整合的力量，传统产业由此转型升级，并呈现不断分化的态势。信息化革命引起世界经济格局和结构的巨大变化。例如，对于欠发达地区和落后地区的农民，在传统时代他们的农业生产水平只停留在延续祖先流传至今的经验，与市场经济接轨后的大规模生产、管理、流通、销售，等等，他们并不精通。新科技革命的到来，互联网、移动互联网、物联网、大数据、人工智能等的普及，以及随之而来的社会生产组织方式的变革，将会弥补这一知识鸿沟，使得传统落后地区、滞后产业的生产效率大幅提高。社会生产效率的提高也同样会遍及到广大中小企业、家庭手工业等，从而提高了全社会生产效率，促进经济发展迈上新的台阶。中国正在积极参与信息化革命浪潮，出台一系列政策推动相关领域发展，包括“中国制造2025”“互联网+”行动计划以及人工智能、大数据、物联网等方面的战略规划。这大大提高了中国人的学习速度，社会劳动生产率将得到大幅提升，经济增长的内生动力由此得以加强，中国经济增长将较快由L型转变为U型，走上经济增长的快车道，甚至会出现20世纪90年代那种两位数的增长局面。经济增长规律和价值规律的变化需要引起宏观经济管理部门的高度重视，站在科技革命大视野下管理和调控经济，如果还用以往的经验和传统的经济模型调控经济，势必压制创新，使国家经济蒙受损失，甚至引发经济危机。我国政府应在这方面给予高度重视。

第三，智能化革命。基于AI技术的各种新产品，各类机器人的大规模应用，将引发社会经济生产生活各个方面的变革。各种智能化手段将广泛应用于国民经济，原有的经济结构、经济规模将会发生很大变化，经济效率得到进一步提升，改变了原有的生产组织方式和流程。宏观上，经济发展规律和增长规律将发生变化，社会经济基础产生了根本性变化。其中一个重要变化是机器人对人的劳动力的替代，这使得劳动力的形态、结构、效率、规模发生革命性变化。人的价值的重要性逐渐凸显，传统的劳动价值理论随之发生变化。政治经济学中的“中等收入陷阱”规律将转化为“劳动力价值陷阱”。“劳动力价值陷阱”是指一个国家和地区，在大规模智能化手段的“替代效应”下，如果大量的剩余劳动力不能及时转化为有效劳动力，有可能会出现严重的结构性失业和功能性失业，从而出现经济塌陷，引发经济危机。从这个意义上来说，由于智能化手段的劳动力替代效应，传统的“中等收入陷阱”理论将不再是经济中的重要问题，人的价值管理将成为经济发展中的最重要因素。

第四，新能源革命。新科技革命加快了新能源、新材料的颠覆性创新，能源领域的变革提前到来，并能快速转化为生产力，产生经济效益。新能源革命的发生对传统经济学理论的重大影响是，改变了原有的经济周期运作规律，颠覆了传统经济周期理论。世界经济发展由于受制于能源瓶颈制约而呈现周期性变化规律。经济扩张时期，社会对于能源的需求大幅提升，但传统自然资源和能源供给规模相对有限，这就使得生产资料价格上涨、供给不足，导致经济进入衰退期，形成经济周期。新能源革命带来的新能源、新材料的大范围使用，将对传统能源、材料形成能源替代效应，这将打破传统意义上的经济周期变化规律。用传统的经济周期理论解释现代经济将变得越发困难。国家宏观经济管理工作将由此受到重要影响，以往惯常使用的“逆周期调控理论”将失效，甚至会对国民经济运行产生破坏性影响。新科技革命酝酿新的经济发展规律，呼唤新的经济周期理论。

第五，社会革命。综上所述，新科技革命通过价值革命、信息化革命、智能化革命和新能源革命，改变了生产力、生产关系、生产方式，使得经济学从最基础意义上发生改变，改变了价值规律、经济发展规律和增长方式，经济基础和经济制度发生根本性变化，引发社会变革。当今社会，国际冲突频发，经济危机、金融危机时有发生，在国际关系日益紧密的同时，地区之间、国家之间的矛盾与争端也不断加剧，尤其是，近年来发生在中美两国的贸易争端。在此背景下，我们必须高度重视科技革命对社会层面的巨大冲击。特朗普对中国发动贸易战的根本原因是，中国科技的快速发展和生产力水平的不断提高，经济规模快速增长，经济发展质量不断提高，将动摇原有世界政治格局下的经济基础。

综上所述，当前全球价值链发生了很大变化，世界经济和国际形势进入新常态，原有国际竞争格局加剧。

三

FTM空间站计划

党的十九大报告指出，加快建设制造强国，加快发展先进制造业，推动互联网、大数据、人工智能和实体经济深度融合。要以推进供给侧结构性改革为主线，结合实施“中国制造”和“互联网+”，加快建设和发展工业互联网，促进新一代信息技术与制造业深度融合。按照《国务院关于深化制造业与互联网融合发展的指导意见》等要求，进一步建立健全多元化金融服务体系，大力推动金融产品和服务创新，加强和改进对制造强国建设的金融支持和服务，中国人民银行、工业和信息化部、银保监会、证监会联合发布关于金融支持制造强国建设的指导意见。

当前我国制造业仍存在大而不强，创新能力弱，关键核心装备与高端装备对外依存度高等问题。金融对制造业支撑不足，“脱实向虚”趋势加剧影响制造业的长期发展。郭燕青和李海铭（2019）则利用省级面板数据从各个方面研究证实了科技金融对制造业效率的低影响[9]。

国内的现状是科技、金融、制造业三张皮互不联通。品牌、商标、专利等知识产权及无形资产规模小、成本高、融资难、周期长；政策支持及市场机制不完善、核心技术、关键装备、专业人才不足、资金支持和引导不到位，导致了科技成果转化效率低下等诸多问题。

国际现状是美国高度重视全球价值链与全球供应链的管理与实施，并形成金融战略。充分利用跨国公司，统筹全球价值链，金融支持制造业在技术、市场、人才方面占领制高点。同时，美国、日本、德国政府的大量技术外包与产品外包催生了一批跨国公司和伟大的制造企业。

面对当前美国单方面挑起的贸易战和复杂严峻的内外部形势，为贯彻党的十九大精神，围绕构建现代化经济体系和制造业高质量发展的要求开展研究，主要包括三方面的主要任务：一是如何更加坚定更加深入地推进制造强国战略；二是为中国制造战略开展顶层设计，提出战略建议，为制造强国中长期建设指明方向；三是为“十四五”期间制造强国建设提出咨询建议，对中国制造后半程提出工作建议。

中央精神、历史诉求、国际国内现状、现实需求都要求我们关注金融支持制造强国。在此机遇与挑战并存之下，FTM空间站计划应运而生。

（一）建设思路

1. 实现产业、金融、科技互联互通，实践金融科技赋能，建立体系化可升级迭代的工作框架，遵守图3-1所示的指导原则。

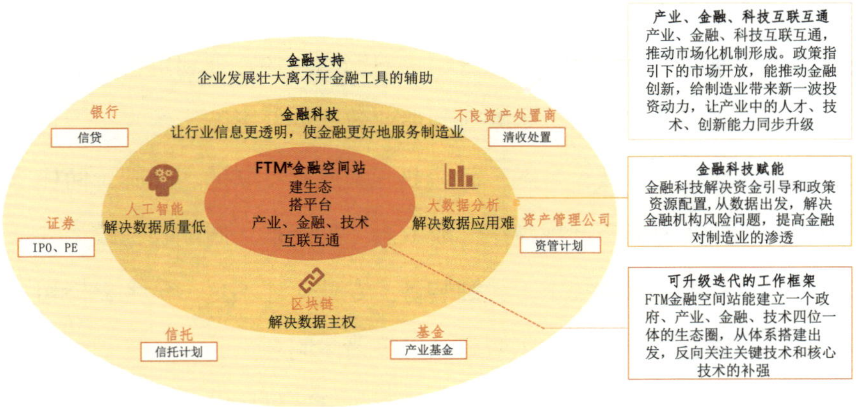

图3-1 FTM金融空间站指导原则

2. 从政策资金引导、对企业和金融机构形成信息反馈和政策赋能三个层次，如图3-2所示，形成政府赋能，打造FTM金融空间站。

图3-2 从政策资金引导、对企业和金融机构形成信息反馈和政策赋能三个层次

3. 市场开放：引入市场化机制，部分核心能力外包给一流的金融科技服务商。

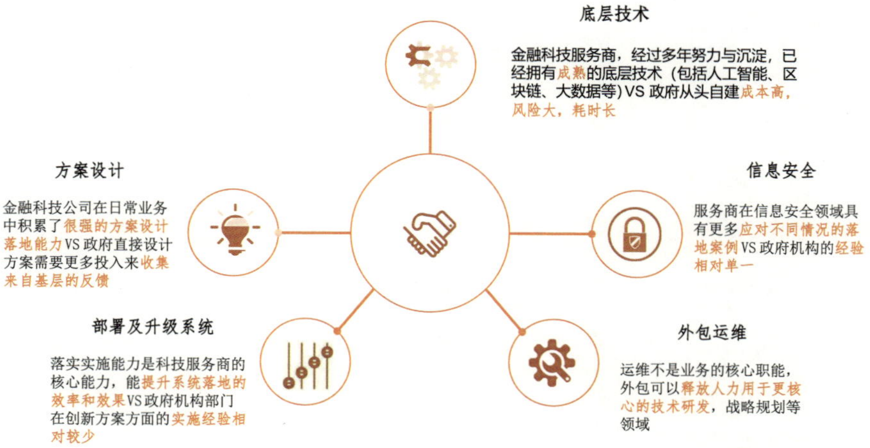

图3-3 FTM空间站外包技术构想

4. 数据生态：设立多个强入口，充实有效数据。数据引导政策资源，提升风控水平，并形成金融赋能。

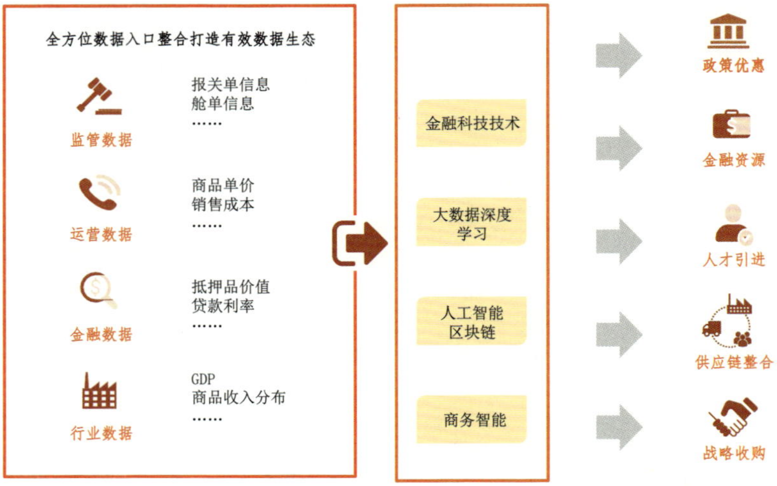

图3-4 有效数据生态的全方位数据入口

5. 企业形成量化评级：引入智能制造指标体系，依据评级结果差异化提供政策支持。

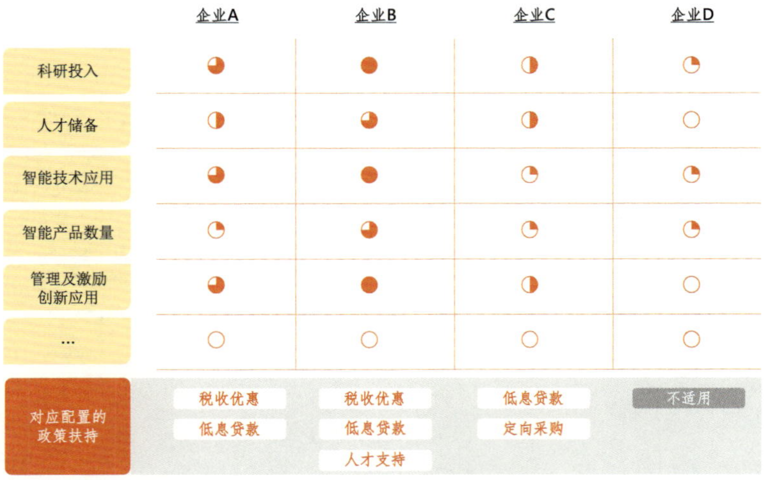

图3-5 企业量化评级标准

（二）实施步骤

三步走打造FTM空间站，如图3-6所示，配合国家实现制造强国整体目标。

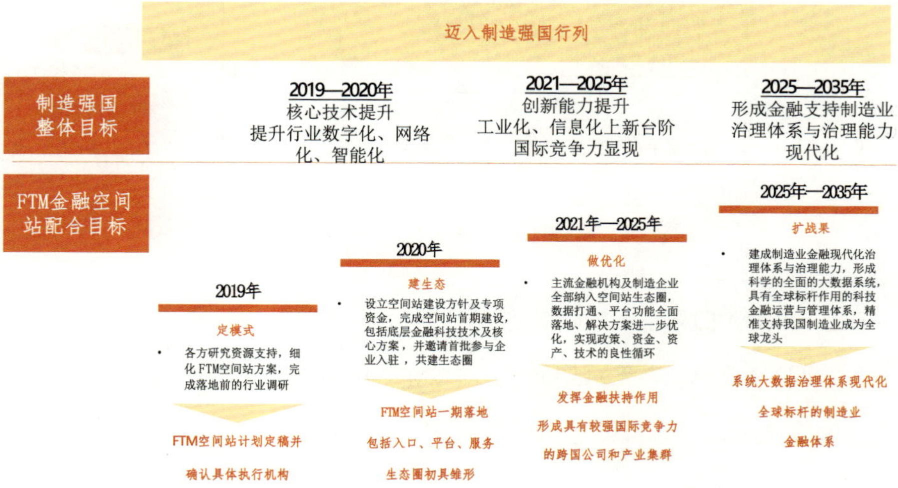

图3-6 FTM空间站实施步骤

（三）方案构架

FTM空间站通过四大入口、四大平台、四大金融解决方案重塑行业，实现智能制造金融赋能。

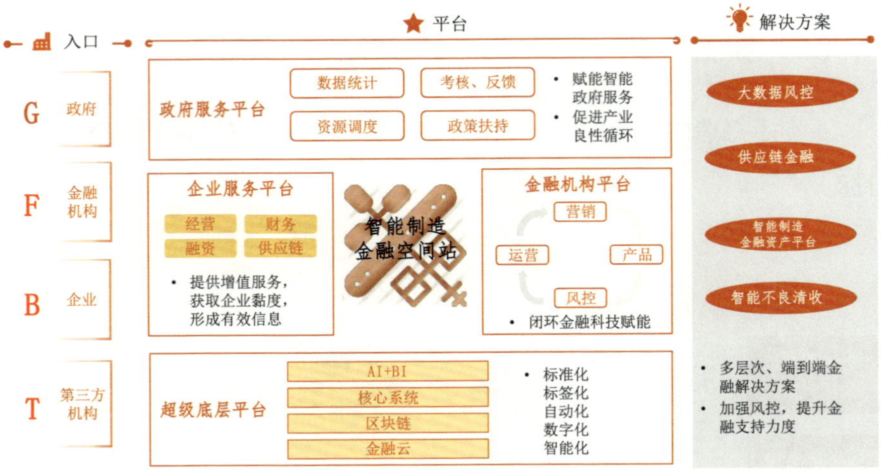

图3-7 FTM空间站平台方案架构

1. 四大入口

如图3-8所示，在形成黏性后，FTM空间站建立企业画像，提供多层次金融支持。

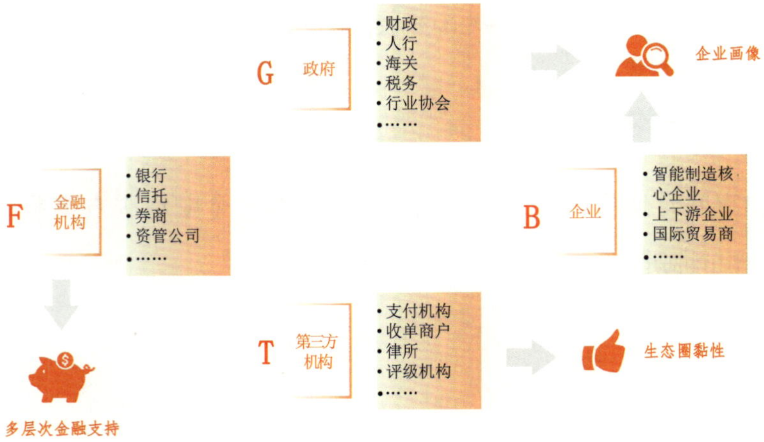

图3-8 FTM空间站四大入口

(1) 政府入口

如图3-9所示，FTM空间站基于区块链的信息共享，打通财政、海关、税务、工商、人行、行业协会等，建立企业画像，驱动金融创新。

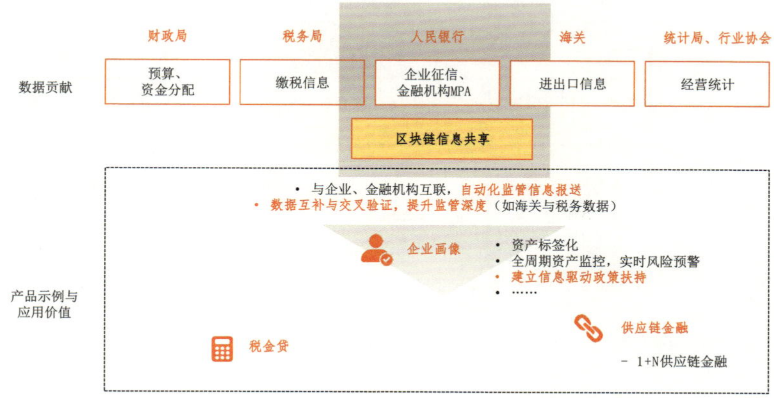

图3-9 FTM空间站政府入口构架图

(2) 企业入口

如图3-10所示，FTM空间站进行资产导入，梳理关联图谱，实时风险预警，孵化创新金融产品。

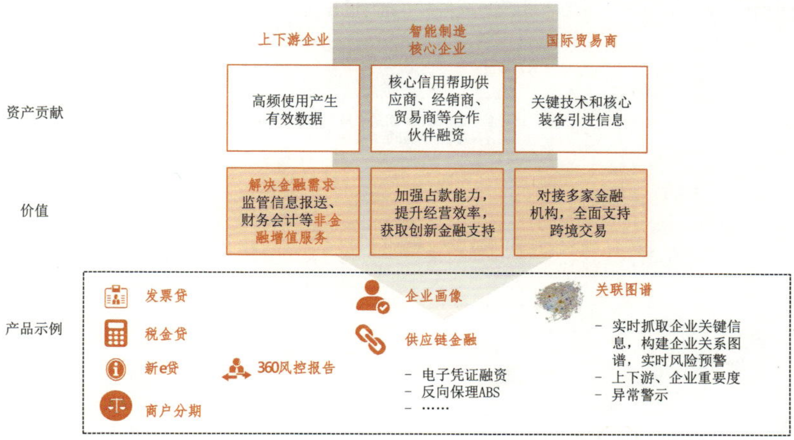

图3-10 FTM空间站企业入口构架图

（3）金融机构入口

如图3-11所示，FTM空间站通过资金支持，依托金融科技提升客户见解，加强风控水平，扩大金融支持。

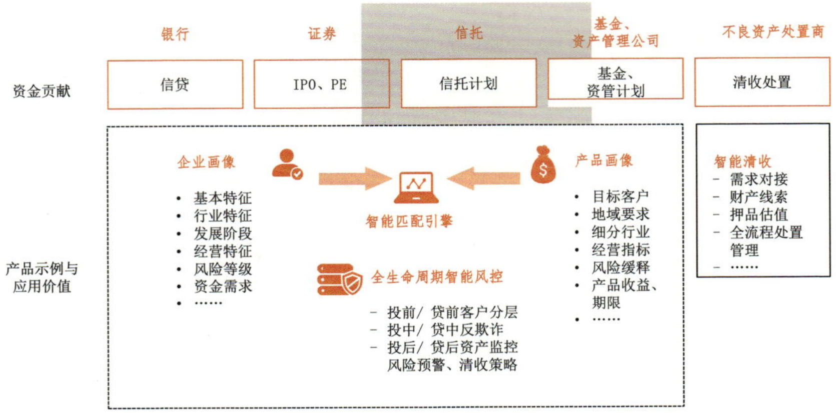

图3-11 FTM空间站金融机构入口构架图

（4）第三方服务入口

如图3-12所示，FTM空间站通过聚集会计师事务所、律所、评级机构等服务机构，依托空间站围绕金融产品提供服务，提升服务体验。

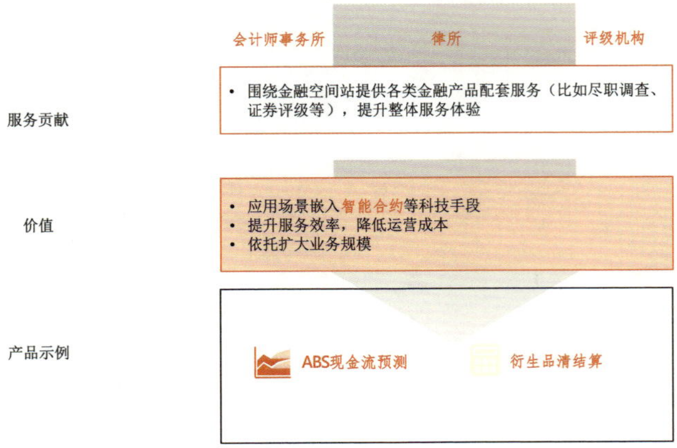

图3-12 FTM空间站第三方服务入口构架图

2. 四大平台

四大平台包含有政府服务平台、企业服务平台、金融机构平台与超级底层平台，四大平台通过金融科技赋能，运营资金与资产，构建生态圈。

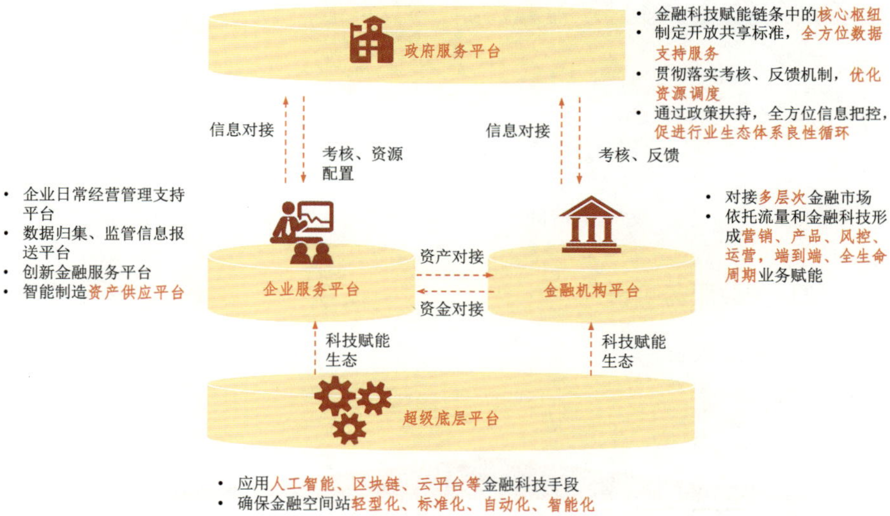

图3-13 FTM空间站四大平台构架图

（1）政府服务平台

政府服务平台是对政府机构提供数据统计、企业及金融机构考核、反馈全方位支持服务的平台。

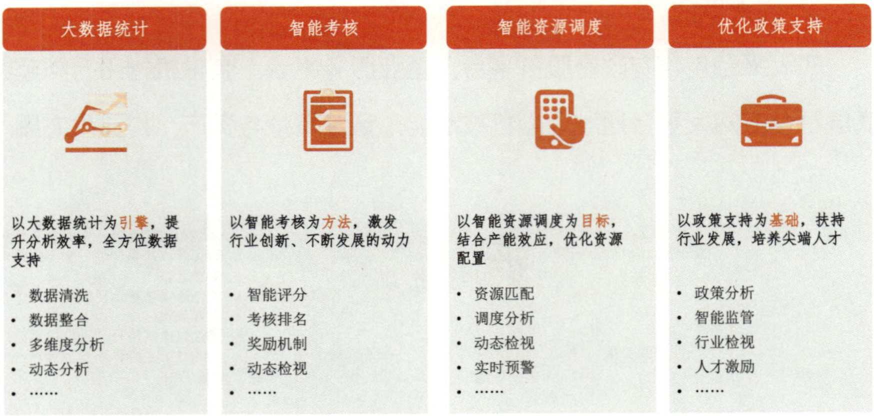

图3-14 FTM空间站政府服务平台功能构架图

(2) 企业服务平台

①构建四大应用，打通三流三链，推动产业升级和科技创新，建立企业服务平台。

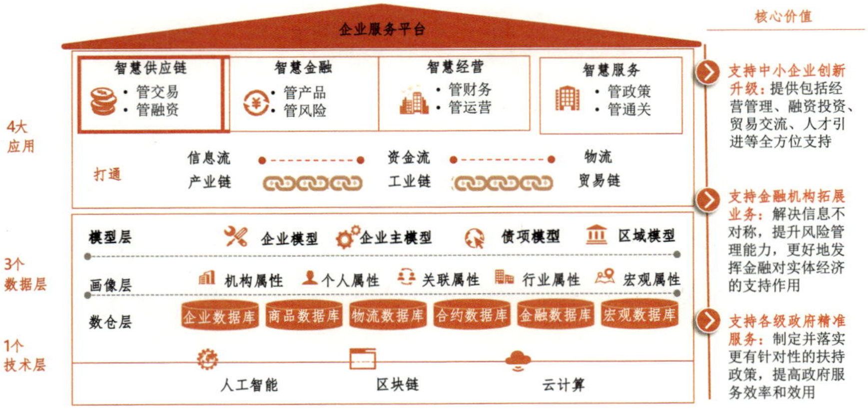

图3-15 FTM空间站企业服务平台应用功能构架图

②智慧供应链，透过底层区块链技术，应用电子凭证，形成可拆分、多级流转，扩大融资规模。

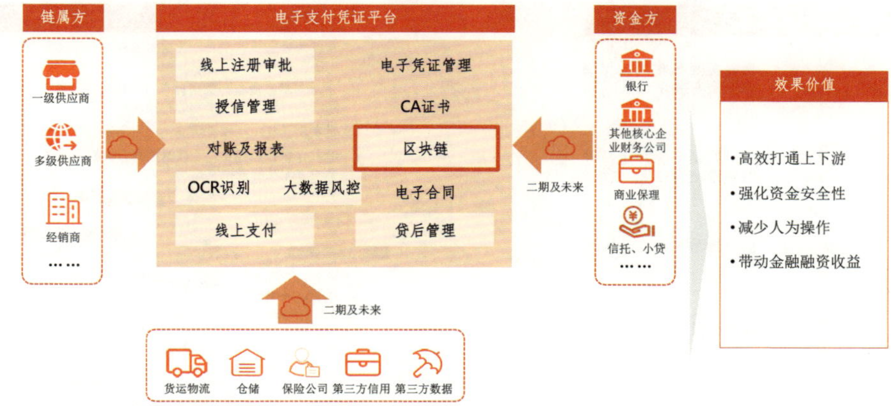

图3-16 FTM空间站企业服务平台智慧供应链业务流程图

③供应链金融对接ABS等多元化资金渠道，打通端到端流程闭环。

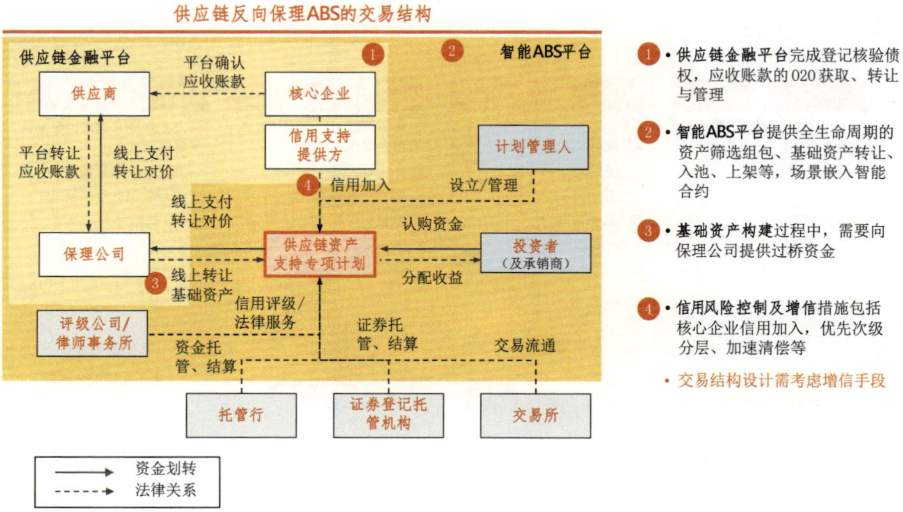

图3-17 FTM空间站企业服务平台供应链反向保理ABS的交易结构

④保证数据在加密的条件下不同机构间的数据核查及比对，数据共享并可维护各个机构的数据主权。

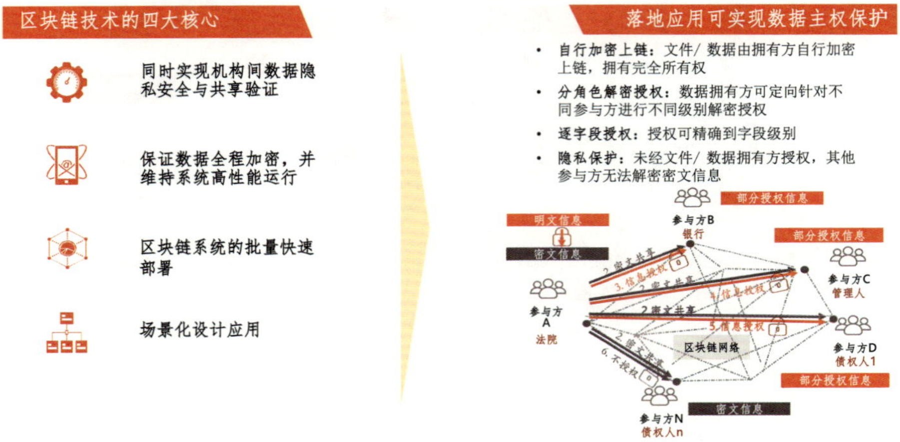

图3-18 FTM空间站企业服务平台区块链技术的应用

⑤提供企业日常经营管理支持、数据归集和报送依据大数据风控，对接创新金融服务。

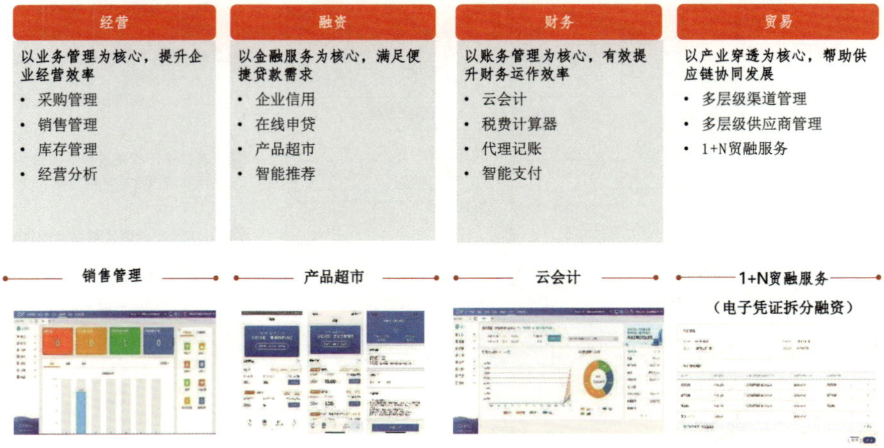

图3-19 FTM空间站企业服务平台功能应用及设计

⑥开发场景化产品，基于入口流量，开发线上、智能、短期小额高频产品。对接金融服务平台，推送给金融机构，例如图3-20所示。

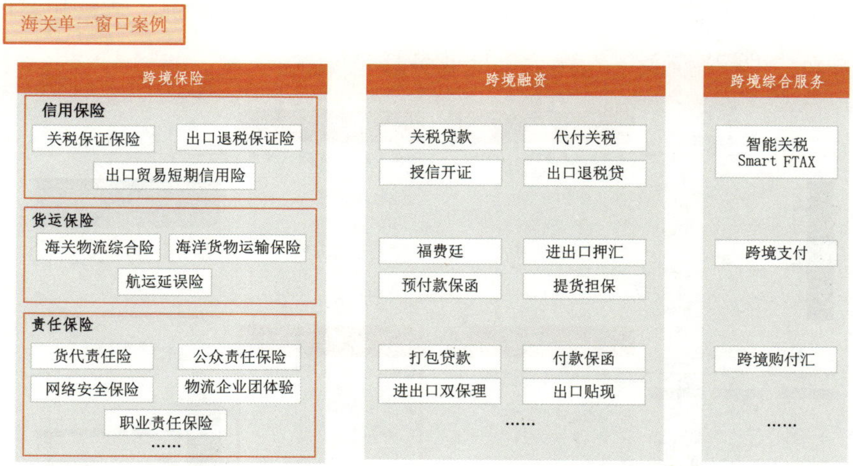

图3-20　FTM空间站海关单一窗口在企业服务平台的应用

（3）金融服务平台

金融服务平台是从资产标签化、全金融业态、全生命周期覆盖三方面来设计的，如图3-21。

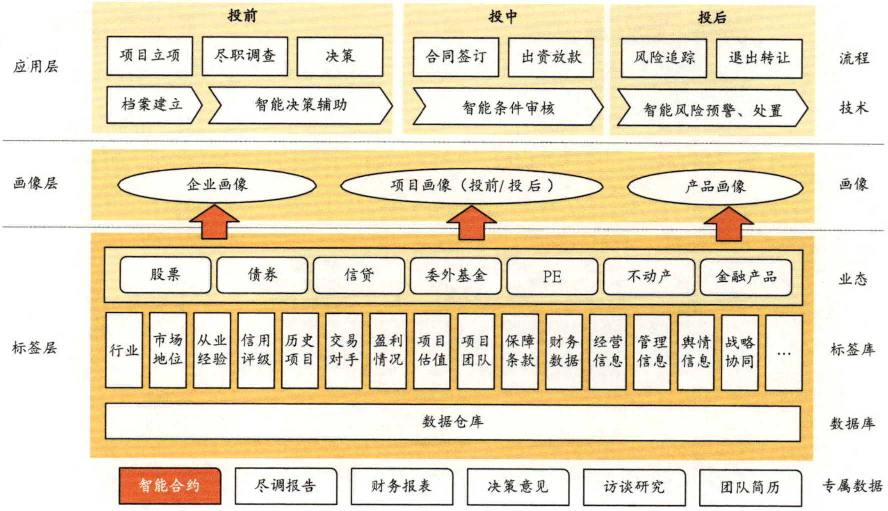

图3-21　FTM空间站金融服务平台设计构架

平台对接行业资产，应用金融科技手段，从营销、产品、运营和风控四方面，进行端到端、全生命周期业务赋能。

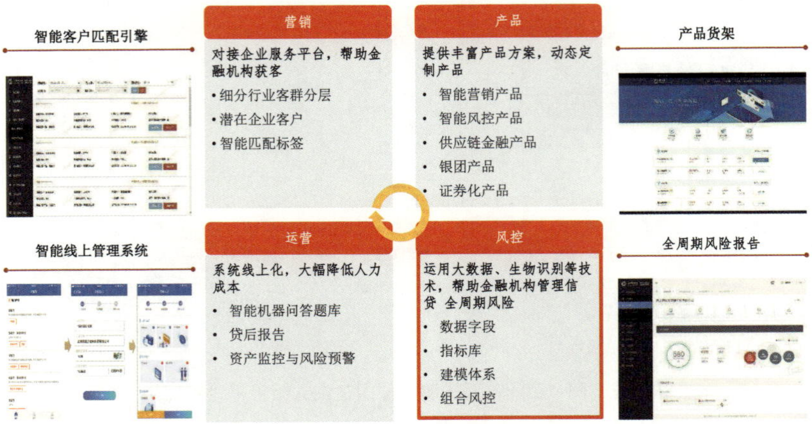

图3-22 FTM空间站金融服务平台功能设计图

同时，针对金融机构的服务平台，设计了一整套的智能风控解决方案，如图3-23，确保系统安全稳定运行。

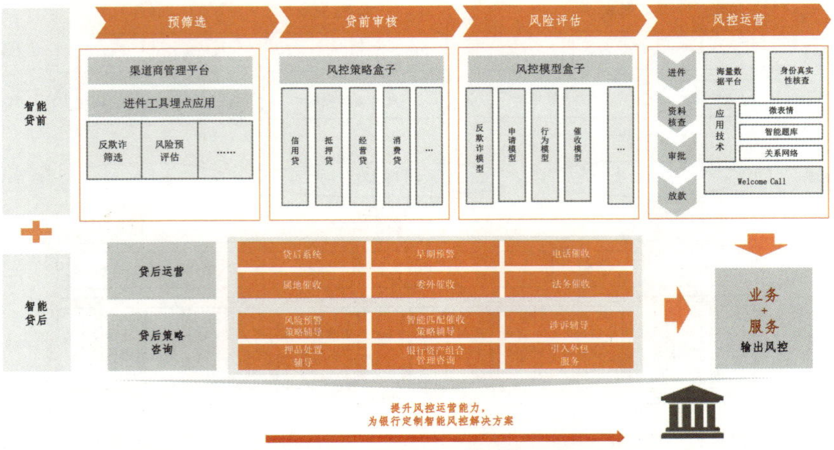

图3-23 FTM空间站金融服务平台智能风控解决方案架构图

透过智能风控达成银行贷前反欺诈与贷中的信贷审核，如图3-24所示，执行企业主征信评分。

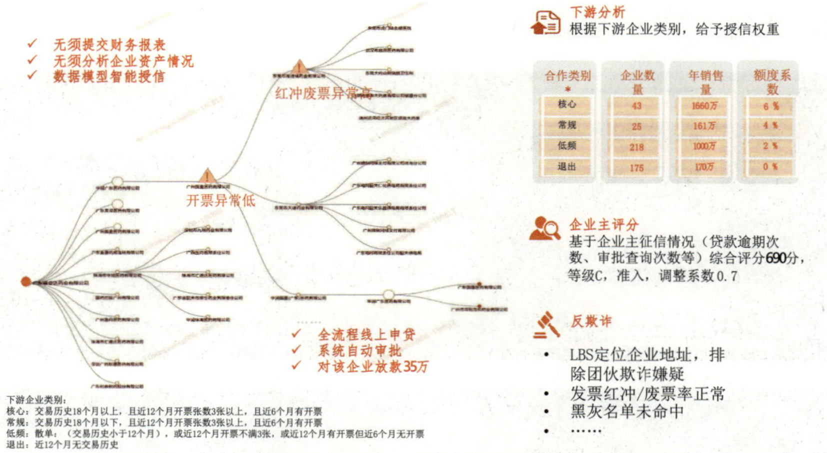

图3-24 FTM空间站金融服务平台贷前智能风控审核流程图

在风险控制方面，大数据风控贷后实时预警风险提示，客户端实时抓取企业关键信息，构建企业关系图谱，深挖隐性风险，打造全面企业关系网络，掌握信息全貌，实现风险预警。

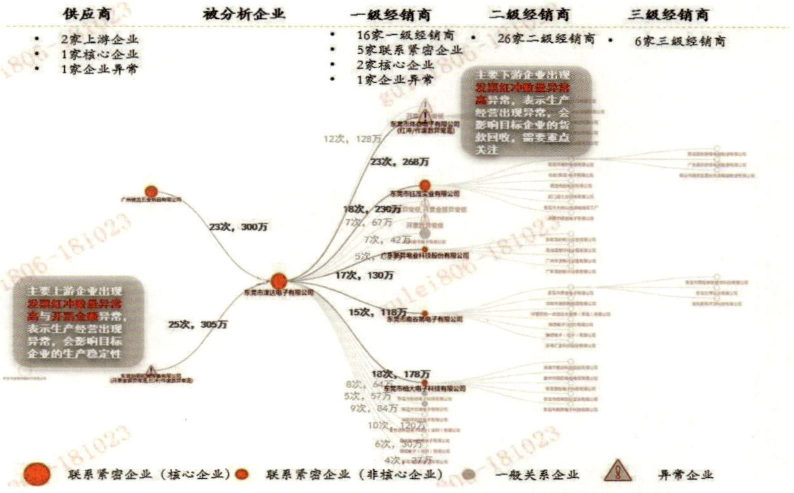

图3-25 FTM空间站金融服务平台贷后智能风控审核流程图

平台依托智能合约收集要素整合标签，与底层资产实时追踪形成联动，实现了资产精准追踪的目的。

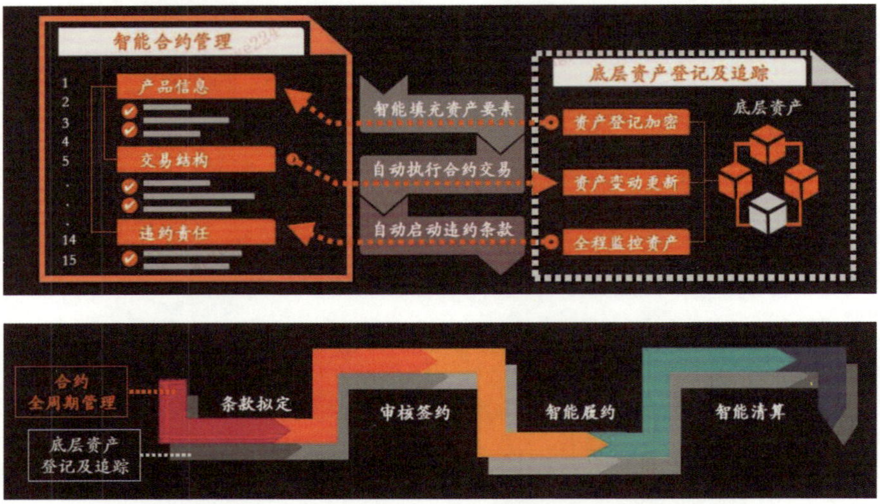

图3-26 FTM空间站金融服务平台智能合约与底层资产互动流程

通过下面的场景应用示例，如图3-27，体现了该系统的应用。

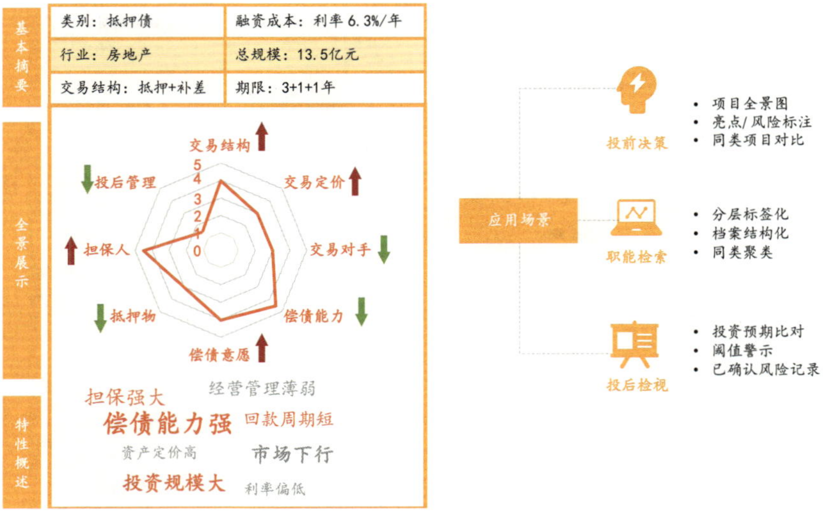

图3-27 FTM空间站金融服务平台案例

（4）超级底层平台

超级底层平台是融合AI+BI、核心系统、金融云、区块链等技术的新型平台，确保FTM空间站的轻型化和智能化。

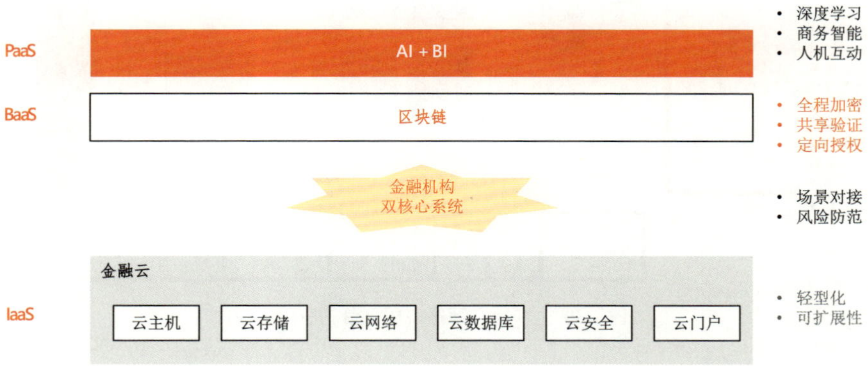

图3-28 FTM空间站超级底层平台设计构架图

①AI+BI系统，该系统通过自然语义识别，形成全流程、实时监控及风险预警提示，加强风控水平，提升资产流动性；客户画像，形成智能投顾。

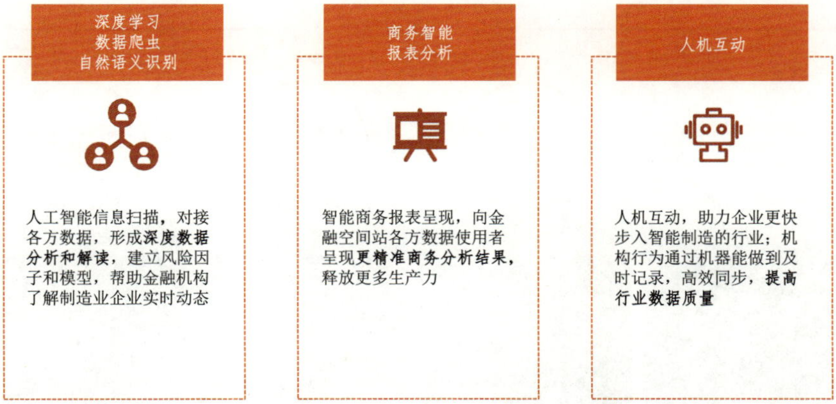

图3-29 FTM空间站超级底层平台AI+BI设计图

②区块链系统，全加密框架，确保数据隐私管理。

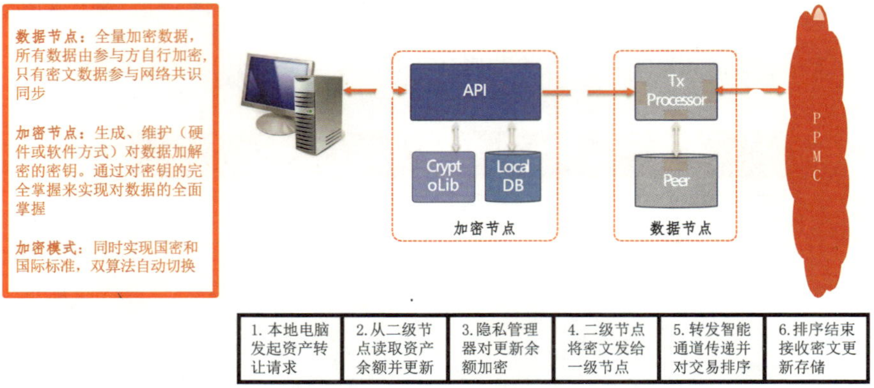

图3-30 区块链在超级底层平台的应用

在平台的区块链系统中，采用了FiMAX系统，该系统提供业界领先的功能与性能并注重商业场景的应用支持。该系统技术优势明显，不用看到交易记录也能认证，相较于比特币验证时公网可以看到该账户的每一笔交易记录和余额。

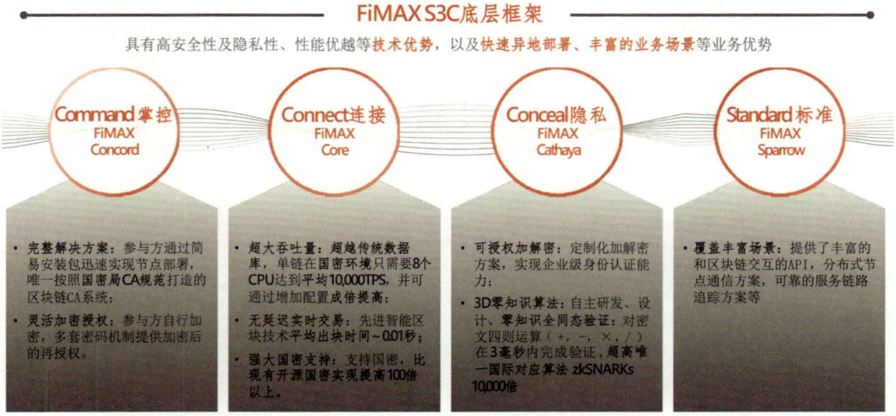

图3-31 超级底层平台FiMAX S3C底层框架技术的应用

超级底层平台通过区块链可授权加解密。按不同需求，分角色、逐字段授权解密的定制化加解密方案，充分保障数据拥有方的隐私安全。

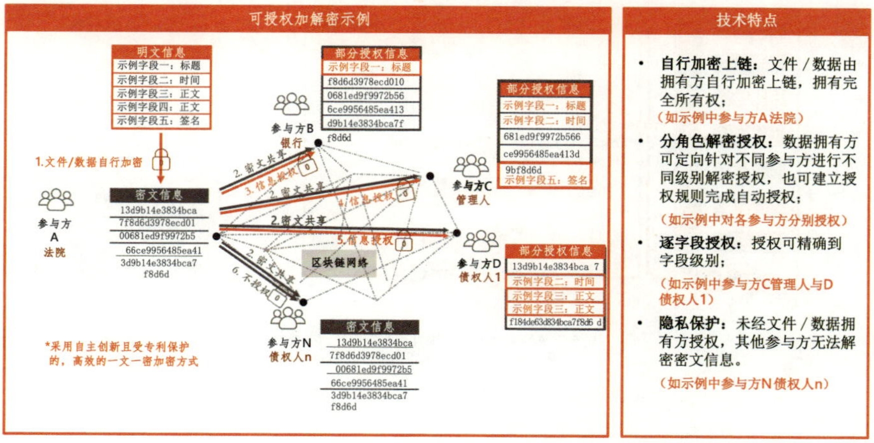

图3-32 超级底层平台的可授权加解密示例以及特点

平台的C端数据拥有方可通过手机APP/PC灵活管理授权，在CA证书认证的加持下，确保其对自身数据的完全掌控力。

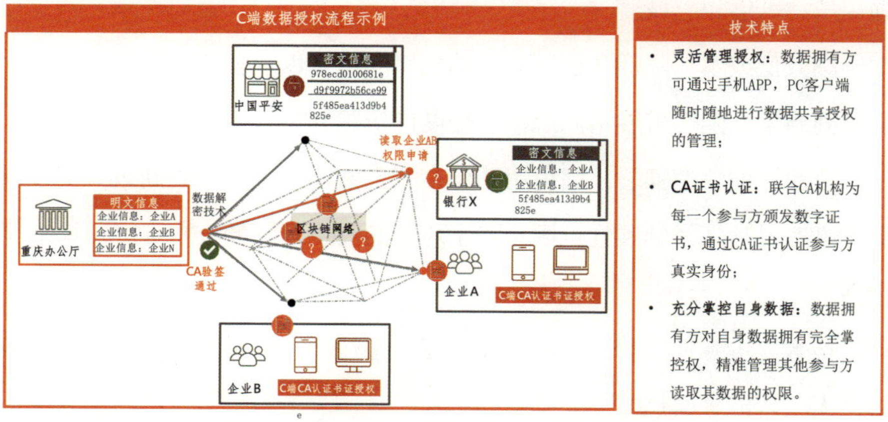

图3-33 超级底层平台的C段数据授权流程示例以及特点

③核心系统，推行双核心轻型化转型，一方面确保稳定性、全流程管

理，把控系统风险，另一方面对接业务场景，赋能产品创新。

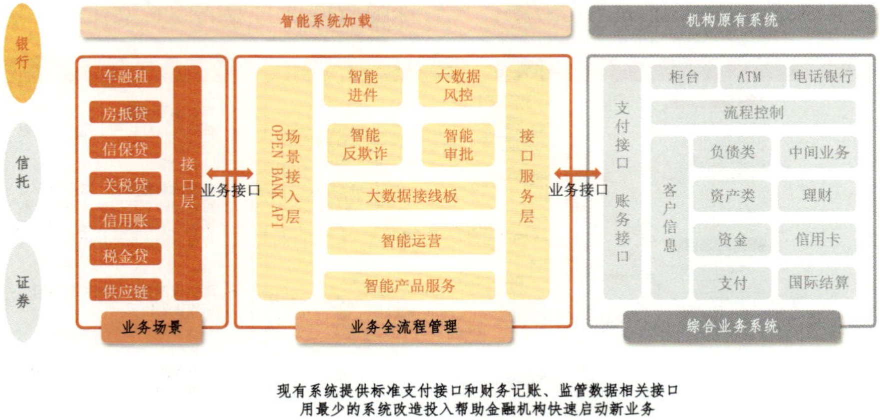

图3-34 超级底层平台在机构原有系统进行智能化后的功能展示

核心系统拥有五大特征：

产融协同：构建线上线下全渠道整合+与多样化产业生态圈，连接打通产融整合能力，助力接入业务场景生态；场景化个性定制服务，有效增强用户活跃度和忠诚度。

高效低成本：降低开展新业务的试错门槛，以及创新业务的边际成本与时间周期。随需扩展资源规模，提高IT资源利用效率。

灵活轻便快速部署：高可用的分布式云架构。确保实施高效，上线便捷，高度灵活性及延展性，满足自主可控的需求，降低技术难度及运维复杂性。

技术先进弹性支撑：高度并发、随时在线、实时互动、结合大数据分析、人工智能等科技能力。

合规、安全、可靠：机房与网络达到国家A级，满足合规性、智能化运维工具的要求。

④金融云系统，该系统通过弹性架构，按需扩展。通过物理架构部署，达到保障网络、数据隔离的目的，保护服务器、数据安全。

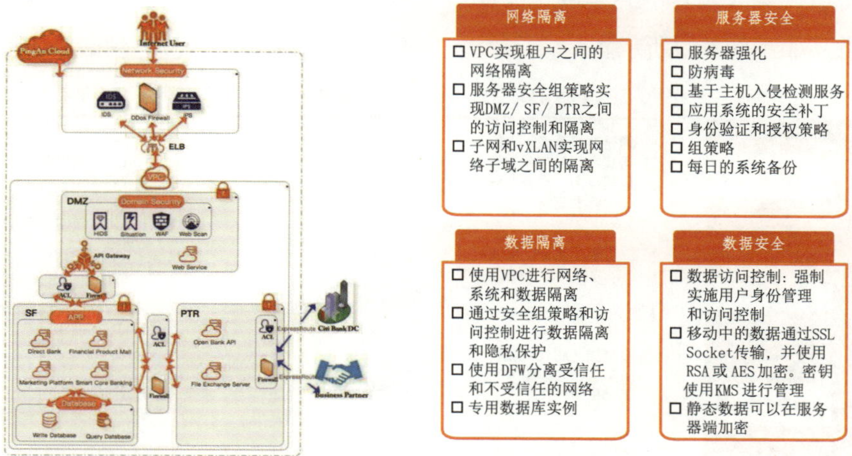

图3-35 超级底层平台的金融云系统的功能特点

通过以上技术，超级底层平台能够助力行业打破闭环业务形态，实践开放合作体系，真正实现共赢未来。

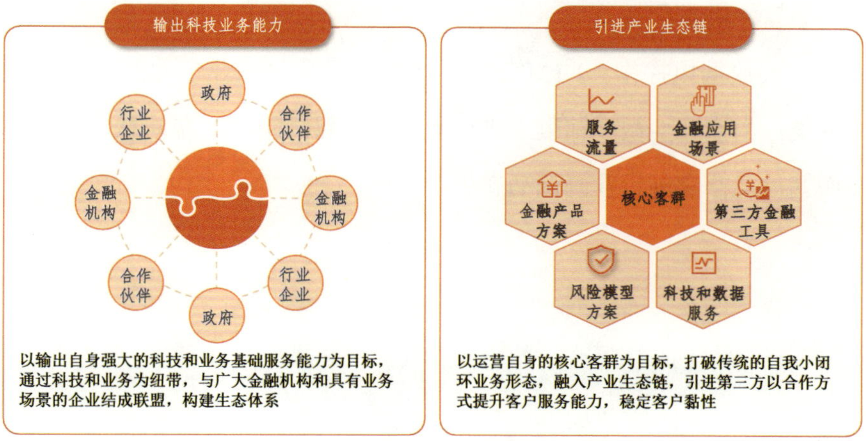

图3-36 超级底层平台的金融云系统的未来优势

3. 综合解决方案

FTM空间站计划针对大数据风控、供应链金融、智能制造金融资产平台、智能不良清收这四个方面，通过不同的技术应用，解决了应对的痛点，如下图3-37所示。

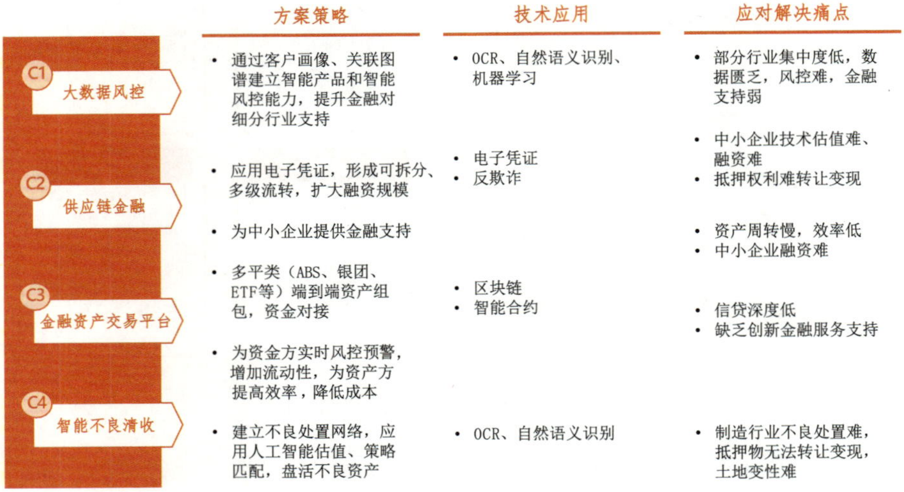

图3-37 FTM空间站从四大方面进行大数据风控

（1）大数据风控

在大数据风控中，FTM空间站计划探索细分行业企业画像，参照国标分类，由宏观至微观精雕三级行业划分类目，结合宏观信息、行业特征及舆情信息，实现行业画像动态更新。

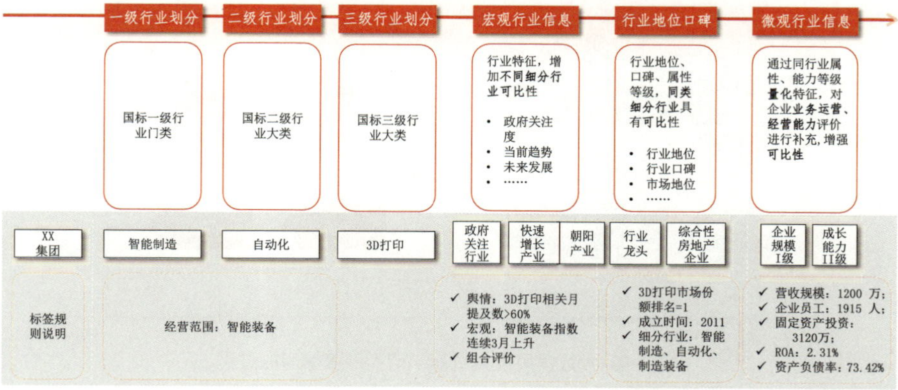

图3-38 FTM空间站从探索细分行业企业画像进行大数据风控

①对客户群体进行细分，按照所在行业、企业规模对坏客户样本进行分类，分别进行模型训练，针对不同类型的企业产生一套特定的有效信号、风险事件的触发规则，使得模型更有针对性，评分更加准确。

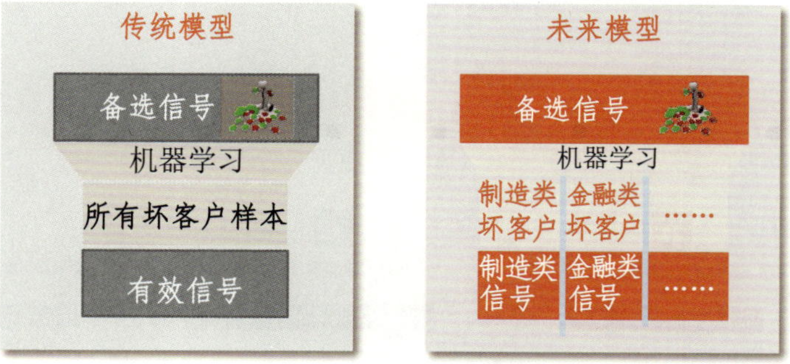

图3-39 大数据风控在企业客户分群中深度学习

②机器学习向深度学习进化，采用行业领先FNN算法，深度地挖掘特征之间的组合及高阶交互关系，有效提升预测精度，准确预测企业违约风险。

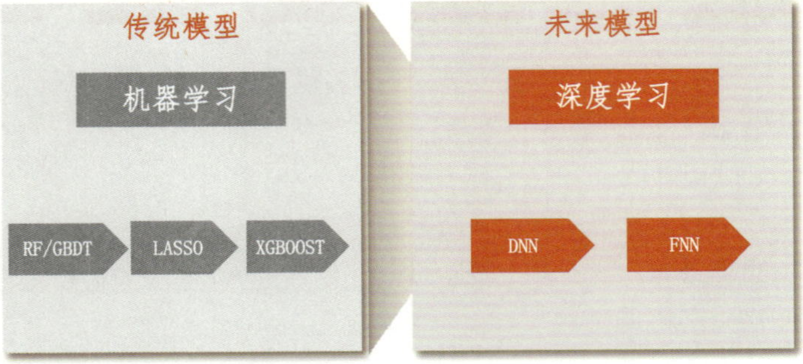

图3-40 大数据风控从机器学习到深度学习的过程

以下面三家公司的智能制造定制为例，通过大数据风控系统，能够提高企业的生产效率，减低企业的经营成本。

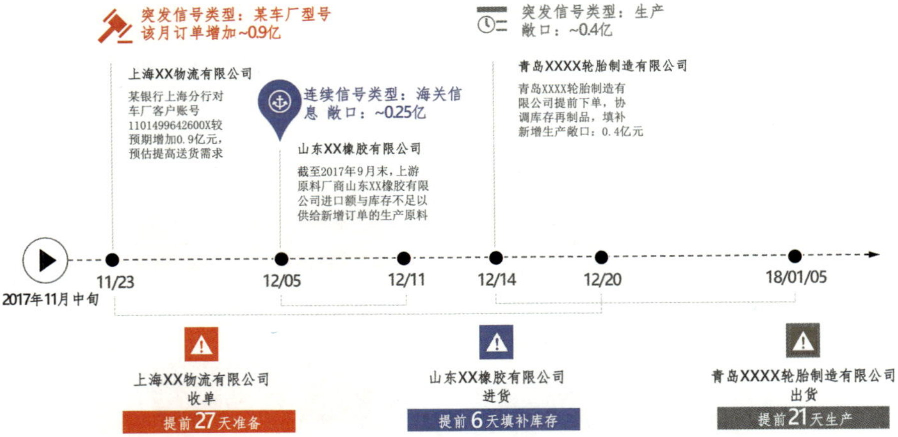

图3-41 大数据风控系统的智能制造定制案例

（2）供应链金融

针对供应链金融，FTM空间站计划的智能ABS功能能够快速生成标准资产，缩短发行周期，提升融资效率。

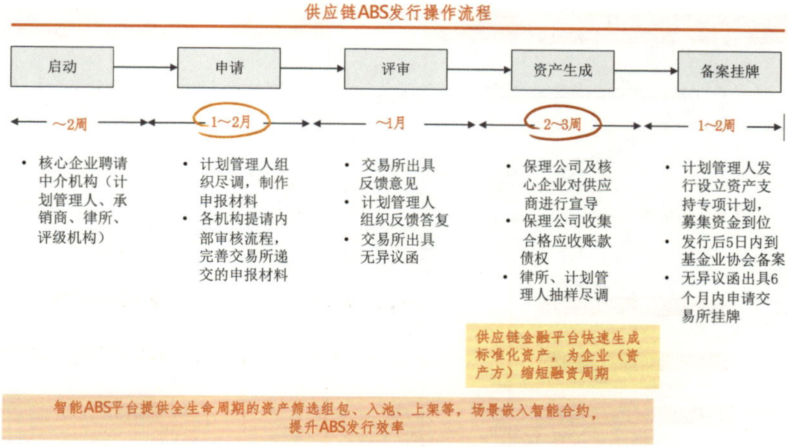

图3-42 供应链ABS发行操作流程

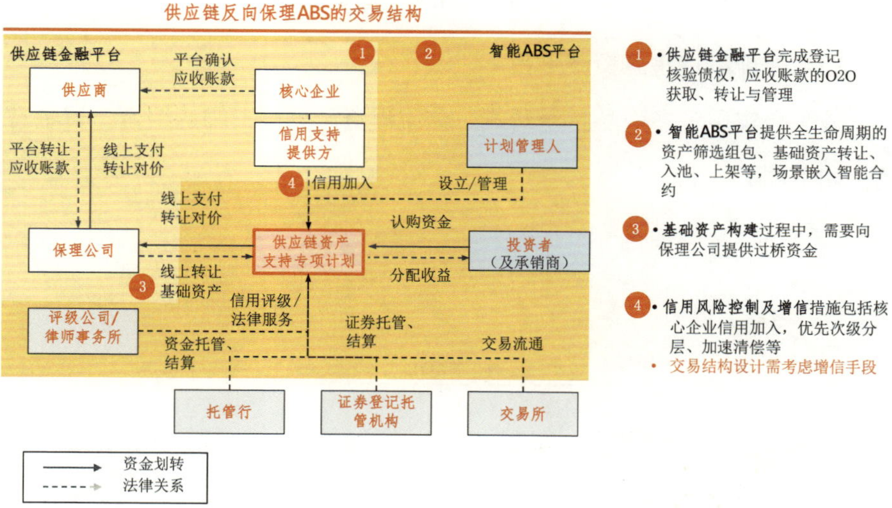

图3-43 供应链反向保理ABS的交易结构

以下面香港贸易金融平台为案例如图3-44，智能ABS平台提供全生命周期的资产筛选组包、入池、上架等，场景嵌入智能合约，提升ABS发行效率；对接ABS等多元化资金渠道，打通端到端流程闭环。

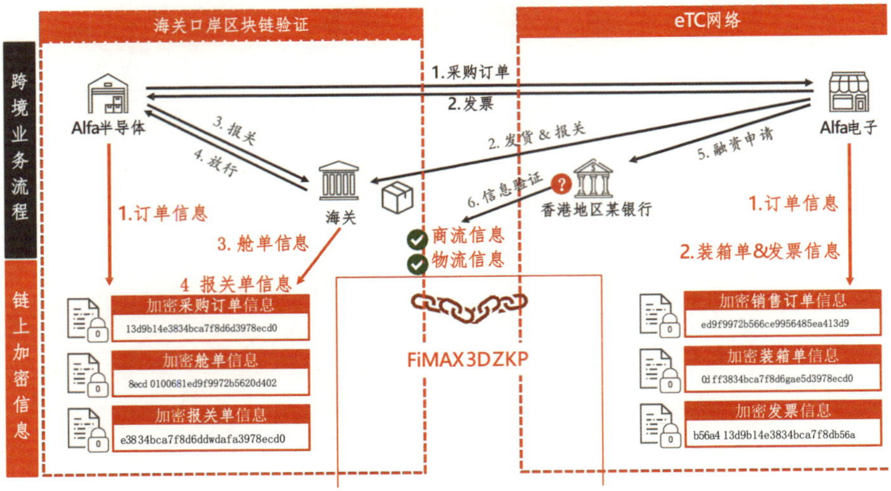

图3-44 供应链金融的香港贸易金融平台案例

(3) 智能制造金融资产平台

该平台实现了多产品、一站式、全流程资产登记、筛选组合、资金营销，如下图3-45所示。

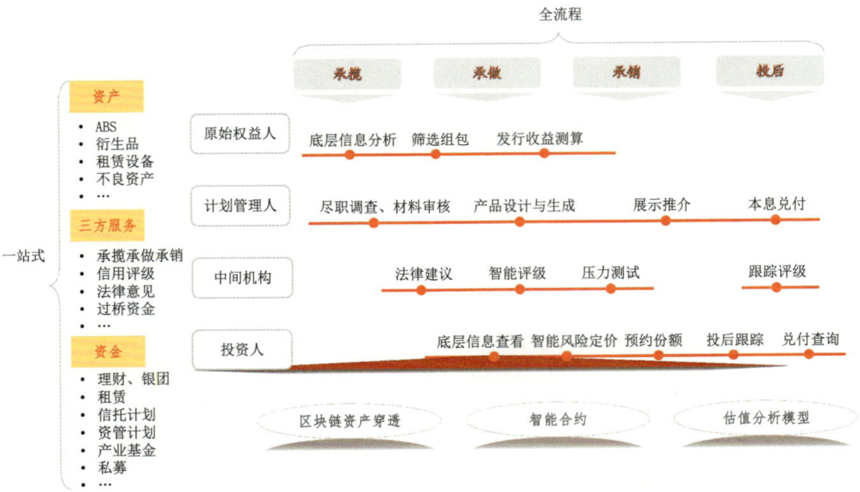

图3-45 智能制造金融资产平台的设计架构

以ABS为例，如下图3-46所示，该平台为生态圈各方，提供了精准登记核验债权、智能合约制作各类审批流程文件、快速形成标准化资产的功能。

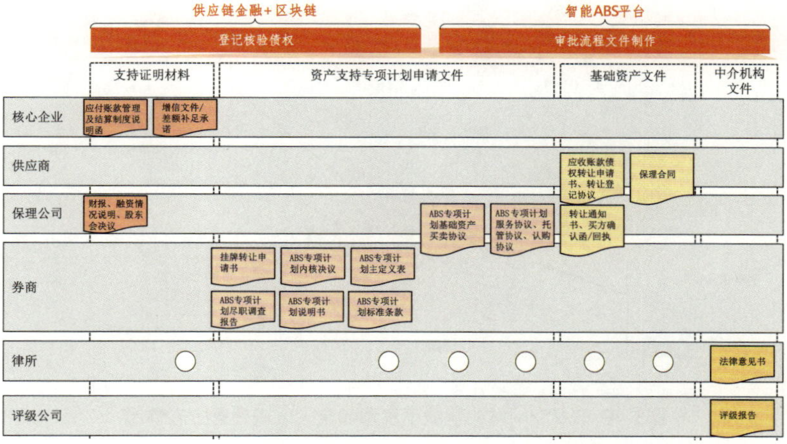

图3-46 ABS在智能制造金融资产平台的应用案例

(4) 智能不良清收

①建立全生命周期处置管理，形成智能估值、智能处置策略和智能代理匹配。

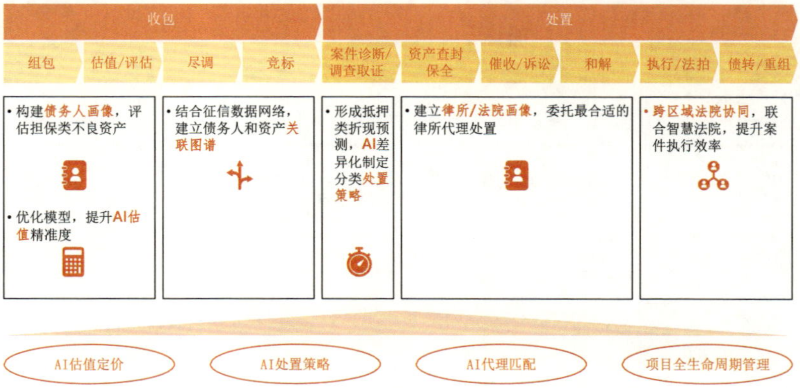

图3-47 FTM空间站的智能不良清收流程图

②建立处置网络和不良清收生态

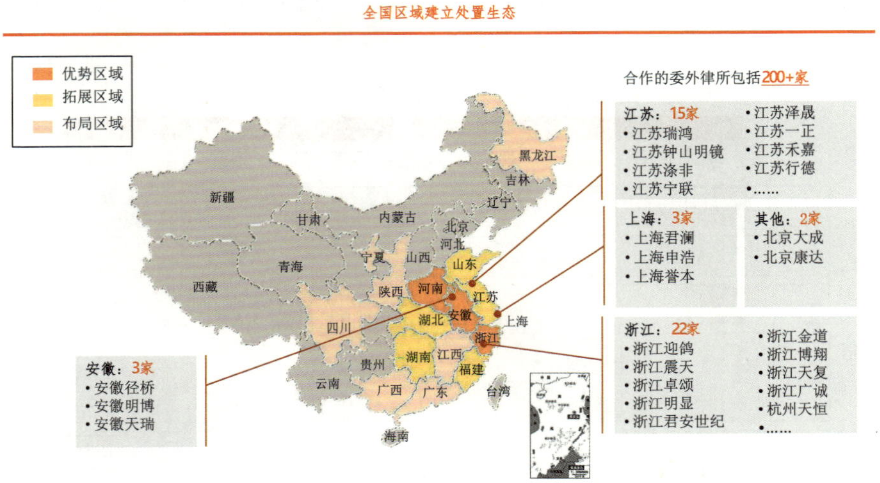

图3-48 FTM空间站的智能不良清收全国区域处置生态情况

（四）方案价值

1. 扩大服务范围、差异化赋能、加强风险管控与提升服务体验。

图3-49 FTM空间站科技金融的重要性与意义

2. 契合国务院对课题的全面性、市场性及开放性的要求。

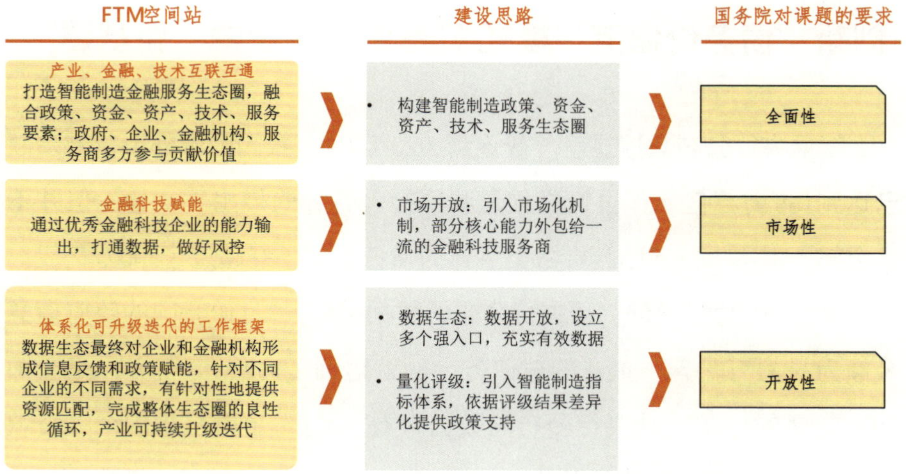

图3-50 FTM空间站建设思路符合国家发展方向

3. 构建智能制造政策、资金、资产、技术、服务生态圈。

（1）促进产业、金融、科技互联互通：空间站从入口、平台、解决方案三个层面，将政策、资金、资产、技术融于一体，实现互联互通。

（2）金融科技赋能：金融科技是空间站的核心赋能技术，依托区块链、大数据及人工智能解决金融业痛点，实现金融支持产业的最终目标。

（3）体系化可升级的工作框架：空间站对各参与企业及机构采取量化评测制，实现体系化可升级运作。

四

创新“债务价值链”模式 打造制造业金融“新基建”

根据央行公布数据显示，截止到2020年3月，我国的本外币贷款余额已达到165.97万亿元。虽说贷款是我国社会各界的最主要负债，但并不是全部。事实上，我国社会各类主体的债务总额已经超过了300万亿元，是我国GDP总量的3倍。从央行公布的数据来看，3月份我国的政府债券余额为39.31万亿元。企业的总债务余额就达到了152.81万亿元，是我国GDP总量的1.5倍。从央行公布的数据来看，3月份金融机构的个人贷款余额为56.53万亿元左右，比企业的债务要少得多，同时又高于政府的债务。民间借贷大约10万亿元。如何盘活300万亿的债务存量，优化债务价值结构，化解债务风险，全面提升债务价值链水平和效率，已经成为国家级重要难题与课题。

经历全球性新冠病毒“大疫情”，制造业金融生态与价值函数发生重要改变。其中影响最大的是债务价值函数与生态发生了根本性的变化。债务总量将急速上升，债务结构变得更加复杂，债务风险加大，酝酿着大危机的导火线。从债务价值管理方面认识中小企业融资问题，创新市场制度与金融制度，是解决我国目前制造业金融困境，支持制造业金融高质量发展的重要创新。需要重新认识与评估企业、政府、个人的资产负债表的质量与结构，充分利用区块链的功能和优势，创新“债务价值管理+区块链”模式，充分利用区块链的去中心化、去信任化、共识机制、审计功能、可追溯性、加密功能、不可篡改性，实现债务发行和管理的公平、公正、公开，解决企业融资的信息不对称、不充分问题和腐败问题，把债务管理、监管、发行、交易进行一体化、同时化、系统化、透明化处理，不但能够有效化解债务风险，而且通过价值链重构和技术创新，盘活债务存量，优化债务增量和结构，为制造业金融创造新的价值，从根本上解决中小企业融资难、融资贵问题。

区块链真正的伟大价值在于它为人类提供了一个科学的、安全的、有效的价值核算、管理与创造工具，在原有会计记账与核算的基础上，使“超级账户”延伸到人类的价值运动过程中，彻底改变和进化了人类社会经济活动的基础设施，它所创造的信息价值、信用价值、经济价值、安全价值，使人类的价值函数及其运动形态发生了根本的改变，使得债务价值过程与生产过程，货币过程、金融过程与制造业金融合二为一，高度融合。而且，当金融债务价值与区块链这些功能结合起来的时候，金融就发生了质的飞跃，金融与货币开始创造价值，这改变了金融的“虚拟性质”，它创造价值，而且创造巨大的价值。人类迎来巨大的技术红利与货币金融制度红利。本研究报告在时间维度上，研究如何面向过去的债务，盘活存量，化解风险；面向现时的债务，优化增量，创造价值，实现真正的公平、公开、公正和效率的统一；面向未来，创新债务价值管理模式，通过打造对标银行债务发行与管理的“间接融资的私有链”；对标规范化债券发行的“直接融资市场化联盟链”，建立全国统一债券市场设施，同步审核与监管，消除特权与腐败，使政府监管（证监会、银保监会、发改委、银行间交易商协会、人民银行等）、市场监管（审计、会计、律师事务所、券商、交易所）、债务人、债权人等同时同步监管；对标小微企业、个体企业、个人融资，建立“全球债务价值公链”，由债务人根据“自身的共识债务价值”发行债务，并用债务人的“价值存量”与“价值流量”进行质押和担保，由做市商、债权人公开、公平、公正地按照“区块链规则”购买和交易。把债务价值管理、企业价值管理、所有者权益价值管理与债务交易“一体化”，在创造价值过程中，优化资源配置和企业、个人的价值函数，不断增加企业价值和还债能力。使得做市商、监管者、第三方机构等成为一个“超级账户”，为企业和居民融资、创造价值的工具，创新一种金融的“新零售”“智能化”模式，大幅提高融资市场的服务价值，使金融机构和监管机构由“中间商”“批发商”“监管者”转化为“金融服务商”“企业价值制造商”“风险管理者”。

（一）创新“债务价值管理+区块链”模式具有客观必然性

“债务价值管理+区块链”模式是帮助制造业金融摆脱融资困境，实现高质量发展的必然选择。“债务价值管理+区块链”所创新的“债务价值链”，是金融业向科学社会、数字经济转型的必然产物，是盘活资产存量、优化债务增量，提高金融服务水平和价值的客观要求，是解决金融业“虚拟化、泡沫化、投机化、空心化”的必然选择，是化解当前全球潜伏的巨大的金融风险和金融危机的“诺亚方舟”。

1. 创新债务价值链具有必要性和紧迫性：盘活存量、优化增量、创造价值

中小企业融资问题一直困扰制造业金融的发展。大量的“僵尸资金”沉淀在债务存量中，已经成为金融经济的“堰塞湖”，潜伏巨大风险。居民杠杆率不断升高，信用卡、按揭贷、消费贷的风险不断积累。债务信用生态和金融生态不断恶化，中国300万亿元的负债中有相当一部分已经转

化为“僵尸资产”“风险资产”。政府债务、企业债务、家庭债务杠杆率不断增高，潜伏巨大危机。面对巨量的不良资产和“多角债”，需要利用信息化技术，创新债务价值管理，化危为机，既能盘活存量，还能优化增量，甚至利用现有的债务价值创新金融制度与技术，为制造业金融创造新的价值，从而支持制造业金融“长治久安”。

2. 创新债务价值链具有可能性，科技革命与数字经济的发展，正在催生新的债务价值管理模式

新冠肺炎疫情的暴发让人们看到了科技对传统金融的重塑，刷脸支付、线上借贷等“非接触式金融”迅速崛起。在线下金融业务几乎停滞的情况下，人工智能、大数据、云计算、区块链等技术帮助金融业快速推进线上化、数字化转型，维持了金融业的快速发展势头。金融数字化是大势所趋，当前应积极修补数据、制度和基础设施等方面的短板，更好地发挥区块链在债务价值管理方面的赋能作用，推动金融数字化高质量发展。

科技革命引致价值革命。社会经济形态由商品经济转向数字经济。在商品经济中，用会计核算和管理价值；在数字经济中，用区块链核算和管理价值。债务价值是资产价值减去所有者权益价值，取决于经济体（企业、个人、政府）的价值函数。运用区块链和大数据技术，债务价值是可以科学定价的，这种定价模型为债务的标准化交易创造了条件。创新“全球债务价值管理与交易中心”，运用区块链技术构建“全球债务价值公链”（一种公有链，这个公有链既是债务价值管理与核算系统，也是债务价值交易系统）。通过区块链的“共识机制、去信任化机制、去中心化机制”，结合债务价值管理系统，可以公平有效地化解各种债务，实现市场出清。

特别是从价值管理角度，重新定义债务的价值的时空维度，重构价值函数，可以发现价值、管理价值、创造价值。结合“全球债务价值公链”，可以进一步创新全球消费供应链区块链系统、债转股系统、债务通证等财务技术，培训专门的“债务价值管理工程师”“债管家”等专门技术人才队伍，化解制造业金融债务，更为重要的是创造制造业金融价值。

针对中国目前已经形成的300万亿元的债务存量，需要研究和分析各经济主体过去的价值存量、现在的价值流量（时点量），未来的价值增量，采取“盘活存量，提升流量，优化增量”的方式加以利用，以此激活制造业金融，促进制造业金融转型升级。

创新“债务价值链”是金融创新的必然结果，它是一种金融制度的系统性创新。金融制度发展是一个客观的历史过程。现有的货币金融制度的技术基础、服务对象、价值核算工具、货币形态都在发生裂变，很多历史问题和现行弊端已经到了非改不可的地步。

（二）创新“债务价值管理+区块链”生态系统

创新“债务价值管理+区块链”生态系统，构建私有链、联盟链和公有链三个层次的市场体系，要把“全球价值公链”作为一个国家级并且具有全球价值的“新基建”。

从债务端发力，盘活资产存量，优化金融结构，为支持制造业金融，为帮助制造业金融摆脱困境找到了“金钥匙”。债务价值管理工程将成为标准化的可操作的“制造业金融新基建”。从债务端发力，创新性地研发服务制造业金融的理论与技术，将是货币、金融理论与实践的重大突破。

2017年年初，微众银行提出了“分布式商业”概念。微众银行是由腾讯投资设立的互联网银行，腾讯认购该行总股本30%的股份成为最大股东。主要业务包括消费金融、大众理财、平台金融。其业务模式为：有营业执照即可申请贷款，最高额度为300万元，无抵押、无纸质资料、无线下开户，在线申请即可，日利率低至0.01%，快至15分钟到账，无手续费。微众银行推出的“微粒贷”是国内首款从申请、审批到放款全流程实现互联网线上运营的产品，是未来主流的商业模式。分布式商业是一种由多个具有对等地位的商业利益共同体所建立的新型生产关系，是通过预设的透明规则进行组织管理、职能分工、价值交换、共同提供商品与服务并分享收益的新型经济活动行为。分布式商业具备多方参与、共享资源、价值整合、智能协同、模式透明、跨越国界等特征。随着分布式商业需求日益旺盛，分布式技术也逐渐成熟。一方面，以分布式架构为基础的云计算技术已经获得了广泛应用，为用户提供具备云端化、移动化、场景化等特点的产品与服务；另一方面，分布式账本区块链技术也开始走上历史舞台，并按共识机制及治理方式的不同，划分为公有链、联盟链、私有链等。

从债务价值管理的角度和现阶段状况判断：私有链面向银行债务（贷款），联盟链面向债务的公开发行，公有链则可以面向个人和小微企业。

1. 区块链将成为管理盘活资产存量，优化债务结构，支持制造业金融的基础设施

美国证券交易委员会援引了《区块链简介》(A Brief Introduction to Blockchain) 一文中的观点：利用区块链技术可以将交易的信息收集在区块中并加以记录，按时间顺序、以加密形式将区块串联起来，从而能够通过不同的服务器访问所构建的账本。区块链本质上是一个分布式的公共账本，将各个区块连成一个链条，实际上是一种点对点的记账系统，并且可

以在每一个点上记录信息。区块链拥有去中心化、开放性、自治性、信息不可篡改、可追溯性、匿名性以及智能合约机制等特点。这些特点与会计服务的信息不可篡改、可溯源、信息安全保密等要求有着天然的联系。会计行业与计算机、互联网、大数据等时代最前沿的技术结合得较为紧密。在此基础上，区块链或将重构会计服务的商业模式，从“平台经济”到“节点经济”。会计服务的商业模式发展，已经从工业化时代的“公司经济”，到互联网时代的“平台经济”。区块链技术的成熟应用，或将促进现有的会计服务商业模式推动到区块链时代的“节点经济”。由于各个公司大小和所处阶段不一样，这几种商业模式将会并存，并存在多种混合转型和过渡模式。理想下的区块链会计服务公司应该是“节点经济”模式，也就是通过区块链技术，实现会计服务整个链条上所有节点的资源共享、信息共享、信用共享和数据共享，这些节点包括会计服务对象、会计服务公司、会计软件公司、会计人员等。

区块链会计功能的拓展，使得基于企业价值的债务管理奠定了规范化标准化的基础。从企业核算体系到“平台和生态体”的经济组织的价值管理与核算，是区块链最重要的功能与意义，它扩展了“公司”的意义：由原有的法人企业概念，转变成一种“生态系统”，由区块链的分布式账户和超级账户核算与管理“生态公司系统”的价值与分配。这种制度把雇佣形式转变为合作形式，把职工、技术人员、管理人员等从传统的“资本奴役”形式中解放出来，形成各自的价值核算体系，形成独立的“经济体”。这种变革是一种价值函数的裂变，其意义相当于“奴隶制向封建制”的转换这样的历史性生产力变革。

区块链或将重构和创造债务价值，从“价值管理”到“价值创造”。

会计服务机构对委托方的价值，将从工业化时代的“专业服务价值”和互联网时代的“信息价值”，到区块链数字经济时代的“信用价值”转变。这个转变并不是信用价值代替了前面二者，而是在前面两者的基础上衍生了第三个价值。信用价值的有效发挥，将依赖于区块链技术在会计服务领域的应用进展。即使目前区块链技术在国内尚未在会计行业得到充分的应用，但这并不妨碍区块链技术是新时代不亚于“蒸汽机”和“互联网”的一项新发明。

“债务价值链”不仅仅是为了解决“三角债”问题，它是当前解决中小企业融资难、融资贵的重要的制度创新。传统的融资模式主动权在于金融机构和债权方，由于信息不对称、信息不充分、关系型融资、金融生态恶化、信用不平衡等问题，中小企业处于被动地位，是金融市场的“弱势群体”。而债务价值公链的优势在于中小企业、个人是主体，通过区块链共识机制和去信任化机制实现融资，从而解决上述问题。

基于“会计+区块链”的新型价值管理和交易工具的建设，能够创造巨大的“信用价值”。对于沉淀债务和“三角债”可以通过市场化的大数据和“数据挖掘技术”，进行定价和交易，实现价值重构，从而实现瓦尔拉斯均衡基础上的价值最大化。这样全球债务价值公链不但能盘活300万亿元的债务存量，也能使未来的债务增量有了更加可靠的信用价值基础，并且不断提升企业价值和个人价值。把债务问题转化为“优化经济结构，创新制造业金融价值”的手段和过程。

区块链分为以下三类：“公有链”(Public blockchain)、“私有链”（Private blockchain）与“联盟链”(Consortium blockchain)。其中，私有链指的是对单独的个人或实体开放。从当前的债务构成来看，“债务价值链”可以分为面向银行等机构的私有链、面向规范化政府指定市场的联盟链，面向公众债务价值管理的公有链，即“全球债务价值公链”。根据青木昌颜（日本著名金融家）关于“关系型融资”的理论，债务可以分为规范型融资和关系型融资。规范型融资是指建立在法定市场上的规范信息披露的融资模式，如公开发行的股票、债券等。而关系型融资则是通过债权与债务人之间的关系建立的信用价值，而区块链的“信用价值”正好有利于解决“关系型融资”的标准化和规范化问题，从而解决“世纪难题”——中小企业与个体融资的信息不对称问题。

2. 全球债务价值公链的核心在于债务价值的区块链定价机制和技术

为中小企业和个人打造一个基于区块链为底层技术的管理与交易一系列的融资与债务管理系统，关键是要明确债务的定价理论与技术。债务价值等于企业价值减去所有者权益，这是基于企业资产负债表的定义。在市场机制作用下，债务价格的形成需要一个市场发现价格的过程，当市场双方到达“纳什均衡”状态时，价格与债务的真实价值相等。实现纳什均衡需要透明的大数据信息和标准化的交易规则。如下图展示纳什均衡前提下的债务价格的确定：

$$NE[f(V_d)] = NE[f(V_e) - f(V_o)]$$

Let, NE be nashequilibrium,

V_d be debt value, V_e be enterprise value, V_o be owner's equity.

在区块链基础上，“挖矿过程”我们设定为市场主体的帕累托最优的计算过程。这种算法在于求得交易双方的价值最大化。特别是债务价值最优化是一个市场化的挖掘过程。帕累托最优（Pareto Optimality），也称为帕累托效率（Pareto efficiency），是指资源分配的一种理想状态，假定固有的一群人和可分配的资源，从一种分配状态到另一种状态的变化中，在没有使任何人境况变坏的前提下，至少使得一个人变得更好，这就是帕累托改进。所谓“帕累托最优”就是上述一切帕累托改进的机会都用尽了，再要对任何一个人有所改善，就不得不损害另外一些人，达到这样的状态就是帕累托最优。

在资源既定条件下，只有切点的两种债务的边际替代率等于这两种债务的边际转换率。此时，两种产品的数量组合既实现了债务交易的最优效率，又满足了债务交易双方的价值最大化的需求，从而使交易同时达到帕累托最优状态，而其他任何一点，产品边际替代率与边际产品转换率不相等。

$$MRSxy=MRTxy$$

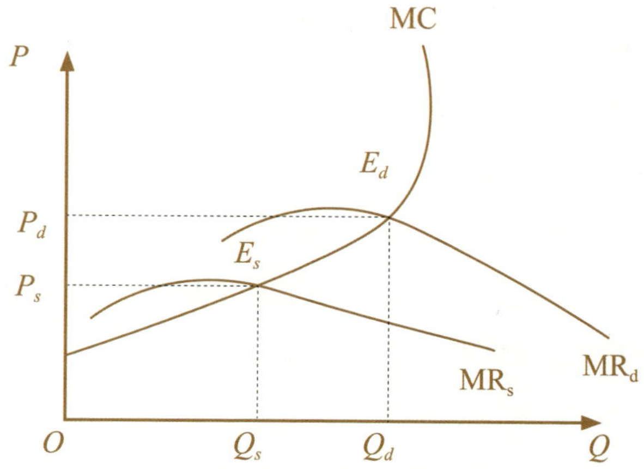

图3-51 成本信息披露的外部经济性分析图

边际替代率（Marginal Rate of Substitution，MRS）是指两种物品可

以按某种比率替换，在维持满足程度不变的前提下（即在同一条无差异曲线上），债权人增加一单位的债务价值所需放弃的另一种债务价值的比率。边际替代率在图形上可以用无差异曲线上两点连线的斜率来表示。边际转换率（Marginal rate of transformation ）是指在债务人有两种债务价值的情况下，每增加一个单位的债务价值，会使另一个债务价值减少多少。它就是债务价值转换曲线的斜率。由于边际收益递减规律在起作用，债务价值的边际转换率会随债务的增加而递增。 严格的定义是选择一种债务价值量而放弃另一种债务价值的数量。

边际替代率与边际转换率相等规律对于债务交易而言，是交易双方的统一均衡。在多数人交易的过程中，债务的交易双方通过点对点的区块链规则的交易博弈过程成为一个挖矿过程，直到实现某一个人在债务价值达到纳什均衡的情况下实现了双方边际替代与边际转让率相等时，就会达成交易。

在这个过程中，有一个不断的价值最大化求解过程，双方不断优化交易的企业价值函数，直到双方都到达最优点。在这一点，区块链上的所有主体达成共识并且最少有51%以上的人投票认可这笔交易。这种建立在边际替代率等于边际转换率相等的“MsMt”函数值的区块链求解，实际上是一种“双边的瓦尔拉斯”均衡。就是说，交易过程不但要遵循瓦尔拉斯均衡，而且还需要按照帕累托最优，求解债权人与债务人的最优解，并且实现债务价值最大化。

3.“债务价值管理+区块链”是一个发展债务价值，管理债务价值，创造债务价值的过程，在公平、公开、有效的智能化合约和规则的基础上，做市商、交易主体在一个超级账户中通过各自的分布式账户，按照区

块链规则有序交易

全球债务价值公链的参与者是多元的。有个人、企业和政府，也有做市商、债权人和债务人。区块链绝非单一的创新技术，而是将许多跨领域技术凑在一起，包括演算法、数学、密码学与经济模型，并结合点对点（P2P）网络关系，利用数学基础就能建立信任效果，成为一个不需基于彼此信任基础，也不需依赖单一中心化机构就能够运作的分散式系统，而比特币便是第一个采用区块链技术而打造出的一套P2P电子现金系统，用来实现一个可去中心化，并确保交易安全性、可追踪性的数字货币体系。

区块链债务价值公链最重要的作用是把间接融资转化为直接融资。银行信用被区块链信用取代，降低了企业与个人的融资成本，对于传统金融具有革命性的意义。作为银行则转化为全球债务价值公链的“做市商”，成为一种“债管家”。个人、企业和政府可以不将钱存入银行，而是在链上直接购买债务。同样，所有个人、企业和政府都可以在“全球债务价值公链”上发行自己的债务。

金融行业更加注重监管合规，通常选用联盟链的技术路线。阿里债行提出的“全球债务价值公链”则是在微众银行的基础上创新出具有全球普适意义和价值的生态系统，是一种基于企业财务系统的3.0版，去中介化的数字金融系统。

4. 利用“人的价值+区块链”和“债务价值+区块链”的有机结合，盘活家庭债务，优化家庭债务结构，推动充分就业，创造人的价值

人的价值是价值函数的唯一变量，价值是由人创造的，也是人的使用价值，生产过程的价值运动在供给端与需求端是连续的。而传统的价值理论往往是断裂的，形成现代经济发展中各种矛盾与风险。资本是人的价值

存量，时间收入（工资收入等）是人的现实的价值，未来的价值是债务价值。个人价值就是个人的时间价值，可以用单位小时的使用权量化作为基本度量衡。每个人都有自己的价值函数，这个函数是由客观的市场规律、社会规律和自然规律确定的，并且是由市场发现、创造和实现的。企业价值是多个人以一种合约形成的价值函数，每个企业都有自己的价值函数，这个函数不是个体价值的简单相加。一个高效的企业往往具备更高阶的价值函数，其价值量远大于个体价值量之和。企业价值等于债务价值+所有者权益。在数字经济时代，所有者权益性质发生根本改变，员工、科技人员和客户由于拥有企业的数据，数据也是生产资料，从而企业所有者扩展到企业的股东、员工、管理者、消费者、科技人员（归纳为投资者、员工、客户），从而形成一种人的价值通证，这种价值通证（人的价值+区块链）就是未来的世界数字货币。所以，债务价值本质是一种人的价值，债务价值（信用）就是过去、现在和未来的价值创造能力。个人、企业和政府可以凭这种能力发行债务。

这种债务将是以个人与企业的价值（这种价值是被市场所共识并且交易的）作为质押，这样信用债务全部转化为价值债务。比如，个人发行债务以个人的存量价值（过去的）和未来的“时权”的交易作为依据，而企业则以产品、服务、未来的“时权”（利润、租金、红利等）等作为依据。交易的过程就是融资的过程。并且，这种过程改变企业的内部交易（时权和资产），通过企业管理流程再造和企业结构与形态再造，形成新的企业形态，通过通证制等新的企业变种，创新企业生态管理系统和信用管理系统，形成新的企业函数形态，形成智能化、生态化、信息化的企业管理与组织形式，这种创新是一体化的，将大大提高企业的效率，建立基于现代信息技术、区块链、大数据、生态化、平台化的数字化企业治理体系。

全球价值公链有利于中国在全球金融市场配置和整合资源，重建和优化国际金融体系和标准，占领全球债务、金融和货币价值链的制高点。因此，中国建立“全球债务价值公链”的意义胜于原有比特币的区块链体系，逐步形成“区块链+人的价值”的世界数字货币体系，让国际货币金融的中心回归到实体。从以上三个重要作用来分析，“全球债务价值公链”是中国经济发展必然的“新基建”，也是数字经济时代重建公平、公正、有效的货币金融制度的必然选择。

（三）“债务价值链”的价值评估与实践意义

从全球来讲，金融业发展同样遭遇“百年变局”。全球货币金融市场和制度出现“霸凌化”“泡沫化”“空心化”，正在制造更加严重的“不公平、不平等和低效率”，贫富悬殊不断加大，制造业金融中小企业生存“步履维艰”，货币金融系统潜伏巨大的风险与危机。然而，这种状况只是“新金融服务”革命的前夜，金融业面向科技革命、价值革命和数字经济，正在迎来“科技金融”为主导的“价值创造金融”的“新金融”与“新零售”模式，一个面向信息化、智能化、现代化的真正服务制造业金融，为制造业金融创造价值的崭新的金融生态已经出现在世界的东方。

1. 宏观层面，债务价值链可以实现金融数字化。金融数字化有利于构建广覆盖、多层次、有差异的金融机构体系，提升金融服务制造业金融质效，甚至推进货币与金融制度的改革

近年来，我国金融体系改革创新持续推进，但金融结构不合理、机构竞争同质化、风险管理粗放化等问题依然突出，小微企业融资难、融资贵持续存在。从更加宏观的方面讲，现有货币制度下的货币发行机制就是一个大的债务管理系统，这个系统依赖于国家信用。实现“信用货币”向“价值货币”的转化，就是改变债务的生成机制与化解机制。所以，债务价值管理的核心是债务生成的“信用”和“价值”的依据和制度安排。在数字经济背景下，债务价值管理是“货币发行”的微观基础和价值基础，管理和盘活300万亿元的债务价值，对于中国金融业和人民币的长治久安，既能化解国家与政府债务风险，又能使债务成为创造价值的重要工具和动力，使“信用货币”向“价值货币”转化，切实支持制造业金融。更进一步，未来，在“人的价值+区块链”形成的人的价值通证为基础的数字货币制度下，所有经济体都是人的价值函数，所有数字货币都是以人的可使用的共识价值作为质押。由此，把科学的数字货币形态与债务价值管理结合起来，发现人的价值，管理人的价值，创造人的价值，实现人的价值最大化和充分就业，把债务危机转化为创造价值的机会，把债务负担转化为创造价值的动力。

2. 微观层面，债务价值链是解放金融数据生产力的重要方式，有助于提升金融机构的经营管理效率，并且从基本金融基础设施解决中小企业融资问题

金融业发展与数据息息相关，随着金融服务范围的拓宽和服务产品的丰富，金融机构亟须采集和应用更多的数据来解决信息不对称问题。2020年3月，中共中央国务院发布《关于构建更加完善的要素市场化配置体制机制的意见》，将“数据”与土地、劳动力、资本、技术等传统要素并列，要求加快培育数据要素市场，全面提升数据要素价值。金融机构数字化的过程就是金融数据效能最大化的过程。创新债务价值链，深化数据与金融业务的融合，分布式数据库、区块链技术可以帮助金融机构改善金融数据存储、读取的安全性、高效性；云计算、人工智能可以帮助金融机构降低数据运营成本，提升数据分析与业务支持效率；移动通信、线上场景可以帮助金融机构拓展数据获取和业务供给的来源和渠道。

3.“债务价值链”模式是对传统金融的再造，是对传统金融监管的再造

在金融数字化发展过程中，“债务价值链”与传统金融机构的资源禀赋存在差异，各有优势：金融机构在金融市场筹集资金的成本低，金融风险控制能力强，但技术基因不及数字科技企业；“债务价值链”则在技术上有核心禀赋，在跨界联动、快速响应市场需求上具有明显的竞争优势。债务价值链与传统金融机构协同推进，可以更好地实现技术、场景与金融的深度融合。“债务价值链”拥有差异化的“数字化输出能力”。根据国际清算银行的分析，“债务价值链”拥有数字化输出的“DNA”——数据分析（Data Analytics）能力使得“债务价值链”能够比银行更好地加工数据，提升数据分析的效果；网络外部性（Network Externalities）将梅特卡夫效应复制到金融领域；互动活动（Interwoven Activities）使得“债务价值链”可以将自身场景和服务与金融业务更好地结合打通。“债务价值链”使企业利用信息科技比较优势和数字化输出能力，帮助金融机构改造业务模式、管理方式、发展理念，形成差异化的市场定位、业务模式和竞争优势。“债务价值链”与金融机构协同推进金融数字化。

金融数据化会自发引起金融监管设施的数字化，实现金融监管的公平、公正、公开，提高金融监管效率。而金融监管的科学化，推广与应用数据化金融监管，必须有一个现代化的数字化的“债务价值链”系统。

4.“全球价值公链”从债务人的需求侧管理入手，改革传统的单纯依靠供给侧管理的融资模式，是对金融制度的重要创新。把价值管理与债务价值结合起来，使“经济体”在创造价值的过程中通过“未来的价值”交易自动触发融资，将从根本上改革现有的“机构主导型”金融模式和金融风险

科技革命与数字经济对于金融服务的创新主要在于债务价值管理系统的重构。从需求侧创新“债务价值管理+区块链”形成的“债务价值链”，是一种理论创新、制度创新与技术创新，从根本上解决一些“想解决而无法解决”的问题，不但能支持盘活数以百万亿元的债务存量，解决中小企业融资难、融资贵的问题，而且它还是全面提升金融服务水平，防范和化解金融风险的“新基建”。更为重要的是，“债务价值链”模式能够帮助企业发现价值、管理价值和创造价值，交易过程就是一个价值创造过程，通过供应链金融、价值链金融、产业链金融，使金融业与制造业金融融为一体，从而形成21世纪的“新金融业态”——“价值金融”和“价值货币”。

Manufacture
Finance

第四部分

政府投资基金方案

近年来，我国在推动经济转型升级方面出台多项举措，并取得了一定成绩，但仍然存在着“初创企业生存难”“中小企业融资难”“新兴产业培育难”“传统产业转型难”等亟待解决的问题。在这一背景下，作为产业政策、财政政策、金融政策联合创新成果的政府投资基金逐步发展起来，通过发挥“四两拨千斤”的作用支持重点产业发展，已成为促进我国产业转型升级的重要政策工具。

一 我国政府投资基金发展现状

（一）基金规模与种类

经过十几年发展，我国政府投资基金数量与融资规模都有了较大提高。截至 2018年年底，我国共成立政府投资基金1636只，目标融资规模9.93万亿元，实际募集总金额4.05 万亿元。

1. 规模

从国家层面来看，已先后设立科技型中小企业创业投资引导基金、国家科技成果转化引导基金、中国文化产业投资基金、国家新兴产业创业投资引导基金、国家中小企业发展基金等十余只投资基金。截至2019年6月，国家级政府投资基金目标规模约为1.87万亿元，低于省市地方政府投资基金。但从单只规模来看，国家级基金平均目标规模达603亿元，远超省级政府产业基金的105 亿元。

从地方政府层面来看，各地纷纷探索在不同领域设立政府投资基金，设立主体也由省级单位逐渐延伸至地市级甚至区县级单位。整体而言，地方政府投资基金在数量上迅速扩张，基金规模也屡创新高，千亿级别基金纷纷落地。截至2018年6月，全国目标规模千亿以上的13只政府投资中，省级基金7只，总目标规模14312亿元；市级基金5只，总目标规模5500亿元。具体来看，各地政府投资基金存在发展不均衡现象。一线城市及东部发达地区由于创新企业和项目比较多，政府投资基金进一步发展能力较强，而东北部、中西部地区的政府投资基金对社会资本吸引力则相对较弱。其中，北京基金目标规模占据首位，占比14.5%；从投资基金数量上，广东省与山东省并列榜首，占比9.54%。投资规模最大的前6个省份依次为北京、广东、江苏、河北、福建和浙江，这6省市投资规模占比达75.97%；从平均投资金额来看，排名前列的省市依次为河北、香港、福建、广西、四川和北京。这不仅与各地经济发展水平相关，也与各地金融环境密切相关。由于国内PE/VC机构大都集中活跃在北上广深等一线城市，发达地区比较容易招募到优秀的私募基金管理团队，甚至还会出现竞标激烈的现象，而中西部分政府投资基金在招募管理团队方面则相对困难。

2. 分类

就政府投资基金本身而言，可以分为广义和狭义两个层次，广义概念是同时满足财政出资引导、社会资本共同参与、实现政策目的这三个要素的基金，其种类涵盖了产业引导基金、PPP基金、基础设施发展基金、创业投资引导基金等多种形式。狭义概念即除了满足这三要素之外，对政策目的、使用和管理方式作出限定，例如政策目的特指能够支持特殊产业发展，运作方式仅限于通过股权投资方式进行产业支持等.立足于广义视角，从政府投资基金具体业务属性出发，当前我国政府投资基金的种类包括：

——按照基金要实现的政策目标，可分为直接支持产业发展的投资基金（例如创投、产业、并购基金等），改善市场投融资环境的基金（例如风险补偿、分担基金，融资担保基金等），以及基础设施投资等公共服务类基金。

——按照管理方式，可分为自我管理和委托管理类，自我管理可以细分为事业单位管理、下属企业管理两种类型，委托管理可以细分为成立独立的政府投资基金管理公司进行管理和委托第三机构管理两类。

——按照吸引社会资本方式（此处仅指 FOF），可分为母基金全额财政出资和母基金为财政、社会资本按比例出资两种类型。

——按照组织形式，可分为公司制、有限合伙制和契约制三种类型。目前，我国大部分政府投资基金都是有限合伙制，根据展恒引导基金研究与服务中心2018年10月底对能获取信息的两千余只政府投资基金的统计，有限合伙制基金的数量及规模占比分别为84.91%及89.05%，公司制的数量和规模占比则分别为10.73%及10.55%。

——按照基金投资方式，可分为直投项目类和 FOF类政府投资基金，其中 FOF基金又可以根据母基金是否做直投业务分为两种类型。

——按照被投资企业的发展阶段，可分为早期、创业（VC）、成长、产业（PE）、战略（PE、VC里面投资期限较长的基金）以及其他投资基金。

值得注意的是，以上只是理论上的分类方式，在实践中，由于一只基金往往同时具备多种属性，需要从不同角度界定其类别。

（二）主要运作模式

政府投资基金采取市场化的运作模式，可以从募、投、管、退四个维度进行考量。

首先，在资金募集阶段，母基金组建时，可以吸引社会资本按比例出资，也可以由财政全额出资。例如国家新兴产业创业投资引导基金是我国首只从母基金组建就开始吸纳社会资本的国家级政府投资基金，财政资金和社会资金联合出资组建了中金启元引导基金、国投创合引导基金、盈富泰克引导基金 3只母基金，采取合伙制组织形式。

其次，在投资方面，母基金可以选择的方式包括直投、跟投、参投，这几种方式可以同时存在。例如国家新兴产业创业投资引导基金、中小企业发展基金均采取设立母子基金、母基金可直投可参投的运作方式。跟投即政府投资基金针对一些创投机构投资目标领域的项目时，按照一定比例跟进投资，双方享有同等权利。参投一般是与社会资本共同建立子基金进行投资，子基金中政府投资基金的比例一般不超过30%，且不能成为第一大股东。

统计数据显示，截至2018年10月下旬，政府投资基金参与投资项目接近2500个（包含子基金投资项目），总投资规模巨大。其中，按照投资数量，前六大行业为IT、互联网、生物技术/医疗健康、机械制造、电子及光电设备以及清洁技术；按照投资金额，前六大行业为电子及光电设备、能源及矿产、金融、IT、生物技术/医疗健康和机械制造。

第三，在管理方面，政府投资可以选择委托管理，也可以选择自我管理。基金类型不同，其选择的管理模式也不相同。一般而言，公司制政府投资基金倾向于选择自我管理；有限合伙制政府投资基金可以自我管理，也可以委托其他管理人进行管理；契约制政府投资基金多选择委托管理。其中，自我管理又可以分为由政府管理或由国企出资管理，政府管理一般是由政府部门通过下属事业单位，直接参与基金决策与日常管理，例如青岛市市级引导基金，苏州工业园区基金等；国企出资管理模式是委托下属国企负责具体管理，基金没有独立法人实体，资金由财政按需拨付，政府参与投资决策，不参与日常管理，可单设名义出资人，例如中关村引导基金、海淀区引导基金等。委托他人管理一般可以分为成立独立的政府投资基金公司或政府投资基金管理公司进行管理，政府不参与或较少参与投资决策，例如浙江创投引导基金、深圳市创业投资引导基金等；或者委托给第三方管理，包括委托给国有创投、投资平台或其他私募基金管理人。在选择了基金管理人之后，政府通常不参与基金日常运作，只对基金的政策目标、投资战略等政策性事项作出规定并进行指导监督。例如，对于国家新兴产业创业投资引导基金，财政部、发展改革委选定3家基金管理公司负责实际运作，并对引导基金政策目标、投资战略等政策性事项进行指导监督，但不干预具体项目管理。基金设理事会，负责审定政策目标、考核管理绩效、组织开展研究等。地方性政府投资基金一般也会设立投资决策委员会或类似职能机构，行使宏观指导等政策性职能。从调研情况来看，政府投资基金管理人一般可以获得2%至 5%的固定管理费，不参与业绩分成。此外，部分政府投资基金会指定一家银行进行资金托管，负责基金运行过程中保管、拨付、结算等工作；部分政府投资基金的资金监管、拨付等由当地财政部门负责。

第四，在退出方面，大多数基金原则上通过到期清算退出，不同出资人按照“利益共享、风险共担”约定进行收益分配和风险分担。存续期内如完成投资绩效和政策目标，也可以通过股权转让等方式退出。其投资的创业投资基金，一般通过股权转让、股权回购或到期清算退出；在退出时间上，如果有合适受让方，母基金一般可以随时选择退出。子基金其他参股主体一般不得先于政府投资基金母基金退出。子基金一般还是通过IPO、市场并购、被投资企业回购股权等方式，实现投资项目退出。

（三）主要参与主体

除财政资金外，我国各级政府投资基金主要社会资本参与主体包括企业、商业银行、地方专业投资机构、PE/VC以及富有家族和个人等。

在《资管新规》出台之前，商业银行主要以“通道”方式参与政府投资基金，出于风控和收益考虑，多数银行资金参与政府投资基金时会对基金管理参与权提出要求，并通过制定多维度、立体化的标准具体选择合作机构等。《资管新规》出台之后，该方式已经大幅度较少，而以前的存量合同如何延续，需要进一步研究探讨。

PE/VC也是政府投资基金的重要参与者，除提供资金支持外，还作为基金管理人提供专业化服务。为吸引优秀的PE/VC落户，部分省市出台多项“招商政策”，包括办公用房补贴、税收优惠、高管进修名额等。

在当前募资紧张的大背景下，PE/VC参与政府投资基金的热情也较高，但主要集中在北京、上海、深圳等发达地区，中西部地区吸引头部私募基金管理机构的能力较弱。

二

我国政府投资基金发展中存在的问题

虽然我国财政资金基金化已取得重要进步，政府投资基金专业化运作框架也正在搭建，但专业化转化为业绩化的能力和效果还不够，特别是在蓬勃发展背后隐藏的效率不高、同质化、碎片化等问题，已成为影响基金健康发展的隐患，亟待解决和完善。

（一）项目资源与基金规模不匹配，募资难达预期

近年来，全国政府投资基金发展迅速，几十亿甚至上百亿规模的基金纷纷落地，但从运行结果来看，使用效率尚未达到预期。这主要是因为政府投资基金一般约定大部分份额要投在本地，但很多地方产业及金融环境并不足以支撑如此庞大的基金规模，项目资源不足导致基金使用效率不高。这一方面表现为社会化募资额难以达到预期，甚至有部分政府投资基金由于社会化募资不够而夭折，造成一定程度的资源浪费。2018年5月，如皋市审计局在审计中发现，该南某主功能区与某基金公司共同出资建立、以促进中小企业发展为目的的政府投资基金长期处于“沉睡状态”。如皋市政府原计划出资 1000万元、基金公司募集4000万元，成立新公司

进行运作，资金交基金公司管理。但政府资金到位后，应由基金公司募集的资金一直未能到位。

另一方面，即使募资成功，但由于项目资源有限，以及基金绩效考核中门槛收益率的要求，政府投资基金在标的选择和决策流程上非常谨慎。有些甚至表示短期上不了市的不投，不提供回购承诺的不投，这导致基金实际投放非常缓慢。根据相关数据统计，当前政府投资基金资金落地比例不足10%。

（二）投资阶段偏中后期，对初创企业引导效果不显著

数据显示，政府投资基金更倾向于投资扩张期企业。从数量上看，政府投资基金直接及间接参与投资的案例中，扩张期企业占比达到42.3%；从投资规模上看，成熟期企业的投资占比要更多，几乎为其他发展阶段企业的获投金额总和。

（三）专业化运作稍显薄弱，基金管理水平有待提高

作为一种创新型投融资工具，政府投资基金从设立之初就要求市场化运作，既要兼顾政府引导产业发展的作用，更要满足市场资本实现盈利等目标，这对政府管理“不缺位、不越位”提出了更高要求。当前基金在形式上基本都能满足交由专业基金管理机构和团队进行管理这一条件，但实际运作过程中，部分基金的管理机制还存在一些问题，专业化、业绩化有待提高。

一是，部分地区确定基金数量和金额时随意性比较强。例如调研中某省管理部门工作人员表示，其管理的一只政府投资基金目标募资额确定方

法是问一下相关行业部门，实现十三五目标还需要多少资金，汇总后得出募资目标规模，没有考虑当地经济、金融环境和具体项目情况。

二是，体制机制约束太多，决策程序较长。部分政府特别是区县一级政府，对基金管理仍然停留在传统的财政专项资金管理方式上，以行政手段干预或替代监管，导致基金效率偏低。调研中有部分企业反映，政府投资基金决策程序较为复杂，过长的审批时间容易引发企业流动性风险，因此在寻找融资来源时政府投资基金是其劣后选择。也有政府投资基金管理机构表示，基金决策和组建流程都有待进一步优化，例如省股权基金子基金设立、直投项目决策等，需要多次报批或者报备，存在折返跑现象；公开招募管理机构时，公告报名、遴选评审、尽职调查、与出资方及管理机构商谈协议、托管银行招标遴选、基金业协会备案等多个环节，整体上耗时较多；成立基金的工商注册程序也非常烦琐，例如需要金融办等相关部门的前置审批工商才予以注册。有GP表示，个别子基金曾遇到与政府投资基金谈判后，实际开始申报等工作已经间隔了1至2年。基金及项目的投资决策市场化程度也有待提高，部分地区相关职能部门在母基金都派有投委会成员，涉及项目投资决策时，相关成员要报回原主管部门决策，流程时间较长。甚至有些省政府投资基金公司投委会都由政府职能部门人员组成，公司管理人员只负责前期尽调和后续管理。由于职能部门开会时间很难协调，一年有时只能开一次。曾经有上市公司停牌半年，等投委会决策，但最终也没投成的情况。

三是，管理体制机制僵化导致优秀管理团队退出的风险。除了政府投资基金政策性与社会主体商业性之间的天然矛盾，部分地方政府投资基金在管理理念、体制机制设计上较为僵化，限制条件较多，有些不符合市场运作规律。在这种情况下，部分优秀的基金管理团队就会将与政府投资基金合作作为其劣后选择。例如，某私募股权基金在 2016年主动停止可与地方合作的四只基金。其管理人表示：“尽管规模可观、利益（管理费）巨大，但合作方不够专业，价值观不同，很容易给我们的品牌带来伤害。因此我们选择坚决停掉，坚决放弃利益”。这种情况如果长期得不到改善，容易导致在市场出现劣币驱逐良币的状态，政府投资基金很难招募到优秀基金管理团队。

四是，部分基金未通过市场化选择管理能力和募资能力强的专业管理团队，而是由主管部门自行组建基金管理公司或委托下属国有企业代行出资和管理，专业管理人员不足，没有足够基金管理运营能力，使得基金管理运行效果不佳。审计署2016年抽查235只地方政府投资基金中，有122只基金的管理公司由政府部门直接指定，103只基金的管理公司有342名高管或投委会成员由政府部门直接指定或委派。

五是，我国政府投资基金管理还存在“重投前轻投后”的现象，将重点放在组建基金、寻找合适投资标的等前期工作上，对投后管理普遍不重视。投后管理机制的欠缺，使得所投项目难以实现价值增值。此外，还存在不同级别政府出资人在政府投资基金返投比例的等方面矛盾，例如，某省级政府投资基金表示，现在实施省市联动之后，市区出资人在签署合伙协议时，经常提出返投比例等不合理条件，影响了基金落地。

（三）基金退出数量偏少，未来集中退出压力较大

政府投资基金必须有入口也有出口，只有形成良性循环才能获得成功。具体而言，基金退出包含三个层面，一是政府投资基金或其子基金

从所投项目中退出，二是FOF形式政府投资基金的母基金从子基金中退出，三是政府投资基金在完成政策目标后解散。当前，这三个层面退出数量均偏少，尤其是后两个层面。按照5至7年的投资周期，最早一批成立的政府投资基金应该已经进入退出期，但仅有极少数基金完成退出。

2008年至2018年，我国政府投资基金退出数量仅为75只，还不到2011年累计设立政府投资基金（176）数量的一半。究其原因，一是，与国外相比，我国政府投资基金还处于早期发展阶段，相关主体更多考虑如何募资和投资，对退出关注较少。二是，国内退出渠道不完善，成熟退出经验不多，也在客观上造成了退出数量偏少。当前私募股权投资基金市场退出方式还是以IPO退出为主，政府投资基金子基金多数也是希望能IPO退出，以期获得一、二级市场价差。但随着证监会对IPO审核趋严，此种退出方式耗时较长，变数较大。三是，政府投资基金从所投资子基金退出，往往面临包含上百个项目的复杂资产包。如何对资产包进行合理拆分和定价，既满足政府投资基金考核要求又能够对市场主体有足够吸引力以保证顺利退出，是行业性难题。未来随着2012年之后设立的政府投资基金也进入退出周期，特别是2015年之后迅速增加的基金在其5—7年投资期结束后退出，容易出现扎堆退出现象。

需要指出的是，随着我国政府投资基金进入理性发展阶段，地方政府也在积极寻求管理体制上的变革，解决基金运行中存在的效率偏低等问题。例如，深圳市2019年1月出台的《深圳市促进创业投资行业发展的若干措施》，针对目前创投基金存在的主要问题对症下药，拟出台系列措施支持私募基金的发展，覆盖了私募基金“募投管退”的全领域。主要从“丰富创业投资主体和资金募集渠道”“完善创业投资项目的投资服务体系”“拓宽和完善创业投资退出渠道和机制”“推进创业投资双向开放”“优化创投产业空间布局”“优化创业投资监管和市场环境”6个方面提出二十多条政策，有些政策很具体，例如“允许国有创投高管持股最高到30%、放开返投比例等”。2010年2月，中国（福建）自由贸易试验区厦门片区管理委员会印发《中国（福建）自由贸易试验区厦门片区产业引导基金管理办法》，对厦门自贸片区产业引导基金制度进行修订。按照新的管理办法，原来的“子基金及子基金管理机构应当注册在厦门自贸片区内”不再是硬性规定；新增了“由子基金管理机构引进的招商引资项目经管委会事先认定，可计入子基金对厦门自贸片区的投资额”条款，放宽了投厦认定范围。2019年3月，山东省财政厅印发《关于促进省新旧动能转换基金加快设立加快投资的若干政策措施的通知》，提出建立基金网上服务平台、优化基金对接尽调流程、建立限时办结制度、取消协议备案审查、加大项目推介力度、采取差异化让利政策、强基金正向激励、强化政策倒逼约束、建立重大产业项目直通车制度，实行引导基金直接投资、加强省市协同配合、提高引导基金出资效率等措施，着力促进省新旧动能转换基金加快设立、加快投资等制度安排。

此外，还有些地方政府主动压缩基金规模，撤销僵尸基金，把部分基金整合制定专门的机构进行统筹管理，设置联合工作小组或联席会议制度，提高基金运作效率。

三

我国政府投资基金未来发展面临的挑战

（一）《资管新规》带来的资金端紧张尚需时间消化

2018年4月，《资管新规》正式发布，“通道禁止”“多层嵌套限制”“穿透式监管”等资管行业监管新格局，让作为往年重要资金渠道之一的银行系暂别LP舞台，直接影响到将银行“通道”资金作为重要资金来源的政府投资基金。《资管新规》同时设定了新的合格投资者门槛，尤其是对于个人合格投资者的要求更加严苛，直接减少了合格投资者数量，限制了来自个人投资者的资金源。尽管存在过渡期，且新规中对政府投资类资金说明“另行规定”，但更多的金融机构出于自身业务合规性考虑，不但不参与组建新基金，对2018年以前承诺出资部分也不再兑现，导致政府投资基金募资困难。调研中，多家基金管理人表示，《资管新规》是导致其2018年募资困难的主要原因.一些国家级政府投资基金因为最初的结构化设计中包含金融机构（银行）的大量资金，在二期募资时面临很多困难，一些子基金只能推迟设立或者压缩规模，面临较大的退出或协调成本。

除《资管新规》外，2018年上市公司股权质押风险也导致其出资能力下降，叠加市场不确定性带来的观望情绪增多、市场资金处于短缺状态。很多政府投资基金的二期资金无法如期出资到位。调研中，某省金控集团表示，其管理的22 只基金中，有10只完成了全部或首期募资，剩余基金募资均遇到较大阻力。尤其是5只工业类基金原有出资意向的银行，目前配资推进缓慢，相关业务基本处于停滞阶段。

（二）经济下行周期造成财政资金紧张和“项目荒”

宏观经济下行周期对政府投资基金的影响是多方面的，财政资金紧张和“项目荒”是其中较为重要的两个方面。一方面，在经济下行压力下，一些地方财政收入放缓，但保工资、保运转、保基本民生等基本支出还有增加态势。特别是减税降费是我国积极财政政策的着力点，2018年累计全国一般公共预算支出为年初预算的105.3%，不考虑预算稳定调节基金和其他预算调入调出情况，支出超过收入3.76万亿元。在2019年的两会上，财政部表示 2019年减税降费力度将进一步加大，这对给企业减负、提高经济活力有很大带动作用，但客观上也会造成财政收入减少，部分地区的财政困难将会更加凸显。财政资金的紧张必然会对政府投资基金运行带来影响，特别是在经济欠发达地区，在前期发展政府投资基金时，政府或多或少做出了一些财务上让利的承诺，这些承诺无法兑现可能会给基金运行带来风险。

另一方面，受整体经济环境影响，当前政府投资基金面临的资产荒问题也较为突出。调研中，发达地区和欠发达地区政府投资基金及其子基金的管理人均表示面临普遍投资难这一问题。对发达地区而言，由于金融生态环境较好，一般在基金募资方面困难不大，难以找到优质资产是影响其基金发展的主要问题。有相关主体反映，2016年之前设立的基金大部分投资比较顺利。但2016年之后设立的基金，因实体经营状况不佳等因素影响，好项目缺乏、优质项目估值高、谈判难度大，由此造成了“尽调多、下手少”的投资谨慎局面。对欠发达地区而言，募资难和投资难同时存在，且两者容易形成恶性循环，易导致政府投资基金名存实亡。

（三）私募股权投资行业寒冬加剧了资金紧张

私募基金行业的发展与市场周期、政府监管、优质项目供给等因素密切相关。2018年是投资行业特别是私募股权投资行业的一个拐点期，在供给侧结构性改革、金融去杠杆、贸易战等内外部环境影响下，募资难、退出难成为很多PE、VC面临的共同问题，已经有一批私募基金退出市场。相比2016年双创热潮的最高点，市场逐渐冷却降温。截至 2018年年底，我国股权投资市场募资总额为1310亿美元，投资总额为1450亿美元。全年投资总额度较募资总额度高出140亿美元，打破了我国股权投资市场近几年来募资规模远超投资规模的状态。其中，人民币募资额为967亿美元，同比下降43.8%；美元募资额为343亿美元，同比下降68.2%；全部募资额较 2017年下降 53.2%，市场资金面压力较大。

私募行业面临寒冬，给政府投资基金运行带来不小挑战，一方面，私募股权投资行业募资下降效应在2019年逐步凸显，市场上可投资金大幅减少，基金投资活跃度下降，市场观望情绪增加。另一方面，资本寒冬状况下，基金管理人可能更倾向于投资确定性更强的中后期项目，在政策目标实现度上可能要大打折扣。

此外，在资金紧张的情况下，多数资金会向知名头部GP 汇集，而同时还有不少存在募资难题的私募基金将视线转移到政府投资基金母基金上，这增加了政府投资基金选择合适基金管理人的难度，既要与优秀GP进行博弈，又要避免陷入三流基金管理人的逆向选择。

（四）并购管控对基金海外业务拓展提出挑战

作为实现政策目标的工具，政府投资基金可以通过识别功能引进项目或企业，为当地发展提供助力。调研中，有基金管理公司表示，通过引进海外优势项目或企业回国落地，实现了助力经济转型升级等作用。但在当前全球贸易保护主义抬头的大背景下，政府投资基金的这一作用面临来自东道国的很多阻碍。

近年来，一些东道国拒绝外国并购案例增多，以美国为例，在UNCTAD的统计资料中，2017年共有11项并购交易挽回，主要分布在高技术制造业（如半导体和电子器件）合融服务业、数字地图服务业等。其中，3项出于国家安全考虑而在审查过程中被终止的投资中，峡谷桥资本合伙有限责任公司并购莱迪思半导体公司被美国总统发布总统令禁止，理由是CRIUS（美国外国投资委员会）发现该并购案的投资者包括国有控股的风险投资基金，可能会威胁到国家安全。2018年，这一趋势得以延续甚至更加严峻，仅1至4月份就有7项交易被终止，基于国家安全原因占4项。其中包括2018年2月，电子信号测试仪器制造商兴森（Xcerra）公司（美国）因收到CFIUS的细致审查反馈后，终止了其与Unic 资本管理公司和中国集成电路产业投资基金的并购协议。

从政策背景来看，为缓解我国对美高科技产业不断增加的投资可能威胁美国技术领先地位的焦虑，美国国会逐渐改变其一贯宣称的促进投资自由的政策立场，特别是对外国投资国家安全审查制度中的根本安全是否明确包括经济安全的态度发生重要转变。2017年年底，参众两院几乎同步推出宗旨一致、内容相似的CFIUS改革法案，旨在扩大CFUS国家安全审查权限，尤其须加强对来自特殊关切国家投资的审查力度，得到两党及特朗普政府公开支持。为扩大法案通过胜算，这项名为《外国投资风险评估现代化法案（2018）》（FIRRMA）的提案被附加在《国防授权法案》中。2018年8月，特朗普总统正式签署《2019年国防授权法案》，FIRMMA也由此成为法律。该法案大幅提升中国投资美国高科技产业的难度，其外溢效应甚至可能影响中国投资美国盟友的高科技产业。FIRMMA对CFIUS审查制度在关注特殊关切国家、扩大审查交易范围、增加强制申报类型、加强国会制约作用等方面作出了改革。

从内容来看，改革后 CFIUS审查权限得到显著提升，充分反映出近年来美国对跨境投资可能威胁其技术领先优势的担忧。此次 CFIUS改革的最大驱动因素在于美国国内政治环境对中国认知发生重要变化，认为亟须采取非常措施遏制中国技术发展。法案为CFIUS否决来自中国的投资提供充分法律依据，而这种依据是建立在极其宽泛的国家安全审查范围和考量因素及机构自由裁量权基础上，为美国恣意采取歧视行动大开方便之门。在此情况下，我国政府投资基金以及国有背景投资基金在涉及海外业务时，只能按照对方程序，进行主动申报，配合审查，避免因不申报投资再被审查不通过的损失。

四

多措并举，促进政府投资基金作用有效发挥

（一）明确政府角色定位，建立统筹协调机制

作为基金发起者和规则制定者，政府是政府投资基金最重要的主体，其作用是否正确、有效发挥，是决定基金成败的关键。当前，政府投资基金很多问题都是政府在基金设立时较为盲目，对自身作用认识不清晰导致。因此，要实现我国政府投资基金长期可持续发展，政府在制定政策和管理过程中，除了避免过度行政干预之外，还要重点关注以下几个方面。

1. 平衡好政策目标与基金可持续发展之间的关系

首先，财政放大倍数不应成为主要政策目标。政府投资基金设立的主要目的是支持产业发展和经济转型升级，在这其中也通过基金化运作完成了财政资金多倍放大，大大提高了财政资金使用效率，这本是政府投资基金重要优势之一，但却在实践中异化成为制约其发展的障碍。建议根据实际情况，区分不同类型，适当降低募集社会资本放大比例。对于一般性政府投资基金可以遵循基金管理规律，依据各地经济环境等实际，原则上设定最多不超过4—5倍的放大比例。对于一些政策性较强的基金，放大倍数可以进一步降低，甚至不做引导放大的硬性规定，以促进基金尽快落地，投向重点支持领域。

其次，选择与本地区政策目标理念一致的基金管理团队和社会参与主体。在设计框架时除利用制度约束保证实现政策目标外，还可以通过分解

政策目标，设立数量较多、金额较低的政府投资基金，以便差异化选择基金管理机构，减少利益冲突风险。

再次，建立合理的风险共担机制。政府投资基金以政府信用为依托，其良好运行的背后是政府背书支持。因此，要防止出现公共利益让位于私人利益情况出现。若风险分担与收益比例差距过大，基金管理者有投向高风险项目的冲动，而政府部门则在选择项目时偏于谨慎。这两种情况都不利于基金健康发展，要避免此类投资风险向政府转嫁，通过制度设计安排好各参与方风险共担机制。一般而言，政府是以出资额为限承担有限投资风险，不能为吸引社会资本就做出特别承诺，避免出现政府被投资机构绑架的情况。

2. 允许政府投资基金有“试错空间”

2014年，国务院常务会议提出要营造宽容失败、敢于开拓的氛围，抓紧建立健全体制机制，鼓励创业投资向创新型企业起步成长的前端延伸。在政府投资基金发展中，宽容失败同样重要，允许基金在实践中有试错空间，有利于改善当前大量基金沉睡的困局。

实践中，部分地区考核评价机制设计为按照国有资本对政府投资基金进行考核，无形中增加了政府投资基金项目投资的压力，导致很多基金宁愿沉睡，也不愿意花出去。尤其是部分政府投资基金负责人来自政府部门，或者尚在政府部门担任一定职务，国资考核压力对其影响更大，宁愿不作为，也不想承受投资失败可能带来的政治影响。

建议筛选出一些基金，在考核评价中设置尽职免责条款。特别是对于一些新兴产业和早期企业，应该在考核目标中注重所投资企业数量考核，而不是只看重所投资的每一个企业是否都能成功。只有将早期企业基数做大，才能在根本上增加成功率，避免造成基金浪费。

3. 建立不同部门、不同政策之间的统筹协调机制

一方面，建立统筹协调机制。政府投资资金的作用在于整合社会资源共同实现政策目标，必然涉及多个管理部门及不同投资机构，不能仅依靠某个部门，而应推动建立统筹协调机制。调研中，已经有部分省市建立了牵头部门，或者将省级层面的基金统一整合在一起，成立一只新基金，由金融办或其他部门统一协调管理。

另一方面，要加强不同政策之间的协调。作为一种政策工具，政府投资基金不是孤立存在的。其作用既不应该被忽视，也不应该被无限放大。应该把其放在整个政策体系，放在整个创投市场、放在企业的融资等角度进行统筹考虑。在这个过程中，应该注意发挥不同政策之间的协调作用，例如政府投资基金与财政其他专项资金的配合，与银行信贷资金相关政策的配合，与当地产业发展、创投发展等政策以及法律法规的协调配合等。

4. 做好政府投资基金的基础设施建设

首先，建设政府投资基金统计数据库。当前，关于政府投资基金的数据统计一般来源于社会机构，社会机构统计主要来源于公开信息或自主调研，对基金动态变化掌握不精准。例如，就政府投资基金规模而言，有的说有几万亿规模、有的说有十几万亿规模，而统计口径是什么，是否包含子基金规模都不确定。调研中，有省级层面基金管理部门也反映并不掌握市县一级政府基金数量和金额。即使在省级层面，不同口径统计出来的政府投资基金数量也不一致。例如，如果该基金是财政直接出资设立，则在财政部门有备案，但如果是各职能部门利用各自年初专项经费出资设立，则不需要在财政部门备案，导致很难对这些做出精确统计。在此情况下，主管部门连基金数量和规模都难以掌握，根本无法做出有效监管。因此，应尽快建立关于政府投资基金的统计数据库，消除因信息不对称导致的基金乱设、乱用现象。

其次，根据本地区实际情况，建立相关产业项目库。调研中，我们发现部分省市政府投资基金通过与大学、科研院所建立战略合作协议，并与其他地市高新区、众创空间、孵化器等建立联系，建立科技企业名单目录、专家咨询目录等信息库，进行多个领域的项目储备，为后期政府投资基金子基金项目落地提供基础支撑。这一经验值得推广，可以考虑建立相关产业分类的项目库，为参股子基金提供项目来源信息。

再次，积极培育专业化管理团队。选择自我管理的基金可以通过引进专业化管理人才建立完善的基金管理约束机制，提升管理水平。可以将人才队伍建设纳入本地区人才智能支持体系，支持基金管理公司引入管理人才特别是投后管理人才，并以此为载体，引入外部精细化、专业化、系统化的投后管理机制。

最后，做好教育培训工作。有些地方职能部门或相关工作人员对政府投资基金定位、作用甚至如何使用认识不清，专业知识比较匮乏。政府部门应组织相关培训，提高各部门利用政府投资基金的能力。

（二）建立科学管理机制，促进“募投管退”良性循环

从一般金融工具属性出发，政府投资基金运行包含“募投管退”四个环节。而作为服务于某一政策目标的工具，其“募投管退”制度设计又与普通股权投资基金有所不同，需要考虑不同主体、不同目标之间的平衡。政府投资基金运作成功的关键因素之一即是能否在“募投管退”四个方面

形成良性循环，实现各种资源的协同配合并最终促进产业发展。

1. 因地制宜，设计差异化基金发展方案

当前，各地政府投资基金纷纷设立，基金数量和规模急剧扩张，但存在同质化、碎片化现象，不利于其长期健康发展。为解决这一问题，要因地制宜，设计差异化基金方案。

首先，在设立基金时要有准确的战略定位，明确政策目标，并围绕这一目标选择管理团队、设计运营模式、制定管理机制、限定投资领域等。当前，各地政府投资基金存在同质化现象。例如，各级政府投资基金均将目标锁定在国家战略性新兴产业，而有些地方根本不具备发展战略性新兴产业的条件，造成基金募资难或使用效率偏低。要解决这一问题，当地应紧密围绕当地产业结构和产业优势，并统筹考虑当地金融环境、财政税收政策等，实事求是地确定政府投资基金的政策目标。

其次，针对不同类别政府投资基金设计不同方案，在政府部门决策参与权、筹资杠杆等方面做出调节。例如，在支持中小企业发展时，可以借鉴欧美引导基金经验，除对投资标的企业规模有严格要求外，还要规定支持金额上限，以确保基金能够有效引导社会资本真正支持实体经济。要防止打着基金旗号借道融资，将政府资金劣后变成了亏损兜底、财政担保。基金投向要实现政府公共职能属性与市场资本逐利属性的有机统一，对纯公益性项目，应纳入政府公共财政保障范畴，不应作为基金投资对象。

最后，政府投资基金应设定合理规模目标。据清科研究中心统计，截至2018年11月20日，我国政府投资基金总目标规模已经超过12万亿，其中包含大量地市级甚至区县级基金。但调研发现，部分基金只空有目标募资额的架子，根本无法募资。建议各地在发展政府投资基金时要根据本地区产业发展和项目资源等实际情况确定合理基金数量和规模目标，不宜盲目跟风。

2. 加强宣传，拓展资金募集来源

在基金设立阶段的准备工作之后，首先要做的就是完成资金募集。资金募集要确定社会化资金的募资比例、然后向投资者宣传，完成首期募资额。宣传中要尽量调动各种类型的资金力量，包括产业资本、上市公司、家族财富办公室、高净值客户甚至外资等，只有将资金来源多样化，方能有效应对资本市场波动，从而降低风险。

3. 明确投资方式，选好子基金与项目

首先，在投资方式上，一方面，需要根据实际情况选择基金是做直投还是跟投还是两者兼顾，例如，对于政府投资基金不熟悉的领域，政府投资基金多做引导、少做直投，只参股不控股，这样不仅可以更好地撬动社会资金，提高资金使用效率，还可以避免一定的投资风险。而对于较为熟悉的领域，则可以加大直投比例，以提高母基金收益。另一方面，可以适当扩大跟投。用跟投收益来弥补在一些基建或投向导期等风险较高领域的潜在损失。在选择跟投时，应与基金设立初衷一致，选择投哪一类企业。在最初对基金管理人做出选择，并对投资哪一类项目、投资比例做出约定之后，可以不再选择具体项目，而是对基金管理人做出的投资决定都进行一揽子跟投。需要注意的是，这种投资方式要防止政府投资基金借跟投为名，直接从事创业投资运作业务。因此，在制定政策时，要对跟投相关条件进行严格规定。

其次，对FOF形式的政府投资基金而言，要把重点放在最初对基金管理人选择上，从政策目标出发，统筹考虑团队背景、投资策略、过往投资绩效等方面选择合适管理人。市场上私募基金管理人数量繁杂，又是一个信息相对不对称行业，因此政府很难做出精准判断。建议政府委托第三方专业机构做尽调和考察并提出参考建议，提高基金管理人与基金政策目标的匹配度。在此基础上，还要选择参股子基金。从国际经验来看，多数FOF基金运作成功的关键就是对所投资子基金的选择。可以采取资产配置行业常用的“核心—卫星”策略，核心部分主要选择历史业绩优秀、管理能力强、团队稳定性好的GP管理的基金；卫星部分可以适当配置具有一定发展潜力并且投资理念和投资领域与政府投资基金目标高度契合的新基金。此外，在政策允许情况下，可以考虑采取F-S-D投资战略，以便缓解流动性不足和收益性欠佳等问题。

再次，适当放开投资区域的限制。由于经济金融环境的差异，优秀私募基金管理团队大多集中在一线城市，落户欠发达地区意愿较低。再加上各地对投资本地区项目比例限制，加剧了欠发达地区组建基金管理团队难度，影响政府投资基金正常运行。因此，部分省市特别是欠发达地区可以考虑适当放开投资区域限制，吸引优秀团队加盟，在提高基金质量的同时利用其外溢效应加快金融生态建设。

4. 完善管理机制，加强投后管理

首先，细化管理规则，针对不同类别政府投资基金设计不同的方案。比如一些市场化程度较高、退出前景较好的基金可以给予基金管理公司更多自由度，而对于以实现特定政策目标的基金，可以增加政府部门决策参与权。还可以针对不同基金设置不同筹资杠杆，例如，对于一些非市场化特设子基金可以降低筹资杠杆，控制社会出资比例，促进基金的尽快落地，而不是让GP将大量时间用于寻找市场资金，导致基金难以落地。

其次，在基金管理机制方面，加强专业性。例如，成立包括业界专家组成的评审委员会，负责筛选子基金等，不再是政府部门一言堂。政府部门主要是划出投资红线，加强资金和风险管控。明确禁投范围，确保资金投入到政策鼓励发展的产业。同时可以建立观察员工作机制，对拟投资项目进行合规方面审核。

再次，促进政府投资基金管理应该从重投向重管转变。我国私募股权投资基金市场一直以来均存在重募投、轻管理的现象。而随着资产荒将成为未来一段时间较为严峻的考验之一，如何通过完善管理体制机制，对已投资项目进行高效管理，大幅度盘活资产，是基金面临的新课题。此外，还可以通过投后管理，密切跟踪企业经营状况，从而及时发现问题，将风险降到最低。

5. 创新退出方式，提高基金效率

政府投资基金只有实现退出完成了一个生命周期，才能促进财政资金高效运转，更好地推动经济转型升级。调研中有基金管理机构反映目前退渠道不畅，严重影响了政府投资基金使用效率，建议从以下几方面优化退出环境。

首先，适当简化退出决策程序。调研中，有基金管理人表示现行退出决策程序过于烦琐，严重影响退出效率。一方面，由于没有科学的绩效考核机制，基金投资绩效评估需要历经多个部门审批；另一方面，由于国资部门规定不能直接转让给民营机构，对于一些社会合作主体希望能够回购的部分也要在交易所履行招拍挂程序，降低了基金效率。建议不同政策部门之间统一协调相关规定，并通过激励设计实现政府投资基金的快进快出和优进优出。

其次，在退出方式选择上，应尝试创新退出方式。当前，科创板出台为基金所投项目退出提供了新渠道，成为私募股权投资市场的重大利好。但政府投资基金不应该将企业IPO退出作为第一选择，就其设立初衷而言，不应该等到企业成熟到可以上市的时候才退出。因为Pre-IPO阶段的企业一般不缺资金，很多社会资本愿意进入。政府投资基金应该谋求在更早期阶段退出，提高财政资金运作效率。可以考虑将股份转让给除参股基金之外的第三方机构，以顺利完成退出，例如与市场上的S基金（Secondary Investment）合作。

再次，在基金退出时间选择上，应该增强灵活性。对于一些确定亏损的项目，应该选择及时退出止损，避免更大损失；对于一些运作比较成熟的项目，应及时寻找社会资本接手，完成财政资金的退出。

此外，政府投资基金退出并不是一个孤立的行为，它取决于前一阶段投后管理的质量、设立的绩效考核机制等制度安排。若前期对基金的监督管理较为到位，那么在退出进行定价时就不至于低价转让遭受损失，或者因要价太高导致退出难。因此，在设立基金管理制度时，要统筹考虑“募投管退”各个环节。

（三）加强监管体系建设，完善绩效评价体系

政府投资基金具有鲜明的政策目标，但又是通过市场手段来实现的。因此，不能通过行政手段进行干预，而应该通过合理的激励与约束、监管与绩效评价来实现政策目标。一方面，可以通过合理让利，引导基金投向，比如设定最低门槛的基金收益率，清算时超出部分可以全部让利给社会出资主体；另一方面，建立有效的约束机制，防止偏离政策目

标，比如可以选择合适的组织形式，按照规则参与基金的内部治理，并展开绩效评价。

1. 尽快完善监管制度框架

当前我国政府投资基金当前主要监管依据为财政部《政府投资基金暂行管理办法》和发展改革委《政府出资产业投资基金管理暂行办法》。两者虽然对基金叫法不同，对资金投向规定也各有侧重，但监管对象并无本质区别。此外，由于政府投资基金具有一定的私募投资基金的属性，还要接受来自证监会《私募投资基金监督管理暂行办法》监管。因此，我国政府投资基金实际上面临财政部、发展改革委、证监会三方监管。三部门依据各自负责领域分别出台管理规定及细则，存在一定程度的交叉和冲突，需做出统筹安排。

政府投资基金应该针对目前“三重监管”体系中存在的问题，从国家层面进一步完善政府投资基金的相关制度，特别是管理体制、监管和绩效考核机制。长期来看可以联合出台统一的监管规定，或成立联合工作小组，对政府投资基金事项进行统筹规划、协调与管理。短期也可以先通过补充文件加强监管协调，解决重复和矛盾的问题。

此外，要形成稳定的监管预期。调研中，很多政府投资基金管理人表示募资难、退出不易可以通过市场化手段应对；最怕面对政策监管环境的不确定性和突然变化，很难控制也没办法提前应对。

2. 统筹建立绩效考核评价体系

有效的绩效评价体系，是提高政府投资基金运作效率的重要手段，应将其从当前监管规定中独立出来，尽快建立全方位、多维度的绩效评价框架，促进基金良性健康发展。政府投资基金绩效考核评价应该分为几个层面，包含对政府基金管理部门（政府投资平台）的评价，对基金管理人（社会专业GP）的评价，母基金对子基金的评价，以及基金管理人对投资项目的评价等。通过绩效评价等制度安排，可以解决政府投资基金普遍存在的委托代理问题，防控风险，实现基金可持续、高效发展。

首先，建议国家或相关职能部门出台一套统一的绩效评价指导框架，评价指标应兼顾基金的政策效益和经济效益、同时关注社会满意度和企业满意度，对基金进行事前、事中、事后评价等。其中，事前指标着重对设定政策目标、选择管理机构等情况进行考核，事中指标主要考察市场化、专业化管理程度以及运作的合规性等，事后指标则主要从资本退出角度进行考核，重点考核项目完成情况、政策目标实现情况以及经济效益等。目前一些市场研究机构也在做政府投资基金绩效评价研究，从不同角度设立不同指标对其进行评级。国家在出台标准时可以参考市场机构评价体系或选择与市场机构合作的方式进行评价。在全国统一的绩效考核评价框架尚未建立的情况下，各省级政府可以根据本省情况，先行建立绩效考核体系，促进政府投资基金规范发展。

其次，由于政府投资基金类型的多样性，在绩效考核上很难设定统一完全一致的绩效考核评价指标。指标应具体取决于基金类型和所在地区实际情况，投资于早期新兴产业与投资于支柱成熟产业的基金考核方式应有所不同，前者应该更强调投资导向，弱化财务指标，专注于投资数量等；后者可以更强调财务指标。因此，建议在全国统一的绩效评价指导框架下，由各地针对不同模式的政府投资基金设置具体细化指标、评价内容和评价方法。要注意区分不同行业、不同类型基金之间考核体系的差异，既有通用性指标，也要有特色化指标，保证评价的客观性和有效性。同时，政府投资基金指标评价体系应动态变化，在基金运行过程中根据实际情况完善指标体系。

再次，绩效考核指标体系应该能客观量化反映投资团队在基金运作过程中的贡献，同时考核基金的整体运行效率。在指标体系设计中，要考虑多方面因素，将评估与前一阶段项目管理和投资结合起来考虑，不能孤立地就评价而评价。特别是要与基金设计时的目标相结合，两者不能相互矛盾，要保证政策目标的一致性和连贯性。

（四）适度拓展资金来源，形成“国民共进”的金融生态圈

1. 适度拓展社会资本来源，应对当前募资难题

面对资金面较为紧张的困境，除进行体制机制层面变革外，在条件允许的省市，政府可以调整基金结构，合理提高财政出资比例，或子基金中母基金出资比例；也可以考虑积极吸引其他社会资本，应对《资管新规》后银行资金撤出的冲击和影响。

从国际经验来看，保险资金投资期限与私募股权投资期限较为接近，因此一直是私募股权资金的重要来源。对保险企业而言，投资优秀未上市公司也是其资产配置的重要途径之一。2018年1月，财政部、原保监会印发《关于加强保险资金运用管理支持防范化解地方政府债务风险的指导意见》（保监发〔2018〕6号）提出，“鼓励地方政府和保险机构规范运用政府和社会资本合作（PPP）、政府投资基金等方式，支持经济社会发展的重点领域和薄弱环节”。2018年10月，银保监会向社会公开征求意见的《保险资金投资股权管理办法（征求意见稿）》（以下简称《股权办法》）与修订前的2010【79】号文相比，取消了保险资金开展股权投资的行业

范围限制，通过负面清单+正面引导机制提升保险资金服务实体经济能力；放宽了投资股权的保险公司资质要求；放宽险企投资同一股权投资基金的账面余额限制，由原不超过该基金发行规模的20%上调为30%，增加对保险集团及其保险子公司投资同一股权投资基金的账面余额不超过基金发行规模60%的要求；允许投资包括创业投资基金、股权投资基金和相关母基金。

在此背景下，政府投资基金可以将保险资金作为重要社会资本来源之一重点考虑。从实践中看，保险资金进行私募股权投资时，特别倾向于与优秀GP合作，政府投资基金在选择GP时可以依据其过往经验进行适当筛选。但监管部门要严格监管，避免部分主体以引入保险机构等社会资本的名义，违法违规或变相举债上新项目、铺新摊子。

此外，养老基金由于期限上的匹配性，也是国际上私募基金管理人最为青睐的资金来源。我国目前允许将总体投资比例不超过全国社保基金总资产的10%投入PE，但实践中这一比例仅为2%左右，未来仍有较大上升空间。

2. 发挥民营创投力量，打造基金生态圈

各地政府投资基金应注重与民营创投建立良好的合作伙伴关系，这一合作不仅仅局限在政府投资基金自身范畴之内，还可以拓展到其他领域，合力打造符合当地政策目标的金融生态圈，为经济转型升级服务。

特别是在当前世界贸易保护主义抬头的大背景下，通过民营创投牵线搭桥，可以挖掘、吸引更多优质项目落户当地。调研中，有基金管理人表示其子基金管理人会在国际上一些创新能力较强的大学和地区常驻，发挥招商引资作用，助力当地经济发展。在与民营资本合作过程中，政府应致力于产业导向和平台建设，充分发挥民营投资机构“中间人”角色，合力为项目提供战略、资金、公共关系等一揽子服务，打通社会资本、金融资本、政府之间的壁垒。

制造业

金　融

Manufacture
Finance

第五部分

中国制造业金融分析报告（2021）

制造业是实体经济的主体，是推动经济长期稳定增长的核心引擎，是构建以国内大循环为主体、国内国际双循环相互促进的新发展格局中的关键一环。我国历来重视金融对制造业发展的支持，通过增强金融服务能力，突破制造业面临的融资难、融资贵瓶颈，促进制造业平稳运行和结构调整。面对我国发展不平衡不充分的突出问题，要依托金融手段，着力推动制造业实现区域协调发展和国际国内协调发展，加快培育自主创新能力和国际竞争力。党的十九届五中全会指出，“十四五”期间要坚定不移建设制造强国，建立现代财税金融体制。要加快构建金融有效支持制造业的体制机制，发挥好金融市场、金融机构、金融产品、金融服务的作用，推动制造业技术创新，实现产业基础高级化，打造现代化产业链，加快制造业产业结构调整，增强制造业效率效益和核心竞争力。

一

金融支持制造业发展的基本情况

近年来，有关部门积极开展经济宏观调控工作，综合运用多种政策工具，保持货币政策松紧适度，加快利率形成机制改革，适时降低存款准备金率，面向实体经济需求提升金融机构资金投放能力和金融市场融资能力，保持制造业融资规模稳中有升，不断扩大制造业企业有效融资，重点开展了一批产融合作行动，支持金融机构服务制造业企业能力建设，同时成立一批面向先进制造业的引导基金。

（一）政策力度不断加大

国家高度重视加大对制造业的资金支持。十八大以来，习近平总书记多次指出，要为实体经济发展创造良好金融环境，疏通金融进入实体经济的渠道，积极规范发展多层次资本市场，扩大直接融资，加强信贷政策指引，鼓励金融机构加大对先进制造业等领域的资金支持，推动货币信贷、社会融资规模增长同经济发展相适应，降低社会融资成本，深化金融供给侧结构性改革，疏通货币政策传导机制，增加制造业中长期融资，更好缓解民营和中小微企业融资难融资贵问题。李克强总理指出，加快研究促进制造业升级的财税政策，鼓励金融机构发展普惠金融、丰富金融产品，调整优化贷款结构，引导加大制造业、服务业信贷投放，支持银行增加制造业中长期贷款、发展便利续贷业务和信用贷款，降低担保费率,为企业特别是中小微企业提供更好融资服务。今年以来，在统筹疫情防控和经济社会发展的要求下，为发挥好金融对复产达产的支持作用，2020年3月31日国务院常务会议专门提出，支持金融机构依托3000亿元小微金融债券扩大小微贷款规模，引导民营和中小微企业通过发行公司信用类债券进行低成本融资，鼓励发展订单、仓单、应收账款融资等供应链金融产品，健全贷款风险分担机制。

有关部门高频出台扩大企业有效融资政策。中共中央办公厅和国务院办公厅出台《关于促进中小企业健康发展的指导意见》，提出新的关于定向降准、小额票据、小微贷款的中小企业融资政策，发展融资支持工具、兼并收购基金、财务投资基金等，支持中小企业利用资本市场直接融资，并要求清理融资费用和降低担保费率。国务院办公厅出台《关于有效发挥政府性融资担保基金作用切实支持小微企业和“三农”发展的指导意见》，要求政府性融资担保基金坚持降费让利、差别费率，开展银担合作，逐级放大增信效应，切实有效降低小微企业综合融资成本。人民银行等八部委印发《关于金融支持工业稳增长调结构增效益的若干意见》提出，要加强货币信贷政策支持，营造良好的货币金融环境，提高资本市场和保险市场对工业企业的支持力度，推动工业企业融资机制创新，促进工业企业兼并重组，支持工业企业加快“走出去”，并加强风险防范和协调配合。人民银行等五部门出台《关于进一步深化小微企业金融服务的意见》，要求建立分类监管考核评估机制，拓宽以创业投资和天使投资为代表的多元化投资渠道，加大金融科技等产品服务创新。银保监会出台《关于进一步加强金融服务民营企业有关工作的通知》，要求树立民营企业服务年度目标和尽职免责和容错纠错机制，公平开展民营企业授信业务。银保监会等部门出台《关于进一步加强知识产权质押融资工作的通知》，从信用保证保险、融资担保、应收账款融资、知识产权质押融资等四方面支持制造业企业融资。

（二）资金规模总体稳定

商业银行提供了制造业企业日常经营资金的关键保障。主要由商业银行提供的间接融资在制造业企业外源性融资中占比最大。2019年我国18家大型和股份制商业银行制造业贷款余额共计9.16万亿元，规模基本保持稳定。其中，中、工、农、建等4家商业银行制造业贷款余额达到5.89万亿元，占18家商业银行制造业贷款余额的64.3%。从中长期贷款来看，2019年本外币工业中长期贷款余额9.18万亿元（注：缺乏制造业中长期贷款数据，用工业中长期贷款数据替代），占全部中长期贷款16.0%，比2015年末增加1.69万亿元，年化增速5.2%，呈现稳中有升态势，但年化增速低于全部中长期贷款增速7.4个百分点；重工业中长期贷款余额占87.8%，年化增速5.0%；轻工业中长期贷款余额占12.2%，年化增速6.7%。证券市场打造了制造业企业市场化估值融资的重要平台。近年来，制造业的证券融资出现先下跌后反弹的走势。从股票来看，制造业是沪深市场上市公司股权融资规模最大的行业，与股权融资规模第二名的行业相比遥遥领先。2016年，制造业上市公司股权融资规模为8443.94亿元，2018年一度下降到4287.15亿元，2019年回升到5331.94亿元，2018年前三季度达到6982.48亿元。科创板启动后，迅速成为制造业企业融资的热门途径。2019年，科创板共有70家企业进行IPO融资，融资规模764.89亿元，其中制造业企业融资572.79亿元，占科创板IPO融资规模的75%，占全部A股IPO融资规模约五成。从债券来看，2015年制造业企业债券发行规模达到1.35万亿元，但在2017至2018年出现暴跌，2019年制造业企业债券融资4733.83亿元，同比增长41.1%，呈现强势反弹走势。

股权投资基金开辟了制造业企业获取多元金融服务的重要渠道。随着多层次金融市场不断完善，股权投资基金的重要性日益提升。2019年，存续股权投资基金（含私募股权投资基金、创业投资基金）达3.6万只，资金规模10.1万亿元，新备案0.6万只，新备案规模0.7万亿元。股权投资基金对制造业企业的投资，除单纯提供资金外，往往附带其他作用。如并购类基金帮助大中型制造业企业开展企业并购，进行产业链整合，以弘毅、厚朴和中信产业基金为代表。又如风投类基金专注于技术创新，对有实力、有市场的制造业企业进行早期投资，并帮助其开拓市场、形成经济效益。再如一些基金根据银行贷款名单、财政支持企业名单等进行投资，基金的投资与银行贷款、财政支持有一定的正向循环关系，对制造业企业维持较低的资本成本有一定的作用。

（三）支持方式推陈出新

政府部门积极开展各类产融合作行动。一是建立产融信息对接工作机制。工信部门充分发挥信息优势，及时汇总纳入政府支持、有融资需求、符合产业政策和规划布局的重点企业和重点项目，形成重点企业和重点项目融资信息对接清单，接入产融信息对接服务平台，实现企业融资需求网上申请、即时汇总、分类整理、及时推荐，提高产融信息对接效率，促进金融机构及时制定有针对性的行业信贷政策。二是开展三方联动试点工作。在工信部的指导下，各省工信主管部门在工业项目中筛选出一批符合“高端化、智能化、绿色化、特色化”，能够引导产业发展方向的高质量工业项目，建立“制造业融资担保及专项风险补偿基金”，通过各地的增信奖补政策和信贷风险补偿机制，帮助金融机构降低在该领域的风险，并鼓励多家银行以银团贷款的形式给予支持，各银行在共享收益的同时分散风险，对企业进行全面评估和全程监督，改善了工业企业的运营能力。通过这一方式，金融机构加强对各地工业企业优质项目的支持，为符合条件的工业企业提供稳定的资金流，实现部、省、银行之间跨区域、跨部门创新合作。三是开展首台套首批次保险补偿。工信部门在广泛调查、研究的基础上，与保监会及保险业行业协会指导监督保险公司为指定产品定制重大技术装备及关键核心零部件、新材料保险，并出台保险补偿措施，鼓励和引导企业积极开展首台（套）重大技术装备、首批次新材料推广应用，对首台套（首批次）应用过程中特殊风险的控制和分担做出制度性安排，突破创新产品市场化应用的初期瓶颈，激活和释放下游行业对创新产品的有效需求。

金融机构面向民营企业加大业务创新力度。一是指导各分支机构全面加强企业服务。中国银行公布支持民营企业二十条措施，从优化授信政策、提高服务质效、加强资源配置、健全尽职免责、拓宽融资渠道、降低融资费用、完善服务模式、创新产品服务等八个方面入手，加大对民营和中小企业、普惠金融等重点领域的支持保障力度。建设银行出台《进一步加大支持民营和小微企业发展的通知》，提出优先服务优质民营企业、优先支持重点行业、优先支持民营经济活跃区域、优先支持供应链条企业、优先帮扶临时困难企业。农业银行出台《关于加大力度支持民营企业健康发展的意见》，通过建立总、省、市三级行民营企业融资“白名单”、增配战略性信贷计划、单列小微企业信贷增长计划等多种方式，充分保障民营小微企业的信贷资源投入，并创新信用风险缓释工具、拓宽投资标的范围、适度拉长资产久期，加大民营企业债券承销和投资力度。二是通过银企合作探索破解企业“贷款难”与银行“难贷款”的有效途径。如，工商银行已与装备制造、食品饮料、IT、纺织等行业的上百家民营骨干企业签署《“总对总”合作协议》，建立专属服务团队，为企业提供“融资+融智”的全方位金融服务，在资金借贷、债转股等方面展开合作，助力民营企业优化财务结构。

各级政府积极设立面向制造业的引导基金。近年来，各级政府积极出资成立政府引导基金，其中产业类引导基金比重一直维持高位。在现存全部2156支政府引导基金中，产业类引导基金的数量、总目标规模占比均超过50%。部分层级较高、规模较大的产业类引导基金产生的作用较为突出。例如，国家集成电路产业投资基金一期规模达到1300亿，围绕先进工艺、特色工艺和半导体材料等领域开展投资，集中支持技术基础好、发展潜力大的企业和研发项目，培育中芯国际、长电科技等一批业内龙头企业，同时，在集成电路大基金一期投资期间，申万一级电子板块指数持续领跑沪深300指数，大基金在市场中起到了“风向标”作用，推动金融市场更加关注集成电路产业发展。又如，国家制造业转型升级基金规模达到1472亿元，主要投资于新材料、新一代信息技术、电力装备等领域的成长期、成熟期企业，但投资风格更加多元化，既参与上市公司的定向增发，又开展非上市公司股权投资，既参与国企混改，又大力扶持民营龙头企业，既有直接投资，又有基金投资等方式。分析认为，制造业大基金将带动社会资本对制造业的投资热度，推动制造业企业的融资环境逐步改善，加快制造业发展和转型升级。

二

金融支持制造业发展中存在的问题

当前，我国经济进入高质量发展阶段后，受宏观调控、政策制订、治理体系设计等诸多方面因素影响，金融供给结构与实体经济需求结构相比存在诸多不适应与不匹配。

（一）需求目标不同，匹配度较低

我国现行的中央银行制度下的金融体系是以中国人民银行为核心，国有独资商业银行为主体，包括其他商业银行和政策性银行以及非银行金融机构并存和协作的金融机构体系。金融机构在资金发放上依赖土地、房地产及流动资产抵押，在资金使用上要求超过一定比例的利息和收益率，具有风险导向、短中期套利等特征，偏好投向超稳定、高成长、高回报行业。但制造业八成以上为中小微企业，固定资产有限、流动资产较少，且制造业门类复杂，各门类企业均具备初创、成长、成熟和衰退全生命周期，需要在较长存续期内持续获取资金支持。产融双方体制机制不同，导致在担保品、融资期限、利率水平等方面，有不同的利益需求，匹配度低。

（二）业务模式固化，产品创新少

金融机构面向制造业企业的投融资业务模式相对固化，比如，大型商业金融机构的业务多向大型企业倾斜，大中小企业的金融资源分配不均衡，大型制造业企业受到大量的金融支持，而中小微企业相对偏弱，特别是孵化期或初创期企业，多处于轻资产状态，土地、设备等可抵押、易变现资产较少，较难达到金融机构的融资担保门槛，出现借贷难的状况。银行贷款、发行债券和股票占到实体经济融资额的80%以上，缺少产业链金融、金融租赁等相关支持手段，现金管理、投资交易、财务顾问、保险等多样化综合金融服务供给不足，金融服务模式与制造业需求不能完全匹配，金融创新力度有待进一步加强。

（三）辨识能力较弱，路径依赖强

由于制造业门类过于复杂，金融机构对于制造业企业的生产运行、财务结构、盈利能力等环节的信息掌握不充分，比如，面对传统制造业企业，金融机构主要通过贷前审查进行客户甄别，且严重依赖资产负债表诊断企业财务状况，限于审贷人员的知识结构、经历经验、产业认知，无法准确判断其是否真正属于产能过剩行业，可能造成对某项具体信贷业务的误判，更可能造成对重化工类项目的信贷“急刹车”和“一刀切”；面对新兴产业企业，金融机构对其技术路线、知识产权、市场走势行业周期等难以做出准确评估和判断，且新兴产业聚集大量初创期企业，传统信贷方式难以匹配企业需求，导致“慎贷”“惜贷”。

三

金融支持制造业高质量发展的总体思路

（一）指导思想

以习近平新时代中国特色社会主义思想为指导，全面贯彻党的十九大和十九届二中、三中、四中、五中、六中全会精神，认真落实党中央、国务院决策部署，坚持新发展理念，坚持以供给侧结构性改革为主线，围绕制造业创新平台建设、产业基础能力提升、产业链现代化、产业结构转型升级，加快构建与制造业发展阶段相匹配的现代化金融市场，加快培育满足制造企业金融需求的高能级金融机构，加快推广为制造企业量身定制的创新型金融产品，着力完善产业金融监管制度，加强金融对制造业高质量发展的支撑作用，为制造强国建设和新型工业化建设开创新局面。

（二）基本原则

一是市场主导，政府引导。充分发挥市场在资源配置中的决定性作用，增强金融机构在投资阶段、退出阶段的主动性，发挥政府在规划设计、产业引导、市场监管等方面作用。二是创新驱动，融合发展。积极搭建产业金融合作平台，加强金融产品和金融服务创新，深入促进产业金融供需对接，激发制造业发展新动能。三是制度先行，开放合作。对标国际先进监管模式，完善我国金融业基础制度，扩大高水平对外开放，加强国际产业金融合作，不断提高制造业在全球的竞争力。

四

金融支持制造业高质量发展的重点方向

金融界和产业界所关注的金融支持实体经济、金融支持制造业，一般可以从两个层次理解。第一个层次是金融支持的力度，这是当前社会关注的主要问题，即金融支持的规模不能满足制造业创新发展的需要，存在总量不足的问题。第二个层次是金融支持的效度。随着制造业自身发展水平的提升，产业结构的优化、产品结构的升级，制造业的融资需求也在发生变化，现有的金融支持方式、金融支持工具、金融监管政策，在某些方面还不能满足这些需求，存在结构性错位的问题。金融支持制造业高质量发展，要把握好以下几个方向。

（一）重点支持制造业技术创新

当前，推动制造业发展的动力机制正在发生重要变化。总体上看，就是逐步从高投出低产出的资源能源要素驱动，逐步转向技术密集、资本密集、智力密集等创新要素驱动方面来。随着发展动力的转换，制造业模式也在发生重要变革。新一代信息技术与制造业深度融合，重大颠覆性技术大量涌现，数字化网络化智能化成为制造业发展的大趋势，柔性制造、服务型制造、绿色制造、个性化定制等制造模式不断创新。这些，相对于传统的大规模批量化生产，产生了不同以往的金融需求，需要相应的金融创新工具进行匹配。金融支持制造业技术创新，应重点关注以下几个方向。一是支持制造业创新中心建设。目前，在国家和省级层面，已经组建了一批制造业创新中心，针对重点制造业领域的关键核心和共性技术进行联合攻关，推动重要技术和装备、产品的产业化。金融机构要加强与产业基金、投资基金等的合作，支持制造业创新中心建设，发挥在推动技术研发、促进科技成果转化方面的引导作用。二是支持企业技术研发中心建设。企业技术研发中心等内部研发机构，是制造业创新活动的基本和重要单位，研发投入强度直接决定了企业创新能力和水平。银行等金融机构应根据企业技术研发的资金需求特点，持续加大科技金融创新力度，积极开展以知识产权为质押的新型业务模式。三是支持新型研究院等创新载体建设。新型研究院采取市场化组织方式，管理运营模式灵活，参与主体众多，融资方式多样化，银行等金融机构可采取参与协同创新基金等方式，给予融资支持。

（二）重点支持产业基础高级化

产业基础能力不强，一直是制约我国制造业高质量发展的短板和瓶颈。为提升我国产业基础能力，中央财经委第五次会议和党的十九届五中全会，都提出把产业基础高级化作为重要目标和任务。有关部门也通过组织实施相关专项、组织推广应用等形式，支持工业基础企业开展核心基础零部件、关键基础材料、先进基础工艺等的创新突破和产业化。扩大而言，产业基础还包括新型工业基础设施、产业质量基础设施等方面。产业基础在战略上十分重要，但由于其基础性，产品显示度不高，研发投入周期长、风险大、回报低，融资能力受到一定程度的限制。多年来，产业基础领域的资金来源，一直是以企业自有资金为主、政府性引导资金为辅，急需扩大融资渠道。金融支持产业基础高级化，应重点关注以下几个方向。一是支持工业基础产品和技术的产业化。政策性银行或商业银行适时调整信贷投向，针对基础产品“卡脖子”领域，加大资金支持力度，特别是加大对承担国家工业强基项目并且有融资需求企业的支持力度。对制造企业在资本市场募资用于工业基础产品（技术）开发的，在审批（注册）和发行方面给予优先支持。二是支持工业基础产品的推广应用。支持银行、保险机构，参与实施工业基础产品和工艺一条龙应用计划，以信贷和首台套保险等形式，对示范项目和试点企业给予资金支持。可由政府部门直接或委托第三方机构编制发布《工业基础产品推广应用目录》，视同白名单向金融机构推荐，由金融机构按照程序审查，优先予以信贷支持。三是支持新型工业基础设施建设。大数据中心、5G基站、充电站等新型工业基础设施，也是重要的面向数字经济时代产业发展的产业基础。金融机构可结合新基建特点，优化创新审贷程序和服务方式，通过建立一定授信额度的新基建专项贷款等方式给予支持。发挥资本市场功能，支持建设主体发行公司债、企业债、非金融企业债务融资工具等募集新型工业基础设施项目资金。

（三）重点支持产业链现代化

党的十九届五中全会提出，要提升产业链供应链现代化水平，形成具有更强创新力、更高附加值、更安全可靠的产业链供应链。实现产业链现代化，一是保持和发展好全球最完整的产业体系和全产业链，二是产业链要具有更强创新力和更高附加值，三是确保重点产业供应链安全，四是促进产业链上下游之间协同更加紧密，五是强调产业链、创新链、资金链、政策链和人才链等多链融合。推进产业链现代化、增强供应链弹性韧性，需要产业部门的努力，也需要金融部门的大力支持。金融支持产业链现代化，应重点关注以下几个方向。一是加强对保障供应链稳定的支持。对于国家战略性产业链供应链，商业银行要聚焦保障重点，掌握供应链企业的核心需求，完善金融响应机制，充分运用保理业务等供应链金融手段予以支持。二是加强对产业链重点项目的支持。采取投贷联动、租贷联动、债贷联动等方式，发起和参与产业基金，开展融资租赁，产业链融资等，支持重点产业链项目。三是加强对产业集群发展的支持。产业集群是现代产业发展的重要载体，建设产业集群也是推动产业发展的重要抓手。各类金融机构可以把新型集群促进机构、集群重点项目、重要平台等作为支持对象，采取多种方式给予支持。

（四）重点支持产业结构调整优化

目前，我国制造业处于新旧动能转换、新旧结构接续的关键期。从产业结构看，一方面，传统制造业仍然占工业经济的较大比重，仍然是今后稳投资、稳工业、稳经济的重要依托。但是，部分传统制造业存在体量大、潜力小、动力弱、增长乏力的问题，在一些行业，高投入、高能耗、低产出的问题还很突出，发展的质量不高、效率不高，亟待通过技术改造等方式转型升级。

另一方面，新一代信息技术、新材料、新模式与制造业不断融合，孕育发展了大量新兴产业、新兴业态，这些将成为未来我国制造业发展的新增长引擎。但新兴产业存在技术不成熟、创新风险高、市场开拓难等矛盾问题，一些新兴产业形成现实生产力还尚需时日。传统制造业优化升级和新兴产业培育壮大，是当前制造业结构调整优化的重要两翼，需要同步加快推进。

金融支持制造业结构调整，应重点关注以下几个方向。一是支持工业企业技术改造。技术改造是企业采用先进适用的新技术、新工艺、新设备、新材料等对现有设施、生产条件进行改造，提高经济效益、提升产品质量、促进产品升级换代的行为，是制造业企业重要的一项投资活动。金融机构可采取与财政部门联合开展贷款贴息、政策性担保增信、开展信贷资金周转、调整优化贷期等方式，加大对企业技术改造项目的支持。二是支持制造业企业兼并重组。兼并重组是制造业结构优化调整的重要方式，有利于淘汰落后产能、清除“僵尸企业”、释放市场资源、提高行业集中度，从而提高整体竞争力。国家要求加大对兼并重组的金融支持，如商业银行提供并购贷款，用于并购企业兼并收购优质资产，支持并购企业发行并购债券或票据，支持并购企业引入并购基金等。三是支持制造企业“走出去”和国际产能合作。金融机构可帮助有实力的国内企业，通过银团贷款、出口信贷、项目融资、内保外贷、海外直贷等方式融资，通过境外融资市场降低企业融资成本等。四是支持新兴制造类企业培育发展。金融机构可区别新兴产业制造企业的初创期、成长期和成熟期等不同阶段，开展差别化的融资支持服务。如对于初创期制造企业，金融机构可提供针对短期闲散资金、结售汇资金等的服务，也可以通过产业基金、股权直投进行支持。针对成长期制造企业，商业银行可以通过提供项目融资、参与银团贷款、开展融资租赁等方式提供支持。

五

金融支持制造业高质量发展的主要措施

（一）创新间接融资模式

发展供应链融资，推动金融科技发展，将区块链技术运用到供应链金融中，解决拓宽供应链金融流转与信用问题。健全供应链金融法规制度，规范供应链核心企业行为，避免利用相对垄断的市场地位向上游中小企业过度转嫁资本成本，避免增加中小企业贴现成本。为缓解供应链核心企业资本成本上升问题，对参与供应链金融的核心企业，在授信等级、税收优惠等方面给予一定优惠及便利，提升核心企业参与积极性。强化供应链贸易真实性验证，银行在向核心企业做好确权基础上，强化多方交叉认证，通过税务、工商等政府部门进行交叉验证，做到物流、信息流、工作流三流合一，确保交易背景的真实性。提升首台（套）重大技术保险补偿机制补偿力度和范围，提升财政资金补偿力度，并将补偿范围扩大至重点材料首批次应用和软件产品首版次应用。推动还款方式创新。积极推动银行机构探索创新企业贷款还款方式创新，丰富创新类型，引导银行机构根据制造业企业经营特点和融资需求，创新性开发还款期限拉长、额度循环、临时额度、年度审查、换整为零等还款方式，搜集汇总创新性还款方式经验，总结形成成熟经验。扩大创新性产品受众面，将地方成熟经验向更大范围推广，对于尚未推出还款方式创新业务的银行机构，支持其通过转贷基金、一日转贷承诺等形式缩减融资链条，降低客户资金成本。监督银行机构充分履行向借款人、担保人的告知义务，设计与还款方式创新配套的规范化法律文本，避免在操作环节产生风险。完善针对制造业贷款的尽职免责制度，建立风险监测机制，提高判断、识别企业风险的准确性。

推广知识产权融资。创新性开发推广“知识产权运营+投贷联动”的融资模式，结合创新型企业普遍具有的债券高风险性、股权高成长性、知识产权高附加性的特点，从企业经营状况、知识产权所有量、成长性等维度综合评判企业，打造知识产权质押贷款、投贷联动股权投资、知识产权运营等知识产权金融服务体系。积极探索知识产权金融业务发展模式，重点满足知识产权密集的创新型（科技型）企业的知识产权质押融资需求。推动国有知识产权运营机构与金融机构合作，化解金融机构知识产权评估难、处置难、变现难问题。推动金融机构与当地政府共同出资设立风险处置资金池，为知识产权质押贷款提供风险补偿。在风险可控的前提下，通过单列信贷计划、专项考核激励等方式支持知识产权质押融资业务发展，力争知识产权质押融资年累放贷款户数、年累放贷款金额逐年合理增长。

（二）拓宽直接融资渠道

完善证券市场体系。强化证券市场监管力度，完善上市公司核准机制，全面实行股票发行注册制，建立常态化退市机制。提升证券违法违规成本，提升欺诈发行行为、信息披露违法行为、虚假陈述行为、隐瞒上报行为等违法行为的处罚力度，完善证券违法民事赔偿责任制度，对违法责任人形成威慑作用。加快资本市场体系建设，积极发展项目收益债及可转换债券、永续票据、融资性票据等股债结合产品，为不同类型、不同发展时期的企业提供更多可选择的直接融资渠道。完善债券持有人会议制度和受托管理人机制，加快发展不良债券处置市场，提高风险出清效率。协调银行间市场的交易商协会加快债券注册发行速度，加强信息共享。发展股权投融资。积极引导股权投资基金投资创新型、高成长制造业企业，满足成长性高、发展前景广阔的制造业企业的资金需求。继续发挥先进制造产业投资基金、国家新兴产业创业投资引导基金等政府投资基金作用，加大对制造业企业倾斜力度，吸引多元化主体共同参与，积极引导社保基金、保险资金等机构性质资金、企业资金参与出资，放大财政资金引导作用和杠杆效应。进一步丰富和完善投资者结构，吸引更多私募基金、资产管理公司等高风险偏好机构广泛参与，推动建设形成多元化投资格局。

推动保险资金充实直接融资。鼓励保险机构向制造业企业加大融资项目宣传，通过债权投资、股权投资、投贷结合、股权投资基金和另类投资等投资模式，精准滴灌，满足制造业大中小企业的融资需要。鼓励保险资管机构通过开发类永续债、股权计划、并购基金、夹层基金和资产证券化等项目，充分满足制造业企业多样化的融资需求。鼓励保险机构与不良资产管理机构合作，投资制造业企业证券化产品。鼓励中小保险机构加强债转股投资领域的探索，比如通过参投大型金融机构牵头的私募股权基金，参与制造业企业债转股项目，助力制造业企业降杠杆。

（三）完善政策支持机制

着力降低企业融资费用。严格执行小微企业“两禁两限”等政策，减少信贷环节收费项目，降低收费标准。禁止转嫁应由银行承担的费用，如利用市场地位强制、诱导客户承担合同项下的抵押评估费、违规使客户承担抵押登记费等。及时了解掌握第三方机构收费情况，加强对第三方机构以银行名义向企业收取费用等违规行为监管和整治。破除贷款不合理条件，禁止要求企业将一定比例贷款资金转为存款，禁止将授信额度转为银行承兑汇票或以银行承兑汇票等非现金形式替代信贷资金。规范助贷考核环节，严禁交叉销售业务绩效和考核激励，避免引发强制捆绑销售或违规收费。完善信用数据共享机制。加快完善企业信用信息共享机制，推动税务、工信、市场监管等部门与银行实现企业信用信息共享，提升银行对民营企业信贷的投放能力。整合人民银行内部各项数据资源，形成人民银行数据体系，便利金融机构查询提取民营企业数据信息，为银行投放贷款提供数据支持。

金融管理部门和政府部门整合各类分散信用数据，尽快推动科技企业信用服务体系建设试点，利用大数据和区块链技术探索以创业团队信用和创新企业知识产权价值为核心的信用评价模型，扩大信用应用场景。加快各省市整合本省市内部各方数据资源，推动各省市建设上线省内特色化金融服务综合平台。加速推动各商业银行建立完整的信贷数据库，详细记录中小微企业信贷信息，为小微企业信贷流程设计和综合评分模型设计提供强大的数据支撑，建立覆盖所有小微企业信用信息的数据库等。加快整合构建人民银行大数据体系。加快实施差别信贷。鼓励银行增加制造业中长期贷款和信用贷款，建立制造业专项贷款额度，加大对制造业领域民营、小微和外资企业的支持力度，提升对其贷款额度及年限，对FTP计价和贷款拨备计提给予优惠。针对制造业重大项目，综合考虑项目特点，实施精细化、差别化分类管理，鼓励银行等金融机构根据自身战略定位，发挥自身优势特点，有区别、有侧重地加强对制造业重大项目建设的资金支持。实施制造业优惠利率，强化金融机构与制造业管理部门合作，共同出台制造业发展白名单，对名单内企业开通金融绿色通道，对信息技术、高端装备、新材料、生物医药等战略重点行业发放优惠贷款。调整财政贴息政策，提高对重点行业重点企业的财政贴息额度，简化重点企业财政贴息审批程序，开通绿色通道。

突出金融机构特色。促进商业银行发挥雁阵式作用，大型银行做好头雁，创新金融产品，提升服务制造业能力，中小银行聚焦服务地方经济，利用深耕地方经济、掌握地方企业发展现状的优势，打造针对性、特色化服务。发挥好政策性、开发性金融作用，强化对制造业建设的支持作用。

特别是利用开发性金融，通过低息贷款、无息贷款、延长信贷周期、优先贷款等方式，改善制造业项目过程中的商业信贷紧张状况。积极促成融资平台建立，增加银行对制造业项目的授信，引进政策性担保公司或保险公司，主要为制造业项目的投资提供风险担保和分散，吸引营利性社会资金积极参与。

后记

Manufacture Finance

制造业金融就是专门为制造业服务的金融体系。随着社会经济形态的变迁，特别是信息化、智能化和数字经济的发展，推动生产方式重大变革，制造业在全球价值链上的竞争优势消失，而且制造业本身巨大的沉淀成本、创新成本，使得制造业投资呈现明显的下降趋势，但是，制造业本身在产业分工中的地位却变得愈加重要。制造业需要专门的、创造性的金融服务体系，克服成本与收益的不对称性，并且赋能制造业走向价值链高端。

本书通过对全球制造业经验与教训的梳理，对制造业历史与现状的分析，创造性地提出了“制造业金融体系”的重要概念，从制度上、理论上、技术上提出了系统的制造业金融框架。可以说，在理论上，为制造业金融理论的发展起到了抛砖引玉的作用；在实践上，为制造业发展提供了技术框架，创造性地研究了金融服务于制造业的科技金融“空间站”计划和制造业金融的“新基建”——“债务价值链”模式。通过拓展制造业的生态系统，创造新的价值，使制造业在新的金融生态中焕发新的活力。

本书是在国家制造强国领导小组、国家制造业咨询委员会的重大课题“金融支持制造强国研究”的成果基础之上，进一步研究完成的。该课题由我出任课题组组长，汇集诸如来自中国制造业金融研究院、赛迪智库等制造业和金融方面一流的专家、学者共同完成。课题在2019年国务院的评审中获得最高分优秀论文，并且在近期的实践中，被广泛地推广应用。为中国制造业的发展拓展了更加可持续的，更加有国际竞争力的，面向未来的发展空间。

在此，感谢指导与参与课题研究的中国工程院、国家制造强国领导小组、国家制造强国咨询委员会、工业和信息化部、中国人民银行等有关单位领导与专家学者对本课题的指导与贡献。感谢国家制造强国咨询委员会委员们对本书提出的建设性建议；感谢工业与信息化部有关领导与专家对本课题研究中的支持与指导；感谢课题组成员对本书的贡献！特别感谢中国制造业金融研究院专家：邹双武、沈永年、徐艺轩、霍东旭、张颖、周小美等大力支持与提供相关研究成果。

邹平座

2022年10月

Manufacture Finance

参考文献

[1] 魏龙，王磊.全球价值链体系下中国制造业转型升级分析[J].数量经济技术经济研究.2017(06)

[2] 刘江会.金融支持上海建设具有全球影响力科技创新中心对策研究[J].科学发展，2017,(6):13-63.

[3] 姚晓宏.建构与创新：中国工业园区金融服务体系研究[M].北京：新华出版社，2013.

[4] 国家开发银行党校课题组.开发性金融支持国家级新区发展研究[J].开发性金融研究，2016,(1):54-59.

[5] 白巧丽.金融机构应加强产融对接，加大对先进制造业的支持力度[N].农村金融时报，2020-07-27.

[6] 黄宪，黄彤彤.论中国的“金融超发展”[J].金融研究，2017(2):26-41.

[7] 周立，雷中豪.中国“金融超发展”与经济增长动态阈值效应[J]．金融经济学研究，2019(1):3-17.

[8] 任碧云，贾贺敬.金融有效支持中国制造业产业升级了吗？——基于金融规模、金融结构和金融效率的实证检验[J].财经问题研究.2019(04)

[9] 郭燕青，李海铭.科技金融投入对制造业超星效率影响的实证研究——基于中国审计面板数据[J].工业技术经济，2019,304(2):29-35.